YALE LANGUAGE SERIES

Mercurio

An Intermediate to Advanced Reader

in Italian Language and Culture

ANDREA FEDI   SUNY, Stony Brook

PAOLO FASOLI   Hunter College, CUNY

YALE UNIVERSITY PRESS   New Haven and London

Publisher: Mary Jane Peluso
Editorial Assistant: Gretchen Rings
Manuscript Editor: Laura Jones Dooley
Designer: Richard Hendel
Production Controller: Karen Stickler
Marketing Manager: Timothy Shea

Set in Melior and Charter types by
Keystone Typesetting, Inc.
Printed in the United States of America by Victor Graphics.

Library of Congress Cataloging-in-Publication Data

Fedi, Andrea.
     Mercurio : an intermediate to advanced reader in Italian
language and culture / Andrea Fedi, Paolo Fasoli.
          p.   cm. — (Yale language series)
     Includes bibliographical references and index.
     ISBN 978-0-300-10400-4 (paperbound : alk. paper)
     1. Italian language—Readers. 2. Italian language—
Textbooks for foreign speakers—English. I. Fasoli, Paolo,
1963– II. Title. III. Series.
     PC1117.F43 2005
     458.6′421—dc22

                                                    2004018574

A catalogue record for this book is available from the
British Library.

The paper in this book meets the guidelines for
permanence and durability of the Committee on
Production Guidelines for Book Longevity of the
Council on Library Resources.

10   9   8   7   6   5   4   3   2

Indice

Preface xix
Acknowledgments xxiii

1 biciclette

Introduzione 2
After soccer and car racing, cycling is the most popular sport in Italy. It is an inexhaustible source of myths and heroes in Italian popular culture.

Lessico: la bicicletta 4

Il ciclismo nella canzone italiana 6
The friendship between a champion and a bicycle-riding criminal. Coppi and Bartali, iconic heroes of postwar Italy. A beloved runner-up and his archenemy, nicknamed the Cannibal. Marco Pantani before the downfall.
    Canzoni che parlano di storia 6
    Girardengo e Pollastro 6
    Un uomo solo al comando 7
    Gioca la tua partita, non sarà mai finita 8
    Attività 8

Alex e Aidi 9
Eighteen-year-old Alex rides his bicycle through the streets of Bologna to meet his beloved Aidi and dreams of the great Italian cyclists of the past. [Genre: novel]
    Enrico Brizzi 9
    Introduzione: l'universo del vecchio Alex 9
    Jack Frusciante è uscito dal gruppo 10
    Attività 13

Divise e salvò l'Italia 14
On the day of the attempted murder of Italian Communist Party secretary Palmiro Togliatti, while the Italian police mobilizes to face possible riots, cyclist Gino Bartali unexpectedly wins a lap in the Tour de France, and the news of his victory defuses tensions. [Genre: newspaper article]
    Introduzione: Coppi e Bartali 14
    Massimo Vincenzi, "Addio a Gino Bartali: divise e salvò l'Italia" 15
    Il 1948 in Italia 16
    Attività 17

Il Gianni 17

A young teacher lands his first job in a private school because the school administrator finds out that he is an avid cyclist. [Genre: short story]

    Marco Beccaria 17

    "Il Gianni" 18

    Attività 21

·Città ciclabili 22

A European Commission report advocates the use of bicycles in cities and offers surprising and encouraging statistical data about bicycle use in Italy.
[Genre: official document]

    Introduzione 22

    Commissione Europea, *Città in bicicletta* 22

    Attività 24

Prodi in bicicletta 26

Professional cyclist Davide Cassani evaluates the cycling style and performance of amateur cyclist Romano Prodi, president of the European Commission.
[Genre: magazine article]

    Romano Prodi 26

    Davide Cassani, "Il mio giudizio tecnico su Romano Prodi" 26

    Il ciclismo nel linguaggio della politica 26

Una bicicletta tutta rossa 28

A young child in a poor village in southern Italy is given the bicycle of his dreams. But he would have preferred a different gift altogether. [Genre: novel]

    Niccolò Ammaniti 28

    Introduzione: *Io non ho paura* 29

    Io non ho paura 30

    Attività 31

    Il film di Salvatores 32

Su Internet, sui giornali, al cinema 33

    Newsgroup: Pantani, il doping, il Giro d'Italia 33

    Attività 35

    Newsgroup: Super Mario 35

    Attività 36

    Annunci economici 37

    Attività 38

Cruciverba 40

2 case

Introduzione 43
Italian houses are made to last, and Italians have a unique attachment to their homes.

In casa, in famiglia 44
Two children from big cities offer different perspectives on living at home.
[Genre: newspaper articles]
    Maria Novella De Luca, "Mia madre è bravissima. Lei cucina" 44
    Maria Novella De Luca, "Mi diverto ogni giorno con chi c'è" 45
    Attività 45

Lessico: la casa 46

Città e campagna 48
English historian Paul Ginsborg comments on interior decoration in Italy and its cultural roots. [Genre: newspaper article]
    Paul Ginsborg 48
    Carlo Brambilla, "Ma nelle stanze di città resta il gusto contadino" 49
    Attività 50

Questa è la mia casa 50
Home's where the heart is. [Genre: song]
    Jovanotti 50
    "Questa è la mia casa" 52
    Il rap italiano 54

A casa in Toscana 54
An American reflects on the experience of owning and renovating a house in Italy.
[Genre: memoir]
    Introduzione: *Under the Tuscan Sun* 54
    Frances Mayes 56
    Under the Tuscan Sun: At Home in Italy 56
    Gli stranieri comprano casa in Italia 58
    Attività 58

Condomini 59
The narrator returns home after one of her neighbors is found murdered and starts her own investigation. [Genre: novel]
    Dacia Maraini 59
    Introduzione: *Voci* 60
    Voci 61
    Attività 64
    Il condominio, una società semplificata 67

Rights and obligations for tenants of Italian apartment buildings.
[Genre: legal document]

Regolamento condominiale 69

Attività 70

Vicini di casa 71

Il cinema di Ferzan Ozpetek 71

A woman discovers the house and unconventional family of her husband's secret life.
[Genre: movie synopsis]

Le fate ignoranti 71

Annunci economici 74

Attività 76

La cucina aperta 79

Inside the small apartments that young Italians can afford, kitchens and living areas are often combined to optimize the use of space and foster conviviality.
[Genre: magazine article]

IKEA 81

In this novel about a young man getting married to a foreign woman he barely knows, life becomes itemized like an IKEA furniture inventory. [Genre: novel]

Aldo Nove 81

Introduzione: *Puerto Plata Market* 82

Puerto Plata Market 83

Lessico: il catalogo IKEA 84

Attività 85

Cruciverba 87

Traslocare parole 88

Moving into a new house becomes a metaphor for translating literature.
[Genre: poem]

Valerio Magrelli 88

"L'imballatore" 89

3 città

Introduzione 91

Because of Italy's polycentric history, there are many varied dialects and a number of midsized cities of significant cultural and political importance in Italy today.

Roma 94

In an episode of this movie, the protagonist rides his Vespa through the streets of suburban Rome. [Genre: movie synopsis]

Girando Roma: Nanni Moretti 94

Caro diario 96
Attività 99

Bologna 99
A novel about the precarious life of a group of university students who have left Abruzzo to study in Bologna. [Genre: novel]
Silvia Ballestra 99
Introduzione: *La Buriniade* 100
La guerra degli Antò 102
Il "dialetto" dei personaggi di Silvia Ballestra 104
Attività 105

Lessico: la lingua dei giovani 105

Shopville 108
The habits and culture of a young crowd who hang out at a mall near Turin. [Genre: newspaper article]
Introduzione 108
Maria Novella De Luca, "Plastica e noia, ecco i ragazzi del muretto di Shopville" 108
Attività 111

Vigàta 112
A telephone exchange between two people in New York and Palermo leads to a crime investigation by a Sicilian detective. [Genre: short story]
Andrea Camilleri e il giallo italiano 112
"Un caso di omonimia" 115
Lessico: sicilianismi 117
Attività 118

Napoli 120
The rituals of the midsummer holiday Ferragosto in Naples. [Genre: short novel]
Peppe Lanzetta 120
Un Messico napoletano 120
Attività 122
La nuova immagine di Napoli nel mondo 122
Corby Kummer, "Napoli Ever After" 122
The positive changes that have occurred in Neapolitan life in the past decade. [Genre: magazine article]

Genova 125
Memories and scenes of life in the narrow streets of Liguria's fishing villages. [Genre: song]
Fabrizio De André 125
"Creuza de mä" 127

La lingua di "Creuza de mä" 128
La cucina di De André 129
Attività 131

Forza Napoli! 131

A Neapolitan girl describes the joyous celebrations after the city's soccer team won the Italian championship. [Genre: humorous compositions written by Italian children.]

Marcello D'Orta e i bambini di Arzano 131
"Il Napoli ha vinto lo scudetto. Che cosa suscita nel tuo animo questa vittoria?" 132
Newsgroup: il primo scudetto del Napoli 132
Attività 134

Milano Torino che belle città 137

Conte 138
Scioglilingua 138
Filastroccha di origine trevigiana 138
Proverbi e detti 138
Attività 139

Il segreto di San Nicola 139

New York–born detective Martin Mystère solves an intricate mystery dating back to the Middle Ages in Italy. [Genre: comic book narrative]

Martin Mystère 139
Attività 141

Anagrammi urbani 142
Il quadrato cittadino 142
Cruciverba 145

4 migrazioni

Introduzione 147

Italy is changing today from a land of emigration to a port of entry of massive immigration.

Lessico 151

Amerigo 153

The author remembers Amerigo, a relative from his village who sought his fortune in the United States. [Genre: song]

Francesco Guccini 153
Introduzione: "Amerigo" 153
"Amerigo" 155

Conclusione: *Macaronì* 158

Attività 159

I Love Thee, America 160

An examination of the idea of America in a memoir written by Italian-American author Constantine Panunzio. [Genre: essay]

Fred Gardaphé 160

Italian Signs, American Streets: The Evolution of Italian American Narrative 160

Attività 164

Ellis Island 164

The experience of Ellis Island and the immigration of desperate Italians to America should not be forgotten now that Italy is an affluent nation. [Genre: song]

I Mau Mau 164

"Ellis Island" 165

Attività 167

Una civiltà di meticci 167

The historical and cultural differences between "emigration" and "migration" according to Umberto Eco. [Genre: essay]

Umberto Eco 167

"Le migrazioni, la tolleranza e l'intollerabile" 169

Attività 171

Italiani d'Argentina 172

Argentina's Italian community reacts to one of the worst economic and social crises in the history of Argentina. [Genre: news digest]

Italiani nel mondo 174

Newsgroup: il Ministero per gli Italiani nel Mondo e il voto degli italiani all'estero 174

Attività 176

L'esistenza delle lingue straniere 176

The author's uncle moves to the south of France and comes to realize with pain how different languages are when he hears his son speak French.

[Genre: short story]

Gianni Celati 176

Introduzione: *Narratori delle pianure* 178

"Mio zio scopre l'esistenza delle lingue straniere" 179

Conclusione: la lingua delle apparenze 180

Attività 181

Mila lire 181

A Tunisian immigrant who sells cigarette lighters on the streets of Milan feigns a stereotypical foreign accent to meet his customers' expectations.
[Genre: memoir]

Salah Methnani e Mario Fortunato 181
Introduzione: *Immigrato* 182
Immigrato 183
Attività 185

L'Italia è un paese civile 185

Writing to a friend, Susanna Tamaro describes two episodes of intolerance against immigrant women. [Genre: epistolary journal]

Susanna Tamaro 185
Cara Mathilda. Non vedo l'ora che l'uomo cammini 186
Attività 187

Insalata alla maghrebina 187

Moroccans working in a salad processing plant in northern Italy unionize its workers. [Genre: newspaper article]

Introduzione 187
Manuela Cartosio, "Insalata alla maghrebina. Gli immigrati scoprono la Cgil e la portano in fabbrica" 188
Attività 190

Italia, Italia, tu sei il mondo! 190

Ruthless Italian entrepreneurs try to establish a phony business in impoverished postcommunist Albania, where they meet an Italian World War II deserter who has always dreamed of immigrating to America. [Genre: movie synopsis]

Il cinema di Gianni Amelio 190
Lamerica 191
Attività 193

Cruciverba 194

5 america

Introduzione 198

How is American influence on intellectual and material culture changing in the post–9/11 world? Alessandro Baricco's essay on globalization helps define the question and poses possible answers.

Lessico 200

Introduzione 200
Intellectuals and politicians defend the Italian language from Anglicisms and other foreign influences. [Genre: news digest]

Anglicismi e termini inglesi in uso nella lingua italiana 202
Attività 205

Novecento 208
A jazz pianist spends his whole life aboard an ocean liner and refuses to leave it even when the ship is decommissioned. [Genre: dramatic monologue]
Alessandro Baricco 208
Introduzione: *Novecento* 210
Novecento. Un monologo 210
Conclusione: letteratura e musica 212
Attività 214
Rita Kempley, "*The Legend of 1900*: Poetry on the Water" 214
A review of Giuseppe Tornatore's "Legend of 1900," which is based on Alessandro Baricco's monologue. [Genre: movie review]
Attività 216

Back to the Klondike 216
Italian songwriter and singer Roberto Vecchioni describes a scene taken from a comic featuring Uncle Scrooge. [Genre: short story]
Roberto Vecchioni 216
Introduzione: "Zio Paperone e la stella del Polo" 217
"Doretta Doremì, la stella del Polo" 217
Conclusione: i fumetti italiani e l'America 221
Attività 222

"Ciucciati il calzino, amico!" 227
A look at the linguistic and cultural adaptations made to translate the comedy of "The Simpsons" in Italian. [Genre: essay]
Introduzione: i Simpsons in Italia 227
Le voci 228
I dialetti 228
I gerghi 229
Volgarità 230
Comicità e lingua parlata 230
Dall'America all'Italia 232
Pronto, Osteria Boe? 233
Le punizioni di Bart alla lavagna 234

Sotto le stelle del jazz 235
The allure of jazz musicians in postwar Italy. [Genre: song]
Paolo Conte 235
"Sotto le stelle del jazz" 236

Il McPaese 237

The "McDonaldization" of Italy and the Americanization of Italians' eating habits are hot issues in the debate on globalism. [Genre: news digest]

Dolcetto o scherzetto? 239

Newsgroup: Halloween in Italia 239

Attività 242

Super eBayer! 243

An interview with an Italian pioneer on eBay who specializes in vintage computer electronics. [Genre: interview]

Intervista ad Andrea Becattini 243

Attività 246

Una voglia incontrollabile di andare in America 247

Alberto and Raimondo sell fabricated interviews to an Italian publisher, and with the money advanced for the first book, Alberto travels to the United States. [Genre: novel]

Andrea De Carlo 247

Introduzione: *I veri nomi* 248

I veri nomi 250

Attività 251

Cruciverba 252

6 europa

Introduzione 256

Italians, like their president, Carlo Azeglio Ciampi, have always been among the most ardent believers in the political and cultural virtues of a unified Europe.

Lessico: "Guida alla comprensione del gergo europeo" 258

The European Union has developed an original jargon for its vast bureaucracy's use. [Genre: official document]

Sessant'anni di storia europea 261

Cronologia 261

Attività 267

Europanto 267

Stefano Bartezzaghi reviews "Nuova grammatica finlandese" and describes Europanto, a new Esperanto-like language created by Diego Marani. [Genre: newspaper article]

Stefano Bartezzaghi, "È una lingua-gioco: si chiama Europanto" 267

Attività 271

Diego Marani, *Nuova grammatica finlandese* 272

The protagonist of this novel loses his memory and speech after an accident in 1943. A doctor takes care of him aboard a German ship in Trieste and, believing that the patient is Finnish, reeducates him in that language. [Genre: novel]

    Attività 275

Esiste la poesia europea? 275

Poets and critics from various countries consider the question of European poetry. [Genre: news digest]

    Attività 278

Sostiene Pereira 279

Portugal, 1938: Pereira, a journalist in disgrace for his antifascist views, meets Monteiro Rossi, a young man of Italian ancestry. Their fight against Portuguese dictator Antonio Salazar's government is emblematic of the political spirit at the foundation of today's European Union. [Genre: novel]

    Antonio Tabucchi 279
    Sostiene Pereira. Una testimonianza 281
    Attività 284
    Il cinema di Roberto Faenza 284
    Sostiene Pereira 285
    Attività 288

Generazione E 288

    Introduzione 288
    Newsgroup: gli studenti di Erasmus 289
    Attività 291

Un mio 14 luglio... 291

Poet Edoardo Sanguineti describes his own celebration of the Fall of the Bastille. [Genre: poem]

    Edoardo Sanguineti 291
    "Un mio 14 luglio, bene o male" 293

Una unione di minoranze 293

At a convention on Europe's future, President of the European Commission Romano Prodi speaks on the goals and virtues of Continental integration. [Genre: official speech]

    Romano Prodi 293

Discorso del Prof. Romano Prodi, Presidente della Commissione Europea (Bruxelles, 28 febbraio 2002) 294

    Attività 298

Un futuro comune 298

Many Christians disagree with the drafters of the forthcoming European

Constitution, who have decided to omit all reference to the Christian roots of the Continent's history. [Genre: news digest]

    La Costituzione Europea e il dibattito sulle radici cristiane dell'Europa 298

    Progetto di trattato che istituisce una Costituzione per l'Europa 300

The fundamental articles of the "Draft Treaty Establishing a Constitution for Europe." [Genre: official document]

    Attività 303

Tiscali Europa 303

Born and raised in Sardinia, Renato Soru is an entrepreneur whose stated ambition is to shape the Internet economy of Europe. [Genre: news digest]

    Attività 305

Cruciverba 306

7 ustica

Introduzione 310

The unexplained crash of an airliner in the Tyrrhenian Sea in 1980 has become a trope for many mysteries in recent Italian history, affecting the nation's conscience and inspiring writers and artists.

Lessico 311

Ustica: la cronaca 312

    Aviation Safety Network—Accident Description 312

    Cronologia degli eventi principali del caso Ustica 313

    Attività 314

Il muro di gomma 315

    Il cinema di Marco Risi 315

    Il muro di gomma 315

A young investigative journalist, unconvinced by official explanations of the crash, reveals a cover-up orchestrated by top military officials. [Genre: movie synopsis]

    Attività 318

"Ustica, al via il processo contro i militari" 319

Disegni riemersi dal mare 319

    Introduzione 319

    Michele Serra, "Ma con che coraggio ridete delle tragedie?" 319

    Daria Bonfietti, "Disegni riemersi dal mare" 321

Journalist and writer Michele Serra and President of the Association of Ustica Victims' Families Daria Bonfietti discuss the role of satire in preserving the memory of tragic events. [Genre: pamphlet essays]

    Attività 322

Dalle carte del giudice Priore... 323
   The list of Ustica's victims from the proceedings of the judicial inquiry.
   [Genre: official document]

Ustica: dalla cronaca alla letteratura e al teatro 327
   Marco Paolini 327
   Giovanna Marini 328
   Introduzione: *I-TIGI* 328
Marco Paolini e Daniele Del Giudice, *I-TIGI Canto per Ustica* 328
   A dialogue between two actors on stage keeps alive the memory of Ustica's victims.
   [Genre: drama]
      Newsgroup: Off Topic 330

"Do you read?" 331
   Daniele Del Giudice 331
   Introduzione: *Staccando l'ombra da terra* 332
   "Unreported inbound Palermo" 332
   The echoes of the last, interrupted dialogue between the plane's pilot and aircraft
   controllers reverberate in Daniele Del Giudice's description of the aircraft's
   fragmented wreckage. [Genre: prose]
      Attività 337

Pronto? 338
   Unintended comedy ensues in a dialogue between Italian air force officers soon after
   the disaster. [Genre: official document]
      Introduzione 338
      Martina Franca. Ore 20.25: Conversazione tra *S.**** e maresciallo *B.**** 338
      Conclusione: un "dialogo tra sordi" 341
      Attività 342

Vent'anni dopo 342
   Destruction of evidence and obstruction of justice are the major charges brought
   against top military commanders involved in the Ustica affair.
   [Genre: newspaper article]
      Introduzione 342
      Giovanni Maria Bellu, "Ustica, alla sbarra i depistatori" 342

Destinazione finale 343
   Airline pilots are encouraged to use euphemisms when informing passengers of flight
   problems. [Genre: newspaper article]
      Introduzione 343
      "I trucchi dei piloti per calmare i passeggeri" 343
      Attività 344
      Cruciverba 345

Notes 347
Index 377

Preface

Globalization and the advent of new media have affected how today's students approach Italian language study. In the past, teachers and traditional, grammar-oriented textbooks were often the only sources of information about Italian language, culture, and society: before entering the classroom, most students of Italian (except perhaps the well-traveled few and those of Italian-American ancestry) had limited knowledge of Italy, and they fell back on stereotypes and clichés. Unless students could participate in programs abroad, they depended almost exclusively on their teacher and textbook for cultural insights and linguistic competence. Today the availability of satellite television and the Internet has created a global village culture, facilitating contacts with all things Italian and fostering students' sensitivity to multicultural issues. Today's language students come into the classroom with altered expectations. Having grown accustomed to a multiplicity of stimuli and quick connections, they favor a less hierarchical and compartmentalized approach to learning.

The cognitive strategies and the cultural mindset of today's learners call for the presentation of clusters of interrelated subjects, readable from multiple viewpoints, open to multi- and cross-cultural perspectives, with an eye to the effects of globalism and localism on language and society. In *Mercurio,* linguistic, literary, and sociocultural elements work in synergy to convey a meaningful and realistic representation of contemporary Italy, avoiding stereotyped images and popular misconceptions. Topics are connected through readings of various styles, genres, and target readerships. The same subject matter is presented in varied contexts. In chapter 1, for example, students find references to the bicycle not only as a means of transportation or a recreational tool but also as a social and cultural icon. The bicycle and bicycle riding are linked to a variety of semantic areas and language codes, thus providing students and instructors with a wide assortment of idiomatic expressions, lexical levels, and syntactical patterns. Students learn about Italian politicians who cite the rivalry between famous cyclists of the past (Fausto Coppi and Gino Bartali) as a metaphor for present political bickering. They can observe Alex, the young protagonist of Enrico Brizzi's *Jack Frusciante è uscito dal gruppo,* trying to emulate the feats of great champions, in pages loaded with teen-talk, technical terms, and vivid descriptions of his bike rides. They can familiarize themselves with the jargon of cycling by reading how President of the European Commission Romano Prodi uses it in an ironic characterization of his colleagues. In the same section students will read about a professional cyclist's informed opinion on the amateur cyclist Prodi's style and performance. They will explore the topic of environmentalism and its related vocabulary while reading about the initiatives of Italian and European municipalities to encourage the use of bicycles to curb pollution and reduce traffic in urban areas.

At the center of each chapter are short pieces of fiction: excerpts from short stories, novels, songs, and poems. To focus on Italy today and facilitate the study of contemporary Italian, we have selected writers who are active on the Italian and international scene and works published in recent years. Among them are such prominent authors as Gianni Celati, Andrea De Carlo, Daniele Del Giudice, Valerio Magrelli, Dacia Maraini, Edoardo Sanguineti, and Antonio Tabucchi. Also featured are works by best-selling writers, actors, or *cantautori* (Andrea Camilleri, Francesco Guccini, Peppe Lanzetta, Susanna Tamaro, Roberto Vecchioni), and by young authors of established reputation (Niccolò Ammaniti, Silvia Ballestra, Alessandro Baricco, Enrico Brizzi, Aldo Nove). Newspaper and magazine articles, popular songs, synopses and reviews of movies, and material from the Internet, such as postings from Italian newsgroups and classified ads, address current issues of social relevance.

Because *Mercurio* focuses primarily on cultural content and has a content-based approach to foreign-language teaching, it will complement current grammars and can easily supplement textbooks used in introductory courses in cultural studies. Various narrative itineraries within each chapter overlap and intersect across the entire book. As an example, parts of the chapter "America" are variously linked to other significant sections: the piece from Alessandro Baricco's monologue *Novecento* also relates to the theme of Italian immigration to the United States, the subject of chapter 4, "Migrazioni" (see in particular Francesco Guccini's song "Amerigo"). The theme of Italian immigration to North and South America is in turn paralleled by contemporary narratives of alienation, such as Salah Methnani and Mario Fortunato's *Immigrato,* as well as by news reports on the integration of foreign laborers in the Italian work system. A typical urban issue, immigration resonates with texts included in chapter 3, on Italian cities, languages, and dialects. Yet this is not the only path that leads to the subject of urban life. Considerations on new functions and ideas of domestic spaces, in chapter 2 ("Case"), intersect with the description of the lifestyles of young couples and their children in Italian metropolitan areas, while a report from a European Union agency (in chapter 1, on Italy's fascination with bicycles) provides information on the use of alternative, environmentally friendly transportation in Italian cities.

In the spirit of building a truly diversified network of ideas and viewpoints, the variety of subtopics and genres is enriched by passages taken from fiction and nonfiction literature written in English. For example, chapter 2, on houses and living spaces, includes a page from Frances Mayes's *Under the Tuscan Sun* about the villa she restored near Cortona. The reading offers a reflection on the relationship that the writer established with her new haven (called "Bramasole") and on the experience of owning and renovating a house in Tuscany. In chapter 3, on Italian cities, a segment of an article from the *Atlantic Monthly* describes the changes that have occurred in Neapolitan life during the past decade. The excerpt from

Baricco's *Novecento,* in chapter 5, is accompanied by passages from the *Washington Post*'s review of *The Legend of 1900,* the film based on Baricco's work. And to balance fiction and journalistic accounts with objective data, the introduction to each chapter contains figures and statistics obtained from Istat (Istituto Italiano di Statistica) and from the annual reports published by Censis (Centro Studi Investimenti Sociali).

Each chapter contains as many as twenty exercises. These are accompanied by notes that highlight grammatical, lexical, and stylistic elements found in the texts. Students are directed to observe the occurrence of those elements and reflect on their function, and they are encouraged to find other examples or to replicate stylistic features with creative exercises and activities. Several chapters include exercises based on *realia,* such as forms that residents of Italy may be required to fill out in real-life circumstances: the form used to report the theft of a bicycle, a copy of an application to prequalify for a mortgage, and an apartment lease agreement for university students are just some of the examples. In other instances, students are given the opportunity to test their cultural and linguistic competence by reading a series of postings taken from Italian newsgroups and responding as if they were members of those forums, or by writing classified ads on the example of those reproduced in the chapters. Still other exercises provide the basic structure for in-class conversations, debates, role-playing, and problem-solving or prompt the students to reformulate their practical knowledge in the target language. For example, after presenting articles on immigration and the personal accounts of legal and illegal immigrants living in Italy, the text offers suggestions on how to organize a focused discussion in the classroom on this issue and on the students' awareness of this phenomenon in their own cultural and geographic environment. In another chapter, after reading about the bicycle trips of Alex, the protagonist of Brizzi's novel, students are asked to create itineraries and to write driving directions. Last, not to forego the ludic approach to language learning and vocabulary building, each chapter features a crossword puzzle, following the standards recommended by Stefano Bartezzaghi, puzzle-maker extraordinaire, semiotician, and journalist.

To facilitate group work in the classroom and individual reading outside class, we have paid great care to translate into English those terms and expressions that intermediate and advanced students might find hard to understand without consulting a dictionary. Basic words, technical lexicons, and common expressions that pertain to the topics of each chapter are listed within the chapter.

TEACHING AIDS

Supplementary material can be found on the book's Web site, www.yalebooks .com/mercurio. The site contains audio files with a selection of readings from each chapter, an annotated list of relevant Italian Web sites and other resources, and additional photographs related to the many topics covered in the book.

THE TITLE

Since the late sixteenth century, European chroniclers and gazetteers have invoked Mercury, messenger of the gods, in titles of periodicals that featured the latest news, along with anecdotes, short stories, and satires. Likewise, *Mercurio* offers an updated, varied, and captivating portrait of contemporary Italian society while evoking, in a reference to classical mythology, the long and rich history of the Italian tradition.

Acknowledgments

We would like to thank our publisher, Mary Jane Peluso, who encouraged us to write this book and offered constant support. We are deeply grateful to Laura Jones Dooley, our manuscript editor, for reviewing the text with painstaking accuracy. Our gratitude also goes to Gretchen Rings, editorial assistant, Jenya Weinreb, managing editor, and the rest of the staff at Yale University Press.

We valued the comments and suggestions of all academic reviewers, and we particularly thank Lori Repetti and David Ward. Frederick Brown and Antonio Ricci were always available whenever we struggled with translating idiomatic expressions. Maria Galetta, Paola Nastri, and Massimo Ciavolella were generous with input and encouragement. We are also indebted to our colleagues Mario Mignone, Luigi Fontanella, Charles Franco, Jacqueline Reich, Gioacchino Balducci, Fred Gardaphé, and Mary Jo Bona, at the University of Stony Brook; and Giuseppe Di Scipio, Maria Nicolai Paynter, and Monica Calabritto, at Hunter College. Special thanks go to Federica Falavigna of the Camera dei Deputati and Fabiola Paterniti of the Senato della Repubblica, in Rome.

We wish to express gratitude to the publishers, agents, and authors who granted us permission to reproduce material from their books, newspapers, or magazines, often at no charge. We are extremely grateful to Michele Serra and to Senator Daria Bonfietti, who provided valuable documents on the Ustica affair. Air One S.p.A. and Jole Film Produzioni gave us pictures to include in this book, as did Regina Marcazzò-Skarka and Luca Di Iorio. Finally, we owe a profound debt to Giorgio Fedi, who traveled far and wide with camera in hand to document the Italy of today.

An Individual Development Award, granted to Andrea Fedi by United University Professions, has partially funded the research for this book.

This book is dedicated to L.F. and to P.D.P.

1 biciclette

© Giorgio Fedi

Quali sono gli sport più popolari in Italia? Al primo posto, ovviamente, c'è il calcio. Al secondo l'automobilismo (e non potrebbe essere altrimenti, nella terra della Ferrari). Pochi fuori d'Italia sanno che al terzo posto figura il ciclismo. Per averne la conferma basta dare un'occhiata ai dati diffusi a gennaio del 2001 dall'Auditel, l'agenzia che rileva gli indici di ascolto[1] dei programmi televisivi in Italia. L'evento sportivo più seguito dell'anno 2000 è stato la finale dei campionati europei di calcio, Francia-Italia (81,1% di share).[2] Il Gran Premio degli Stati Uniti, che si correva per la prima volta a Indianapolis, ha ottenuto il 55,9%. Il ciclismo è risultato terzo tra gli sport trasmessi in diretta:[3] la tredicesima tappa del Giro d'Italia del 2000 è stata vista dal 41,9% degli spettatori, mentre l'anno successivo la tappa finale ha avuto il 47,2% di share.

Il Giro d'Italia ha una lunga tradizione, e fa parte non soltanto della storia dello sport italiano ma anche di quella della cultura popolare nazionale. Il Giro è una corsa a tappe che dura circa quattro settimane e si svolge tra maggio e l'inizio di giugno. Ogni giorno, tranne[4] i giorni di riposo o di trasferimento, i corridori percorrono una tappa di 150–200 chilometri. Alla fine della tappa viene registrato il tempo che ogni ciclista impiega per arrivare al traguardo. Vince il Giro il corridore che ha la somma dei tempi più bassa, non quello che vince più tappe. Oltre alla classifica generale, ce ne sono altre: fra queste la più prestigiosa è il Gran Premio della Montagna, che comprende traguardi intermedi che sono in cima a una montagna o a un colle. Ci sono premi in denaro per ogni traguardo; il montepremi[5] per il Giro del 2001 è stato di € 1.342.788. Durante la corsa il leader della classifica generale indossa una maglia rosa, e giornalisti e tifosi[6] si riferiscono a lui con l'espressione "la Maglia Rosa".

Rosa è il colore del campione del Giro perché è il colore della *Gazzetta dello Sport,* il più antico e il più importante quotidiano sportivo italiano, che dal 1909 organizza e sponsorizza questa corsa ciclistica. La storia del Giro è legata ai nomi dei grandi campioni italiani e stranieri iscritti nell'albo d'oro[7] della gara: Girardengo, Binda, Bartali, Coppi, Merckx, Gimondi, Hinault, Indurain. Le loro imprese, specialmente tra gli anni '30 e gli anni '50, erano eroiche, perché a quel tempo i ciclisti correvano spesso su distanze massacranti (tapponi di 3–400 km), su strade strette e sterrate,[8] e con ogni condizione di tempo, anche con la grandine[9] e la neve (in alta montagna). Non a caso i giornalisti e gli scrittori del dopoguerra paragonavano i ciclisti del Giro d'Italia e del Tour de France agli eroi epici o a figure leggendarie della storia dell'umanità. Per Dino Buzzati la rivalità tra Bartali e Coppi ricordava il duello tra gli eroi omerici Ettore e Achille.[10] Gianni Brera scriveva che Coppi era "un congegno[11] superiore, una macchina di carne e ossa", che rinnovava "l'antica bellezza dei miti".[12] In "Lettera a Gino Bartali" Brera diceva: "noi ricordiamo Annibale e Napoleone come due genii. A tuo modo, sei tu pure un genio muscolare".[13] Infine il semiologo francese Roland Barthes, in un saggio famoso,[14] fornì esempi dell'amplificazione epica nelle cronache ciclistiche: la natura è umanizzata (il Monte Ventoso[15] è un "Moloch, despota dei ciclisti", "non perdona mai ai deboli"), la dinamica della corsa è quella di una battaglia, i ciclisti sono eroi cavallereschi,[16] guerrieri, angeli.

L'85° Giro d'Italia, 2002.
© Giorgio Fedi

I grandi campioni di oggi sono angeli caduti. Al Giro d'Italia del 1999 Marco Pantani, il "mito", il "Pirata", è stato squalificato per doping; mancava una sola tappa all'arrivo, e Pantani stava per vincere il Giro per il secondo anno consecutivo. Gilberto Simoni, il vincitore del 2001, nel 2002 è risultato positivo alla cocaina e ha dovuto lasciare la gara. Ciclisti "pentiti"[17] hanno raccontato ai giudici italiani e francesi come si procuravano "la roba" per "bombarsi", per "curarsi". Hanno confessato che si dopavano perché lo facevano tutti, perché avevano una famiglia da mantenere[18] e non volevano perdere il posto in squadra. Dopo un blitz antidoping dei carabinieri dei NAS (Nuclei Antisofisticazioni e Sanità)[19] al Giro d'Italia del 2001, ottanta tra atleti e accompagnatori hanno ricevuto avvisi di garanzia.[20] Nonostante questo nel 2002 milioni di italiani sono scesi in strada per vedere il Giro, e quando passava Pantani tanti urlavano: "Dai, Marco, non mollare".[21]

LESSICO: LA BICICLETTA

La bicicletta: i materiali
acciaio *steel*

alluminio *aluminum*

fibra di carbonio *carbon fiber*

titanio *titanium*

Le parti della bicicletta
bici *bike*

biciclettina *kid's bike*

(una / la) due ruote *two wheels*

telaio *frame*

tubo orizzontale / canna *crossbar*

ruota anteriore (ruota davanti)
   front wheel

ruota posteriore (ruota di dietro)
   rear wheel

ruotine *training wheels*

pneumatico / gomma *tire*

cerchio / cerchione *rim*

raggi *spokes*

forcella *fork*

mozzo *hub*

freno *brake*

freno a disco *disc brake*

ammortizzatore *shock absorber*

manubrio / sterzo *handlebar*

sella / sellino *saddle / seat*

pedale *pedal*

cambio *gear*

marce / rapporti *speeds*

corona *sprocket*

catena *chain*

pignone *pinion*

fanale / fanalino *light / tail light*

Gli accessori
casco *helmet*

borraccia *water bottle*

pompa *pump*

campanello *bell*

portapacchi *(parcel) carrier*

cestino *basket*

seggiolino per bambini *child seat*

Le azioni
pedalare *to pedal*

frenare *to brake*

cambiare *to shift gear*

forare *to get a flat tire*

In bicicletta per le strade
cicloamatore / ciclista dilettante /
   ciclista della domenica
   amateur cyclist

tifoso *fan*

corridore *racer*

campione *champion*

gregario *support rider*

professionista *professional rider*

velocista *sprinter*

passista *long-distance cyclist*

scalatore / arrampicatore / grimpeur
   climber

gruppo / gruppone
   *group / large group of cyclists riding
   together*

volata *sprint*

tappa / tappone *stage / leg*

gara / corsa *race*

traguardo *finish line*
traguardo volante *intermediate sprint*
tagliare il traguardo
   to cross the finish line
strada / stradone *road / wide road*
curva *turn*

salita *climb / slope*
pista ciclabile *bicycle path*
allenamento *training*
pedalata *bicycle ride / pedal stroke*
biciclettaio / riparatore di
   biciclette *bicycle shop mechanic*

Metafore ed espressioni gergali

doparsi / prendere sostanze dopanti / bombarsi *to take dope*
bomba *doping substance*
andare in fuga / fare una volata
   to sprint ahead
essere cotto / essere alla frutta
   to be burned out
muro *steep slope*
Biciclopoli / Vene pulite: inchieste giudiziarie contro il doping nel ciclismo,
   sul modello di Tangentopoli[22] e Mani pulite,[23] operazioni della magistratura
   contro il malaffare[24] di politici e amministratori.

© *Andrea Fedi*

IL CICLISMO NELLA CANZONE ITALIANA

Canzoni che parlano di storia

Per l'ultima generazione di italiani "Il bandito e il campione" di Francesco De Gregori è sicuramente la canzone d'autore[25] più famosa sul tema del ciclismo e della sua storia. Scritto dal fratello di De Gregori, Luigi (in arte Luigi Grechi, dal cognome della madre), il brano ha vinto la Targa Tenco come migliore canzone del 1993.

Non deve sorprendere che i giovani di oggi ascoltino musica pop/folk ispirata ai fatti di un tempo da noi così distante come gli anni '20 del Novecento, l'epoca di Costante Girardengo (il campione) e di Sante Pollastro (il bandito). Il nesso tra canzone e storia ha una lunga tradizione. Lo stesso De Gregori, nel 2001, fu invitato ad Arezzo ad un convegno[26] intitolato "Comunicare storia" e nel suo intervento[27] dichiarò: "Può una canzone o no parlare di storia? Naturalmente sì e questo non lo dico io, perché ho scritto alcune canzoni che parlano di storia, lo dimostra la storia stessa della canzone italiana, a partire da[28] quella popolare".

La rivisitazione della storia sociale attraverso prodotti di cultura popolare incontra sempre di più il favore del pubblico italiano; canzoni, programmi e serie televisive rievocano e celebrano il passato riproponendo spezzoni di cronaca in bianco e nero e vecchie trasmissioni di varietà.[29] L'offerta è tanto varia quanto ricca. Ci sono programmi di vero culto, stilisticamente raffinati e iniziatori di nuovi linguaggi televisivi, come *Schegge*[30] e *Fuori orario*[31] di Enrico Ghezzi, mandati in onda nella fascia notturna.[32] Si rivolgevano ad un pubblico più largo e meno sofisticato i giornalieri[33] *L'Italia racconta* e *Ci vediamo in tv,* di Paolo Limiti, e l'appuntamento stagionale delle puntate di *Novecento* con Pippo Baudo.

Girardengo e Pollastro

Costante Girardengo e Sante Pollastro (o Pollastri) erano tutti e due della zona di Novi Ligure, in Piemonte. Girardengo fu il primo "Campionissimo" nella storia del ciclismo italiano: vinse due Giri d'Italia, otto campionati italiani e sei Milano-Sanremo. Sante Pollastro divenne il pericolo pubblico[34] numero uno degli anni '20, ricercato[35] in Italia e in Francia. Anarchico e antifascista, "bandito gentiluomo" per alcuni, per altri "la iena[36] di Novi", Sante e la sua banda scappavano in bicicletta dopo le rapine in banca.[37] A Parigi, dove si era rifugiato, nel 1925 Pollastro andò al velodromo a veder correre Girardengo, e gli affidò un messaggio per le autorità italiane. Pollastro fu arrestato due anni dopo in Francia, e fu estradato[38] in Italia, dove passò trent'anni in prigione prima della grazia[39] per buona condotta.[40] Il testo della canzone di Grechi–De Gregori offre un altro finale per questa "storia d'altri tempi, di prima del motore":[41] la polizia arresta Pollastro in mezzo alla folla[42] che attende l'arrivo di Girardengo al traguardo di una tappa del Giro d'Italia; qualcuno dice che proprio Girardengo ha fatto la soffiata alla polizia.[43]

Un uomo solo al comando

Come ha scritto Rita Cirio sull'*Espresso,* "in Italia la leggenda del ciclismo è legata[44] agli anni precedenti il boom economico", quando "il successo nel ciclismo segnava il riscatto dalla miseria[45] e proprio con quello strumento che era prima di tutto di lavoro", la bicicletta.

"Bartali" di Paolo Conte (1979) rievoca l'Italia povera e spensierata[46] del dopoguerra. La gente scende in strada e aspetta con trepidazione di veder passare i grandi campioni del Giro. Il ciclismo, secondo la voce narrante della canzone, è anche meglio delle donne e del cinema per distrarsi e per sognare. Bartali, con "quel naso triste come una salita"[47] e "quegli occhi allegri da italiano in gita",[48] quando vince conferisce una dignità nuova a tutti gli italiani: infatti, grazie alle sue vittorie, adesso "i francesi ci rispettano".

In un'intervista resa a Guia Soncini nel 2003, Conte ha ricordato che la sua canzone "non parlava di Bartali, parlava di piccola umanità", ed ha spiegato in questa chiave il famoso riferimento al naso di Bartali: "È una questione di nasi. Quello di Coppi è astratto, disegnato,[49] aerodinamico, come tutta la sua figura, forse come tutta la sua vita. Bartali era un omino in bicicletta, con un naso accessibile a tutti noi".[50]

Anche Coppi, nella canzone omonima di Gino Paoli (1988), è descritto come "un omino che non ha la faccia da campione", che "viene su dalla fatica",[51] ma che ha "un cuore grande come l'Izoard", la tappa del Tour de France teatro di competizioni drammatiche. La caratterizzazione in senso mitico ed eroico del grande ciclista si

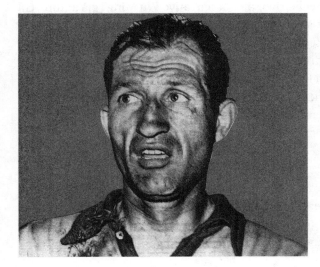

© *Gino Bartali*

riscontra[52] anche nelle opere teatrali a lui dedicate: *Skandalon,* del belga René Kalisky, riproposta da Memè Perlini al Festival dei Due Mondi di Spoleto nel 1989; *Un uomo solo al comando... Fausto Coppi* di Guido Ferrarini e Gian Marco Montesano; e *Faust o Coppi* di Claudio Di Palma, che con il gioco di parole del titolo preannuncia l'accostamento del mito del Campionissimo a quello faustiano.

Gioca la tua partita, non sarà mai finita

Non sempre i protagonisti delle canzoni sono eroi sovrumani,[53] destinati comunque[54] alla vittoria.

In "Gimondi e il cannibale" di Enrico Ruggeri (2000), Felice Gimondi, il ciclista degli anni '60 e '70, è "l'eterno secondo"[55] che fatica per non restare indietro, e che dà sempre il meglio di sé nonostante le sconfitte.[56] La sua nemesi è il belga Eddy Merckx, detto "il cannibale" perché divora i suoi avversari. Gimondi fu "un mito" per la generazione di Ruggeri proprio per la sua umanità. "Oggi invece gli eroi sono quelli che non hanno debolezze",[57] ha spiegato Ruggeri in un'intervista, "quelli che vincono sempre".

La rivalità tra Gimondi e Merckx anima la vena sarcastica di "Sono felice" (1993), del gruppo demenziale Elio e le Storie Tese: "Lo so che non è facile / nella vita scoprire / che c'è anche Eddie Merckx". Nella canzone si immagina addirittura che il ciclista voglia bucare[58] le gomme alla bicicletta dell'avversario, smontarne il cambio e segare[59] i pedali.

Pure la musica più alternativa guarda alle leggende del ciclismo. È il caso di "Freccia Vallona" dei piemontesi Yo Yo Mundi, un gruppo dal sound difficilmente etichettabile,[60] che mescola le influenze del progressive rock storico al ricordo del punk/New Wave inglese più politicizzato, le radici etniche e folk al rock più duro. Tra le band italiane, gli Yo Yo Mundi si sono segnalati[61] per un originale approccio multimediale, tanto per l'ispirazione (nel 1999 hanno "sonorizzato" lo storico film *Sciopero* di Sergei Eisenstein), quanto per la collaborazione con scrittori ed artisti operanti in altri media, tra cui il collettivo/atelier narrativo Wu Ming (già autore, col nome Luther Blissett, di un best-seller di culto quale *Q,* da poco tradotto in inglese). Oltre alla canzone citata, il cui titolo si riferisce a una "classica" gara ciclistica che si svolge in Belgio, gli Yo Yo Mundi hanno composto brani strumentali sul tema, come "Pedale Selvaggio"[62] e "Bicicleta Basca".

Marco Pantani, nella cui carriera (anche prima della tragica fine) si sono alternati trionfo e sconfitta, diventa "l'eroe vincente" di "Prendi in mano i tuoi anni" dei Litfiba. In un'intervista rilasciata[63] alla rivista specializzata *Rockstar* nel 1999, il cantante Piero Pelù ha motivato così la dedica a Pantani di questa canzone: "in un pezzo come 'Prendi in mano i tuoi anni' rappresentiamo il duello col tempo come capacità di correre contro gli orologi e i cronometri per imporre al mondo il tempo della propria vittoria personale: 'Ehi, ma dove sei? Ti stai piangendo addosso. / Prendi in mano i tuoi anni, il tempo non lo inganni. / Cosa fai? Perché aspetti ancora? / Gioca la tua partita, non sarà mai finita...'".

Attività

A. I versi delle canzoni sono spesso a rima baciata,[64] talvolta imperfetta.[65] Per esempio, le strofe[66] de "Il bandito e il campione" seguono lo schema AABBCCDD, come in questa sequenza: *fretta / bicicletta, storia / memoria, motore / amore, cresce / capisce.* Storicamente la poesia italiana è caratterizzata dall'uso della rima; nella poesia e nella canzone popolare la rima e il ritmo hanno anche la funzione di facilitare la memorizzazione del testo. In classe, esercitatevi nell'uso della rima: uno studente dica una parola in italiano e un altro risponda con una parola in rima, e poi fornisca una parola nuova a cui lo studente successivo risponderà in rima.

ALEX E AIDI

Enrico Brizzi

Alla sua città natale Enrico Brizzi dedica un'intera sezione del suo sito Internet: "Sono bolognese, figlio di bolognesi, e mi ritengo fortunato di essere nato e di vivere a Bologna" (www.enricobrizzi.net). Nato nel 1974, Brizzi ha frequentato il Liceo Classico Galvani, in cui studiarono anche Riccardo Bacchelli e Pier Paolo Pasolini. Ha studiato Scienze della Comunicazione a Bologna, dove ha seguito le lezioni di Umberto Eco.

La cultura cinematografica e musicale americana è stata determinante nella sua formazione di scrittore: "A sedici anni, dopo che ho visto *Blade Runner* per la prima volta, ho detto: bella questa storia! E poi ho cominciato a scrivere" (www.enrico brizzi.net). *Freaky Stiley,* il disco dei Red Hot Chili Peppers, dà il titolo al suo primo racconto. Nel '95 la casa editrice[67] Baldini e Castoldi ripubblica il suo primo romanzo, *Jack Frusciante è uscito dal gruppo,* stampato l'anno precedente da un piccolo editore di Ancona, Transeuropa. Il successo di pubblico è clamoroso: in pochi mesi il libro vende centinaia di migliaia di copie, e negli anni seguenti viene tradotto in una decina di lingue.[68] Nel 1996 ne viene tratto un film, con Stefano Accorsi nel ruolo del protagonista. Lo stesso anno esce il secondo romanzo di Brizzi, *Bastogne,* seguito da numerosi altri libri (tra gli ultimi vi sono *L'altro nome del rock,* del 2001, scritto a quattro mani con Lorenzo Marzaduri, anche lui bolognese, e *Razorama,* del 2003). Enrico Brizzi collabora inoltre con vari quotidiani e altri mezzi di informazione.

L'universo del vecchio Alex

"Perché Jack Frusciante,[69] chitarrista dei Red Hot Chili Peppers, è uscito dalla band proprio quando stava arrivando il successo? A chiederselo è il vecchio Alex,[70] ex studente modello conteso[71] da tutte le compagne di scuola e disperatamente coinvolto in una storia d'amore senza baci e senza sesso con Aidi"[72] (www.enrico brizzi.net). Per Alex, John Frusciante è un antieroe perché ha rinunciato alla popolarità e al denaro, valori di quella società conformista che il liceale[73] del romanzo non accetta. Perfino[74] quando guarda la finale dei campionati europei di calcio, Alex tifa per l'*underdog* di turno, la Danimarca, invece che per la squadra favorita, la Germania.

Il libro di Brizzi è una storia d'amore tardoadolescenziale ("la più bella che ho mai letto", ha scritto Silvia Ballestra), ma anche un Bildungsroman[75] contemporaneo, un romanzo sul passaggio dall'adolescenza all'età adulta nell'Italia degli anni '90. Rispecchia l'ironia talvolta caustica e aggressiva dei giovanissimi e le contraddizioni di un ragazzo che ha ricevuto un'educazione italiana di tipo tradizionale ma recepisce gli stimoli della cultura globalizzata: Alex legge Richard Bach e e. e. cummings, Antoine de Saint-Exupéry e Andrea De Carlo. Ascolta la musica dei Cure, dei Clash, dei Dead Kennedys, dei Pogues e dei Sex Pistols, ma anche i Dire Straits e i gruppi alternativi di Bologna. Parla il gergo dei suoi coetanei[76] e quello dei personaggi dei fumetti[77] di Andrea Pazienza: i professori sono "i profii", la madre autoritaria è "la mutter", il padre e capofamiglia è "il Cancelliere";[78] guardare di sottecchi[79] è "slumare", un pasto da McDonald's è "una cena funky bruciapaghetta".[80] Con tutto questo, un punto fisso[81] nella vita di Alex è la bicicletta, che egli usa per spostarsi in città ma anche per sognare: in bicicletta si sente come Girardengo, anzi è Girardengo, solo un po' "più basso e rock".[82]

Enrico Brizzi, *Jack Frusciante è uscito dal gruppo*
(Milano: Baldini e Castoldi, 1997)

Due ore più tardi, eccovelo di nuovo in sella, il vecchio Alex, che pedalava arcicontento nella luce del primo pomeriggio; una qualità di luce che, per un secondo, gli aveva ricordato certi rari pomeriggi d'agosto un po' sul tardi,[83] e azzurri e limpidi come dopo una pioggia: i rari giorni d'un agosto bolognese che per quell'anno lei non avrebbe visto.[84]

Con la bici, intanto, andava sempre meglio. La sua potenza era aumentata, da quando aveva preso a lanciarsi[85] su per via Codivilla.

La prima volta era arrivato a metà salita e il respiro gli si era spento dentro all'improvviso;[86] aveva dovuto scendere, portare la bicicletta a mano fino al cancello:[87] era sera, e sui colli, la sera, faceva buio pesto;[88] era marzo, e nel nero delle otto e mezzo di quella sera di marzo si cominciava a sentire il profumo della primavera.

Le prime volte Aidi scendeva ad aspettarlo al cancello, il vecchio Alex la ricordava seduta sulla vespa, sorridente, con il casco in mano. Poi, Alex legava[89] la bici e saliva in vespa con Aidi e Aidi lo portava fino alla casa del seminario. Guidava bene, lei, anche se l'anno prima, in Sicilia, aveva avuto un incidente: il nostro vecchio non poteva evitare di dispiacersi per quel piccolo incidente che pure s'era concluso nel migliore dei modi da molti mesi e che lui non avrebbe potuto evitare in alcun modo.

La primavera gli stava proprio scivolando di mano,[90] non potevano esserci dubbi, ma nel frattempo aveva imparato a giocare col cambio, a dosare bene la forza. Riusciva ad arrivare fino allo spiazzo antistante la casa di Aidi[91] senza fermarsi mai.

Schizzava via come una revolverata[92] dai viali, svoltava a destra[93] per via San Mamolo, quindi, se non c'era traffico, all'altezza del baracchino dei gelati[94] infilava, saettando come nessuno,[95] la via Codivilla. Sul tratto in pianura accelerava al massimo, poi attaccava la salita di potenza sotto gli occhi sorprendentemente indifferenti dei rari passanti[96] e automobilisti che scendevano anestetizzati incontro alla città. Cercava di tenere il rapporto di pianura, che ha il passo lungo[97] e ti fa fare più strada, fin dove gli era possibile; poi si alzava a pedalare in piedi con tutta la bici che ballava sotto; quando sentiva che la pendenza diventava troppo forte,[98] quando capiva che dopo altre due o tre pedalate avrebbe dovuto poggiare un piede a terra,[99] lungo la curva, di solito al primo cartello di divieto di sosta permanente,[100] si piegava sul cannone e col pollice faceva scattare il cambio:[101] la catena saltava sulla corona più piccola, le gambe ricominciavano a macinare;[102] lui si spostava sul cordolo,[103] al limite dell'asfalto, per evitare ogni palmo[104] di strada superfluo: all'uscita della curva, poteva riprendere a pedalare restando seduto.

Quando avvistava[105] la fila delle macchine parcheggiate, stabiliva un traguardo a cui arrivare senza lasciare il sellino: almeno arrivare alla golf bianca—avambracci tesi,[106] schiena curva, vene sulle mani e sui polsi in evidenza, palmi sudati.[107]

Almeno arrivare a quella stramaledetta Golf...

Pensava ad altro, guardava a terra, in quei momenti difficili: i titoli dei dischi dei Police. Regatta De Blanc, Outlandos D'Amour, Synchronicity, Zenyatta Mondatta, Ghost In The Machine. Perché Regatta De Blanc è prima di Outlandos D'Amour, vero?

E il vecchio Alex scandiva[108] mentalmente marca, modello e colore delle macchine parcheggiate, per non pensare al suo corpo, ché tanto quello pedalava anche da solo. Le riconosceva quasi tutte, anche se ogni tanto non gli venivano in mente i nomi di alcuni modelli tipo le utilitarie[109] giapponesi.

G-g-g-olf biah-n-n-n-cah! In piedi, adesso!

Eh, adesso era quasi Coppi. Pedalava in piedi, inclinato avanti, sporgendosi[110] oltre il manubrio, mentre il sudore gli colava[111] ai lati delle sopracciglia e dietro gli orecchi, mentre la maglietta aderiva alla schiena. Ancora pochi metri, ancora pochi metri soltanto, e avrebbe avvistato i due leoni di pietra dallo sguardo spento,[112] semidormienti[113] sulle colonne a cui era incardinato[114] il cancello.

Quel grosso cancello coi due leoni menefreghisti[115] e semidormienti era sempre aperto, e il vecchio Alex lo superava d'infilata[116] e passava sotto il fresco buono degli alberi. C'era un tratto in pianura, all'interno, ma lui sapeva che non doveva ingannarsi,[117] ché se rallentava per rifiatare[118] in quel tratto dopo avrebbe dovuto dannarsi a riprendere il ritmo; allora si lanciava su per i tornanti del sentiero asfaltato[119] che attraversava il bosco, e alla seconda curva, che piegava a destra,[120] faceva saltare la catena sulla corona più grande: imboccava la pendenza del rettilineo[121] di nuovo in piedi sui pedali.

Giocava di spalle,[122] per restare all'esterno delle curve, e ormai mancava davvero una manciata di strada,[123] prima del seminario, e lui, fermo sul rapporto di pia-

© Andrea Fedi

nura, poteva smettere di pensare a Coppi, a Girardengo, e anche ai gregari mitici e scalatori—cosce d'acciaio e volontà nicciana[124]—destinati a restare ignoti, ma che al Giro attaccavano in tutte le tappe di montagna e ridicolizzavano i campioni costruiti in palestra...

A sessanta secondi da lì, c'era Aidi.

Ultimi colpi per arrivare allo spiazzo del seminario.

Il vecchio Alex si passava le mani indietro, tra i capelli bagnati.

Ancora dieci pedalate, e sarebbe stata di nuovo pianura, immersa nel fitto del bosco.[125]

Gli piaceva immensamente filare veloce[126] in quel paesaggio di foglie, e non era necessario cronometrare un bel nulla. Lo so quanto voi, non crediate. Magari, lui, non era così tanto bravo, con quella bici, però l'essenziale non era cronometrare la gara, ma non poggiare i piedi a terra durante la salita, non fermarsi a rifiatare in pianura. Era quello, il suo record.

Quanto al resto, dal punto di vista del nostro Girardengo appena appena più basso e rock, se Adelaide era una sibilla o una fata,[127] contava anche il fatto che abitava in un bosco.

*Il cancello del Seminario,
in cima a via Codivilla.
© Andrea Fedi*

Attività

A. Usando la forma impersonale, spiegate come si fa ad arrivare da un posto all'altro, in una zona a voi familiare (da casa alla spiaggia, oppure dall'università al cinema più vicino). Per esempio:

> Si prende viale Mazzini. Si svolta a destra su corso Amendola. Si arriva a piazza Garibaldi, si gira a destra e si imbocca via Dante. Al primo semaforo si va a sinistra e si prende la seconda traversa dopo la rotatoria.[128] Dopo un chilometro si trova il casello autostradale[129]...

B. Nel brano Enrico Brizzi, per aggiungere colore e ironia, usa i prefissi *arci-* e *stra-* ("arcicontento", "stramaledetta"); ciò, in alternativa al superlativo suffissale in *-issimo* o *-errimo*, serve a "esprimere la massima gradazione intensiva di un aggettivo" (Serianni). Possiamo notare anche la presenza di "bello" con valore intensivo: "un bel nulla" (vedi anche "bello scuro", con il significato di "molto abbronzato", ne "Il Gianni" di Marco Beccaria).

Esistono altri procedimenti per esprimere il grado superlativo di un aggettivo o di un avverbio. Considerate questi esempi: "particolarmente facile", "tutto giulivo", "un sacco bello", "piano piano", "stanco morto", "ultraleggero", "supertecnologico", "iperattivo", "ben difficilmente".

Trovate esempi uguali o simili a questi su testi italiani correnti (libri, giornali, pagine di Internet, canzoni), indicandone il contesto e la fonte.

DIVISE E SALVÒ L'ITALIA

Coppi e Bartali

Alla fine del 1999 la Doxa, istituto per le ricerche statistiche e l'analisi dell'opinione pubblica, ha pubblicato i risultati del sondaggio[130] per la selezione dei candidati al titolo di "Italiano del secolo". Nel settore dello sport in testa alla classifica c'erano un grande giocatore di calcio degli ultimi anni, Roberto Baggio, e due ciclisti d'epoca:[131] Fausto Coppi e Gino Bartali.

"Coppi e Bartali hanno fatto la storia del ciclismo", ha dichiarato Fiorenzo Magni, un altro campione del dopoguerra,[132] vincitore di tre Giri d'Italia. "Una loro vittoria al Giro del Piemonte valeva un titolo a nove colonne sulla *Gazzetta dello sport*. Se la Juventus vinceva il derby, allora andava in terza pagina: il calcio doveva accontentarsi del secondo posto, dietro al ciclismo". In un'intervista rilasciata nel 2000, Magni così descriveva l'amico Bartali: "era una roccia. Se c'erano 40 gradi all'ombra,[133] lui non aveva caldo. Se si correva con la neve, lui non sentiva il freddo. Se una tappa era infinitamente lunga, lui borbottava[134] che era troppo corta. Con lui se ne va un mito, un pezzo di storia".

Dal dopoguerra in poi sembra che gli italiani siano divisi tra coppiani e bartaliani. Non è semplicemente una scelta tra due sportivi. Grazie alla stampa, alla radio e alla televisione, Coppi e Bartali durante la loro carriera diventarono personaggi che incarnavano due stili di vita profondamente diversi, due ideologie opposte. Gino portava lo stemma[135] dell'Azione Cattolica,[136] dedicava le sue vittorie alla Madonna di Lourdes, aveva un forte senso della famiglia; il Papa, Pio XII, gli dava del "tu" e Alcide De Gasperi, il Presidente del Consiglio,[137] gli telefonava prima delle gare e lo andava a trovare quando stava male. Nell'immaginario popolare Gino è la tradizione; Fausto invece, per l'Italia del tempo, rappresenta, in bene e in male, la modernità: nello sport cerca l'aiuto della medicina e della dietetica, sembra scettico in materia di religione, ed è un "rovina-famiglie".[138] L'opinione pubblica disapprovava la sua relazione con Giulia Occhini (che i giornali chiamavano romanticamente "la Dama Bianca"), e un tribunale condannò entrambi per adulterio.

Ancora oggi, quando si tratta di indicare una forma di netto dualismo, il riferimento a Coppi e Bartali è spontaneo. "No alle alternative secche,[139] ai duelli tipo Coppi-Bartali", ha proclamato l'allora Presidente del Consiglio Giuliano Amato ai giornalisti nel 2000. Ed ha aggiunto: "Cerchiamo di non mettere le cose sempre in questo modo, in alternativa: Bartali-Coppi; Amato-Rutelli; impresa[140]-famiglia". Il settimanale *L'espresso* intitolava così un servizio del 2001, sul cinema italiano: "Sei per Muccino o per Moretti? Come per Coppi e Bartali. O Tebaldi e Callas. L'Italia si divide". Infine il poeta Luciano Erba, su *Repubblica* (2002), raccontava, a proposito della sua gioventù: "In quegli anni il nostro mondo era spaccato[141] in due: o si era per Montale o per Ungaretti, come dire Inter o Milan, Bartali o Coppi".

*Una scritta che resiste da
decenni. © Andrea Fedi*

Massimo Vincenzi, "Addio a Gino Bartali: divise e salvò l'Italia"

(*La Repubblica*, 5 maggio 2000)

FIRENZE—Gino Bartali è morto nel primo pomeriggio nella casa di Firenze in piazza Cardinale Elia Dalla Costa. Il campione dei campioni aveva 86 anni, attorno al suo letto c'era tutta la famiglia: la moglie Adriana, i figli Andrea, Biancamaria e Luigi.

Per raccontarlo si può partire dalle vittorie: il Giro nel 1936, 1937 e 1946, con sette acuti[142] di tappa. Il Tour de France per due anni (1938 e 1948), con 12 successi di giornata, la Milano-Sanremo per quattro edizioni e i tre Giri di Lombardia. La prima volta ha alzato le braccia sul traguardo alla Portocivitanova-L'Aquila nella corsa rosa del 1935. Ha chiuso al Giro di Toscana del 1954, vent'anni con il suo profilo inconfondibile[143] sulla bicicletta.

Vent'anni a brontolare,[144] tanto da meritarsi il soprannome di Ginettaccio... Vent'anni a dire, un giorno sì e l'altro pure: "Gli è tutto sbagliato, gli è tutto da rifare".[145] Un ritornello[146] che si è portato dietro anche da osservatore e tecnico appassionato, di uno sport, il ciclismo, che non riconosceva più.

E non avrebbe potuto riconoscerlo, lui che negli occhi aveva stampato il film in bianco nero delle sfide[147] epiche con Fausto Coppi, il suo rivale di sempre... La loro era qualcosa di più di una semplice rivalità. Quelli di Bartali e Coppi erano due mondi diversi, due pianeti che si sfioravano solo sulle salite impolverate[148] del Tour e del Giro, per il resto erano lontani anni luce. Da una parte l'atleta toscano: Gino *le pieux*,[149] come dicevano i francesi, che interpretava i sogni della sponda[150] moderata, cattolica della nazione. Che correva con grinta,[151] senza arrendersi mai, spendendo sempre una goccia in più[152] di energia. L'altro, elegante, bello, dotato di un talento quasi soprannaturale, eleganza e tristezza innate, tirato per la giacca dalla parte delle bandiere rosse.[153]

Era un'Italia così, quasi come quella di Don Camillo e Peppone,[154] ma qui i contrasti erano veri. Ed era vero quella mattina del 1948 il rischio di una nuova guerra civile. Un giovanotto irpino,[155] Antonio Pallante, aveva sparato al segretario del PCI[156] Palmiro Togliatti. Gli operai erano scesi in piazza, il punto di rottura si vedeva, era vicino.

Il Presidente del Consiglio, il democristiano[157] Alcide De Gasperi telefonò a Gino Bartali impegnato al Tour de France e gli chiese di vincere per l'Italia. Alla corsa gialla[158] è giorno di riposo, l'indomani ci sono due tapponi massacranti consecutivi: la Cannes-Briançon e poi la Briançon–Aix les Bains. Quello che combina il fuoriclasse toscano su quelle salite è ormai leggenda, mito, storia. Vola da solo sull'Izoard,[159] e lascia a bocca aperta i francesi,[160] che da allora, quando lo vedono, "ancor s'incazzano".[161] In Italia la notizia arriva alle 17,30 e le manifestazioni,[162] come per magia, si trasformano in cortei festosi.[163]

Una piccola favola. Una di quelle che capitano quando c'è di mezzo lo sport e soprattutto uno come Gino Bartali. Adesso sarà da qualche parte in cielo a brontolare e a tentare di andare di nuovo in fuga.

Il 1948 in Italia

L'attentato a Togliatti avvenne in un periodo di grande tensione per l'Italia, all'inizio della guerra fredda tra USA e URSS. Nelle elezioni politiche del 18 aprile 1948 la Democrazia Cristiana (DC) di De Gasperi aveva sconfitto i comunisti. In quello stesso periodo il Presidente Harry Truman concedeva all'Italia un ingente finanziamento[164] per la ricostruzione, facendo dell'Italia un alleato importante nella lotta contro l'espansione del comunismo sovietico. "Le ore undici del quattordici luglio / dalla Camera[165] usciva Togliatti / quattro colpi gli furon sparati / da uno studente vile e senza cuor": così recita una canzone popolare riproposta da Francesco De Gregori in due album del 2002, *Fuoco amico* e *Il fischio del vapore*. Il giovane Pallante sparò tre colpi a Togliatti e lo ferì alla nuca[166] e alla schiena. Solo il coraggioso intervento di Nilde Jotti, deputato e compagna di Togliatti, riuscì a salvare il leader comunista. Togliatti fu operato e per diversi giorni stette tra la vita e la morte. Intanto ci furono scioperi generali[167] a Torino e a Milano, manifestazioni e incidenti nel resto d'Italia. Il governo temeva un'insurrezione armata, la guerra civile. In questo clima Bartali e gli altri ciclisti italiani pensavano di ritirarsi dal Tour de France, quando De Gasperi fece la famosa telefonata e convinse Bartali a correre lo stesso. Bartali vinse l'indomani e

© Andrea Fedi

poi di nuovo nei giorni seguenti; la gente ricominciò a parlare di sport, e non più solo di politica. Togliatti dopo qualche settimana guarì;[168] lui stesso, consapevole della gravità del momento, prima di perdere conoscenza aveva mormorato ai suoi:[169] "State calmi, non perdete la testa".

Attività

A. Sulla base di quanto avete letto o visto nei film, descrivete sinteticamente l'Italia del dopoguerra.

IL GIANNI

Marco Beccaria

Marco Beccaria è nato a Milano nel 1967. Ha pubblicato racconti su quotidiani, riviste e in antologie. Insegna storia e filosofia in un liceo.

Il titolo di questo racconto presumibilmente autobiografico, "Il Gianni",[170] si riferisce a Gianni Bugno, grande campione del ciclismo degli anni '90 e uno degli idoli dello scrittore. Il protagonista è un supplente.[171] Un giorno si reca in una scuola privata cattolica di Cantù, vicino Milano, e il preside lo manda dall'amministratore, Giuseppe, per il colloquio di lavoro.[172]

Marco Beccaria, "Il Gianni" (*L'espresso online*, 2000)
3. Pochi minuti dopo, al cospetto di[173] Giuseppe

Il colloquio non decollava. Cincischiava,[174] Giuseppe. Mi aveva già chiesto che argomento avevo scelto per la tesi (c'era scritto a caratteri cubitali[175] sul curriculum che teneva aperto davanti, peraltro,[176] e la cosa mi innervosiva) e di raccontare le mie precedenti esperienze lavorative... quando, a tradimento,[177] mi chiese una cosa pazzesca.

Più ci penso, più è pazzesca.

Mi chiese: "Come mai quell'abbronzatura?"[178]

Insomma, era marzo. Faceva un caldo boia,[179] quel marzo, e il mio braccio risaltava, bello scuro, fuori dal polsino[180] per qualche centimetro. Per non parlare del naso. Io, quando c'è del sole in giro, lo attiro tutto sul mio naso.

Comunque: "Come mai quell'abbronzatura?" e basta.

Attimi di silenzio. Lui sorride. A pensarci dopo, avrei potuto anche equivocare. Invece gli ho risposto.

"È che vado in bicicletta".

E lui s'illumina.[181] Mi guarda e mi dice: "Dove va?"

E io, che ancora non avevo capito, gli rispondo: "In bicicletta". (Siamo sempre inadeguati alle cose grandi che ci capitano: questa è una legge generale della vita che è bene stamparsi nel cervello e non discuterne più).

E lui, con il modo di chi ha una gran pazienza, mi ribatte: "Ma no, intendevo[182] dove va in bicicletta. Che percorsi[183] fa. Di solito".

E io, che iniziavo a intuire, faccio:[184] "Mah, non lo so, i miei soliti giri su per la Brianza. Ha presente?[185] Madonna del Bosco, Valle del Lambro, roba così.[186] Ogni tanto Colle Brianza, Lissolo, anche Montevecchia".

"Montevecchia?", mi dice lui, illuminandosi. "Davvero l'ha fatta, qualche volta?"
"Sì", rispondo.

Fu un istante. In quell'istante si decise il mio destino al Collegio.[187] Perché due cose mi furono improvvisamente chiare: Giuseppe era un ciclista, ed era uno di quelli puri, e se c'è una cosa che un ciclista puro non sopporta è uno che millanta.[188] Che si bulla[189]...

E vi giuro[190] che potevo sentire il rumore del suo cervello che, in quell'istante, stava per decidere quale strada avrebbe dovuto intraprendere per scoprire se era vero quel che avevo appena detto, oppure se ero un fregnacciaro degno di disprezzo.[191]

Vi ricordo—*en passant*—che quello era un colloquio di lavoro. E che erano nove mesi che ero a casa.

Fu allora che aprì bocca e disse, con una faccia che non dimenticherò mai finché campo:[192] "Se ha davvero fatto Montevecchia, mi dica, chi è l'essere umano che più volentieri[193] strangolerebbe con le sue mani?"

*La strada di
Montevecchia.
© Andrea Fedi*

*Il racconto di Beccaria continua con la descrizione di Montevecchia, un "bel
paesino" della Brianza, a nord-est di Milano. L'autore descrive la strada che porta
in cima alla collina[194] di Montevecchia. Dopo qualche chilometro di salite e discese,
c'è il "muro", una salita così ripida[195] che intimidisce anche "gente col caschetto
aerodinamico e biciclette più costose della mia Micra".[196] A metà della salita un
"buontempone[197] certamente ciclista" ha scritto sulla strada con la vernice gialla
"IMPAZZIRE!!!",[198] una scritta difficile da leggere per chi (sale in macchina. Ritornando alla scena dell'intervista, il protagonista del racconto risponde a Giuseppe
che strangolerebbe volentieri quello che ha scritto "IMPAZZIRE!!!" sulla salita. È la
risposta che l'amministratore voleva, la prova che Marco non "si bulla": a Montevecchia in bici c'è andato veramente.*

4. Poche ore dopo, di nuovo a casa

"Insomma,[199] diciotto ore".
"Diciotto ore".
"Tutti i giorni?"
"Cinque alla settimana. Sabato libero".

© Andrea Fedi

"Quanto ci dà?"

"Uno e nove netto".[200]

"Netto?"

"Netto. Mi pare".

"C'è una bella differenza, se è netto o no".

"Netto, netto. Mi pare".

"Minchia".[201]

Non vorrei dare una brutta immagine di mia moglie. Solitamente sono io quello che dice le parolacce. Ma quella volta disse proprio[202] "minchia".

"Minchia".

"Eh, sì. È una bella cifra".

"Non mi sembra vero".

"Invece lo è".

"Ma davvero ti ha chiesto se vai in bicicletta?"

"Più o meno".

"Dimmi di preciso".

"Mi ha chiesto una roba su Montevecchia".

"Che roba?"

"Non puoi capire".

"Dai! Che roba?"

"Ti dico che non puoi capire. Qualche volta ti ci porto e ti spiego. Con calma".

"Da non credere.[203] Quando ti fa cominciare?"

"Eh, dall'anno prossimo. Primo settembre".

"Manca un po' ".[204]

"Terremo duro".[205]

"Secondo me è finto".

"Che cosa?"

"Tutto. A cominciare da don Giulio. Sai quelli, ogni tanto viene fuori sul giornale, che cozzano,[206] si vestono da prete e si infilano in un confessionale.[207] Ecco, questo qui è uguale, solo che s'è infilato nella direzione del Collegio".

"No. C'era gente che lo salutava e lo chiamava signor rettore".

"E quell'altro, che già da come lo descrivi sembra Mister Bean,[208] che ti dà un milione e nove al mese netto perché vai in bici a Montevecchia".

"Come sia e come non sia non lo so. Ti dico che mi ha preso".

"Allora è *Scherzi a parte*.[209] Anche il nome del Collegio, poteva metterti in guardia.[210] Un Collegio arcivescovile[211] dedicato a Mazzini.[212] E via".[213]

Attività

A. Rispondete a queste domande:

1) Perché durante il colloquio di lavoro esce fuori l'argomento della bicicletta?

2) Perché è importante per Giuseppe stabilire se il protagonista va veramente a Montevecchia?

3) Che cos'ha di particolare la strada che porta a Montevecchia?

4) Come reagisce la moglie del protagonista alla notizia del nuovo lavoro che ha ottenuto il marito?

5) Come descriveresti lo stile di questo racconto?

B. Ovviamente quello del racconto precedente non è un tipico colloquio di lavoro o di selezione. Gli argomenti del colloquio di solito sono il curriculum, le esperienze lavorative, la conoscenza del settore, il carattere del candidato, i suoi interessi nel tempo libero. In coppia, fingete di essere a un colloquio di lavoro: uno/-a di voi sarà il selezionatore, l'altro/-a il candidato.

C. Usando l'imperativo o l'infinito, scrivete una lista di cose da fare per un buon colloquio di lavoro. Per esempio:

vestirsi in modo adeguato

ascoltare con attenzione e rispondere alle domande chiaramente

non arrivare in ritardo

non monopolizzare la conversazione

non mostrare troppo interesse per lo stipendio

Ferrara. © *Giorgio Fedi*

CITTÀ CICLABILI

"Il peggior nemico della bicicletta in città non sono le macchine, ma i pregiudizi": così scrive Ritt Bjerregaard, Commissario europeo per l'ambiente,[214] nella prefazione a *Città in bicicletta, pedalando verso l'avvenire*,[215] il manuale che la Commissione Europea ha inviato alle amministrazioni delle città medie o grandi dell'Unione Europea. Il manuale contiene idee e proposte per ridurre il traffico automobilistico e l'inquinamento[216] nei centri urbani.

Dal 1999 l'Unione Europea sponsorizza la "Giornata europea: in città senza la mia auto", iniziativa a cui di solito aderiscono un centinaio di città italiane.

Commissione Europea, *Città in bicicletta, pedalando verso l'avvenire* (Bruxelles: Ufficio delle pubblicazioni ufficiali delle Comunità Europee, 1999)

Nuovi esempi di città ciclabili

Di solito, la bicicletta è associata a due paesi e a due capitali: i Paesi Bassi e la Danimarca, Amsterdam e Copenhagen. Tuttavia, chi penserebbe che una città meridionale come Parma (Italia) ha un tasso di uso[217] della bicicletta elevato quanto Amsterdam? A Parma (176.000 abitanti), il 19% di tutti gli spostamenti avviene in bicicletta, contro il 20% a Amsterdam (un po' meno di un milione di abitanti). A Ferrara (132.222 abitanti), l'uso della bicicletta raggiunge il 31% degli spostamenti domicilio-luogo di lavoro.

Ferrara

Ferrara ha 132.222 abitanti e... 100.000 biciclette. Più del 30% degli spostamenti verso la scuola o il posto di lavoro avviene in bicicletta. La città continua però i suoi sforzi per mantenere e addirittura aumentare l'uso della bicicletta e ridurre quello dell'automobile. Il centro (5 *ha*)[218] è zona pedonale[219] ma accessibile ai ciclisti. Attorno a questa zona, altri 50 *ha* sono aperti al traffico automobilistico ma con molteplici restrizioni.

Ferrara aumenta progressivamente la rete ciclabile[220] sui grandi assi di circolazione[221] e il numero di zone residenziali dove ciclisti e pedoni hanno la precedenza[222] sul traffico automobilistico, consente ai ciclisti di circolare su tutte le strade a senso unico[223] e migliora il parcheggio delle biciclette (2.500 posti gratuiti, 330 posti con sorveglianza, 800 posti alla stazione).

Sul piano dell'economia locale e delle piccole e medie imprese[224] che danno lavoro ad una manodopera tecnica,[225] la popolarità della bicicletta permette la coesistenza di ben 31 riparatori di biciclette.

Dublino

A Dublino l'11% delle persone che si recano al lavoro dichiarano che la bicicletta è il loro principale mezzo di trasporto. Uno studio di mercato ha indicato che il 18% degli abitanti di Dublino sarebbe disposto ad usare regolarmente la bicicletta in presenza di infrastrutture ciclabili... Dublino può inoltre contare sul turismo in bicicletta: ogni anno 10.000 turisti sbarcano all'aeroporto con la loro bicicletta e il loro numero è in costante aumento.

Friburgo

Friburgo (Foresta Nera, Germania) ha progressivamente trasformato il suo centro in area pedonale: nonostante la viva opposizione iniziale dei commercianti,[226] fin dall'apertura delle prime strade pedonali vi è stato un capovolgimento di tendenza[227] e alla fine i commercianti stessi hanno chiesto una trasformazione più rapida in area pedonale.

Strasburgo

Strasburgo, che promuove la bicicletta, chiude il centro alle automobili e reinstalla il tram,[228] ha registrato un aumento degli spostamenti in bicicletta dall'8% nel 1988 al 12% nel 1994. Risultati: un aumento del 33% di tutti gli spostamenti verso i negozi in centro. Una recente indagine[229] svolta presso gli automobilisti rivela che per il 63% l'automobile in città è superata[230] e per l'80% per migliorare la circolazione in città bisogna limitare l'uso dell'automobile.

Strasburgo conta 77 km di piste e corsie[231] per i ciclisti, 12 km di sensi unici limitati, 15 km di marciapiedi[232] dove i ciclisti possono circolare. Alcune corsie per gli autobus sono aperte ai ciclisti.

Ferrara. © Giorgio Fedi

Attività

A. Simulate un dibattito tra rappresentanti dei negozianti (contrari alle zone a traffico limitato), membri delle associazioni dei ciclisti e amministratori della città.

B. A Ferrara, "capitale della bicicletta", mediamente[233] c'è un furto di bicicletta al giorno. L'amministrazione comunale incoraggia i cittadini a fare denuncia[234] ai Carabinieri o alla Polizia, anche se la bicicletta è di scarso valore; quello che trovate qui sotto è lo schema raccomandato per la denuncia (www.comune.fe.it). Naturalmente il linguaggio utilizzato in questo modulo[235] è quello formale e un po' arcaico della burocrazia: "sottoscritto" (*undersigned*), "stato anagrafico" (*registry status*, cioè: celibe / nubile, coniugato/-a, divorziato/-a, separato/-a, vedovo/-a), "addì" (o "a dì": *on the day of*), "asportare" (invece di "rubare"), "in Ferrara" (invece che "a Ferrara"). Immaginate di essere una delle vittime dei ladri di biciclette ferraresi e provate a completare la denuncia:

Il / La sottoscritto/-a _____, nato/-a a _____, il _____

e residente a _____, in via _____, tel. _____, di stato

anagrafico _____ e di professione _____, denuncia quanto segue:

"Nell'arco di tempo compreso fra il _____ ed il _____, in Ferrara, nella

via _____, in prossimità di _____, ignoti asportavano[236] la bicicletta di

proprietà _____, avente le seguenti caratteristiche: marca[237] _____,

modello _____ (es.: da città, da corsa, mountain bike, city bike, ecc.), di colore

_____, con i seguenti accessori _____ (es.: borse, cestino, cycle

computer, ecc.), con particolari segni _____ (es.: scritte, adesivi, segni d'uso sul telaio,

ecc.), chiusa con serratura[238] tipo _____ (es.: ad anello fisso, a cavo flessibile, a catena,

ecc.), di condizioni _____ e del valore di _____, provvista del sistema di

riconoscimento _____ (Securmark, Bikeguard,[239] ecc.). L'anno _____,

addì _____ del mese di _____, in Ferrara.

© Andrea Fedi

PRODI IN BICICLETTA

Romano Prodi

Romano Prodi (Scandiano, Reggio Emilia, 1939–), docente universitario di Economia, è stato presidente dell'IRI (Istituto per la Ricostruzione Industriale, un conglomerato di banche e industrie di proprietà statale), ministro, e capo del governo italiano dal 1996 al 1998. Nel 1999 è stato nominato Presidente della Commissione Europea, l'organo esecutivo dell'Unione Europea. Tutti gli italiani conoscono l'enorme passione di Prodi per il ciclismo. Questa passione l'ha portato a diventare amico di numerosi corridori professionisti, con cui spesso esce in bicicletta, e ad usare sovente[240] termini ed espressioni ciclistiche per descrivere il panorama politico italiano. Da capo del governo, Prodi ha promosso azioni a favore dell'industria ciclistica italiana e sgravi fiscali[241] per aziende[242] che invitano i dipendenti[243] ad usare la bici come mezzo di trasporto. In un'intervista alla stampa spagnola, Prodi ha affermato: "la bicicleta es una esquela de vida".

Tra i ciclisti che hanno accompagnato Romano Prodi nelle sue imprese amatoriali c'è Davide Cassani, ex corridore professionista e giornalista sportivo.

Davide Cassani, "Il mio giudizio tecnico su Romano Prodi"
(*L'espresso online*, 12 dicembre 2000)

Il segreto di Prodi ciclista è la sua genuina passione. Per lui uscire in bici è respirare, è tagliare[244] qualche ora col lavoro e altre cose noiose e calarsi[245] in una realtà tanto più bella. Mentre pedala si guarda attorno. Gusta tutto quanto di bello la natura, il paesaggio, la strada, le persone gli offrono. Si entusiasma.

Prodi ha sempre avuto questa passione per la bicicletta. Fin da ragazzo. Un mese fa mi è capitato sott'occhio[246] l'ordine d'arrivo di una gara ciclistica degli anni '50, dalle parti di Reggio Emilia. E il dodicesimo classificato era lui, Romano Prodi. Ma il bello era il vincitore di quella gara: Vittorio Adorni! Quella fu la prima corsa vinta in carriera dal giovane Adorni, il futuro campione, vincitore di un Giro d'Italia e di un campionato del mondo. E Prodi aveva gareggiato[247] con lui. Poi, si sa, ha preso la sua strada. Ma la bici non l'ha più abbandonata.

Il ciclismo nel linguaggio della politica

Il ciclismo in Italia è uno sport così popolare che, come abbiamo detto, i termini e le espressioni relative all'andare in bicicletta e alla storia dello sport e dei suoi campioni sono usate per caratterizzare situazioni della vita di tutti i giorni e personaggi della politica e dell'attualità.

Lo stesso Prodi, in un'intervista scherzosa ad un mensile sportivo,[248] giudica altri leader politici usando definizioni basate sul mondo della bicicletta. Dell'avversario Silvio Berlusconi, ad esempio, dice: "prima di giudicarlo come ciclista, bisogna veri-

ficare che non si sia fatto montare un motore sulla bicicletta". A proposito di Fausto Bertinotti, a quel tempo uno scomodo alleato,[249] commenta: "mi ricorda Vito Taccone:[250] tenace, caparbio,[251] bravo. Ma è passato alla storia perché protestava sempre".[252] E sul leader della Lega Nord, Umberto Bossi: "uno scalatore nato.[253] Ma le tappe si vincono anche in pianura e a cronometro".

La passione di Prodi per questo sport fa sì che altri politici o sindacalisti[254] parlino di lui usando metafore ciclistiche. Sergio D'Antoni, allora segretario generale della CISL (Confederazione Italiana Sindacati Lavoratori), ha dichiarato che, nella corsa "in salita" verso l'integrazione europea e la moneta unica,[255] non voleva "che fossero i lavoratori a sponsorizzare, Prodi a pedalare e altri a ritirare la coppa". "Conosciamo tutti la passione di Prodi per il ciclismo", proseguiva D'Antoni, augurando all'allora Presidente del Consiglio di "tagliare il traguardo con i primi... Sappiamo che la tappa è di quelle impegnative[256] e difficili. Si pedala in salita".

Infine James L. Graff, giornalista di *Time Europe,* ha incluso Prodi tra i protagonisti del 1999, con il seguente commento: "He has mounted his beloved bicycle and pedaled to work, offering Europeans a more approachable figure than his brittle predecessor, Jacques Santer".

© Giorgio Fedi

UNA BICICLETTA TUTTA ROSSA

Niccolò Ammaniti

Niccolò Ammaniti è nato a Roma nel 1966. Esordisce con il romanzo *Branchie* (1994), portato al cinema nel 1999 dal regista Francesco Ranieri Martinotti. Nel 1996 pubblica la raccolta di racconti *Fango*.[257] Dal primo di questi testi, "L'ultimo capodanno dell'umanità", Marco Risi ha tratto, nel 1998, un film dallo stesso titolo. Nel 1996 Ammaniti partecipa anche all'antologia *Gioventù cannibale* con il racconto "Seratina",[258] scritto insieme a Luisa Brancaccio. In quel volume apparivano scritti di altri promettenti giovani autori tra cui Aldo Nove, Isabella Santacroce, Tiziano Scarpa e Daniele Luttazzi, accomunati dalla predilezione[259] per il *pulp,* lo *splatter,* la violenza e il sesso estremo, descritti con vena grottesca e in modo parossistico e ripetitivo. Nel 1999 Ammaniti pubblica il romanzo *Ti prendo e ti porto via,* in cui definisce uno stile narrativo più duttile e si misura con un intreccio più complesso e articolato[260] (per il quale aveva già dimostrato talento in "L'ultimo capodanno").

Figlio di un illustre psicopatologo dell'età infantile di nome Massimo, Niccolò ha pubblicato col padre, nel 1995, un libro-dialogo dal titolo *Nel nome del figlio. L'adolescenza raccontata da un padre e da un figlio*. Niccolò Ammaniti è stato anche autore di un dramma radiofonico (*Anche il sole fa schifo*, 1997), è apparso su MTV Italia, e pubblica su riviste cartacee[261] ed elettroniche. *Io non ho paura* ha fatto di lui, a trentacinque anni, il più giovane vincitore nella storia del prestigioso Premio Viareggio-Repaci.

Io non ho paura

In questo racconto, scritto inizialmente come soggetto di un film, Ammaniti si inventa un luogo del Sud Italia tanto inesistente quanto assolutamente verisimile. Siamo nel 1978. L'estate è particolarmente torrida. Michele Amitrano, un bambino di nove anni, gioca con i suoi amichetti e scorrazza[262] con la bicicletta in un povero e squallido paesetto e per la campagna infuocata e inaridita.[263] Gli adulti stanno a casa, non sopportano la calura[264] o forse hanno qualcosa da nascondere. Un giorno Michele, pedalando per i campi, in una sfida[265] tra amici trova un bambino della sua età imprigionato in una buca,[266] irriconoscibile e come morto, quasi impazzito.[267] Il bambino, scoprirà Michele, viene da un mondo diverso dal suo, fatto di ville con piscina e di animali esotici, di viaggi all'estero e di benessere[268] da ricchi del Nord Italia. Il piccolo prigioniero è stato rapito,[269] e Michele capirà che quasi tutti i "grandi"[270] intorno a lui hanno qualcosa a che fare con il sequestro di persona.[271]

Il racconto, dicevamo, è ambientato[272] nel 1978. È un momento difficile per l'Italia, uscita dall'illusione del boom economico e ridimensionata—nelle aspettative quotidiane e nella fiducia in se stessa— dalla stagione dell' "austerity".[273] Sono anni in cui bambini di famiglie dell'irrisolta marginalità meridionale, come Michele e sua sorella, vivono nel sogno di una bicicletta da cross nuova e di una Barbie ballerina. Ma sullo sfondo[274] si intuisce, pur se dal punto di vista del bambino Michele, un livello di violenza socializzato, generale. In questi anni i terroristi italiani, neofascisti o di estrema sinistra, passano dalla "strategia della tensione" (cominciata con lo stragismo[275] avallato da elementi dei servizi segreti)[276] al terrorismo diffuso.[277] Nel 1978 Aldo Moro, politico democristiano di primissimo piano,[278] viene rapito e successivamente ucciso. Cosa arriva di tutto questo ad Acque Traverse, l'immaginario villaggio dove il racconto è ambientato? Un'eco distante. Un altro tipo di violenza, di devianza, esiste lì: quella dei sequestri di persona (anche di giovanissimi), che in quegli anni dilagavano.[279] Ammaniti è bravissimo nell'aderire al punto di vista del bambino (e molti hanno riconosciuto in questo l'influenza di Stephen King e del suo "The Body", racconto del 1982, portato sul grande schermo da Rob Reiner in *Stand by Me*). Il lessico è limitato, le strutture sintattiche sono semplici, e prevalgono i tempi più comuni dell'indicativo. Ma la vera bravura è nelle descrizioni di questo Sud arso[280] dal sole, con una umanità adulta che sta all'ombra e rinchiude i bambini degli altri nel buio.

Niccolò Ammaniti, *Io non ho paura* (Torino: Einaudi, 2001)

Era una bicicletta tutta rossa, con il manubrio che sembrava le corna di un toro.[281] La ruota davanti piccola. Il cambio a tre marce. Le gomme con i tacchetti.[282] Il sellino lungo che ci potevi andare in due.

Mamma ha chiesto ancora:—Che c'è? Non ti piace?

Ho fatto di sì con la testa.

Ne avevo vista una quasi uguale, qualche mese prima, al negozio di biciclette di Lucignano. Ma era più brutta, non aveva il fanalino argentato[283] e la ruota davanti non era piccola. Ero entrato dentro a guardarla e il commesso,[284] un uomo alto, con i baffi e il grembiule grigio,[285] mi aveva detto:—Bella, eh?

—Tanto.

—È l'ultima che mi è rimasta. È un affare.[286] Perché non te la fai regalare dai tuoi genitori?[287]

—Mi piacerebbe...

—E allora?

—Ce l'ho già.

—Quella?—Il commesso aveva storto il naso[288] indicando la Scassona[289] poggiata contro il lampione.[290]

Mi sono scusato.—Era di papà.

—È ora di cambiarla. Dillo ai tuoi. Faresti tutta un'altra figura con un gioiello come questo.[291]

Me n'ero andato. Non mi era passato neanche per la testa di chiedergli quanto costava.[292]

Questa qui era molto più bella.

Sopra la canna c'era scritto in oro Red Dragon.

—Che vuol dire Red Dragon?—ho chiesto a papà.

Lui ha sollevato le spalle[293] e ha detto:—Lo sa tua madre.

Mamma si è coperta la bocca e si è messa a ridere.—Quanto sei scemo, che so l'inglese io?[294]

Papà mi ha guardato.—Allora che fai? Non la provi?

—Ora?

—E quando, domani?

Mi scocciava[295] provarla davanti a tutti.—Posso portarla a casa?

Il Teschio[296] ci è montato sopra.—Se non la provi tu, la provo io.

Mamma gli ha dato uno scapaccione.[297]—Scendi subito da quella bicicletta! È di Michele.

—La vuoi veramente portare sopra?—mi ha domandato papà.

—Sì.

—E ce la fai?

—Sì.

—Va bene, ma solo per oggi...

Mamma ha detto:—Ma sei impazzito, Pino? La bicicletta in casa? Fa le strisce.[298]

—Ci sta attento.[299]

Mia sorella ha preso gli occhiali, li ha buttati a terra[300] ed è scoppiata a piangere.

—Maria, raccogli subito quegli occhiali,[301]—si è infuriato papà.

Lei ha incrociato le braccia.[302]—No!, non li prendo, non è giusto. Tutto a Michele e a me niente!

—Aspetta il tuo turno—. Papà ha tirato fuori dal camion[303] un pacchetto con la carta blu e un fiocco.[304]—Questo è per te.

Maria si è rimessa[305] gli occhiali, ha provato a disfare il nodo[306] ma non ci riusciva, allora lo ha strappato con i denti.[307]

—Aspetta! La carta è buona, la teniamo—. Mamma ha sciolto[308] il fiocco e ha tolto la carta.

Dentro c'era una Barbie con la corona[309] in testa e un vestito di raso bianco tutto stretto e le braccia nude.[310]

Maria per poco non è svenuta.[311]—La Barbie ballerina...!—Mi si è afflosciata addosso.[312]—È bellissima.

Papà ha chiuso il telone del camion.[313]—E ora con i regali state a posto per i prossimi dieci anni.[314]

Io e Maria abbiamo salito le scale di casa. Io con la bicicletta in spalla, lei con la sua Barbie ballerina in mano.

—È bella, vero?—ha detto Maria guardandosi la bambola.

—Sì. Come la chiami?

—Barbara.

—Perché Barbara?

—Perché Barbara ha detto che da grande diventerà come la Barbie. E Barbie è Barbara in inglese.

—E con Poverella[315] che ci fai, la butti?

—No. Fa la cameriera[316]—. Poi mi ha guardato e mi ha chiesto:—A te non ti è piaciuto il regalo?

—Sì. Ma pensavo che era un'altra cosa.[317]

Attività

A. Vero o falso? Leggete queste frasi e verificate se corrispondono ai contenuti del brano che avete appena letto:

  1) Il commesso del negozio di biciclette dice a Michele che i suoi genitori gli dovrebbero comprare una bicicletta nuova.

  2) La madre di Michele sa che cosa vuol dire "Red Dragon".

  3) Michele sembra ansioso di provare la bicicletta nuova.

  4) La madre di Michele non vuole che lui porti la bicicletta in casa.

  5) La sorella di Michele, Maria, continuerà a giocare con la sua vecchia bambola.

B. Descrivete i vostri giocattoli preferiti quando eravate bambini e i giochi che facevate. Raccontate la vostra reazione quando avete ricevuto uno dei giocattoli più belli.

© *Giorgio Fedi*

Il film di Salvatores

La versione cinematografica di *Io non ho paura,* diretta da Gabriele Salvatores (il regista di *Marrakech Express, Mediterraneo, Nirvana*), è stata presentata al Festival del Cinema di Berlino all'inizio del 2003. Ad ottobre dello stesso anno questo film è stato scelto per rappresentare l'Italia nella selezione della cinquina di film stranieri dell'Oscar. "Quello che ho amato di questa storia è che parla di solidarietà e disobbedienza", ha dichiarato Salvatores. "Michele ama il padre e la madre. Però quando capisce cosa stanno facendo non li giudica, ma neanche li accetta. Perché i genitori possono anche non essere buoni. E allora bisogna non aver paura, non rassegnarsi alla realtà". Il regista ha girato quasi tutte le scene con la cinepresa[318] a un metro e trenta da terra,[319] l'altezza dello sguardo dei bambini. "Da quel punto di vista, la prospettiva cambia, le spighe di grano[320] diventano altissime, la natura primordiale, i piccoli esseri dei campi, ragni, formiche, porcospini,[321] balzano in primo piano.[322] Quando Michele corre nella notte dal suo amico, per darsi coraggio canticchia una filastrocca[323] che cita tutte queste creature. È quella delle Fate nel *Sogno di una notte di mezza estate.*[324] Un omaggio a un testo che amo".

Per trovare gli attori del suo film, Salvatores ha fatto fare provini[325] a 540 bambini della Basilicata e della Puglia. Giuseppe Cristiano (dieci anni) e Mattia Di Pierro (undici) sono stati scelti per le parti di Michele e Filippo (il bambino sequestrato). "Un giorno ero a scuola, è venuta una ragazza e mi ha detto: vuoi fare un provino?",[326] ha detto Giuseppe. "Io, tutto contento, ho accettato. Mi sono trovato benissimo, conosco la campagna, le corse nel grano, gli insetti, le formiche, le cavallette.[327] È bello fare l'attore". Mattia non era altrettanto contento:[328] "Giuseppe correva per i campi, io invece ero prigioniero sottoterra, in quel buco pieno di insetti, c'erano anche i lombrichi.[329] Poi mi sono fatto un'idea: il buco era la tristezza, quando siamo tristi ci chiudiamo dentro di noi e ci creiamo un buco".

SU INTERNET, SUI GIORNALI, AL CINEMA

Pantani, il doping, il Giro d'Italia

Durante il Giro d'Italia del 2002 i tifosi si scambiano opinioni su Pantani e sul doping, all'interno del newsgroup it.sport.ciclismo.

From: Puddu (NOSPAMpudducat@fastwebnet.it)
Subject: Pantani prosegue
Date: 2002–05–24 05:20:32 PST
Pantani prosegue nonostante la bronchite, e ha ancora una speranziella[330] di poter fare qualcosa sui passi delle Dolomiti.[331] È un GRANDE!!!

From: @ntonio (aplatone@gpa.it)
Subject: Re: Pantani prosegue
Date: 2002–05–24 05:45:51 PST
Pantani ha dimenticato il significato della parola dignità. Poteva chiudere[332] lasciando un ricordo immenso nel cuore dei tifosi, invece ha preferito una lenta e triste agonia. Peccato![333]

From: Elisabetta (elisa77@inwind.it)
Subject: un bravo a Pantani
Date: 2002–05–25 10:50:19 PST
Pantani in questo Giro ha dimostrato coraggio e determinazione. Non è facile per un campione accettare risultati così scadenti.[334] Spero proprio di vedere, sulle Dolomiti, un nuovo-vecchio Pantani. Auguri[335] pirata! Tieni duro!

From: Riccardo (riccardopt@libero.it)
Subject: Re: un bravo a Pantani
Date: 2002–05–25 11:20:58 PST
Complimenti per quello che hai detto, Elisa. In questo momento tutti sparano a zero[336] su Pantani. Tu hai usato parole molto belle.
Ciao,
Riccardo

Forte dei Marmi.
© *Andrea Fedi*

From: Marco (marcozarri@sportincampo.it)
Subject: Re: un bravo a Pantani
Date: 2002–05–26 15:58:42 PST
Pantani non è in crisi SOLO perché non si dopa più, ma perché non c'è con la testa.[337]

From: Bernardo Paci (bppaci@libero.it)
Subject: Ero a Passo Coe
Date: 2002–05–30 13:09:11 PST
Ciao a tutti. Oggi ero all'arrivo di tappa: Savoldelli faceva paura, così magro e tirato,[338] ma come pedala!!! Evans è arrivato su[339] devastato, mentre Hamilton è stato portato via a braccia.[340] I blitz dei NAS a qualcosa serviranno,[341] se oggi i fenomeni di ieri erano quasi tutti cotti...

From: Marco (marcozarri@sportincampo.it)
Subject: Re: Ero a Passo Coe
Date: 2002–06–01 13:16:16 PST
C'ero anch'io: Evans era veramente stravolto.[342] Credo anch'io che questo sia il ciclismo vero, quello di chi soffre e dura fatica,[343] senza additivi chimici. A proposito, voi quanto ci avete messo per fare la salita? Io 2h secche[344] (ma con allenamento = 0) e m'è sembrata una signora salita,[345] non proprio "pedalabile" come la definiva Cassani!

Attività

A. Riassumete i contenuti della discussione del newsgroup "it.sport.ciclismo" che avete appena letto.

B. Fingete di essere un membro del newsgroup it.sport.ciclismo e scrivete un posting su Pantani o sul Giro d'Italia, per partecipare alla discussione in corso.

C. Scrivete un breve tema su uno di questi argomenti: 1) "Gli italiani e il ciclismo"; 2) "Gli italiani e la bicicletta".

Super Mario

Alcuni mesi dopo la vittoria di Mario Cipollini al Campionato mondiale di ciclismo su strada, nel 2002, i tifosi americani parlano di lui e del ciclismo italiano sul news-group rec.bicycles.racing.

From: Frank (sciliar57x@yahoo.com)
Subject: Re: Super Mario
Date: 2003–02–04 19:27:02 PST
The Italian national team is made up of riders from many commercial teams and it says volumes that they rode for Mario. There is something about the man that makes even backstabbing self-promoting stars want to ride for him and show him a loyalty that is unheard of in the Italian national team which usually contains ten primadonnas.

From: Rick Meads (salesvema@aol.com)
Subject: Re: Super Mario
Date: 2003–02–06 11:03:05 PST
Actually, the "backstabbing self-promoting stars" were left off the team. Coach Ballerini picked riders that would ride as a team. They were not riding for Mario, they were riding for Italy.

From: Brian Van D. (dvecco1@netcom.com)
Subject: Re: Super Mario
Date: 2003–02–07 08:45:17 PST
They were also riding for the large financial bonus that would come their way in the event of an Italian victory.

From: Sal Muniz (edimuzroc@hotmail.com)
Subject: Re: Super Mario
Date: 2003–02–07 16:01:00 PST
Consistently over the last dozen or so years the Italians have had the best riders in the world and the highest number of stars on their national team at the World Championships. Consistently they have raced harder against each other than against the other teams. Sometimes the rivalries and petty jealousies within the team were so great that we were treated to the spectacle of Italians pulling a group of other nations up to a breakaway Italian that would probably have held his lead without the "help" of his teammates.

© Giorgio Fedi

They were not riding for Mario, they were riding for Italy.

We have seen over the years that Italians will not ride "for Italy." They were riding for Mario and make no mistake about that. They certainly weren't riding for Italy when Bugno took the World Championship two years in a row despite strong opposition from members of his own team.

From: George F (fgtlinojunk@hotmail.com)
Subject: Re: Super Mario
Date: 2003–02–08 21:22:01 PST
Cipollini is The Head Prima Donna. He behaves well when things are going well for him. Lucky for him, and for us, he is so talented that we don't get to see that much of his petulant, spoiled side.

From: Sam (fro2rin4@home.com)
Subject: Re: Super Mario
Date: 2003–02–09 13:07:44 PST
Read some of the Italian press about Cipollini. Especially the stuff he says. The man is a showman on the outside but obviously a thinker on the inside. That is certainly an unusual combination anywhere and particularly in an Italian sprinter.

Attività

A. Riassumete e commentate in italiano la discussione su Cipollini e sui ciclisti della nazionale italiana.

© Giorgio Fedi

Annunci economici[346]

Questi annunci vengono dai giornali (i primi 3) o dall'Internet. Appartengono al linguaggio conciso e formulare degli annunci le espressioni "vendesi" (*for sale*), "Tel. ore pasti / ore serali" (*call at mealtime / during the evening*), "trattabile" (*negotiable*), "astenersi perditempo" (*serious parties / buyers only*).

MOUNTAIN bike usata pochissimo, multicolore, cambio Shimano, vendo per Euro 75,00. Tel. ore pasti 0532 / 764651.

Vendo bici da corsa Bianchi misura 56[347] (altezza 1,75 / 1,80), forcella in carbonio, telaio in acciaio, componentistica[348] Campagnolo sedici rapporti, euro 500. Tel. 0425 / 38469.

Vendo mountain bike da bambino 6/8 anni ottime condizioni, 5 marce, piena efficienza, per € 35; bici da donna Bianchi, condizioni discrete, colore bianco, € 15. Tel. ore serali 0532 / 972–588.

Vendo Bici Corsa
Vendo bicicletta da corsa. Telaio Columbus TSX. Sella Flight nera. Cerchi Campagnolo (nuovi). Colore blu metallizzato[349] senza un graffio.[350] Ottimo stato. Visibile a Torino. Euro 300. carlomonti@virgilio.it

Vendesi bici da strada
Colore rosso / giallo. Peso kg 9,5. Km 7500 reali. Euro 1.000,00. REGALO RUOTE IN TITANIO + gomme. Bellissima. Il prezzo non è trattabile. giulianova89@tin.it

Mountain Bike
Privato vende mtb gialla, alluminio ultralight, misura media, ammortizzatore e freno a disco anteriore, nuova usata solo 3 volte. 560 euro trattabili. Astenersi perditempo. lucianodini@inwind.it

Attività

A. Scrivete un annuncio per vendere la vostra bicicletta, seguendo il modello degli annunci che avete appena letto.

B. Scrivete un questionario sull'uso della bicicletta. Chiedete ai compagni di classe di rispondere e poi sintetizzate i risultati del sondaggio in un breve paragrafo. Questi sono alcuni esempi di domande e risposte:

> Possiedi una bicicletta? (sì / no)
> Con quale frequenza usi la bicicletta? (tutti i giorni / tre volte la settimana / una volta al mese)
> Perché usi la bicicletta? (perché non ho un'automobile / perché non inquina / perché voglio fare sport)
> Mentre stai guidando, vedi una persona che va in bicicletta: che cosa pensi? (è matto / è uno sportivo / è un ambientalista)
> Dove andavi in bicicletta da bambino? (in giardino / in un parco / in strada)

C. Combinate i titoli di questi film con la trama e le battute[351] giuste:
Titoli
1) *Totò al Giro d'Italia* (regia: Mario Mattoli, 1948)
2) *Ladri di biciclette* (regia: Vittorio De Sica, 1948)
3) *Breaking Away* (titolo scelto per la distribuzione in Italia: *All-American Boys*; regia: Peter Yates, 1979)
4) *Il postino* (regia: Michael Radford, 1995)
5) *Malèna* (regia: Giuseppe Tornatore, 2000)
Trame

a) Il figlio di un povero pescatore trova un lavoro temporaneo all'ufficio postale. Ogni giorno con la sua bicicletta si arrampica per le salite dell'isola di Procida (nel golfo di Napoli), e va a recapitare[352] la posta al poeta cileno Pablo Neruda, in esilio lì. Tra i due nasce un'amicizia.

b) Antonio Ricci è riuscito finalmente a trovare lavoro come attacchino.[353] Mentre incolla al muro il manifesto del film *Gilda,* un ladruncolo gli ruba la bicicletta. Antonio gira per tutta Roma con il figlio Bruno alla ricerca del ladro e della bicicletta, senza la quale perderà il lavoro.

c) È il 10 giugno 1940 e Mussolini dichiara guerra alla Francia e alla Gran Bretagna. A Castelcutò, un immaginario paese della Sicilia, un adolescente ottiene la sua prima bicicletta e lo stesso giorno incontra per la prima volta Maddalena, una donna che non dimenticherà mai.

d) Il professor Ugo Casamandrei crede che potrà sposare la ragazza dei suoi sogni

© *Giorgio Fedi*

solo se vincerà il Giro d'Italia. Prima del lieto fine il protagonista venderà l'anima al diavolo, correrà con Coppi e Bartali e insieme a loro canterà un coro sulla musica del *Barbiere di Siviglia*.

e) Il protagonista di questo film ama l'Italia e il ciclismo. Ha un gatto di nome Fellini, canta arie d'opera mentre va in bicicletta e per conquistare una ragazza le dice di essere uno studente italiano, Enrico Gimondi. Un giorno la squadra di ciclismo Cinzano arriva nella sua città per una gara...

Battute

I) "...telaio Maino, mozzi[354] Atala, manubrio D'Ambrosio, cerchioni Bianchi, forcelle Legnano, cambio Vittore e margherita[355] Atala, un lavoro a regola d'arte.[356] La catena però è nuova, la devi oliare spesso".

II) "Caro poeta e compagno, lei mi ha messo in questo guaio e lei mi deve tirare fuori, perché m'ha regalato i libri, m'ha insegnato a usare la lingua non solo per mettere i francobolli. È colpa sua se mi sono innamorato".

III) "Fermati! Tu me devi rida'[357] quello che m'hai preso!"

"Ma che t'ho preso? Ma guarda un po'... Ma che vuoi? Ma che t'ho preso?"

"La bicicletta m'hai preso!"

"Ma che bicicletta? Ma quale bicicletta? Mica so' 'n ladro!"[358]

IV) "Mamma, mamma... Mamma, the Italians are coming, the Italians are coming to race in Indianapolis... the team Cinzano! Oh grazie tante, Santa Maria!"

"Oh, Dave, try not to become Catholic on us..."

V) "La maglia rosa, / la maglia rosa / è quella cosa che mai non riposa. / Chi la conquista doman[359] la può perdere, / e chi la perde / può ritrovarla con facilità".

CRUCIVERBA

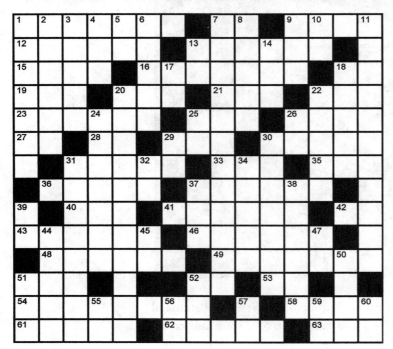

VERTICALI

1 Soprannome di Massimo D'Alema
2 Sviluppato, maturo
3 Itinerario e direzione di navigazione
4 Sinonimo di *fra*
5 Alleanza Nazionale (sigla)
6 Stato nordafricano
7 Ricca di problemi
8 Si danno a mani chiuse e fanno male
9 Gestione Patrimoni Assicurativi (sigla)
10 Pronome soggetto di prima persona singolare
11 Predisposto in modo organico e funzionale (dal linguaggio musicale)
13 Iniziali dell'attore Gabriele Lavia
14 Programmazione Neuro-Linguistica (sigla)
17 Abbreviazione di opera
18 Si usa per cuocere il pane (o la pizza)
20 Soprannome dell'1 orizzontale
22 Non ancora santa
24 Italianizzazione internettiana di "to lurk"
25 Andata e ritorno (sigla)
26 Targa automobilistica di Savona

29 La città della FIAT (targa automobilistica)
30 Innalzare, sollevare
31 Arteria che passa vicino al femore
34 Derivato dall'etano
37 Consiglio Superiore della Magistratura (sigla)
38 Personaggio femminile di un'opera di Lorenzo il Magnifico
39 Vigili del Fuoco (sigla)
44 Costruzione fatta di blocchi di ghiaccio
45 Iniziali di Isabelle Huppert
47 Esclamazione di sorpresa
50 Soprannome di Sante Pollastro, il Bandito
51 Circolo Scacchistico Bolognese (sigla)
52 Preposizione che indica compagnia
55 Iniziali di Laura Morante
56 Può sostituire "a voi"
57 Unione Europea (sigla)
59 Iniziali di Nina Ricci
60 Abbreviazione di "Optical" nell'espressione "Optical Art"

ORIZZONTALI

1 Grande campione rivale di Coppi (cognome)
7 Partito Popolare (sigla)
9 Nome di battesimo dell'1 orizzontale
12 Vittorio, grande campione
13 Alcuni ciclisti vanno in...
15 Passo appenninico meta[360] di molti ciclisti, tra cui Romano Prodi
16 La città di Romano Prodi e di Enrico Brizzi
18 Iniziali di Francesco Cossiga, ex presidente della Repubblica
19 Consonanti del flauto
20 Giudice per le Indagini Preliminari[361] (sigla)
21 Banca Nazionale del Lavoro (sigla)
22 Lo esclama chi non sa

23 Quando era un regno, ha avuto come capitali anche Torino e Firenze
25 Servono per volare
26 Vengono dopo i pomeriggi
27 Il contrario di sì
28 Articolo indeterminativo
29 Uno, due, ...
30 Famoso ciclista australiano che ha corso per la Mapei, una delle squadre più forti
31 Serve per rallentare o fermare la bicicletta
33 Il nome dell'attore Gibson
35 Quantità approssimativa (dal latino)
36 Pagina anteriore di un foglio (è il contrario di *verso*)
37 Elemento della trasmissione della bicicletta
40 Abbreviazione italiana di Matematica

41 Proprie della stagione più calda
42 Iniziali del 12 orizzontale
43 Vendono fiori
46 Città da cui parte la famosa corsa ciclistica che finisce a Sanremo
48 Cognome dell'autore della canzone "*Il bandito e il campione*"
49 Parte principale della ruota della bicicletta
51 Nel cuore della réclame[362]
52 Targa automobilistica di Cagliari
53 Esercito Italiano (sigla)
54 Liberazione da affanni e preoccupazioni
58 Il più delle volte ha 365 giorni
61 Abitante della Boemia
62 Una delle grandi squadre di calcio milanesi
63 Genere musicale e di recitazione metropolitano

LA SOLUZIONE

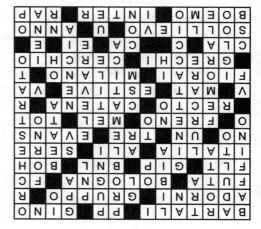

© *Giorgio Fedi*

2 case

© *Andrea Fedi*

La casa è "un bene a cui gli italiani attribuiscono una particolare importanza": così comincia un rapporto del Censis[1] pubblicato all'inizio del 2002. Per comprendere la natura di quel "bene", però, prima che ai numeri e alle statistiche sarà utile rivolgere la nostra attenzione alle riflessioni di un grande architetto, Ettore Sottsass.[2] In uno scritto intitolato "I muri", pubblicato nella raccolta *Esercizi di viaggio* (2001), egli osserva: "Mi hanno detto che il 90% delle case americane hanno muri di legno.[3] Dovevano avere molta fretta quando le hanno costruite e l'ossessione dell'eternità non c'era". Per Sottsass le case di legno tipiche del Nord America sono il simbolo della transitorietà: il legno marcisce[4] e poi sparisce nella terra, non lascia memorie. Invece i muri di pietra delle case italiane tradizionali evocano il radicamento,[5] l'ordine che supera il tempo e cancella l'incertezza: "Le case di sassi e i muri di sassi non si spostano mai più. Forse precipitano,[6] ma restano dove sono. Forse le pietre servono per fare altre case ma qualche cosa resta sempre sul posto".

La peculiare relazione degli italiani con la casa è confermata dal numero di famiglie che vivono in un'abitazione di proprietà (più di due terzi del totale), e dalla "cura dedicata all'arredamento[7] della casa": nelle interviste del Censis meno del 20% ha dichiarato di fare solo "lo stretto necessario" in casa, mentre il 55% ha confessato di fare "abbastanza" e il 15% ha ammesso di prestare "la massima attenzione" all'arredamento. Anche se la famiglia-tipo italiana è composta di mamma e papà più uno o due figli,[8] con i genitori che lavorano entrambi (soprattutto nel Centro-Nord), il 73% degli intervistati dice che è meglio "avere una bella casa anche a costo di sacrifici". L'unico sacrificio che pochi sono disposti a fare, però, è allontanarsi dalla famiglia di origine. Secondo un articolo di *Repubblica* del marzo 2000, intitolato "L'italiano medio tutto mamma e mattone" e basato su un censimento Istat[9] relativo a 77.000 individui, il 43% degli italiani sposati e con meno di sessantacinque anni vive "entro un chilometro dall'abitazione materna, oppure vede o telefona alla mamma ogni giorno". Il 15% dei figli sposati vive nella stessa abitazione o nello stesso palazzo dei genitori (il fenomeno è ancora più accentuato nel Mezzogiorno).[10] Tra i figli non sposati, infine, il 71% di quelli tra i diciotto e i ventinove anni vive ancora con i genitori. Tuttavia, soprattutto nelle città medie e in quelle grandi, genitori e figli passano sempre meno tempo insieme. I genitori spesso pranzano fuori casa e nel Centro-Nord il 40% dei bambini mangia alla mensa scolastica:[11] in molte famiglie è la cena, non più il pranzo, il pasto principale della giornata, il momento per ritrovarsi a tavola tutti insieme.[12]

Nei primi due brani di questo capitolo una bambina di Napoli, Susanna, e un bambino di Roma, Piero, descrivono due modi diversi di vivere e di abitare la casa.

IN CASA, IN FAMIGLIA

Maria Novella De Luca, "Mia madre è bravissima. Lei cucina"
(*La Repubblica,* 15 maggio 2001)

Susanna ha 10 anni, vive a Napoli, fa la prima media,[13] ha due sorelle, una più grande e una più piccola, un papà impiegato e una mamma maestra. "Mia madre però—dice Susanna, che il pomeriggio va in piscina e a danza—non lavora sempre, per fortuna. Io sono più contenta quando lei non ha i turni.[14] Così mi aiuta a fare i compiti. No, la baby-sitter non ce l'abbiamo. Se mamma[15] lavora o esce, a farci compagnia scende mia nonna che abita al piano di sopra". È un racconto di una quotidianità[16] semplice quello di Susanna, di appuntamenti fissi, scanditi[17] soprattutto dalla presenza dei genitori. La mattina è il padre che accompagna a scuola tutte e tre le bambine. Due alle medie, la piccola alla materna.[18] "Io e mia sorella torniamo da sole e a pranzo c'è sempre mia madre, ma due o tre giorni alla settimana c'è anche mio padre. È bello, mi piace questo momento, anche se dopo dobbiamo fare i turni per sparecchiare,[19] ma se ho avuto un problema a scuola ne parliamo e poi mi sento meglio. Mia madre cucina ogni giorno: è bravissima, fa i dolci, le pizze, le torte. Dice che non dobbiamo mangiare le schifezze surgelate,[20] io invece penso che i sofficini[21] sono[22] buonissimi".

© *Andrea Fedi*

Maria Novella De Luca, "Mi diverto ogni giorno con chi c'è"

(*La Repubblica,* 15 maggio 2001)

Piero ha 11 anni, è figlio unico, vive a Roma, quartiere Montesacro, fa la prima media, gioca a calcetto,[23] frequenta un corso d'inglese ed è appassionato di aquiloni.[24] Con un papà funzionario, una mamma impiegata alla Telecom,[25] entrambi dagli orari 9–5, che con il ritorno a casa nei flussi di punta[26] diventano 9–18, le giornate di Piero sono scandite da un buon numero di "figure sostitutive". Eppure, dice lui, ironico e con la faccia piena di lentiggini,[27] "io sono un sacco[28] contento di mangiare ogni giorno a pranzo con una persona diversa. Il lunedì quando torno da scuola c'è la baby-sitter, il martedì e il mercoledì c'è mia nonna Teresa, il giovedì vado a casa di Leo, un mio compagno di classe, così il pomeriggio sua madre ci porta a calcetto, il venerdì c'è di nuovo la baby-sitter. Chi preferisco? Mia nonna perché mi lascia vedere la TV mentre mangiamo. Però la sera è più bello, sto con mamma e papà, ma la TV è spenta". Sembra sereno Piero mentre racconta la sua condizione di figlio unico in una casa "vuota" di genitori e piena, invece, di amici, nonne e baby-sitter. "No, mia madre non mi manca, so che lei arriva alle 18, papà un po' più tardi e allora li aspetto o li chiamo sul cellulare".

Attività

A. Descrivete scene della routine domestica della vostra famiglia, le abitudini e gli orari di coloro che abitano in casa con voi.

B. Usando il condizionale, descrivete cosa fareste per rendere una casa a prova di bimbo.[29] Descrivete le precauzioni che prendereste per evitare incidenti nello spazio domestico (in cucina, nel bagno, nelle stanze con balconi e finestre, ecc.).

C. Secondo dati ufficiali del governo americano, tra il marzo 1999 e il marzo del 2000 oltre 43 milioni di americani hanno cambiato casa; tra questi, il 39% si è trasferito in un'altra contea o in un altro stato. Nel caso dell'Italia, invece, i trasferimenti di residenza sono stati poco più di 1 milione e 200.000, nel 1999 (dati Censis); solo un quarto del totale si è trasferito da una regione all'altra. Per quali motivi cambiereste casa e area geografica? Che cosa portereste con voi nella nuova casa? Che cosa comprereste una volta trasferiti nella nuova residenza?

LESSICO: LA CASA

Tipologia delle abitazioni e nomenclatura

abitazione ~

residenza

casa: ha significato generico, non si usa sempre in opposizione ad appartamento

casamento *tenement building*

costruzione / fabbricato / edificio / immobile *building*

palazzo: nel linguaggio corrente può indicare anche un semplice edificio a più piani

palazzina

casermone: da caserma (*barracks*), edificio grosso e non bello architettonicamente

condominio: in italiano indica l'edificio condominiale, non la singola unità abitativa

condomino: chi possiede una proprietà in un condominio

appartamento

appartamentino / miniappartamento

attico / superattico *penthouse*

mansarda

multiproprietà *time-share property*

monolocale

pied-à-terre

residence *apartment hotel*

villa

villino / villetta

villetta a schiera *townhouse*

terratetto / terracielo: sezione verticale di un edificio costituente un'unica unità abitativa

(casa) colonica / cascina / cascinale / rustico / casale / casolare (*farmhouse or annex*): questi termini si usano più comunemente per indicare abitazioni di campagna ristrutturate e modernizzate, molto ricercate negli ultimi anni

chalet / baita: casa di montagna, in legno e pietra

basso *slum*

loft

Le parti della casa

terreno *land / lot*

fondamenta / fondazioni

fognature *sewage system*

piano *floor / story*

piano terra / pianterreno

primo piano: il piano sopra il
  pianterreno

mezzanino

scale

ascensore *elevator*

grondaia *gutter*

canna fumaria *flue*

camino *chimney*

comignolo *chimney top*

tetto

abbaino *dormer window*

cortile

piazzale

aia *farmyard*

cancello *gate*

giardino

giardinetto

piscina — pool

portico / porticato

colonne

garage — garage

box auto

posto macchina: parcheggio riservato

balcone — balcone

balconcino

terrazzo / terrazza — terrace

terrazzino

ringhiera *railing*

aiola / aiuola *flowerbed*

soffitto *ceiling*

parete

ballatoio *balcony / gallery*

finestra — window

porta — door

portone *entrance door*

pavimento *floor*

parquet

moquette *carpet*

mattonelle *tiles*

Le aree della casa

pianerottolo *landing*

atrio *lobby*

ingresso *foyer / entrance*

corridoio — corridor

àndito *vestibule*

stanza *room*

vano *room*: appartiene al gergo
  immobiliare

sala *living / dining room*

sala da pranzo

salone —

salotto *sitting room*

salottino

soggiorno *living room*

cucina — kitchen

cucinotto / cucinino

angolo cottura
    cooking area / kitchenette

tinello *small dining room / living room*

studio *(home) office*

camera da letto

camera matrimoniale *master bedroom*

cameretta: camera dei bambini

guardaroba *wardrobe*

spogliatoio *walk-in closet*

stanzino / ripostiglio /
    sgabuzzino *storeroom / closet*

dispensa *pantry*

bagno
antibagno: locale che precede il bagno
servizi: bagno, nel gergo immobiliare
seminterrato *basement*
tavernetta: locale di solito seminterrato,
    rifinito spesso in modo rustico, usato
    per cene, feste o come soggiorno
    informale

cantina *storage room / cellar*
soffitta / solaio *attic*
veranda
zona giorno
zona notte

Impianti e apparecchi di uso domestico

camino / caminetto *fireplace*
stufa *stove*
scaldabagno *water heater*
riscaldamento *heating system*: può
    essere autonomo (indipendente) o
    centralizzato
caldaia *boiler*

termosifoni / radiatori
condizionatore
aria condizionata
autoclave
pozzo nero / fossa biologica
    septic tank

Materiali per l'edilizia

cemento *concrete*
cemento armato *reinforced concrete*
vetrocemento
calcestruzzo: una specie di cemento

mattoni *bricks*
legno
pietra

Il gergo dei contratti immobiliari e il lessico legale

proprietario *owner / landlord*
inquilino *tenant*
locatore *lessor*
locatario / affittuario *lessee*
usufruttuario
condono (edilizio) / sanatoria
    (edilizia): provvedimento che sana
    qualsiasi alterazione di struttura,
    aspetto o uso della casa, eseguita
    contro i regolamenti

condonare: concedere o ottenere il
    condono edilizio, oppure mettere in
    regola la casa
abuso edilizio: la costruzione di edifici o
    parti di essi senza regolari permessi
abusivismo: il malcostume del costruire
    abusivamente
piano regolatore *zoning law / city plan*

CITTÀ E CAMPAGNA

Paul Ginsborg

Paul Ginsborg (Londra, 1945–) è Fellow del Churchill College dell'Università di Cambridge, ateneo dove è stato professore di Storia contemporanea. In Italia ha insegnato nelle università di Torino e Siena. Attualmente ha una cattedra[30] nel dipar-

© *Giorgio Fedi*

timento di Studi Storici e Geografici dell'Università di Firenze. È autore, tra gli altri, di due importanti volumi sulla storia dell'Italia contemporanea, ripubblicati insieme con il titolo di *Storia d'Italia, 1943–1996: famiglia, società, stato civile* (1998). Ginsborg ha anche scritto, con l'ex Presidente del Consiglio italiano Massimo D'Alema, *Dialogo su Berlinguer* (1994), libro dedicato al segretario del Partito Comunista Italiano morto nel 1984, e, con Vittorio Foa, *Le virtù della repubblica* (1994). Ginsborg si è fatto promotore, nel gennaio del 2002, della marcia di protesta dei professori universitari di Firenze. Ciò ha dato inizio a quelle manifestazioni di dissenso civile, contro le politiche (soprattutto sulla giustizia) del secondo governo Berlusconi, poi divenute note come "movimento dei girotondi",[31] sostenute dal regista Nanni Moretti, dal compositore e premio Oscar Nicola Piovani e da altri intellettuali di spicco,[32] insieme a migliaia di comuni cittadini.

Nell'intervista che segue, il professor Ginsborg commenta i risultati di una ricerca fotografica sulla casa degli italiani.

Carlo Brambilla, "Ma nelle stanze di città resta il gusto contadino"[33]
(*La Repubblica,* 10 ottobre 2000)

MILANO—"Che contrasto con la realtà di appena quarant'anni fa! Osservando le centinaia di fotografie che illustrano la ricerca sulla casa degli italiani, la prima cosa che mi colpisce è l'opulenza delle abitazioni. Quelli che vediamo sono interni confortevoli, spaziosi, con cucine ben attrezzate.[34] Lo sviluppo italiano è stato incredibilmente tumultuoso negli ultimi decenni. Non dimentichiamo che ancora nel '64 appena il 2% delle famiglie contadine italiane possedeva una lavatrice.[35] Contro il 30% di quelle francesi".

Lo storico inglese Paul Ginsborg commenta con entusiasmo le immagini degli interni italiani. E si diverte ad analizzare i mutamenti socioeconomici del nostro Paese, a partire dal tinello di casa.

Professor Ginsborg, quale dettaglio tra tante fotografie l'ha colpita di più?

Mi sembra che nonostante il rapido sviluppo[36] realizzato, l'Italia delle 100 città[37] conservi ancora un fortissimo rapporto con la campagna, retaggio delle sue origini rurali. Che si traduce in tanti arredamenti dal sapore rustico,[38] con caminetti, grande uso del legno e piccoli dettagli che svelano una nostalgia del passato.

Appaiono molti vuoti[39] nei soggiorni. Pochi libri. Pochi quadri.

È vero. Sembra che le pareti, spoglie,[40] siano spesso motivo di imbarazzo.[41] Non si sa bene come riempirle, cosa appendere[42] al muro. Ma credo che questo sia proprio l'effetto di uno sviluppo tanto tumultuoso.

Quali differenze nota tra le case degli italiani e quelle dei suoi connazionali?

Mi hanno sempre colpito l'ordine e la pulizia[43] straordinari che regnano nelle case italiane. In Gran Bretagna gli appartamenti sono molto più disordinati e anche più sporchi. Gli inglesi si occupano dell'arredamento delle loro abitazioni nel corso del tempo. Dicono spesso frasi del tipo "quest'anno mettiamo a posto il bagno" e così via. Gli italiani, invece, mettono a posto tutta la casa subito, al momento del matrimonio. L'anno scorso abbiamo soggiornato a casa di due amici, entrambi medici, a Cambridge. Una casa di professionisti. Bene, sotto il letto matrimoniale tenevano tutte le loro scarpe allineate.[44] Una scelta, credo, inimmaginabile all'interno di una casa italiana.

Attività

A. Descrivete con l'imperfetto o con il trapassato prossimo i problemi che aveva la vostra casa, e usando il passato prossimo aggiungete le riparazioni e le migliorie che sono state fatte. Per raccontare di riparazioni effettuate da operai, artigiani o tecnici, usate il causativo ("fare" + *infinito*). Per esempio:

> Il soffitto era rovinato perché c'era stata un'infiltrazione d'acqua. Ho riparato il tetto, ho rifatto l'intonaco e ho rimbiancato.
>
> Il lavandino perdeva. Ho chiamato l'idraulico e gliel'ho fatto riparare.
>
> La moquette era vecchia. L'ho fatta sostituire.
>
> Il motore della porta del garage non funzionava. L'ho fatto controllare dall'elettricista (oppure: all'elettricista).

QUESTA È LA MIA CASA

Jovanotti

Lorenzo Cherubini (meglio conosciuto come Jovanotti)[45] nasce a Roma nel 1966 da una famiglia originaria di Cortona, cittadina in provincia di Arezzo. Fin da adole-

© *Andrea Fedi*

scente comincia a lavorare come DJ in radio private. Esordisce[46] come cantante con album di canzoni semplici, molto ritmate e senza pretese.[47] Più tardi, con il disco *Lorenzo 1992,* Jovanotti si mostra capace di una notevole svolta[48] artistica: approfondisce la ricerca musicale e si avvicina all'impegno politico su posizioni pacifiste e libertarie. L'evoluzione prosegue con *Lorenzo 1994* e soprattutto, nel 1997, con *L'albero,* un album carico di sonorità world music mescolate al rap melodico che ancora oggi contraddistingue lo stile dell'artista. Nel 1999, con *Capo Horn,* e nel 2002 con *Il quinto mondo,* Jovanotti continua a sperimentare nuovi stili e nuovi generi, raggiungendo un pubblico trasversale rispetto alle generazioni. Nel 1996 un suo video è stato incluso nella selezione europea degli MTV Awards. Nel 1998 pubblica da Feltrinelli *Il grande Boh!,* un'autobiografia in forma di diario che entro il 1999 aveva già venduto 170.000 copie.

Lorenzo ha aderito alla campagna internazionale *Jubilee 2000* per la remissione del debito dei paesi in via di sviluppo. Questo lo porta a collaborare con personaggi come Bono degli U2 e con importanti esponenti politici italiani.

"Questa è la mia casa" riflette, nelle parole e nella musica, l'entusiasmo dell'autore per una società multietnica, multiculturale ed ecumenica. Entusiasmo che l'ha portato a girare il mondo alla ricerca di esperienze musicali diverse e, in qualche caso, a registrare le sue canzoni in luoghi lontani: "La mia è sempre di più la lingua dei viaggiatori, e chi decide di ascoltarmi deve sapere che io sono uno che racconta mondi che ha visto e mondi che vuole vedere, e non conosco a fondo[49] la lingua del posto, la lingua degli stanziali,[50] strimpello[51] strumenti e parlo male diverse lingue, e di volta in volta[52] ho bisogno di musicisti e di interpreti per piantare le tende[53] nel luogo e restarci finché non mi riprende il senso di irrequietezza[54] che mi porta a fare di nuovo i bagagli[55] e partire" (*Il grande Boh!*).

Jovanotti, "Questa è la mia casa"

(*Lorenzo 1997—L'albero*, © Universal Music Italia Srl, Soleluna Srl, DJ's Gang, Srl, Milano, 1997; di Lorenze e Michele Centonze)

O Signore dell'universo
ascolta questo figlio disperso
che ha perso il filo[56] e che non sa dov'è
e che non sa neanche più parlare con te
ho un Cristo che pende sopra il mio cuscino[57]
e un Buddha sereno sopra il comodino[58]
conosco a memoria il Cantico delle Creature[59]
grandissimo rispetto per le mille Sure
del Corano
c'ho pure un talismano
che me l'ha regalato un mio fratello africano
e io lo so che tu da qualche parte ti riveli
che non sei solamente chiuso dietro ai cieli
e nelle rappresentazioni umane di te
a volte io ti vedo in tutto quello che c'è
e giro per il mondo tra i miei alti e bassi
e come Pollicino[60] lascio indietro dei sassi sui miei passi
per non dimenticare la strada che ho percorso
fino ad arrivare qua e ora dove si va
adesso si riparte per un'altra città.

Voglio andare a casa LA CASA DOV'È?
la casa è dove posso stare in pace
io voglio andare a casa LA CASA DOV'È?
la casa è dove posso stare in pace
io voglio andare a casa LA CASA DOV'È?
la casa è dove posso stare in pace con te
in pace con te.

O Signore dei viaggiatori
ascolta questo figlio immerso nei colori
che crede che la luce sia sempre una sola
che si distende sulle cose e le colora
di rosso di blu di giallo e di vita
dalle tonalità di varietà infinità

ascoltami
proteggimi
ed il cammino quando è buio illuminami
sono qua
in giro per la città
e provo con impegno a interpretare la realtà
cercando il lato buono delle cose
cercandoti in zone pericolose
ai margini di ciò che è convenzione
di ciò che è conformismo
di ogni moralismo
yeahhh
e il mondo mi assomiglia nelle sue contraddizioni
mi specchio nelle situazioni
e poi ti prego
di rivelarti sempre in ciò che vedo
io so che tu mi ascolti
anche se a volte non ci credo.

Voglio andare a casa LA CASA DOV'È?
la casa è dove posso stare in pace
io voglio andare a casa LA CASA DOV'È?
la casa è dove posso stare in pace con te
in pace con te
in pace con te
in pace con te.

O Signore della mattina
che bussa sulle palpebre[61] quando mi sveglio
mi giro e mi rigiro sopra il mio giaciglio[62]
e poi faccio entrare il mondo dentro me
e dentro al mondo entro fino a notte
barriere confini paure serrature[63]
cancelli dogane[64] e facce scure
sono arrivato qua attraverso mille incroci[65]
di uomini di donne di occhi e di voci
il gallo[66] che canta e la città si sveglia
ed un pensiero vola giù alla mia famiglia
e poi si allarga fino al mondo intero
e vola su su in alto fino al cielo
il Sole la Luna e Marte e Giove
Saturno coi suoi anelli e poi le stelle nuove

e quelle anziane piene di memoria
che con la loro luce hanno fatto la storia
gloria a tutta l'energia che c'è nell'aria.

Questa è la mia casa LA CASA DOV'È?
la casa è dove posso portar pace
questa è la mia casa LA CASA DOV'È?
la casa è dove posso portar pace
questa è la mia casa LA CASA DOV'È?
la casa è dove posso portar pace
io voglio andare a casa LA CASA DOV'È?
la casa è dove posso stare in pace con te
in pace con te.

Questa è la mia casa...

Il rap italiano

Anche il rap italiano spesso è "cattivo", graffiante[67] e allineato su posizioni politiche estreme (con inviti alla rivolta sociale, insulti contro polizia e carabinieri, disprezzo totale delle istituzioni e dei partiti). Jovanotti invece, come si vede dal testo
appena presentato, ha portato al successo un rap buonista[68] e che piace a più generazioni di pubblico. Egli stesso alla stampa e nei media si presenta come no global e
pacifista moderato, cristiano di sinistra e amante del buddismo, difensore di valori
tradizionali (la famiglia, il lavoro, la *pietas,* il rispetto delle differenze). Richiesto di
identificare le sue radici, nel corso di un'intervista televisiva del 1997, Jovanotti cita
"la musica nera, la banda[69] del mio paese, la famiglia e l'America". L'immagine che di
lui hanno i giovani fan italiani è ben sintetizzata in questa dichiarazione, resa durante un concerto a Verona: "È semplice, è se stesso, è naturale come lo vediamo in
TV, dal vivo, o come è nella vita privata. È umile, è semplice, è se stesso sempre"
(Michele, 18 anni).

A CASA IN TOSCANA

Under the Tuscan Sun

Uscito nell'autunno del 1996 in tiratura limitata[70] e senza l'appoggio di una grande
campagna pubblicitaria, *Under the Tuscan Sun* un poco alla volta conquistò un pubblico sempre più vasto. In meno di due anni le edizioni erano arrivate a sette, e in tre
anni il libro superava il milione di copie stampate. Frances Mayes vi racconta come ha
acquistato e restaurato, un pezzo alla volta, la villa di Bramasole, nelle campagne
intorno a Cortona. La chiave del successo di questo testo sta nel fatto che rinnova con
semplicità e con grazia il mito celebrato in tanta letteratura angloamericana dell'Ottocento e del Novecento: la fantasia di una Shangri-la toscana, vale a dire la scoperta in

© Giorgio Fedi

quella parte d'Italia di un angolo di Paradiso naturale e per di più al sicuro dalla malizia umana (tranne magari che per un idraulico bugiardo ed un elettricista esoso),[71] non ancora contaminato dai veleni dell'industrializzazione e della globalizzazione. La villa di Cortona per qualche mese l'anno diventa il *buen retiro* dell'autrice, la desiderabile alternativa alla vita americana, il luogo dove ricaricarsi[72] spiritualmente a contatto con le bellezze della Toscana etrusca e medievale. Naturalmente non mancano nel libro le visite di ospiti dagli Stati Uniti, come in occasione del matrimonio in Italia di due amici (il corteo nuziale[73] sfila a piedi lungo una strada romana che dall'abitazione porta al paese di Cortona); e compare quella piccola comunità di espatriati americani, intellettuali, giornalisti e scrittori che è ben rappresentata nel film di Bernardo Bertolucci, *Stealing Beauty* (*Io ballo da sola*, 1996). Molte pagine infine sono dedicate a ricette di cucina toscana e descrizioni di ristoranti, di piatti tipici e di vini locali. Ma anche il piacere sensuale della buona tavola trova sostegno nel contesto materiale: le stanze, i mobili, le stoviglie,[74] le tovaglie, le vedute del paesaggio cortonese. Sicché i personaggi passano spesso in secondo piano rispetto ai veri protagonisti della narrazione, la casa e il paesaggio che la circonda. E i lavori di risistemazione di Bramasole diventano metaforicamente l'opera di edificazione di una vita ideale, quasi magica.

Frances Mayes

Frances Mayes, nata in Georgia, docente fino a pochi anni fa nel dipartimento di Creative Writing della State University di San Francisco, ha composto cinque raccolte di poesie e, oltre a numerosi articoli e saggi, ha scritto *The Discovery of Poetry: A Field Guide to Reading and Writing Poems*. Alla Toscana ha dedicato altri libri, come *Bella Tuscany* (1999) e *In Tuscany* (2000), quest'ultimo in collaborazione con suo marito, Edward, e il fotografo Bob Krist. Il suo romanzo *Swan* (2002) è la tipica storia americana ambientata a sud della "Mason-Dixon line", la saga di una ricca e antica famiglia funestata[75] dal misterioso suicidio della madre e dalla malattia del padre, nel contesto di una piccola città della Georgia, Swan, con il solito corredo di personaggi eccentrici che contribuiscono al colore locale; uno dei personaggi principali, Ginger, lascia Swan per dedicarsi all'archeologia in Italia.

La regista Audrey Wells ha girato per la disneyana Touchstone la versione cinematografica di *Under the Tuscan Sun,* con Diane Lane nella parte della protagonista. Uscito a settembre del 2003, il film ha riscosso un notevole successo di pubblico.

Frances Mayes, *Under the Tuscan Sun: At Home in Italy*

(© 1996 by Frances Mayes. Used with permission from Chronicle Books)

We walked up to the house under a rusted pergola leaning under the weight of climbing roses. The double front door squawked like something alive when we pushed it open. The house's walls, thick as my arm is long, radiated coolness. The glass in the windows wavered. I scuffed through silty dust and saw below it smooth brick floors in perfect condition. In each room, Ed opened the inside window and pushed open the shutters to one glorious view after another of cypresses, rippling green hills, distant villas, a valley. There were even two bathrooms that functioned. They were not beautiful, but *bathrooms,* after all the houses we'd seen with no floors, much less plumbing. No one had lived there in thirty years and the grounds seemed like an enchanted garden, overgrown and tumbling with blackberries and vines. I could see Signor Martini regarding the grounds with a countryman's practiced eye. Ivy twisted into the trees and ran over fallen terrace walls. "*Molto lavoro,*" much work, was all he said.

During several years of looking, sometimes casually, sometimes to the point of exhaustion, I never heard a house say *yes* so completely. However, we were leaving the next day, and when we learned the price, we sadly said no and went home.

During the next months, I mentioned Bramasole now and then. I stuck a photo on my mirror and often wandered the grounds or rooms in my mind. The house is a metaphor for the self, of course, but it also is totally real. And a *foreign* house exaggerates all the associations houses carry. Because I had ended a long marriage that was not supposed to end and was establishing a new relationship, this house quest felt tied to whatever new identity I would manage to forge. When the flying fur from the divorce settled, I had found myself with a grown daughter, a full-time university job (after years of part-time teaching), a modest securities portfolio, and

*Miniappartamenti
nella campagna toscana.
© Giorgio Fedi*

an entire future to invent. Although divorce was harder than a death, still I felt oddly returned to myself after many years in a close family. I had the urge to examine my life in another culture and move beyond what I knew. I wanted something of a *physical* dimension that would occupy the mental volume the years of my former life had. Ed shares my passion for Italy completely and also shares the boon of three-month summer breaks from university teaching. There we would have long days for exploring and for our writing and research projects. When he is at the wheel, he'll *always* take the turn down the intriguing little road. The language, history, art, places in Italy are endless—two lifetimes wouldn't be enough. And, ah, the foreign self. The new life might shape itself to the contours of the house, which already is at home in the landscape, and to the rhythms around it.

In the spring, I called a California woman who was starting a real-estate development business in Tuscany. I asked her to check on Bramasole; perhaps if it had not sold, the price had come down. A week later, she called from a bar after meeting with the owner. "Yes, it's still for sale, but with that particular brand of Italian logic, the price has been raised. The dollar," she reminded me, "has fallen. And that house needs a lot of work."

Now we've returned. By this time, with equally peculiar logic, I've become fixed on buying Bramasole. After all, the only thing wrong is the expense. We both love the setting, the town, the house and land. If only one little thing is wrong, I tell myself, go ahead.

Still, this costs a *sacco di soldi*. It will be an enormous hassle to recover the house and land from neglect. Leaks, mold, tumbling stone terraces, crumbling plaster, one funky bathroom, another with an adorable metal hip bathtub and a cracked toilet.

Why does the prospect seem fun, when I found remodeling my kitchen in San Francisco a deep shock to my equilibrium? At home, we can't even hang a picture without knocking out a fistful of plaster. When we plunge the stopped-up sink, forgetting once again that the disposal doesn't like artichoke petals, sludge seems to rise from San Francisco Bay.

On the other hand, a dignified house near a Roman road, an Etruscan (Etruscan!) wall looming at the top of the hillside, a Medici fortress in sight, a view toward Monte Amiata, a passageway underground, one hundred and seventeen olive trees, twenty plums, and still uncounted apricot, almond, apple, and pear trees. Several figs seem to thrive near the well. Beside the front steps there's a large hazelnut. Then, proximity to one of the most superb towns I've ever seen. Wouldn't we be crazy not to buy this lovely house called Bramasole?

Gli stranieri comprano casa in Italia

Nel 2001 le compravendite di case in Italia da parte di privati non italiani hanno generato un volume di affari pari a 600 miliardi di vecchie lire. Secondo l'istituto di ricerca Scenari Immobiliari, nel 52% dei casi si trattava di cittadini inglesi, in genere coppie di una certa età che hanno preferito regioni come la Toscana (la cui valle del Chianti è chiamata ironicamente Chiantishire per l'alto numero di inglesi residenti) o l'Umbria, e proprietà di alto livello con edifici originali e ben restaurati, dotati di una forte identità. Al secondo posto, con il 13% delle transazioni, si sono piazzati i tedeschi, che hanno scelto case al mare (in Romagna) o sui grandi laghi (soprattutto il lago di Garda), e perlopiù hanno comprato proprietà di valore inferiore rispetto ai britannici, inclusi appartamenti in piccoli condomini. Americani e canadesi hanno rappresentato l'8% del settore, orientandosi generalmente verso le grandi città d'arte: Roma, Firenze e Venezia. Le regioni italiane che hanno attratto la maggiore quantità di investimenti immobiliari fatti da stranieri sono state la Toscana (40%), il Lazio (25%), il Veneto (15%) e l'Umbria (8%). Ma se avere una casa in Toscana è ancora il sogno di tanti che vivono fuori d'Italia, rispetto al 2000 c'è stata in quella zona una flessione del 6%. Sarà stato forse l'effetto delle polemiche della stampa inglese, che negli ultimi anni ha denunciato a più riprese[76] il peggioramento delle condizioni di vita a Firenze e nella provincia, lamentando un netto aumento della microcriminalità, dell'inquinamento e del traffico: i toscani si difendono spiegando che è solo gelosia, perché il primo ministro britannico Tony Blair da una decina d'anni a questa parte passa spesso le vacanze estive in Toscana.

Attività

A. Usando il futuro, esponete i vostri piani relativi all'acquisto di una casa in Italia: spiegate dove la comprerete, come la pagherete, che tipo di arredamento sceglierete, che uso ne farete, ecc.

B. Traducete in italiano gli ultimi due paragrafi del brano di Frances Mayes.

© Giorgio Fedi

CONDOMINI

Dacia Maraini

Scrittrice tra le più affermate[77] in Italia e tradotte all'estero, Dacia Maraini nasce a Fiesole nel 1936 da Fosco, etnologo, fotografo e scrittore fiorentino, e Topazia, della nobile famiglia siciliana degli Alliata di Salaparuta. È per le ricerche antropologiche di Fosco che nel 1938 la famiglia si trasferisce in Giappone dove cinque anni dopo, a causa dell'alleanza di quel paese con Germania e Italia, i Maraini, dichiaratamente antifascisti, e le loro tre figlie finiscono in un campo di internamento. Dopo i due anni lì trascorsi tra stenti[78] ed espedienti,[79] la famiglia si trasferisce in Sicilia, nella già splendida residenza materna, Villa Valguarnera.

Dacia frequenta il liceo a Palermo per poi spostarsi a Roma dove comincia a collaborare a riviste quali *Paragone, Nuovi Argomenti* e *Il Mondo* e fonda, con altre scrittrici, *Tempo di letteratura*. Nel 1962 esce il suo primo romanzo, *La vacanza*. Nel 1967 Dacia Maraini, con Enzo Siciliano ed altri autori e attori dà vita al Teatro del Porcospino. Per Dacia (legatasi sentimentalmente, in questi anni, ad Alberto Moravia), inizia una lunga fase di impegno sociale e politico, che tocca problemi vari, dalla condizione femminile alla vita nel sistema carcerario.[80] I racconti di *Mio marito* escono nel 1968, e Maraini continua a diversificare il suo lavoro intellettuale dedicandosi al giornalismo d'inchiesta (da una prospettiva femminista) e portando il suo impegno teatrale nei quartieri popolari della capitale. Con la messa in scena[81] a Venezia di *La donna perfetta*, una pièce che affronta il tema dell'aborto, si accendono vivaci polemiche con ambienti ecclesiastici (l'interruzione volontaria di gravidanza[82] verrà consentita in Italia solo nel 1978). Sempre sul piano dell'impegno femminista vanno ricordate, in questi anni, le poesie di *Donne mie* e *Mangiami pure,* i testi teatrali *Dialogo di una prostituta con un suo cliente* (1978) e, fortunatissimo e recentemente riportato in scena, *Maria Stuarda* (1975). *Storia di Piera* (1980), lunga intervista con l'attrice Piera degli Esposti, fornirà il soggetto al film omonimo di Marco Ferreri, ed anche *La vera storia di Marianna Ucrìa* (bestseller del 1990) avrà una riduzione cinematografica nel 1997 ad opera di Roberto Faenza.

Nel corso degli anni l'attività della scrittrice continua prolifica in vari generi: nella poesia, ad esempio, con *Viaggiando con passo di volpe* (1991) e *Se amando troppo* (1998); nel teatro con *Lezioni d'amore* (1982) e *Veronica, meretrice*[83] *e scrittora* (sulla cortigiana e poetessa cinquecentesca Veronica Franco); nella narrativa in forma di romanzo, con *Isolina* (1985), *Voci* (portato al cinema da Franco Giraldi nel 2002), e *Dolce per sé* (1997). I racconti di *Buio* (1999) fanno vincere all'autrice il prestigioso Premio Strega, ma è con le narrazioni autobiografiche di *Bagheria* (1993) e *La nave per Kobe* (2001) che Maraini si conferma una delle scrittrici italiane più amate da recensori[84] e lettori. Non va sottaciuta[85] l'attività saggistica e giornalistica, per cui si segnalano almeno *Il bambino Alberto,* intervista a Moravia e alle sue sorelle; *La bionda, la bruna e l'asino,* sulla crisi della fase storica del femminismo italiano, e *Un clandestino a bordo* (1996), che tocca ancora il tema dell'aborto. Nel 2000 Dacia Maraini è stata anche conduttrice[86] della trasmissione televisiva *Io scrivo, tu scrivi,* e nel 2001 è uscita la raccolta di favole *La pecora Dolly*.

Voci

La giornalista Michela Canova arriva a casa dopo un corso di aggiornamento[87] a Marsiglia e una serie di piccoli indizi l'avvertono che il suo palazzo al numero 22 di via Santa Cecilia, con il cancello, i tigli[88] nel cortile e le aiole fiorite, non è più lo stesso. Né la portiera,[89] Stefana, né suo marito, Giovanni, sono al loro posto; nessun volto curioso la spia dalle finestre; per le scale c'è un insolito silenzio. Sul suo pianerottolo Michela trova un odore acuto di disinfettante e la porta della vicina socchiusa,[90] un paio di scarpe da ginnastica disposte ordinatamente accanto alla porta. Dalla portiera Michela apprende che la vicina, Angela Bari, attrice di cinema, è stata uccisa a coltellate il 24 giugno, cinque giorni prima. La polizia ignora il movente dell'omicidio e l'identità dell'assassino; nemmeno l'arma del delitto è stata trovata.

Per una strana coincidenza, quando Michela torna alla radio privata dove lavora, Radio Italia Viva, il direttore le affida una trasmissione a puntate sui crimini contro le donne, specialmente i delitti impuniti.[91] Michela comincia a indagare[92] sulla morte di Angela. Prima interroga la gente del vicinato:[93] il macellaio, il giornalaio, la frutti-vendola del mercato rionale.[94] Poi la sorella della vittima, Ludovica. Poi Adele Sòfia, la donna commissario[95] a capo delle indagini sul caso di Angela Bari. Infine incontra Sabrina, una prostituta, la quale dichiara di avere conosciuto Angela nel giro della prostituzione di lusso. La scoperta della vita segreta della vicina fa sì che Michela cominci a guardare con occhi diversi il posto in cui vive. Con i suoi dodici piani, i novanta appartamenti, il viavai[96] continuo di gente a tutte le ore del giorno, adesso le sembra "un'alveare[97] un poco temibile e sinistro". Anche Angela, dopotutto, ha aperto la porta al suo assassino, probabilmente con la stessa fiducia impulsiva e la generosità con cui ha stretto amicizia con altri intorno a lei, soprattutto donne: Stefana la portiera, al cui figlio portava spesso piccoli regali; Maria la gattara,[98] a cui portava in dono pacchetti di macinato[99] per i gatti di strada.

Alla ricerca della verità, mentre cerca di dare un volto e un nome all'assassino di Angela, la giornalista si renderà conto che la vita di quell'estranea[100] era intrec-ciata[101] alla sua in modo insospettabile.

Dacia Maraini, *Voci*
(Milano: Rizzoli, 1994. © R. C. S. Libri SpA)

Il taxi mi deposita davanti al cancello di via Santa Cecilia. Ma perché tanto stu-pore? Sono di nuovo a casa, mi dico, sono tornata; ma è come se non lo riconoscessi questo cancello, questo cortile, questo palazzo dalle tante finestre aperte. Ho una spina[102] infitta nel palato, come il presagio di una sciagura. Cosa mi aspetta in questa dolce mattina che porta con sé gli odori conosciuti del ritorno? Cos'è che preme sui miei pensieri come se volesse distorcerli e cancellarli?

Cerco con gli occhi la portiera, Stefana, che a quest'ora di solito sta smistando la posta nella guardiola,[103] ma non vedo né lei né il suo allampanato[104] marito, Gio-vanni. Attraverso il cortile tirandomi dietro la valigia a rotelle che, sulla ghiaia,[105] non ne vuole sapere di camminare. Mi fermo un momento in mezzo al pietrisco[106] per dare uno sguardo intorno: gli oleandri e i gerani rosa sono sempre lì nelle aiole, anche se coperti da un velo di polvere estiva, la fontanella dalla pietra muschiata[107] gocciola, al suo solito, con un rumore di rubinetto[108] rotto; i due grandi tigli sono carichi di fiori e sembrano i soli a non languire per il caldo, i soli estranei a quell'aria cupa[109] che oggi grava sulla mia casa. Se ne stanno lì, nel leggero vento estivo, a scuotere i loro mazzetti[110] di fiori pelosi e profumati.

Le finestre che danno sul cortile, così spesso occhiute,[111] oggi sembrano tutte cieche, anche le scale sono deserte e stranamente silenziose. L'ascensore mi deposita con un soffio stanco all'ultimo piano, il mio.

Mentre cerco nella borsa le chiavi di casa, vengo raggiunta da un penetrante odore di disinfettante da ospedale. Mi volto e vedo la porta della vicina di pianerottolo socchiusa. Faccio due passi, la spingo con le dita e la vedo scivolare su se stessa, docile e leggera, rivelando un corridoio inondato[112] dal sole, la frangia di un tappeto arrotolato e un paio di scarpe da tennis azzurre, bene appaiate[113] proprio accanto alla porta.

... Dal fondo dell'appartamento sento arrivare delle voci e, subito dopo, mi vedo davanti la faccia di Stefana dai grandi occhi dolenti.

"Non l'ha saputo?"

"Che cosa?"

"È morta cinque giorni fa, l'hanno uccisa".

"Uccisa?"

"Venti coltellate, una furia..., e non l'hanno ancora preso, poveri noi".

... Le guardo le mani che sono grandi e capaci, mi chiedo se sia stata lei, con quelle mani, a rivestire la morta.

"Ma perché l'hanno ammazzata?"

"Non si sa, non sembra che abbiano rubato niente... un finimondo,[114] doveva vedere, è arrivata la polizia, è arrivato il giudice istruttore, sono arrivati quelli della scientifica,[115] i giornalisti, i fotografi, e tutti con le scarpe sporche che andavano su e giù per le scale... Il funerale è stato l'altro ieri... Ora abbiamo pulito tutto, ma ci sono ancora dei poliziotti di là che prendono misure... dice che oggi mettono i sigilli".[116]

Mi accorgo che sto stringendo la chiave di casa fra le mani con una tale forza che mi dolgono le giunture.[117]

"Vuole entrare, Stefana, le faccio un caffè?"

"No, devo tornare giù, non c'è nessuno in portineria".

La sento scendere i gradini, rapida, con le scarpe di pezza[118] che emettono appena un leggero tonfo smorzato.[119] Apro la porta di casa, trascino dentro la valigia; annuso l'aria che sa di chiuso,[120] spalanco le imposte,[121] mi chino sulle piante che se ne stanno reclinate, pallide e impolverate. Eppure l'acqua non è loro mancata, Stefana le ha innaffiate tutti i giorni come era nei patti; ma quello stare al chiuso, nel silenzio di una casa vuota, le avvilisce;[122] non amano stare sole, le mie piante e me lo dicono con voci chiocce[123] in un sussurro[124] dietro le spalle.

Mi seggo alla scrivania davanti ad un mucchietto di lettere arrivate durante la mia assenza. Ne apro una, ma mi accorgo che leggo senza leggere: torno sulla prima frase due, tre volte, poi smetto. Il mio pensiero, come un asino giallo visto una volta in un quadro di Chagall, tende misteriosamente a volare fuori della cornice.[125] Mi chiedo cosa so della mia vicina ammazzata a coltellate: niente; una donna è stata uccisa dietro la porta accanto e io non so neanche come si chiamasse.

La incontravo qualche volta in ascensore, la guardavo di sottecchi[126] come si guarda una persona che ti sta di fronte in treno o in autobus, con un senso di colpa per la curiosità maleducata che ti anima. Perché, poi, sarà maleducato occuparsi del proprio dirimpettaio?[127]

Era alta ed elegante, la mia vicina, portava i capelli castani chiari tagliati a ca-schetto.[128] Il naso piccolo, delicato, il labbro superiore particolarmente pronunciato, che quando si arricciava in un sorriso[129] rivelava dei denti piccoli e infantili, un poco sporgenti.[130] Un sorriso da coniglio, avevo pensato vedendola la prima volta, timido e timoroso come di chi è abituato a rosicchiare[131] pensieri segreti. Gli occhi grandi, grigi, la fronte spaziosa, la pelle delicata, bianca, cosparsa di efelidi.[132] La voce, quelle rare volte che l'ho sentita, mi è sembrata velata, come di chi tema di esporsi e infastidire,[133] una voce piegata su se stessa, resa opaca dalla ritrosia,[134] con dei guizzi inaspettati di ardimento e di allegria.[135]

Abitava da sola, come me, e su di noi vegliavano[136] la portiera Stefana e il suo evanescente marito Giovanni Mario, che si comportano come due vecchi genitori indulgenti, mentre in realtà sono più o meno nostri coetanei.[137]

Ma perché la vicina tornava così tardi la notte? A volte, nel dormiveglia,[138] sentivo la sua porta che si chiudeva con un tonfo, e la chiave che girava nella toppa[139] con insistenza, trac, trac, trac. Anche le persiane venivano sprangate[140] con energia, le sentivo sbatacchiare[141] bruscamente sia di sera che di giorno.

Perché la mattina usciva silenziosa, stanca e intontita[142] e perché ogni tanto partiva con aria furtiva portandosi dietro solo una borsa gialla tipo zaino?

Eppure tutte e due eravamo "da proteggere" secondo la mentalità del palazzo, perché vivevamo sole, perché facevamo lavori faticosi che ci tenevano spesso fuori casa, io con la mia radio e lei... ma qui mi fermo perché non so altro.

Riprendo in mano la lettera e ricomincio a leggere: è il conto del commercialista.[143] Ne apro un'altra: è la rata[144] del computer da pagare. Poi c'è la bolletta della luce,[145] scaduta,[146] e quella del telefono a cui mancano pochi giorni per la scadenza.[147] Ultima, una lettera "della felicità": "copiate questa missiva e speditela a dieci amici. Se lo farete, avrete conquistato la felicità per l'avvenire, se non lo farete, andrete incontro a sette anni di guai".[148] Proprio come quando si rompe uno specchio. La getto nel cestino.[149]

Lo sguardo mi va al segnalatore della segreteria telefonica: l'occhio rosso lampeggia[150] imperioso. Premo il bottone e faccio scorrere il nastro:[151] "Ciao Michela, sono Tirinnanzi, ancora non sei tornata dal tuo corso di aggiornamento? Appena rientri, chiama, ciao".

Uno scatto, un fruscio,[152] la voce metallica che scandisce:
"Thursday, June twenty-three, twelve twenty p.m.". E poi una voce femminile che non conosco "Cara Michela Canova, io sono..." ma la comunicazione viene interrotta con un clic misterioso. Mi ricorda la voce della vicina, ma perché avrebbe dovuto telefonarmi?

Un altro scatto, la voce metallica che sillaba "Friday, June twenty-four, eight thirty: 'mi scusi se... vorrei parlare con lei di'"... Ma ancora una volta la frase è troncata da una mano impaziente. Sembra proprio la voce della vicina. Ma quando è morta? Cinque giorni fa, ha detto Stefana. Ma cinque giorni fa era, per l'appunto, il 24 giugno.

Vado avanti ad ascoltare i messaggi, ma non trovo più quella voce titubante,[153] interrotta bruscamente. Devo chiedere con precisione il giorno e l'ora della sua morte, mi dico. Estraggo il nastro dalla macchina e lo caccio dentro una busta.[154]

© Andrea Fedi

Attività

A. Rispondete a queste domande:
1) Perché Michela Canova, quando torna a casa, ha la sensazione che sia successo qualcosa di grave nel palazzo?
2) Com'è l'appartamento di Michela al suo ritorno?
3) Che cosa sapeva Michela della sua vicina Angela Bari?
4) Perché Michela e la sua vicina, agli occhi della gente del palazzo, sono "da proteggere"?
5) Che cosa trova nella posta Michela? E che tipo di messaggi ci sono nella sua segreteria telefonica?

B. Scrivete la trama di un racconto ambientato dentro un condominio.

C. Leggete le seguenti lettere e fingete di essere il/la consulente esperto/-a di questioni condominiali, fornendo una risposta il più possibile dettagliata ed esauriente.

Gentile consulente,
la signora del piano di sopra si alza alle cinque di mattina e fa le faccende[155] prima di uscire per andare al lavoro. Come se non bastasse, le piace fare per prima cosa un bel bagno caldo. Ora il problema è che il suo bagno è praticamente sopra la mia camera da letto, e il rumore dell'acqua mi sveglia e mi disturba. Che posso fare?
Grazie,
Patrizia

Salve,
ho appena acquistato un attico nel centro storico di Ancona e ho scoperto che un mio vicino tiene un pitone nel suo appartamento. È legale? Posso fare qualcosa a riguardo?[156]
Distinti saluti,
Luca

Casal Palocco, Roma.
© Giorgio Fedi

Gentilissimo/-a consulente, abito all'ultimo piano di un condominio di trentasei appartamenti. Gli appartamenti al pianterreno sono dotati di piccoli giardini di proprietà. Il problema è che molti di quelli col giardino hanno installato dei barbecue prefabbricati, con il forno per le pizze. Uno è proprio sotto la mia terrazza, ma non sono il solo in questa situazione. Naturalmente quando i vicini cucinano fuori, il fumo e gli odori mi costringono a chiudere le finestre. Vorrei un consiglio: posso domandare che i condomini tolgano questi barbecue (alcuni anche grandi e fatti a forma di casette)?

    Ringrazio e le porgo i miei più cordiali saluti.

    Gaetano

D. Scrivete una lettera all'esperto lamentandovi di un problema relativo alla vostra casa.

E. Compilate questo modulo di richiesta del mutuo.[157] Per presentare la richiesta alla banca dovete fornire le seguenti informazioni:

Importo mutuo: _____

Da rimborsare in anni: _____

Tipo del mutuo:

_____ Variabile

_____ Fisso

da stipulare nel mese di: _____

Utilizzo del mutuo:

_____ Acquisto

_____ Ampliamento[158]

_____ Ristrutturazione

_____ Completamento

_____ Sostituzione altro mutuo

Caratteristiche dell'immobile:

_____ Appartamento

_____ Casa colonica

_____ Casetta indipendente

_____ Palazzina

_____ Villa

Valore commerciale dell'immobile allo stato attuale: _____

Valore commerciale dopo gli eventuali interventi edilizi (nei casi di **costruzione, completamento, ampliamento o ristrutturazione**): _____

Utilizzo dell'immobile:

_____ Abitazione principale

_____ Altra abitazione

_____ Investimento

Dati dei richiedenti:

Mutuatario n.1

Cognome e nome: _____

Età: _____

Professione: _____

Reddito mensile:[159] _____

Datore di lavoro:[160] _____

Anzianità di servizio:[161] _____

Mutuatario n.2

Cognome e nome: _____

Età: _____

Professione: _____

Reddito mensile: _____

Datore di lavoro: _____

Anzianità di servizio: _____

Il condominio, una società semplificata

In un lungo reportage apparso su *Repubblica* nel maggio 2001 Michele Smargiassi ha scritto che quella del condominio in Italia "è un'esperienza universale quasi come la scuola e il servizio militare: sette italiani su dieci, 13 milioni di famiglie, spendono la loro vita in un edificio multifamiliare". Il condominio, scrive Smargiassi, è una società semplificata, con due sole classi (i proprietari e gli inquilini) e un go-

© Giorgio Fedi

verno (l'assemblea condominiale). Non a caso anche i politici da un po' di tempo hanno cominciato a usare la metafora del condominio. Per esempio, Gabriele Albertini, sindaco[162] di Milano, ha dichiarato: "sono orgoglioso di gestire un condominio grande come una città"; e l'ex premier Massimo D'Alema ha descritto così la sua coalizione: "preferisco che il centrosinistra sia un condominio, piuttosto che una casa di cui uno solo ha le chiavi". Eppure la convivenza nei condomini, soprattutto nei supercondomini di 300–500 unità costruiti alla periferia di Roma o Milano, è tutt'altro che facile. Il 40% delle cause civili pendenti ha a che fare con la vita condominiale e su Internet si moltiplicano i forum e i siti di consulenti che discutono i problemi della vita in condominio.

L'articolo 1138 del Codice civile italiano stabilisce che ogni condominio con più di dieci condomini deve avere un regolamento scritto. Il regolamento condominiale contiene norme che riguardano i servizi, le parti comuni del casamento e quelle private, l'assemblea condominiale e l'attività dell'amministratore. Chi non rispetta queste norme rischia di dover pagare una somma di denaro fissata dal regolamento stesso. Il documento che segue contiene passi di un modello di regolamento condominiale molto comune.

© Andrea Fedi

Regolamento condominiale

La proprietà comune

Sono oggetto di proprietà e uso comune di tutti i condomini le seguenti parti:

— il suolo, il sottosuolo, le fondamenta, i muri perimetrali, i pilastri e le travi,[163] le fognature, i tetti e le grondaie, giardini e cortili, impianti antincendio e parafulmini,[164] portineria e alloggio del portiere;

— il portone d'ingresso, le pareti del vano scala e del vano ascensore, gli ànditi, i locali adibiti a lavanderia,[165] l'autoclave centrale, gli stenditoi,[166] la sala giochi e altri locali destinati a servizi e beni comuni; i corridoi di cantina, le rampe per l'autorimessa;[167] gli impianti idrici,[168] elettrici, del gas e del riscaldamento, fino ai locali di proprietà esclusiva dei singoli condomini; nonché le scale, l'impianto dell'ascensore, del citofono,[169] dell'apriportone e dell'antenna televisiva centralizzata.

Divieti sulle parti comuni

1. È vietato[170] occupare, anche temporaneamente, con qualsiasi cosa, gli spazi di proprietà e uso comune. Eventuali autorizzazioni possono essere concesse solo dall'amministratore.
2. È vietato depositare moto o bici negli spazi comuni (atrio d'ingresso,[171] vano scale, corridoi, ecc.).
3. È vietata la sosta[172] dei veicoli nelle aree comuni; il lavaggio dei veicoli può avvenire esclusivamente dentro i rispettivi garage.
4. È vietato stendere biancheria o altro all'esterno dei balconi e delle finestre visibili dalla strada; è consentito stendere all'interno dei balconi o negli spazi appositamente predisposti.
5. È vietato collocare vasi da fiori sui davanzali[173] e sui balconi, a meno che non siano convenientemente ancorati.

*Quartiere Ostiense,
Roma. © Giorgio Fedi*

6. È vietato esporre insegne,[174] targhe[175] e similari nelle parti comuni dell'edificio senza la previa autorizzazione dell'amministratore o dell'assemblea.

7. È vietato tenere in qualsiasi locale o spazio comune animali di qualsiasi genere. Sono consentiti, entro le proprietà private, i soli animali domestici, cioè cani, gatti e uccelli. I detentori[176] di cani hanno l'obbligo di tenerli al guinzaglio[177] e con museruola[178] nelle parti comuni e di evitare che rechino disturbo specialmente di notte.

Divieti sulle parti private

1. È vietato battere tappeti[179] dalle finestre o dai balconi prima delle ore 9.00 e dopo le ore 22.00.

2. È vietato tenere nei locali materiale infiammabile o esplosivo o che emani esalazioni sgradevoli[180] o dannose.

3. È vietato suonare, ballare, cantare e tenere radio, televisione, impianti stereo a volume troppo alto, soprattutto prima delle ore 9.00, nonché dalle ore 14.00 alle 16.00 e dopo le ore 22.00.

Attività

A. Non sempre i regolamenti di condominio consentono di fare ciò che vorremmo, o vietano agli altri di fare ciò che dà fastidio a noi. Redigete il vostro **regolamento ideale**.

VICINI DI CASA

Il cinema di Ferzan Ozpetek

"Anche se da ragazzino mi sono visto tutti i film turchi, il cinema l'ho imparato in Italia". Sono parole di Ferzan Ozpetek (Istanbul, 1959–), il regista di *Le fate*[181] *ignoranti* (distribuito in America con il titolo *His Secret Life*), film pluripremiato[182] e visto da oltre un milione e mezzo di spettatori. Nel suo terzo film egli ha voluto trasferire elementi autobiografici: il quartiere di Roma in cui abita dal '78, l'appartamento e la terrazza in cui riceve gli amici, una storia d'amore durata anni. Ozpetek, da tempo cittadino italiano, "romano d'adozione", ha studiato Storia del Cinema alla Sapienza e ha imparato il mestiere lavorando come assistente di registi quali Massimo Troisi, Sergio Citti e Marco Risi. Il suo debutto alla regia avviene nel 1997 con *Il bagno turco—Hamam,* che riscuote un notevole successo di critica e di pubblico, anche grazie alle musiche dei genovesi Transcendental (vi collaborarono gli Agricantus, gruppo siciliano tra i pionieri della world music italiana). Un amore impossibile (tra una donna e un eunuco, alla vigilia del crollo dell'Impero Ottomano) percorre la trama del secondo film (*Harem Suare,* 1999), mentre Roma è al centro delle due pellicole successive del regista turco-italiano, *Le fate ignoranti* e *La finestra di fronte* (2003), quest'ultima ambientata tra il quartiere ebraico e la zona delle case popolari di via Donna Olimpia (la stessa di *Ragazzi di vita* di Pasolini).

Le fate ignoranti (regia di Ferzan Ozpetek, 2000)

Una donna elegante si aggira per le sale semivuote di un museo di arte classica.[183] Un uomo in abito da sera le si avvicina e inizia un gioco di seduzione molto teatrale. Mentre si avviano verso l'uscita, si capisce che i due sono marito e moglie. Massimo (l'attore Andrea Renzi) è un professionista di successo, sorridente e sicuro di sé, mentre Antonia (Margherita Buy) è una dottoressa che lavora presso un laboratorio di analisi, con una personalità introversa e modi[184] molto controllati. Il regista sceglie di non farci vedere dove sono diretti Massimo e Antonia, la sera dell'incontro al museo: nella scena successiva si trovano di nuovo a casa, nell'intimità della loro villa fuori Roma. Sono in bagno, lui sotto la doccia e lei che si lava i denti, con la naturalezza distratta di una coppia sposata da quindici anni. Subito dopo si spostano in giardino, e mentre scherzano fra loro la macchina[185] ci mostra in secondo piano[186] il fiume sul quale si affaccia la loro proprietà, le ampie vetrate[187] della casa, l'arredamento sobrio[188] degli interni dalle tinte pastello. Alla fine di questa sequenza dormono abbracciati l'uno all'altra, in un quadro di perfetta armonia.

Non per molto. Il giorno dopo Michele muore in un banale e tragico incidente. Antonia smette di andare al lavoro e si ritira nella sua villa dove passa ore in giardino, con lo sguardo fisso sulla prospettiva del fiume e della città lontana, o in casa, con la televisione accesa sintonizzata sulle televendite[189] di quadri di paesaggi naturalistici.

© Andrea Fedi

Nel salotto della sua casa, poco tempo dopo, Antonia riordina le cose che Massimo teneva in ufficio. Tra queste c'è un quadro intitolato "La fata ignorante",[190] e Antonia, mentre cerca di appenderlo alla parete, scopre che sul retro[191] c'è una dedica piena di sentimento:

> "A Massimo, per i nostri sette anni insieme, per quella parte di te che mi manca[192] e che non potrò mai avere, per tutte le volte che mi hai detto non posso, ma anche per quelle in cui mi hai detto ritornerò. Sempre in attesa,[193] posso chiamare la mia pazienza 'amore'?
>
> La tua fata ignorante".

Psicologicamente a terra per il sospetto del tradimento, afflitta da continuo mal di stomaco, Antonia cerca di scoprire chi ha regalato a Massimo quel quadro. Le sue indagini la portano a un indirizzo del quartiere Ostiense di Roma, nella zona del gazometro e dei mercati. È un palazzo, con quattordici campanelli[194] sul cito-fono, con il portone scuro sempre aperto e le mura sporche, senza ascensore. Per le scale gli inquilini parlano ad alta voce dei loro fatti privati, si scambiano bat-tute volgari da un piano all'altro. Antonia torna più volte in questo posto e fa amicizia con Serra, l'amministratrice del condominio (l'attrice turca Serra Yilmaz). Infine, grazie alle chiavi del marito, riesce a stabilire con certezza che l'amante di Massimo abita all'interno[195] 10. La timida Antonia impiega un bel po'[196] a rendersi conto che l'amante del marito è un uomo, un giovane di nome Michele Mariani (Stefano Ac-

© Giorgio Fedi

corsi), che lavora ai Mercati Generali. La sorpresa iniziale, tuttavia, è sostituita dai sensi di colpa che Antonia finisce col provare di fronte alla reazione di Michele, che per sette anni è rimasto pazientemente ai margini della vita di Massimo:

> "Lei si permette di piombare[197] a casa mia come e quando le pare. Io invece non mi sono mai potuto nemmeno avvicinare alla sua bella casettina sul fiume".

Quando Antonia fa ritorno a casa, sua madre invece di consolarla compatisce[198] l'amante, in quanto lei stessa da vedova[199] ha avuto una relazione con un uomo sposato. La madre suggerisce perfino che potrebbe nascere un'amicizia tra loro, cementata dal dolore per la perdita di Massimo. Infatti Antonia prima va a cercare Michele di notte, al mercato ortofrutticolo, desiderosa di "sapere tutto". E poi diventa un'ospite regolare nel suo appartamento del quartiere Ostiense, dove torna per assistere un altro inquilino, Ernesto, che è malato di Aids. In quella casa Antonia pranza ogni domenica alla lunga tavola apparecchiata in terrazza, e conosce gli amici di Michele, quasi tutti abitanti del palazzo. Seduta a capotavola, al posto che era del marito (quando la lasciava fingendo di andare a vedere le partite della Roma), Antonia scopre che Massimo "non aveva solo un amante, aveva un mondo intero"; "la sua vera famiglia era un'altra", fatta di personaggi come Mara, un transessuale di Catanzaro che dopo l'operazione non ha il coraggio di rivedere i familiari, o Serra, una profuga[200] turca che ha lasciato il suo paese dopo l'arresto e le torture della polizia. Dalla Turchia è arrivata fino in Italia, ma, aggiunge, "il vero viaggio è stato di salire le scale e bussare[201] alla porta di Michele", per chiedere un po' di sale.

In una casa piena di sole e di colori, continuamente animata dalle visite di vicini e

© *Giorgio Fedi*

amici, Antonia scopre un mondo alternativo nel quale vige[202] il principio comunitario espresso dalle parole con cui viene accolta[203] nel gruppo: "Se hai bisogno, noi ci siamo". Un mondo abitato da "fate ignoranti", cioè (per riprendere le parole di Ozpetek), "quelle persone che sembrano allegre, leggere, forse superficiali e poi esce fuori qualcosa di inaspettato quando rivelano un mondo intenso, nascosto dentro di loro", persone "che magari dicono bugie, sono ignoranti, dicono parolacce, ma sono in grado di cambiarti la vita".

Alla fine del film Antonia scopre che il suo mal di stomaco è il segnale di un'incipiente gravidanza: il bambino che aspetta è di Massimo, e la notizia della maternità segna la vera fine del lutto[204] per la morte del marito. Antonia partirà per un viaggio all'estero da sola, perché adesso si sente avventurosa e curiosa della vita, di quella vita che per tanto tempo aveva tenuto fuori.

Annunci economici

Questi annunci vengono dai giornali. È normale in questo ambito l'uso di prefissi numerali di origine latina e greca, come *uni-* o *mono-*, *bi-*, *tri-*, *quadri-*, e i meno comuni *penta-* ed *esa-:* ad es., unifamiliare, monolocale, biservizi, trilocale, quadrilocale, pentalocale, esafamiliare.

Immobili in vendita
Prato San Giusto terratetto recente costruzione composto da ingresso, soggiorno, sala da pranzo, cucina, tre camere, due servizi, ripostiglio, soffitta, garage e giardino mq. 320. € 429.000. Domus Etruria 0574 / 444–053.

© Andrea Fedi

Empoli bellissima villetta in posizione tranquilla 5 vani, doppi servizi, tavernetta, ampio garage, giardinetto, € 253.000 trattabili. Walter 055 / 678–1598.

Castelfiorentino villino bifamiliare con soffitta abitabile e laboratorio al piano seminterrato, box auto, mq. 70 di terrazza, recentemente ristrutturato, vendesi € 364.000. www.italianaimmobiliare.it RIF.[205] 2836.

Calenzano a cinque minuti dall'ingresso dell'autostrada,[206] appartamento in piccolissimo condominio, nuova costruzione, terrazzo abitabile, soggiorno con angolo cottura, camera, ripostiglio, posto auto, disponibile novembre. € 115,000. Agenzia Italcasa, RIF. B73.

Affitti stagionali
Calabria zona ionica, 1 km dal mare, quattro posti letto, giardino, parcheggio custodito cancello automatico, affittasi[207] agosto € 1400.00. Silvano 0967 / 814006.

Alto Adige Corvara appartamento sei posti, biservizi, terrazza panoramica affittasi dal 10/8/02 al 17/8/02. Ore pasti 0575 / 315862.

Isola Ischia spazioso bilocale piano terreno, camera, soggiorno, veranda, quattro posti letto, affittasi anche settimanalmente prezzo conveniente. Dopo ore 17, Eugenio 081 / 971–4946.

Sardegna Santa Teresa di Gallura miniappartamento in residence con piscina, libero per 3/6 persone dal 3 al 24 agosto, € 510 a settimana. Ore ufficio 0789 / 52450.

Arredamento

Camera matrimoniale in legno massello[208] design moderno, reti e materasso[209] ortopedici, comodini, praticamente nuova, € 450. E-mail paola.torri@tin.it.

Cameretta per due bambini, letto a castello[210] con scala e cassettiera,[211] ottimo stato, € 350 trattabili. Davide ore cena 055 / 711–1205.

Poltrona letto finta pelle con materasso in lana € 40. 330 / 724588.

Armadio in noce,[212] sei ante,[213] specchio centrale, ottime condizioni, 418 × 280, € 295. Barbara 333 / 360–2682.

Attività

A. Scrivete una descrizione della vostra casa e poi compilate un annuncio per affittarla o venderla.

B. Scegliete una delle case degli annunci e giustificate la vostra scelta.

C. In gruppi, fingete di tenere una riunione condominiale sulla proposta di installare un ascensore in un palazzo di tre piani. Considerate che le spese per l'ascensore in Italia sono ripartite[214] proporzionalmente alla dimensione dell'appartamento e all'uso dell'impianto (chi abita più in alto contribuirà in misura maggiore). Una o più persone devono stilare un verbale della riunione, da leggere ai compagni.

D. Descrivete alcune delle case mostrate nelle foto di questo capitolo.

E. Siete un gruppo di amici e decidete di passare le vacanze insieme in Italia. Rileggete gli annunci di affitti stagionali e discutete le varie offerte, finché non vi trovate tutti d'accordo sulla scelta.

F. Intervistate altri due studenti sulla loro casa: scrivete una breve descrizione delle due abitazioni, paragonandone le caratteristiche con l'uso dei comparativi.

G. In Italia molte università non hanno pensionati, collegi o case dello studente in grado di accogliere i numerosi studenti fuorisede.[215] Inoltre molti ragazzi e ragazze preferiscono abitare in appartamenti, di solito condivisi[216] con altri compagni di studio o amici. Quello che segue è un modello abbreviato di contratto di affitto per studenti universitari: compilatelo.

Contratto di locazione di natura transitoria per gli studenti universitari (ai sensi[217] dell'art. 5, comma 2, della legge 9 dicembre 1998, n. 431)

Il/La Sig./Soc.[218] _____ (nome e cognome e dati anagrafici), di seguito denominato/-a

locatore,

CONCEDE IN LOCAZIONE

al/alla Sig. _____ (nome, cognome e dati anagrafici), di seguito denominato/-a

conduttore,[219] che accetta l'unità immobiliare posta in via _____ n. civico

_____, piano _____, scala _____, interno

_____, composto di n. _____ vani, oltre cucina e servizi, non

ammobiliato / ammobiliato come da elenco a parte, e dotata dei seguenti elementi accessori (cantina,

autorimessa singola, posto macchina in comune o meno, ecc.): _____

_____.

La locazione sarà regolata dai seguenti patti:

1) il contratto è stipulato per la durata di mesi _____, dal _____ al

_____;

2) alla prima scadenza il contratto si rinnova automaticamente per uguale periodo se il conduttore non

comunica al locatore disdetta[220] almeno tre mesi prima della data di scadenza;

3) le parti concordano che la presente locazione ha natura transitoria in quanto il/i conduttore/-i

espressamente ha/hanno l'esigenza di abitare l'immobile per un periodo non eccedente i

_____ (periodo max), frequentando il corso di studi di _____ (materia

di studio) presso l'Università di _____ (località);

4) il conduttore ha facoltà di recedere[221] dal contratto per gravi motivi previo avviso da recapitarsi a mezzo

lettera raccomandata[222] almeno tre mesi prima;

5) l'immobile dovrà essere destinato esclusivamente ad uso di abitazione civile;

6) il conduttore non potrà sublocare[223] o dare in comodato[224] l'unità immobiliare;

7) il canone di affitto[225] è convenuto[226] in euro _____ (importo[227] euro);

8) il conduttore dovrà consentire l'accesso all'unità immobiliare al locatore, al suo amministratore nonché ai loro incaricati[228] per ragioni motivate;

9) il deposito cauzionale[229] sarà restituito al termine della locazione previa verifica dello stato dell'unità immobiliare;

10) il conduttore ha diritto di voto nelle delibere dell'assemblea condominiale relative ai servizi di riscaldamento e di condizionamento d'aria. Ha inoltre diritto di intervenire, senza voto, sulle altre delibere;

11) nel caso in cui il locatore intendesse vendere l'unità immobiliare locata il conduttore dovrà consentire la visita all'unità immobiliare una volta alla settimana per almeno due ore con l'esclusione dei giorni festivi, oppure con le seguenti modalità: _____ ;

12) il locatore ed il conduttore si autorizzano reciprocamente a comunicare a terzi i propri dati personali (incluso il codice fiscale),[230] in relazione ad adempimenti[231] connessi col rapporto di locazione (legge 31 dicembre 1996, n. 675).

Letto, approvato e sottoscritto,

_____ (luogo), li[232] _____ (data)

Il locatore

_____

Il conduttore

_____

© *Giorgio Fedi*

LA CUCINA APERTA

Nelle case italiane in questi ultimi anni sono cambiate le funzioni tradizionali di certe stanze. Ad esempio, sono cadute le rigide separazioni di un tempo tra zona giorno e zona notte, area pubblica e privata, dentro casa e fuori. "Abbiamo in casa quello che prima avevamo soltanto fuori. La sala giochi, il cinema, Internet", ha dichiarato in un'intervista Marco Liorni, conduttore de *Il Grande Fratello*.[233] "Con i videogiochi facciamo piccoli tornei di calcio, automobilismo. Siamo in tre, quattro, sei. Spesso tra le nostre mura creiamo un'atmosfera da bar. Ti arriva il mondo dentro".

Nel 2000 due ricercatrici milanesi, Lucia Bocchi e Patrizia Scarzella, hanno portato a termine una ricerca promossa dalle maggiori associazioni degli industriali dell'arredamento, Federlegno-Arredo e Assarredo. Hanno studiato e fotografato un migliaio di abitazioni italiane, hanno intervistato inquilini e proprietari, e nelle loro conclusioni hanno indicato varie tipologie di utilizzo degli spazi abitativi. L'indagine ha accertato che i trentenni sposati vivono perlopiù in appartamenti piccoli, dove la stanza centrale, quella in cui "si concentra abitualmente la vita della nuova coppia", è la cucina. Quarantenni e cinquantenni invece dedicano più tempo e più attenzioni al soggiorno, visto come status symbol, luogo in cui intrattenere l'ospite importante; mentre nelle case dei single lo spazio più vitale è la camera da letto, usata anche come studio o come luogo in cui "soggiornare, telefonare, ascoltare musica".

In un articolo intitolato "Il futuro della cucina? Aperto!" (*L'Ambiente Cucina*, 1997), la giornalista Paola Leone parla di cucina "destrutturata" o "nomade" (cioè priva di una collocazione prefissata), protagonista dei nuovi trend di arredo urbano. "A Milano e nei grandi centri urbani il costo degli immobili induce inevitabilmente a ridurre le dimensioni degli spazi abitativi, dove le funzioni compatibili fra loro, come cucina e il soggiorno, si comprimono entro un unico ambiente", ha detto alla giornalista un rappresentante dell'Ufficio Studi Gabetti, una delle più grandi agenzie immobiliari italiane. "Appena la superficie dell'appartamento lo consente, la maggioranza degli utenti[234] preferisce avere una cucina chiusa. Chi sceglie di avere comunque una cucina-soggiorno, diversa dal solito, sono i giovani". Il titolare del negozio Babi Interiors, a Milano, le ha confermato che la cucina-spazio aperto è la scelta dei suoi clienti più giovani: "Sono i giovani che comprano e ristrutturano piccoli appartamenti di 50–60 mq. Solitamente non scelgono cucine monoblocco, ma modelli componibili, magari con colori d'impatto, perché in tal caso la cucina diventa l'elemento forte dell'ambiente giorno". Anche in altre showroom milanesi, di fascia medio-alta, le cucine aperte rappresentano il 30% del venduto. Invece al di fuori delle grandi città e in regioni come la Calabria e la Sardegna, ma anche l'Emilia, dove le tradizioni hanno un peso determinante nella scelta delle tipologie abitative, la cucina più comune è ancora il tipico locale chiuso.

"Il nuovo stile di vita porta con sé un modo diverso di vivere la casa", scrive Paola Leone. "E quindi anche la cucina come spazio aperto, perché consente a tutti di partecipare alla ritualità della preparazione dei cibi". "In cucina si sta insieme, per amicizia e per lavoro", aggiunge Nisi Magnoni, architetto e ricercatore presso il Politecnico di Milano. "Preparare i cibi e consumarli: queste funzioni esigono di solito un rapporto di stretto contatto. La cucina diventa perciò spazio-pranzo e soggiorno, un unico ambiente da vivere e godere insieme agli altri".

L'angolo cottura, la cucina soggiorno e la cucina passante o a scomparsa,[235] oltre a soddisfare le esigenze di spazio di ambienti sempre più piccoli, corrispondono dunque a una nuova cultura sociale, che rivisita il concetto tradizionalissimo dell'ospitalità conviviale alla luce di una nuova democrazia dei ruoli. "Gli spazi si integrano fra loro e la cucina diventa democratica: chi vi lavora non è più segregato", sostiene Gianni Pareschi, designer. "Anche se questo presuppone una struttura familiare flessibile, possibilmente senza figli. Ecco perché la cucina aperta è ancora appannaggio[236] di un'élite, anche se è la tendenza del futuro".

Carugate, vicino Milano.
© Giorgio Fedi

IKEA

Aldo Nove

Con lo pseudonimo Aldo Nove scrive prosa narrativa e giornalistica Antonello Satta Centanin, nato a Viggiù, in provincia di Varese, nel 1967.

Come poeta ha esordito con *Tornando nel tuo sangue* (1989), seguito da *Musica per streghe* (1991), silloge[237] curata da Milo De Angelis, notevole versificatore di quella che potremmo ora chiamare "generazione di mezzo". Nel corso della sua carriera poetica, Centanin ha abbracciato stili e scuole diverse, anche molto distanti dai suoi inizi, scrivendo per riviste come *Arenaria, Il rosso e il nero, Semicerchio, Ironija, Il Majakovskij*. È redattore di *Poesia* e *Testo a fronte* e ha recentemente incrociato la strada di altri giovani poeti partiti con le esperienze di *Baldus* e Gruppo 93 (Lello Voce, Biagio Cepollaro), molto lontani dai cultori della "parola innamorata" (De Angelis, appunto, Giuseppe Conte, Maurizio Cucchi), sotto i cui auspici Centanin/Nove aveva esordito.

Attualmente è direttore, con Elisabetta Sgarbi, della collana[238] *InVersi*, edita[239] da Bompiani. La novità della serie è che i volumi sono accompagnati da compact disc. E la multimedialità, ovvero la presenza di media non letterari, è un segno evidente ma non distintivo dei lavori narrativi di Nove (si ricorderà, come precedente, la colonna sonora posposta al romanzo *Rimini* di Pier Vittorio Tondelli, scrittore importante tanto per il vivaio[240] di nuove leve da lui coltivato, quanto per la sua opera di romanziere). Per sofisticato e metricamente esperto che possa sembrare il Centanin poeta, il Nove narratore non disdegna epigrafi tolte dalla migliore pop music italiana degli ultimi anni. Ma l'attenzione per il transitorio (o per i fatti di cronaca) sembra essere una vocazione costante di Aldo Nove, così come di certi suoi compagni di strada (Ammaniti e Scarpa in particolare).

Uno dei pezzi più belli di *Superwoobinda* è il discorso in prima persona di una studentessa, Marta Russo, uccisa da un ignoto cecchino[241] nella primavera del 1997 all'Università La Sapienza di Roma. L'autoracconto di Marta e un analogo capitolo su Alfredino Rampi, un bambino finito in un pozzo artesiano nei pressi di Roma e lì morto, nel 1981, sono quasi autobiografie dantesche, simili a quelle dei dannati o dei purganti che si confessano al pellegrino Dante, arricchite dai dettagli e dal gossip che un commentatore, magari Boccaccio, vi avrebbe potuto allegare.

Nove si distingue per una scrittura che elegge a cifra di stile la ripetizione, l'automatismo (tra i suoi modelli c'è Nanni Balestrini),[242] il catalogo, l'omogeneizzazione delle esperienze secondo la mente e la cultura di voci narranti alienate, devote ai rituali consumistici di una società tanto operosa quanto squallida culturalmente e moralmente. Una società che vive in modo mediato, indiretto. Ad esempio, il protagonista di *Puerto Plata Market* (1997) spende quantità di denaro considerevoli per comprarsi i gadget della squadra di calcio del cuore, ma non va a vederne le partite: lui se le guarda "alla tele" (cioè in televisione).

Come narratore Nove ha pubblicato anche *Woobinda* (1996). Nello stesso anno uscì anche un suo racconto nell'antologia *Gioventù cannibale*: dunque con Ammaniti, Scarpa, Santacroce ed altri autori del cosiddetto *pulp* italiano, Nove venne definito "cannibale," etichetta che ancora resiste, soprattutto sui giornali. Seguirono *Superwoobinda* (1998) ed *Amore mio infinito* (2000). Nel 2001 è apparsa, per l'editore Einaudi, *Nelle Galassie oggi come oggi*, raccolta di poesie sue e di altri, ideate come *cover* di famose canzoni rock e pop, come "If" dei Pink Floyd, "Smells like teen spirit" dei Nirvana, "Heroin" di Lou Reed, "All is full of love" di Björk, "I feel love" di Donna Summer.

Puerto Plata Market

Il brano è parte del capitolo "Made in Heaven. Ikea", tratto dal romanzo *Puerto Plata Market*. Michele, il protagonista e narratore, ha un diploma di maturità classica.[243] Ha vissuto sei anni da disoccupato, ma ora, come dice, fa materie plastiche vicino Gornate, in Brianza. Perché usa "fare materie plastiche"? Questa è una delle molte generalizzazioni, in lessico standardizzato, burocratico e merceologico che si trovano nel romanzo. Dopo aver scoperto che la fidanzata Marina lo tradiva con un uomo da poco, Michele decide di andare in un paese subtropicale, dove, secondo la fama, gli italiani possono facilmente fare gli imprenditori e sposare donne che, quantunque in certi casi mercenarie, diventano fedelissime ed ottime madri quando maritate. *Puerto Plata Market* è un vero romanzo merceologico, dominato da un'ostinata tassonomia del consumabile, dove tutto, dall'amore (che è come un "gratta e vinci", una lotteria istantanea) al farmaco, dalla guardia giurata[244] al mobile, è mercificato ed ha un prezzo. L'IKEA di Cinisello Balsamo (ora trasferita a Carugate) è come il paradiso perché "non lascia spazio al sognare. È tutto". Questo passo, nel procedere stesso del catalogo, riqualifica in funzione poetica e connotativa il linguaggio quotidiano e seriale. La figura fondamentale è quella della ripetizione; gli inventari di

Aldo Nove (di supermercati, di farmacie, di esseri umani), in cui tutto è "itemizzato", producono un effetto quasi ipnotico.

Aldo Nove, *Puerto Plata Market* (Torino: Einaudi, 1997)
1. Gosingen *remix*

Vista da fuori, l'Ikea non lascia spazio al sognare.

È tutto.

Quando tu sei bambino e sogni un posto dove andare a vedere delle cose da acquistare, sogni l'Ikea.

Solo all'Ikea trovi gli scaffali in pino massiccio grezzo,[245] prof.[246] cm. 28, cm. 60 per 180 a 95.000 invece che a 129.000 lire.

Solo all'Ikea ci sono le lampade alogene da terra o da tavolo *Vig*, in lamiera d'acciaio e policarbonato, telescopiche, con trasformatore, vetro di protezione e lampadina alogena da 20W a 25.000 invece che a 79.000 lire. All'Ikea, c'è il tappeto gioco in peluche *Gosingen*, con imbottitura[247] in poliestere, pelo in acrilico, lavabile a 40° con all'interno spazio per un cuscino e un piumino,[248] di cm. 111 per 169, al prezzo di 49.000 invece del prezzo normale di lire 79.000.

All'Ikea, il tavolino in truciolare[249] *Hogerod* più il set di due tovagliette *Isdans* in poliestere e cotone, che assieme costerebbero 39.000 lire, costano soltanto 29.000.

Oggi, è il quattro luglio 1997.

Sono all'Ikea di Cinisello Balsamo.

Francis e io ci siamo sposati il 2 giugno, a Puerto Plata.

Abbiamo comperato un bilocale a Sesto San Giovanni, con un mutuo alla Cariplo,[250] dodici anni e tutto è a posto.

Arrivare all'Ikea, da Sesto, è facile.

Dalla stazione fai tutta via Monte Grappa, all'angolo F.lli Picardi, ti immetti in Fulvio Testi e invece di uscire in via Ferri vai avanti un po', arrivi all'Ikea.

Ci siamo sposati nel residence.

Sono venute le sue amiche del Nuovo Re,[251] facevano colore.[252] Avevano un furgoncino[253] con tutto, piatti bicchieri di carta tovaglioli di carta pollo alla creola e una torta di sei piani.

Il giorno del matrimonio, io ero sudato.

Avevo i pantaloni corti Armani blu, i calzini blu, la camicia Frarica bianca e una cravatta che mi aveva prestato Paolo, rossa a righine blu. Francis un vestito bianco con lo spacco[254] dietro e i capelli acconciati[255] da libidine calmissima. Quella, per me, era la favola che nella mia vita ho trovato più conveniente, più d'amore...

Entrando all'Ikea, quasi subito sulla sinistra c'è il posto con le reti, dove si entra dentro attraverso un tubo colorato.

© Giorgio Fedi

Dentro palline e centinaia di palline di tutti i colori, per giocare.
Una cosa così c'è anche da McDonald's ma è molto più piccolo.
Si chiama "Il paradiso dei bambini".

Quando io e Francis avremo un bambino lo guarderemo giocare dentro la rete delle palline dell'Ikea, lo vedremo fare tutto quello che noi, nati in un'era più infelice, non abbiamo potuto fare.

Lessico: il catalogo IKEA

"Soggiorno. Relax e intrattenimento si incontrano qui. Ma anche il gioco, lo studio e il lavoro. Ognuno in famiglia ha un suo spazio, ma è in soggiorno dove si ha occasione di stare tutti insieme. Ecco quindi le soluzioni d'arredo IKEA, per lo spazio condiviso più grande e più intenso di tutta la casa" (catalogo IKEA Italia 2002).

Dal catalogo IKEA Italia 2002 abbiamo tratto i termini tecnici che in italiano identificano e descrivono i mobili e gli accessori tipici del soggiorno, le loro parti e i materiali con cui sono realizzati. Nella lista alcuni termini sono accompagnati da altri in parentesi, a cui si possono abbinare dando luogo a soluzioni specifiche. Ad es.:

combinazione (libreria / TV / studio / scaffale multimediale) =
combinazione libreria
combinazione TV
combinazione studio
combinazione scaffale multimediale

Mobili soggiorno

credenza

vetrina[256]

combinazione (libreria / TV / studio / scaffale multimediale)

cassettiera[257]

mobiletto

pensile (a giorno)[258]

buffet

scrivania

tavolino

tavolo

sedia

sgabello[259]

panca[260]

divano[261] (a due o tre posti / letto / angolare[262] / letto futon / con fodera[263] / sfoderabile[264] / con doghe[265] / con cuscini imbottiti[266])

poltrona (letto / con braccioli[267] / con poggiapiedi[268] / con gambe in acciaio[269] / con gambe in faggio[270])

scaffale

libreria

mobile hi-fi

Accessori

ante[271] (piene[272] / in vetro o a vetro / a scomparsa[273] / a serrandina[274] / scorrevoli[275] / con maniglie[276] in acciaio)

ripiani[277] (regolabili[278] / in vetro)

mensole[279]

cassetti[280]

piano ribaltabile[281]

rotelle[282]

contenitore modulare in plastica[283]

portabottiglie[284]

portariviste

porta cd

mensola per cd

specchio

tappeto

lampada (da terra / da tavolo)[285]

Soprammobili[286] e decorazioni

candeliere

portacandele[287]

vaso (con sottovaso)[288]

portaritratti[289]

orologio (da parete)

poster (incorniciato)[290]

Materiali e rivestimenti[291]

faggio (impiallacciato)[292]

rovere[293] (impiallacciato)

betulla[294] (impiallacciata)

bianco laccato[295]

acciaio laccato[296]

lamina color argento[297]

pino (massiccio)[298]

abete[299] (massiccio)

plastica

vetro (smerigliato)[300]

poliuretano (espanso)[301]

fibre di poliestere

pelle[302]

tessuto[303]

cotone

piuma[304]

Attività

A. Usando la terminologia da catalogo indicata sopra, descrivete alcuni mobili della vostra casa. Ad esempio:

> Credenza in pino massiccio con ante scorrevoli, piene e in vetro. Ripiani regolabili.
> Divano a tre posti, con braccioli e cuscini in piuma. Fodere lavabili in cotone. Gambe in acciaio.

B. IKEA è presente in trentaquattro paesi del mondo (solo in Italia ci sono nove "negozi IKEA"). Si tratta per la maggior parte di paesi occidentali (con l'aggiunta

© *Giorgio Fedi*

di alcuni stati mediorientali e asiatici). Con un'offerta pressoché standardizzata, IKEA ha prodotto una forte omogeneizzazione del gusto, soprattutto tra gli acquirenti[305] più giovani. Anche se meno riconoscibile rispetto a McDonald's o Nike, IKEA è uno degli agenti più efficienti della globalizzazione dei mercati e dei consumi. Discutete i fenomeni dell'economia e della società globali.

CRUCIVERBA

ORIZZONTALI

1 Ci si parcheggia l'auto
5 *Dormer window* (trad.)
10 Il simbolo italiano per ettaro
11 Iniziali del pittore Luca Signorelli
12 Provincia di Catanzaro
14 Casa produttrice di materiali per l'edilizia e sponsor di una nota squadra ciclistica
17 Profumati di aromi
20 Cittadini della Gran Bretagna
21 La prima persona singolare del presente di avere
22 Legni pregiati di colore scuro
23 Trinidad e Tobago (sigla)
24 In Italia di solito sono loro, non gli avvocati, che certificano i contratti immobiliari
25 Si fanno con la siringa
28 Organizzazione Europea (sigla)
30 Rumore dell'orologio
31 Abolito, cancellato
33 Public Relations (sigla)
34 Sinonimo di asbesto
36 Ci si coltivano frutta e verdura
38 Pronome di prima persona singolare
39 *Eat it!* (trad.)
41 Istituto per la Ricostruzione Industriale (sigla)
42 *If* (trad.)
43 Il contrario di *out*
44 Frigorifero (forma abbreviata)
45 La luce prodotta con questo gas è bianca
47 Metallo prezioso
50 Fanno il miele
52 Il contrario di *off*
53 Sigla sinonimo di autotreno
55 Provincia di Asti
56 *Flights of stairs* (trad.)
57 Più di due
59 Nobile famiglia romana che trasformò il teatro di Marcello in propria residenza
62 Istituto per le Opere Religiose (sigla)
63 Devote
64 Ci abboccano i pesci
65 Segmento pubblicitario

VERTICALI

1 Sostengono il tavolo
2 Mensole
3 *Gravels* (trad.)
4 Ente Autonomo (sigla)
6 I "black..." sono una frangia violenta della protesta no global
7 Sezione di un edificio
8 *Institute* (trad.)
9 Organo della vista
13 Fratello di mia madre
15 *Referee* (trad.)
16 *Ethnically* (trad.)
17 Vestibolo del bagno
18 *Returns* (trad.)
19 Golf in piccolo
26 Borse che si portano in spalla
27 Conosciuta
29 Personaggi epici
32 Oggetti ornamentali di carta piegata, di tradizione giapponese
33 Renzo architetto
35 *But* (trad.)
37 Più che abbastanza
40 Tabella con arrivi e partenze
42 La prima persona singolare dell'indicativo presente di *sapere*
46 Istituti, organizzazioni, agenzie
48 Una compagnia di assicurazioni italiana: Riunione Adriatica di Sicurtà (sigla)
49 Marca di ascensori
51 Prima di oggi
54 Gitani, zingari
58 Sovrano, monarca
60 Prefisso per ripetere
61 Non pervenuto (sigla)

LA SOLUZIONE

TRASLOCARE PAROLE

Valerio Magrelli

Valerio Magrelli, poeta e critico letterario (Roma, 1957–), è docente di Letteratura Francese all'Università di Cassino. Ha collaborato con l'editore Guanda dirigendo "La Fenice", collana storica (insieme al mondadoriano "Specchio") di edizioni di poesia. Per Einaudi è direttore della serie "Scrittori tradotti da scrittori", che ha annoverato, tra gli altri traduttori, Cesare Pavese, Italo Calvino, Giorgio Manganelli, Natalia Ginzburg, Gianni Celati, Antonio Tabucchi, Patrizia Valduga. Proprio a quella di Valduga si può assimilare l'attività di traduttore-rifacitore-poeta che Magrelli porta avanti da anni (si ricordano le versioni da Stéphane Mallarmé, Paul Valéry, Paul Verlaine). Il suo esordio poetico è del 1980 con *Ora serrata retinae*, cui seguono *Nature e venature* (1987, Premio Viareggio), *Esercizi di tiptologia* (1992, Premio Montale), opere poi ripubblicate in *Poesie e altre poesie* (1996). Nel 1999 esce il poemetto *Didascalie per la lettura di un giornale*. Come critico e saggista, Magrelli ha pubblicato, in volume, *Profilo del Dada* (1990), e, più di recente, *Vedersi vedersi. Modelli e circuiti visivi nell'opera di Paul Valéry* (2002). Nello stesso anno l'Accademia dei Lincei gli ha assegnato il Premio Antonio Feltrinelli. Tra le altre cose, Magrelli ha sostenuto un ruolo minore nel film *Caro diario* di Nanni Moretti; a Moretti e alla pallanuoto[306] (tema del film *Palombella rossa*) è dedicata una prosa di *Esercizi di tiptologia*.

È difficile, per la poesia di Magrelli, trovare un posto nel catalogo di scuole o periodi con cui si sogliono[307] organizzare le vicende letterarie. Di fatto, egli non appartiene a nessun raggruppamento o movimento, né per spontanea affiliazione, né per ascrizione[308] da parte della critica. Piuttosto, il costante riferimento alla riflessione sulla poesia da parte degli stessi autori da lui frequentati (Mallarmé, Valéry) ci lascia intravedere la sua idea di poesia. Rispondendo alle domande degli allievi del Liceo Classico "Umberto I" di Napoli, Magrelli ebbe a dire nel 2001: "Si fa poesia per vedere qual è la tenuta[309] d'una parola, il collante[310] tra un'esperienza ed un'altra trasposta in parole. Stéphane Mallarmé, a un pittore che gli aveva detto: 'Io ho un sacco di idee, potrei scrivere tante poesie', rispose: 'La poesia non si fa con le idee, si fa con le parole'. Io aggiungerei alla frase di Mallarmé: con le sillabe, con le doppie, con tutta la sostanza letterale possibile... La poesia ha a che vedere con il reale, non concepito nell'atto del suo rispecchiamento, ma nella sua invenzione, nella sua negazione, che riguarda e può riguardare tutto l'ambito del reale".

I titoli di alcune raccolte di Magrelli sono tutt'altro che trasparenti, e attingono a gerghi lontani dall'esperienza comune. *Ora serrata retinae* è espressione dell'anatomia oculistica;[311] la "tiptologia" è il linguaggio convenzionale con cui i carcerati,[312] battendo sul muro, si scambiano messaggi, ed anche il codice secondo cui si interpretano i colpi avvertiti in una seduta spiritica.[313] Da *Esercizi di tiptologia* è tratta la poesia "L'imballatore",[314] eponima di una sezione di traduzioni e rifacimenti; essa

© Giorgio Fedi

viene dopo una versione da un'elegia del poeta secentesco francese Guillaume Colletet che, antifrasticamente, s'intitola "Contre la traduction" ("Son stufo[315] di servire, basta con l'imitare, / le versioni sviliscono chi è in grado d'inventare"). Ne "L'imballatore" il paragone tra traduttore e traslocatore[316] presume l'approfondimento etimologico di "tradurre" come derivato dal latino *transducere*, sinonimo di *transferre* (da cui deriva anche l'inglese *translation*): dunque spostare, far passare, trasportare altrove. Le parole cambiano casa nel senso che si trasferiscono da una lingua all'altra, ma anche da un'epoca passata a quella presente, al tempo "citeriore",[317] e lo fanno per via di un'operazione che si comprende appieno insistendo sulla sua natura fisica, sulla durata e sul processo "manovale"[318] che essa comporta.[319] Così, ironicamente, "tropo" (in retorica, "trasferimento" dal senso proprio a quello figurato) può assonare col più triviale "trasloco" di una ditta di trasporti. Il dislocamento del tradotto (che viene imballato, "sigillato", cioè affidato alla forma stabile, compiuta e intoccabile del nuovo testo letterario) diventa dunque un atto materiale ma in qualche modo inconsapevole: esso sposta e spaesa lo stesso traduttore, che finisce esautorato.[320]

Valerio Magrelli, "L'imballatore"

(*Esercizi di tiptologia;* Milano: Mondadori, 1992)

"Cos'è la traduzione? Su un vassoio [321]
la testa pallida e fiammante d'un poeta". [322]

L'imballatore chino[323]
che mi svuota la stanza

fa il mio stesso lavoro.
Anch'io faccio cambiare casa
alle parole, alle parole
che non sono mie,
e metto mano a ciò
che non conosco senza capire
cosa sto spostando.
Sto spostando me stesso
traducendo il passato in un presente
che viaggia sigillato
racchiuso dentro pagine
o dentro casse con la scritta
"Fragile" di cui ignoro l'interno.
È questo il futuro, la spola,[324] il traslato,
il tempo manovale e citeriore,
trasferimento e tropo,
la ditta di trasloco.

Spinaceto, Roma.
© Andrea Fedi

3 città

Beverly Pepper al Forte Belvedere. © Giorgio Fedi

T ra gli stati nazionali europei di antica o nuova formazione, l'Italia è senza dubbio il più policentrico. In nessun modo si può paragonare Roma (prima e dopo l'unificazione del Paese) con capitali antiche quali Parigi, Londra o Lisbona, o relativamente più moderne come Madrid: nel caso di Roma, il valore simbolico (come centro dell'antico impero e poi sede della cristianità) fu molto superiore, almeno fino al Rinascimento, alla sua reale importanza geopolitica, culturale ed economica. Tra i paesi più popolosi d'Europa forse solo la Germania, altro stato nazionale giovane e quasi coetaneo dell'Italia (fu ufficialmente unificata dieci anni dopo, nel 1871), mostra un grado paragonabile di policentrismo.

Certo, in un paese per secoli territorialmente frammentato come quello italiano, la modesta rilevanza politica di certe città veniva compensata dall'invocazione della loro gloria antica, dalla produttività artistica e culturale, o, tra Medioevo e Rinascimento, dall'importanza finanziaria ed economica. Per lungo tempo, fino al Risorgimento, molti degli Stati italiani restarono vassalli o satelliti delle vere potenze europee come la Spagna, la Francia o l'Impero.

Se si visitano regioni quali la Toscana, il Veneto e la Lombardia, ci si rende conto[1] di come sviluppi storici ormai remoti (ad esempio la trasformazione, in età tardo-medievale, di alcuni Comuni in capoluoghi di stati regionali, a spese dell'indipendenza delle città vicine) non hanno per nulla cancellato sentimenti di identità municipale, quasi etnica: lo dimostrano anche i proverbi riportati in questo capitolo.

Il fatto che l'economia di molte regioni italiane fosse, fino a tempi non lontani, di tipo sostanzialmente agrario, non deve far pensare alla campagna come ad uno spazio vitale autonomo e isolato. È sufficiente, per averne un'idea, ricordare il fallimento dei tentativi di riforma agraria nel Mezzogiorno negli anni del secondo dopoguerra, quando apparve chiaro che i contadini preferivano restare a vivere nei centri urbani, quantunque piccoli, e spostarsi per andare a lavorare, anziché occupare le masserie[2] erette nei latifondi[3] che si volevano frazionare.

Gli italiani, sostanzialmente, continuano a voler o dover vivere in aggregati urbani, ma la crescita delle metropoli tipica dell'epoca di industrializzazione si è andata arrestando e poi invertendo, e si assiste sempre di più ad un riflusso di abitanti verso il territorio provinciale e i limiti esterni delle conurbazioni. Questi dati vanno valutati in un quadro più generale, che tiene conto dei fattori demografici primari che favoriscono la propensione alla vita cittadina, quali l'invecchiamento della popolazione autoctona italiana, l'aumento numerico delle famiglie mononucleari,[4] monoparentali[5] o delle coppie con uno o nessun figlio, il riattivarsi del flusso migratorio interno da Sud a Nord (soprattutto verso il Nord-est) e l'arrivo di immigrati esteri (solo di recente essi si stanno distribuendo sul territorio al di fuori dei grandi centri). Non si dimentichi che, in generale, il saldo[6] demografico italiano è attivo "solo grazie all'apporto della dinamica migratoria" (Istat).

Secondo l'ultimo censimento (2001), in Italia ci sono ventinove comuni con numero di abitanti compreso tra le 100.000 e le 250.000 unità, sette tra le 250.000 e 500.000, e sei ancora più popolosi (in ordine crescente Genova, Palermo, Torino, Napoli, Milano e Roma). Dal 1981 al 2001, su una popolazione generale italiana in lieve aumento (da 56.577.000 a 56.996.000 abitanti), le grandi città hanno tutte perso una percentuale considerevole di residenti, e, dopo decenni, Torino e Napoli sono scese sotto il milione di abitanti, mentre Palermo ha tolto a Genova il quinto posto della classifica.

La realtà storica e geopolitica italiana si trova riflessa nell'evoluzione della lingua. Agli inizi del Trecento, il *De vulgari eloquentia* di Dante ci fornisce la prima rassegna[7] geolinguistica dell'entità geografica che in età romana si chiamava Italia, distinguendo tra quattordici idiomi distribuiti da Nord a Sud a cavallo della dorsale[8] appenninica. Si trattava di un'analisi di straordinario acume non solo per l'individuazione dei tratti distintivi delle parlate e per la scelta dei criteri geografici, ma anche per l'inclusività: Dante, quintessenza della cultura dell'età comunale, guardava non soltanto alle realtà municipali del Centro-Nord, ma anche all'Italia di Roma, delle marche,[9] dei regni e dei ducati del Centro e del Sud. Se in altri paesi europei il predominio politico di una regione o città ha comportato il rapido affermarsi di uno standard linguistico, la frammentazione italiana ha perpetuato e anzi accentuato il permanere di lingue e dialetti distinti: per fare un esempio, riesce più facile, a un piemontese, comprendere il francese, che non il siciliano o il sardo.

Per secoli, la definizione di uno standard linguistico ha occupato gli intellettuali in una interminabile "Questione della lingua". L'unificazione del Paese e la necessità di dare una norma all'insegnamento scolastico hanno spostato il problema dal campo puramente letterario a quello della comunicazione pratica. Se è ovvio che la base toscana dell'idioma letterario non poteva non imporsi come termine di riferimento, sono stati i mezzi di comunicazione di massa a riuscire dove innumerevoli programmi di scolarizzazione avevano fallito. La diffusione di uno standard linguistico (fluido e variegato, come i mezzi che lo diffondono) si è attuata perciò solo negli ultimi decenni: lo testimonia il fatto che molti degli italiani emigrati all'estero in anni relativamente recenti, ma prima della standardizzazione mediatica (dalla metà degli anni '50 in poi) restano, sostanzialmente, dialettofoni.

Oggi, secondo l'Istat, "usa solo o prevalentemente il dialetto in famiglia il 19,1% della popolazione... mentre la quota scende al 16% nelle relazioni con amici e al 6,8% con gli estranei". L'uso del dialetto è maggiore nelle fasce[10] di età più avanzata. Per quel che riguarda la distribuzione geografica, "l'uso esclusivo o prevalente dell'italiano in famiglia è più diffuso nel Centro e nel Nord-ovest, mentre nel Sud e nelle Isole riguarda poco più di un quarto della popolazione; nel Mezzogiorno si privilegia l'uso misto [di lingua e dialetto] sia in famiglia sia con gli amici". Al Nord-est, invece, "spetta il primato dell'uso esclusivo del dialetto in famiglia e con gli amici".

I dati statistici non danno un conto esauriente dello stato di salute dei dialetti, che, nonostante l'apparente declino, sono in realtà più vitali che mai, anche presso i giovani. Bisogna però chiarire cosa s'intenda per dialetto: i dialetti puri, di fatto, non esistono più, non sono più usati se non, paradossalmente, da chi, per emigrazione interna o esterna o per fattori di eccezionale isolamento, sia rimasto estraneo al generale processo di trasformazione linguistica. In letteratura i dialetti antichi sono sopravvissuti (ad esempio in molti poeti dialettali del Novecento) come lingue "private", esclusive, sottratte al tempo per scelta antifolklorica e antivernacolare. I dialetti parlati dai più, invece, si sono mescolati con l'italiano o addirittura con parlate vicine e più prestigiose, o meglio rappresentate nella cultura popolare.

La moda delle parlate locali nei *media* (si pensi alla recente ondata di comicità toscana nel cinema e in televisione) ha prodotto fenomeni di gergalizzazione che

*Edificio scolastico di era
fascista, Garbatella, Roma.
© Giorgio Fedi*

trasformano ciò che era eredità in novità, spesso effimera. Se la rivendicazione del dialetto in funzione di protesta antistatalista e secessionista si è già addomesticata in pura carnevalata[11] da fiera domenicale (i raduni[12] in costume medievale della Lega Nord in cui si insulta "Roma ladrona"),[13] è in altri ambiti culturali che i dialetti, nelle loro versioni contemporanee, mostrano maggiore e più interessante vitalità. È il caso dei gruppi musicali che usano il dialetto in una gamma[14] di sonorità che si estende dal folk revival (Bonifica Emiliana Veneta) al folk-rock (Modena City Ramblers), dall'hip-hop (i Sud Sound System[15] pugliesi, gli Almamegretta napoletani) alla Etno- e world music (i Mau Mau piemontesi e gli Agricantus siciliani). Gruppi che a vari gradi partecipano a quel movimento neo-global[16] che fortemente rivendica[17] le identità locali.

ROMA

Girando Roma: Nanni Moretti

Nella storia del cinema italiano tanti sono i film girati a Roma. I più famosi sono senz'altro *Roma città aperta* di Roberto Rossellini (1945) e *La dolce vita* di Federico

Garbatella, Roma.
© Giorgio Fedi

Fellini (1960). Due film diversi, anche nel loro rapporto con i luoghi dell'azione: Rossellini, da buon maestro del neorealismo, riprese[18] gran parte delle scene nei quartieri della capitale ancora segnata dalla guerra, usando tedeschi presi dai campi di prigionia per le parti dei soldati nazisti e la gente di Roma per le scene di folla;[19] invece Fellini (che giovanissimo aveva collaborato alla sceneggiatura del film di Rossellini) fece ricostruire nell'immenso Studio 5 di Cinecittà[20] un tratto di via Veneto e altri angoli della città.

"Ad essere raccontata dal cinema è stata soprattutto la Roma storica e monumentale, ma non sono mancati film ambientati in zone residenziali, nelle periferie, nelle borgate. La Roma dei film è cartolina,[21] immenso fondale[22] ma anche specchio delle trasformazioni sociali e del costume". Così diceva la premessa del catalogo di una manifestazione del 1999–2000, "Le luci della città: immagini, voci, versi e racconti nelle strade di Roma", che si chiudeva con una illuminante citazione dalle *Città invisibili* di Italo Calvino: "La città è ridondante: si ripete perché qualcosa arrivi a fissarsi nella mente". Ebbene, uno dei film che meglio incarnano l'idea di Calvino è sicuramente quello che abbiamo scelto per questo capitolo, *Caro diario* di Nanni Moretti (1993).

Moretti è nato nel 1953. A vent'anni ha cominciato a girare cortometraggi in Super

© Giorgio Fedi

8 (uno ispirato ai *Promessi sposi* di Alessandro Manzoni). Nel 1976 si autofinanzia per produrre il suo primo lungometraggio,[23] *Io sono un autarchico*. Il film non trova un distributore ma assicura al regista-attore una certa notorietà in quanto resta in programmazione[24] in un cineclub di Roma per cinque mesi. Nel 1978 Moretti gira il suo primo film di successo, *Ecce Bombo*. La sua pellicola successiva, *Sogni d'oro,* ottiene il Premio speciale della giuria al Festival di Venezia. Nel 1984 esce *Bianca* e nell'85 *La messa è finita,* Orso d'argento al Festival di Berlino. Nel 1986 Moretti fonda con Angelo Barbagallo la casa di produzione Sacher Film, dal nome del dolce viennese che il regista e il suo *alter ego* cinematografico Michele Apicella amano alla follia. Nel '91 Moretti interpreta la parte del protagonista nel film *Il portaborse,*[25] che anticipa la stagione degli scandali di Tangentopoli. Dopo *Aprile* (1998), incentrato sulla politica della cosiddetta seconda Repubblica, nel 2001 esce *La stanza del figlio,* Palma d'oro a Cannes. Diffidente nei confronti della professione politica, Moretti negli ultimi anni è diventato una delle figure simbolo dell'opposizione alternativa di sinistra.

Caro diario (regia di Nanni Moretti, 1993)

La genesi del soggetto di *Caro diario* è raccontata da Moretti in un'intervista del 2002: "Era la metà di agosto del 1992, ero in vacanza in Sardegna in un posto molto bello, ma a me piace stare a Roma a Ferragosto; davvero non resisto al richiamo della città deserta... E così ho abbandonato la Sardegna e sono tornato in città. Ho subito fatto un giro in Vespa. Dopodiché ho detto al mio socio, Angelo Barbagallo: 'Voglio girare un paio di sabati e domeniche di agosto e fare un cortometraggio sulle mie passeggiate in Vespa' ". Così è nato il primo fortunatissimo episodio del film, intito-

© Andrea Fedi

lato "In Vespa". Perché non appena Moretti ha visto i fotogrammi girati in quel modo semplice, lui davanti in Vespa e l'operatore[26] dietro, su una macchina scoperta, gli è piaciuto quello stile fatto di "leggerezza" e "irresponsabilità", quasi un nuovo genere: "il film-Vespa". Infatti alcune delle sequenze originali girate la prima estate sono state incorporate così com'erano nella versione finale del film.[27]

Il film si apre sulla pagina di un quaderno a righe dove una mano scrive lentamente queste parole: "Caro diario, c'è una cosa che mi piace fare più di tutte!". Terminata la frase, parte la colonna sonora, prima con "Batonga" di Angélique Kidjo e poi con "I'm Your Man" di Leonard Cohen, mentre vediamo Moretti in Vespa, di spalle e lontano nell'inquadratura,[28] che gira oscillando il busto per le vie semi-deserte di Roma: nessuna macchina in strada, rari i passanti.[29] "Sì, la cosa che mi piace più di tutte è vedere le case, vedere i quartieri", dice Moretti fuori campo.[30] "E il quartiere che mi piace più di tutti è la Garbatella. E me ne vado in giro per i lotti popolari".[31] La Vespa, coprotagonista del girovagare estivo del regista, fa tutt'uno con il personaggio principale: lo vediamo con gli occhiali scuri e il casco ancora in testa, ben allacciato[32] sotto il mento, che parla con un anziano signore della Garbatella. Finge di essere lì per fare un sopralluogo[33] in preparazione a un film, e il padrone di casa vuole sapere a tutti i costi di che parla la trama. "Cos'è questo film? È la storia di un pasticciere...[34] trotzkista... un pasticciere trotzkista nell'Italia degli anni '50. È un film musicale. Un musical".

Chiusa una parentesi dedicata al ponte Flaminio ("Sarò malato, ma io amo questo ponte: ci devo passare almeno due volte al giorno"), il capitolo filmico si dilunga su un'altra ossessione del suo personaggio, la danza: "In realtà il mio sogno è sempre stato quello di saper ballare bene. *Flashdance* si chiamava quel film che mi ha cambiato definitivamente la vita". Dopo una scena surreale, con dozzine di giovani che ballano all'aperto in pieno giorno, il nostro vespista arriva alla periferia di Roma. "Spinaceto: un quartiere costruito di recente" racconta la voce fuori campo. "Viene sempre inserito nei discorsi per parlarne male: 'Vabbe' ma qui mica siamo a Spinaceto...'. 'Ma dove abiti, a Spinaceto?' E poi mi ricordo che un giorno ho letto anche un soggetto che si chiamava *Fuga da Spinaceto*. Parlava di un ragazzo che scappava da quel quartiere, scappava di casa e non tornava mai più". E infatti anche Moretti scappa a tutto gas da Spinaceto e continua ad allontanarsi da Roma, in direzione del mare.

Accompagnato dai ritmi nordafricani di Khaled ("Didi"), il personaggio arriva a Casal Palocco, un quartiere benestante, con strade strette che corrono tra villette e giardini. Per lui quel luogo incarna il rifiuto della vita cittadina: "Passando accanto a queste case sento tutto un odore di tute[35] indossate al posto dei vestiti, un odore di videocassette, cani in giardino a far la guardia e pizze già pronte dentro scatole di cartone". Quando incrocia un signore che sta scendendo dalla macchina con due videocassette in mano, ferma la Vespa in mezzo alla strada, la mette sul cavalletto[36] e corre verso l'uomo: "Scusi, ma perché siete venuti ad abitare qui a Casal Palocco?" gli chiede. "Ma guardi che verde, la tranquillità...", risponde l'altro, un uomo sulla sessantina. Moretti gli fa notare che quando la gente ha cominciato a trasferirsi a Casal Palocco, all'inizio degli anni '60, Roma era una città più vivibile. "Roma allora era bellissima, capisce. Questo mi spaventa: cani dietro ai cancelli, videocassette, pantofole...".[37]

Dopo un dialogo comicissimo tra Moretti e Jennifer Beals, incontrata lungo le Mura Aureliane, l'episodio si conclude su due segmenti antifrastici. Nel primo, grottesco e verboso, il regista scende dalla Vespa ed entra in un cinema romano quasi vuoto; dopo aver visto con orrore uno di quelle pellicole di serie B che si proiettano d'estate nelle metropoli italiane (*Henry, portrait of a serial killer*, di John McNaughton, 1989), Moretti immagina di rinfacciare[38] a un critico di aver parlato bene del film. Il critico piange a dirotto,[39] mentre Moretti accanto a lui legge passi sempre più astrusi delle sue recensioni. Nella sequenza finale, sulle note melanconiche del pianoforte di Nicola Piovani, Moretti con la sua Vespa percorre le campagne di Ostia per arrivare al luogo dove fu ucciso Pier Paolo Pasolini.

Gli altri due capitoli del film sono "Isole" e "Medici". "Isole" racconta le disavventure del regista alla ricerca di un posto quieto dove scrivere la sceneggiatura del suo nuovo film. "Medici" invece è un episodio interamente autobiografico, che comincia con un terribile e costante prurito[40] che tormenta Moretti. Il regista passa da uno specialista all'altro, documentando con il suo solito distacco ironico le accuse di ipocondria dei dottori e le numerose medicine prescritte, nominate una per una. Alla fine viene scoperto quasi per caso che si trattava di un tumore, che sarà

Casal Palocco.
© Giorgio Fedi

rimosso chirurgicamente.[41] Dopo la guarigione, il film si chiude su Moretti, al bar, che prima della colazione beve un bicchiere d'acqua fresca, vantandone le sicure qualità terapeutiche.

Attività

A. Descrivete un quartiere della vostra città, o della città più vicina.
B. Usando il condizionale, descrivete la vostra città ideale.
C. In gruppi di tre ricreate questa situazione: un turista si è perso e chiede aiuto a una coppia di passanti. Il primo passante spiega come arrivare al luogo indicato dal turista, mentre l'altro lo corregge, lo contraddice e aggiunge un itinerario alternativo, precisando perché è migliore. Il turista chiede chiarimenti finché non è soddisfatto. Tutto il dialogo si svolge nella terza persona formale.

BOLOGNA

Silvia Ballestra

La scoperta e l'esordio di Silvia Ballestra (Grottammare, Ascoli Piceno, 1969–) si devono a uno degli scrittori italiani più significativi e influenti degli anni '80, Pier Vittorio Tondelli (1955–91), che nel 1990 la include tra i giovani autori dell'antologia *Papergang (Under 25 III)*.[42] Nel 1991 esce *Compleanno dell'iguana*,[43] e il racconto lungo "La via per Berlino", che apre il volume, troverà una continuazione in *La guerra degli Antò* (1992). Nel 1994 escono i racconti de *Gli orsi*, seguiti da una trilogia: *La*

© *Giorgio Fedi*

giovinezza della signorina NN. Una storia d'amore (1998), *Nina* (2001) e *Il compagno di mezzanotte* (2002), rivisitazioni ironiche del genere del racconto d'amore. Ballestra ha pubblicato recentemente *Senza gli orsi*, raccolta di racconti brevi editi e inediti. Seguendo l'esempio di Tondelli, l'autrice ha curato, con Giulio Mozzi, un'antologia di scrittori *under 25, Coda* (1996). Le sue conversazioni con la scrittrice e militante politica e femminista Joyce Lussu sono raccolte in *Joyce L. Una vita contro.* Alla scrittura creativa Ballestra è andata affiancando l'opera di traduttrice da diverse lingue.

La Buriniade

"La via per Berlino" e *La guerra degli Antò* sono due tempi di una possibile *suite* narrativa (*La Buriniade*).[44] L'autrice li ha riproposti insieme nel 1997 nel volume *Il disastro degli Antò;* come soggetto unico li ha trattati la riduzione cinematografica realizzata nel 1999 da Riccardo Milani. Per queste due opere, i critici hanno parlato di "catastrophic, generational *Bildungsroman*" (Grazia Menechella), o di "romanzo di formazione, ma alla rovescia" (Andrea Gareffi). La stessa voce che narra, ne *La guerra degli Antò,* chiama il viaggio ad Amsterdam del protagonista "tappa imprescindibile[45] d'ogni viaggio di sformazione", ironizzando sul carattere "generazionale" del viaggio di Antò e, insieme, del tipo di letteratura in cui questi romanzi *on the road* sono facilmente catalogati.

In "La via per Berlino" seguiamo, tra fine anni '80 e primi '90, le giornate di quattro giovani punk di Montesilvano, paese di palazzoni sgraziati[46] e affollati alla periferia nord di Pescara: Antò Lu Purk,[47] nato il giorno della conquista della Luna, studente ripetente[48] in procinto di trasferirsi a Bologna per frequentare il Dams,[49] Antò Lu Zorru,[50] tirocinante[51] al giornale *Il Centro* di Pescara, Antò Lu Zombi,[52] postino in un paese del circondario,[53] e Antò Lu Mmalatu,[54] portantino in un ospedale.[55] La loro vita trascorre tra goffe dimostrazioni di antagonismo culturale e goliardate[56] punk (ai danni del palazzinaro[57] locale colluso col potere e delle sue odiose figlie gemelle), tentativi rozzi e malriusciti di conquiste sentimentali e ascolto ossessivo di musica alternativa, finché Lu Purk decide di andare a Bologna e iscriversi con poco profitto all'università. Lì viene in contatto con l'ambiente degli studenti fuorisede, in massima parte meridionali e con pretese d'impegno politico, e inizia una sorta di noviziato sentimentale. Deciso a mantenersi con mezzi propri, Antò tenta vari lavori e, al primo giorno d'impiego come apprendista manovale,[58] cade da un'impalcatura[59] procurandosi una ferita che gli costerà l'amputazione di una gamba. Risoluto a rompere con il passato e l'ambiente familiare, Antò, dimesso[60] dall'ospedale, parte per Berlino, con l'intenzione di andare a vivere nel quartiere di Kreutzberg, mitico crogiuolo[61] di etnie e lingue.

Ne *La guerra degli Antò* troviamo il personaggio di Silvia (Ballestra o Ballestrera o Sballestra), studentessa fuorisede amica degli Antò, narratrice della loro epopea e aspirante scrittrice frustrata dalle inadempienze[62] dell'editore che deve farla esordire. Antò Lu Purk non ha resistito molto a Berlino e si è spostato ad Amsterdam, non la città operosa e dei musei, ma quella sordida dei locali a luci rosse e dei *coffee-shop* per giovani tiristi cannabinomani,[63] dove vive in un ostello malandato, incapace di comunicare per seri problemi con le lingue straniere. Intanto, Antò Lu Zorru riceve una cartolina di precetto militare[64] che gli ingiunge[65] di andare a imbarcarsi per la guerra del Golfo. Lu Zorru decide di disertare e di riparare[66] a Bologna, dove viene accolto dallo studente fuorisede abruzzese Fabio di Vasto, e dal suo giro[67] di universitari che sopravvivono tra le ristrettezze[68] a cui li costringe una città ricca anche perché sfruttatrice[69] di giovani universitari. Lì Lu Zorru, dopo una breve avventura erotica con la più disponibile delle studentesse del giro, decide di fuggire ad Amsterdam con una nuova identità e un passaporto falsificato da Fabio. Raggiungerà Lu Purk nell'ostello ma, durante la preparazione di un piatto di pasta, la loro stanza va a fuoco e i due Antò vengono rispediti in Italia col foglio di via.[70]

La miscela di dialetti e luoghi geografici (le Marche, Pescara, Bologna) non può non far pensare a una delle figure più incisive della cultura alternativa degli anni '80, quella dell'artista e autore di fumetti Andrea Pazienza (che nacque a San Benedetto nelle Marche, fece il liceo a Pescara, e si trasferì a Bologna per studiare al Dams prima di diventare artista e autore di fumetti di larghissimo culto). E se l'influsso di Pazienza[71] si avverte nella creazione di nuovi *slang* e miscugli linguistici, i protagonisti

Università di Bologna, fondata nel 1088: la prima Alma mater studiorum.
© Andrea Fedi

della saga degli Antò sembrano ironicamente richiamare, come parodie mitigate e velleitarie,[72] i cattivissimi personaggi del disegnatore.[73]

Nel brano che segue, con Antò Lu Purk e Antò Lu Zorru ad Amsterdam, i due Antò rimasti a Montesilvano hanno consumato la routine di sballi[74] domestici a forza di canne,[75] non accorgendosi che una perdita dal bagno stava allagando[76] il piano sottostante.[77] Ora finalmente dormono. A Bologna, Fabio di Vasto ha appreso da un programma televisivo (in cui i genitori degli Antò si sono rivolti ai figli per scongiurarli di tornare a casa) che la cartolina di chiamata alle armi per Antò Lu Zorru era solo uno scherzo. Fabio va a sfogarsi dalla Ballestrera che si è trasferita in un monolocale microscopico, affittato illegalmente e a carissimo prezzo dal tipico padrone di casa, pronto a speculare sulla pelle degli studenti.

Silvia Ballestra, *La guerra degli Antò*
(*Il disastro degli Antò*; Milano: Baldini e Castoldi, 1997)

Altrove, in Italia, fra Bologna e Pescara, in luoghi truzzici[78] e giovanili abbandonati dalla grazia di Dio, i Disillusi del Pianeta Terra hanno intrapreso, ciascuno a suo modo, la via del sonno.

Nel capoluogo di provincia[79] abruzzese—anzi, un po' in provincia rispetto a quel capoluogo—in una palazzina abusiva di Montesilvano Terme, previo intervento di pompieri[80] a notte fonda, l'impianto idraulico centrale è stato chiuso cautelativamente a scopo preventivo. Domattina serviranno stagnini[81] e muratori, il soffitto dell'inquilina di sotto verrà presto rimbiancato e i due Antò superstiti in quella fettina di mondo, raccolta alla meglio l'acqua fuoriuscita, riposano, ora, nella loro[82] quiete di cammelli quieti. Uno in tinello, l'altro in stanza sua. L'odore di canne adesso è un po' sparito, ma il freddo e l'umidità all'interno so'[83] possenti. Al punto che Antò Lu Zombi, col naso tutto chiuso, nel sonno emette un rantolo diesel in sottotraccia;[84] e Lu Mmalatu, scosso da un lungo brivido[85] ogni tanto, con occhi chiusi tira fino agli orecchi una coperta a fantasie orientali.[86]

Invece, a Bologna, la vita ancora ferve.[87] Almeno per uno dei nostri eroi, la vita ferve.

Fabio di Vasto, saranno ormai le una,[88] si aggira per la felsinea[89] in bicicletta. Ai lati delle strade occhieggiano[90] cumuli di neve[91] surgelata e bigia,[92] tutti i quartieri sono enormi frighi,[93] ma il falsario[94] vastese se ne frega.

Smadonnando,[95] pedala nella notte riffitozzito[96] dentro un eskimo polare, con solo le palpebre a fessura[97] esposte all'aria, la bocca riparata da una sciarpa.

Se non arrivava un freddo del genere dal sud (le perturbazioni[98] siberiane hanno infatti compiuto un giro lungo sui Balcani e hanno attaccato la Penisola dal sud), magari avrebbe inforcato[99] il motorino, ma tant'è: curvo sul manubrio da donna della Bianchi, Fabio procede verso via Fondassa— una strada di studenti in affitto, per lo più—e con pupille incerte controlla la progressione dei civici[100] a sinistra.

Ventidue, ventiquattro, ventiquattro a, b, poi ventisei.

Affianca un portoncino d'ingresso in miniatura, quasi un condominio di eoli,[101] bambi, gnomi; esseri piccinini, si direbbe, perché un uomo normale, a testa alta, in un pertugio[102] così mica ce[103] passa.

"Cazzo di entrate basse" fa il Vastese, poggiando la bicicletta contro il muro, sforzando l'anta sinistra dell'usciolo.[104]

Quando è all'interno pigia un pulsante consunto luce-scale,[105] e un corridoio da sommergibile alla fonda,[106] stretto, dritto, imbiancato nel '40, lo conduce, anima politicizzata nella notte, fino a un cortile interno silenzioso.

Supera il cancelletto divisorio,[107] e le sue scarpe da tennis risuonano sulla ghiaia ad ogni passo. Risuonano per modo di dire, considerata l'umidità del suolo e la nevicata dei giorni avanti.[108]

Sfila la sciarpa rossa via dal collo, le muffole guantose[109] dalle mani, quindi, fatti ancora due passi sulla destra, raggiunge l'ingresso di un ex-magazzino per gli attrezzi[110] riattato[111] ad alloggio-sarcofago (uso foresteria,[112] no cucina, bagno forse ma non è detto, o per lo meno ci possono entrare solo gli allievi di Houdini, riscaldamento elettrico e no studenti, no campanello esterno, no interno, no cassetta della posta, e, naturalmente, no telefono, citofono, targhetta per il nome). Considerato che il canone[113] mensile in 'sto fornetto è di quattrocento carte[114] il mese e che nel corridoio di passaggio fra spalliera[115] del letto e muro, anche di profilo, non ci passa nemmeno l'allievo di Houdini, adesso non venitemi a dire che c'abita un essere umano, qua dentro.

"Silvia?" sussurra interrogativo[116] il buon Vastese. "Ahó, Silvia, dormi?" Picchietta[117] all'uscio con nocche intirizzite,[118] ma per mezzo minuto il sarcofago resta immerso nel suo sonno. "Silvia, so' Fabbio,[119] puoi sentirmi?"

*Un portico di via
Fondazza. © Giorgio Fedi*

Può sentirlo? Difficile a dirsi. Bisognerebbe essere al posto della salma,[120] per poter dare informazioni un po' più precise sulle attuali capacità ricettive del sujet.[121] D'altra parte, all'interno la tomba è tutta foderata di legno,[122] a mezza via fra una baita di montagna, una sauna danese, una lampara sambenedettese.[123] Con solo l'aggiunta d'un par de nasse,[124] una cima,[125] il timone,[126] e, volendo, un'ancoretta, la salma della Ballestrera sotto le coperte, nessuno stupirebbe se prendesse il largo.[127]

Sì, una Ballestrera abita quei dodici metri di vascello,[128] sauna danese, piccolo chalet.

Il "dialetto" dei personaggi di Silvia Ballestra

Diversamente da autori come Alessandro Baricco o Andrea De Carlo, Ballestra è costantemente impegnata a sperimentare con forme e linguaggi, e non per caso spesso evoca, pur nel tono scherzoso e autodissacratorio[129] che le è proprio, gli scrittori d'avanguardia del Gruppo 63 (l'epigrafe di questo romanzo è presa da *Fratelli d'Italia* di Alberto Arbasino, che di quel Gruppo fu membro di primissimo piano). In *La guerra degli Antò* l'autrice è, come si è detto, personaggio della storia e narratore in prima persona. Ella riflette costantemente sul proprio racconto (definito

Gli studenti italiani preferiscono gli appartamenti agli alloggi dell'università.
© *Andrea Fedi*

"romanzetto molotov" dialogato in un "parlato rap"), sui personaggi e la loro lingua, sullo stile della scrittura e le tecniche della narrazione.

La base dialettale della parlata dei personaggi è un pescarese per niente puro ma continuamente mescolato con tratti tipicamente centromeridionali (Ballestra viene dalla parte delle Marche più prossima, anche linguisticamente, all'Abruzzo). Ad essa si aggiungono, in un proliferare continuo, espressioni gergali vere o inventate (e spacciate[130] come comuni), frammenti di spazzatura televisiva, lessici studenteschi e di sotto- e controculture (i punk, gli squatters, le prime *posse* politicizzate dell'hip-hop italiano). Sul carattere assolutamente non mimetico, ma del tutto artificiale (di laboratorio) del "dialetto" dei personaggi di Ballestra, si veda questo commento alla parlata di un contadino che appare, quasi selvaggio, tra le campagne abruzzesi sepolte dalla neve: "Marino Severini [parla] in castelvetraiese[131] stretto, che ormai non è più un dialetto, ma pidgin,[132] quasi creolo, a metà fra idioletto[133] e shibolet:[134] un repertorio linguistico che non solo fa a cazzotti con l'idea stessa dell'Europa unita, ma è anche, soprattutto, la spia di una *forma mentis* in avaria".[135]

Attività

A. Descrivete in modo umoristico il vostro alloggio o quello dei vostri amici universitari. Per dare colore potete aiutarvi con i termini e le espressioni del vocabolario giovanile che trovate qui sotto.

LESSICO: LA LINGUA DEI GIOVANI

In un intervento sul *Corriere della Sera*, intitolato "I ragazzi fanno gruppo con la parola" (2003), Silvia Ballestra ha rimarcato che "è difficile fotografare la lingua dei giovani perché è una lingua in perenne movimento", sia perché le generazioni dei giovani crescono e cambiano, sia perché "una delle funzioni del gergo consiste proprio nel creare uno steccato,[136] una separazione dalla lingua standard ufficiale". "Rendersi incomprensibili e imprendibili" aiuta i giovani a "sfuggire a professori, genitori e, perché no, anche ai pubblicitari".[137] La lingua dei giovani, nota la Ballestra, si concentra specialmente su certi campi semantici: "i giovani parleranno sempre e ancora di amore, sesso, droga, musica, scuola, complessi (intesi come tormenti o difficoltà), chi piace e chi no (chi è figo e chi è truzzo, tamarro, maraglio)".[138]

andare in para = andare in paranoia / preoccuparsi troppo / perdere la ragione (con accezione positiva o negativa)

    Es.: Quando ascolto le sue canzoni vado in para totale.

    Es.: I film di Antonioni mi fanno andare in para.

un casino / una cifra = tanto

    Es.: La ricerca medica costa un casino e porta via un casino di tempo.

    Es.: A me e alla mia ragazza andare in moto piace una cifra.

cazzeggiare = perdere tempo (con accezione positiva o negativa)

    Es.: Mi sento in vena[139] di cazzeggiare con gli amici. Studiare non se ne parla proprio!

    Es.: Non ho assolutamente voglia di cazzeggiare perché non ne ho il tempo.

coatto = ignorante / cafone

    Es.: Totti[140] sarà pure un coatto, ma è un grande campione.

    Es.: Parli come un coatto.

cozza = usato per denotare bruttezza di cose e persone

    Es.: Netscape è una cozza! C'è poco da dire, Explorer è molto più veloce.

    Es.: Forse non è il tuo tipo, ma dire che è una cozza mi pare eccessivo.

dammi il cinque (*give me five*)

    Es.: Giusto, sono d'accordo con te. Dammi il cinque!

fancazzista = perditempo / uno che non ha voglia di far nulla

    Es.: È ora di denunciare i dipendenti pubblici fancazzisti!

figo (*cool*)

    Es.: Io non ho bisogno di sentirmi figo con l'auto sportiva.

flippare (*to flip*)

    Es.: Domenica ho rivisto *Lost Highway*, e mi sono flippato completamente il cervello.

a manetta = velocemente / al massimo

    Es.: Se vai sempre a manetta, è ovvio che il motore dura meno.

    Es.: Metto un cd e alzo il volume a manetta.

maraglio / tamarro / truzzo / zarro = chi cerca di imitare a tutti i costi le mode, nei vestiti, negli accessori e nelle auto

    Es.: I colori fosforescenti sono una cosa da tamarri, tanto per sentirsi alla moda.

    Es.: Il truzzo si veste come impone la moda, ma non ha gusto.

© *Giorgio Fedi*

Es.: Ho incrociato uno zarro con un'Opel Corsa piena di adesivi[141] e un ciondolo[142] allo specchietto.

da paura = molto bello / ottimo

Es.: Sono anni che sogno una moto da paura e prima o poi l'avrò.

Es.: Ci siamo fatti una mangiata da paura e abbiamo pagato una scemenza.[143]

pogare / il pogo (*slam dance*) = spingersi e urtarsi durante i concerti

Es.: Pogare non mi piace e comunque non ho il fisico. Ieri sera invece c'era gente che ha pogato per tre ore.

Es.: Il pogo sotto il palco è il modo migliore per sostenere i gruppi che suonano.

sciroccato = fuori di testa

Es.: Sei davvero sciroccato se usi i pareri[144] che trovi su Amazon per scegliere cosa comprare.

sgamare = scoprire / sorprendere qualcuno con le mani nel sacco[145]

Es.: Del Piero è stato sfortunato, perché appena ha fatto fallo[146] la tivù l'ha sgamato.

toppare = sbagliare

Es.: L'Inter ha toppato alla grande[147] a prendere Ronaldo.

SHOPVILLE

"I vecchi punti di ritrovo dei giovani si sono svuotati: altri ne sono nati, ad esempio i centri commerciali". Così recita il sottotitolo dell'articolo che proponiamo qui, sui giovani che si ritrovano in uno dei centri commerciali più grandi d'Italia, Le Gru di Grugliasco, fuori Torino. La "Shopville" di Grugliasco è stata aperta all'inizio del 1994. Ha una superficie di 86.000 metri quadrati e parcheggi o garage con 5.000 posti macchina. Al suo interno si trovano un ipermercato (Euromercato) e 180 attività commerciali, tra cui Media World (elettrodomestici, elettronica e musica), il grande magazzino La Rinascente, la libreria Fiera del libro, un Disney Store, e negozi di articoli sportivi, di abbigliamento, di ottica, sviluppo foto, Fai da te. Ci sono una lavanderia, una farmacia, uno sportello bancario, un'agenzia finanziaria, un'agenzia viaggi, un'area giochi. La ristorazione è assicurata da cinque self-service, otto bar, tre gelaterie, quattro pizzerie e un McDonald's. "Le Gru sono un posto accogliente, soprattutto quando fa freddo", ha scritto Jessica Di Pietro sul quotidiano torinese *La Stampa*. Jessica, studentessa di un Istituto Tecnico Commerciale, spiega che, oltre ad essere "una specie di ritrovo per mangiare, passeggiare tra le nuove novità di Pimkie[148] e fare nuove conoscenze", Le Gru sono diventate il "paradiso dei taglioni", gli studenti che bigiano[149] la scuola, o che fanno sciopero ma poi non vanno alle manifestazioni.

Maria Novella De Luca, "Plastica e noia, ecco i ragazzi del muretto di Shopville" (*La Repubblica*, 15 maggio 2000)

TORINO—Nel giardino di cemento e travertino c'è odore di ketchup e piadine[150] contro un cielo color neon. Giacomo e Maurizio, visiera dietro-front,[151] il walk nelle orecchie, i piedi-Nike che scalciano seguendo il ritmo, masticano Pringles all'ombra di una fontana finta che zampilla acqua vera, e guardano quelli come loro che entrano ed escono dall'ascensore trasparente. Una, due, tre, cento volte, su e giù per i piani, ancora, uno, due, tra le luci luna-park, e la voce di Irene Grandi che fa da sottofondo.[152] Saranno dieci, venti, cinquanta, cinquecento, arrivano a ondate,[153] maschi e femmine, coppie, gruppetti, singoli mai, anche al bagno si va in due, per baciarsi c'è il parcheggio, e la sera tutti al Diablo, ex salumificio trasformato in disco.

"Di dove siete?", "Orbassano, Nichelino, Rivoli, Collegno...". "Come venite?", "Autobus, auto, motorino". "Che fate qui?", "Niente. Passiamo il tempo", "Perché non vi vedete in piazza o al bar?", "Perché il bar è una noia e la piazza non c'è, ah, ah". Stop. Le porte si aprono e si chiudono, primo giro, secondo giro, stazione uno, stazione due, stazione tre, Disney Store, Media World, Games Centre, Swatch Point, stazione quattro, Mondogelato, Pizza-Spizzico, si mastica, si fanno i palloni[154] con le gomme,[155] pop, pop, pop i denti non si fermano mai, e giù a ridere come matti tra una corsa e l'altra che è sabato pomeriggio e la gente coi carrelli[156] resta a secco...

Benvenuti al centro commerciale "Le Gru", Grugliasco-Torino, mega-mini-mondo

Nel parcheggio delle Gru
di Grugliasco, Torino.
© Giorgio Fedi

dove i ragazzini del Duemila ammazzano il tempo guardando merci che non comprano ma sognano, tra strade crocevia[157] del desiderio di avere in tasca una Visa, su muretti di pietra-plastica dove non fa freddo, non fa caldo, non è inverno, non è estate, non è giorno, non è notte, la vita è climatizzata, come i sentimenti, le passioni, le parole in questa immensa Shopville che domina le città satellite della cintura[158] torinese. Stanno lì, in uno dei tanti Mall nostrani, che ha i chioschi, gli alberi, le fontane, le cornetterie, gli hot-dog, come un tempo ci si vedeva in piazza, all'oratorio, sui gradini di una chiesa, su un pezzo di marciapiede,[159] su qualunque geografia eletta a luogo di incontro.

Maurizio e Giacomo, con Margherita, Francesca e Paola, il più vecchio ha vent'anni, la più giovane nemmeno sedici, stanno lì, con gli occhi che vagano,[160] nella Piazza Centrale che si chiama proprio Piazza Centrale, navata-cuore di una cattedrale dello shopping che come bandiera issa un papero. Margherita è nata nel 1984, i capelli li porta divisi in due codine,[161] i pantaloni tanto stretti che ci scoppia, l'ombelico a vista e due occhi scuri, neri. È fidanzata, dice proprio fidanzata con Giacomo, che ha un paio d'anni di più.

"Sono di Collegno e con i miei amici ci vediamo alle Gru. Tutti i venerdì e tutti i sabati pomeriggio, ci diamo appuntamento al parcheggio numero Uno, arriviamo verso le quattro e ce ne andiamo quando chiude. Studio Ragioneria[162] e qui ci vengo da due anni, da quando ho il motorino.[163] Si sta bene, e anche se sei di cattivo umore passeggiando tra le cose ti passa, perché c'è[164] la musica, i vestiti, le canzoni di Sanremo, ci andiamo a fare una birra, magari un panino, un hot dog, io no perché

© *Giorgio Fedi*

altrimenti ingrasso... Comprare? No, giusto a Natale, magari un fermaglio,[165] un cd, ma cazzo costano, mi piace stare qui, sono tutti gentili, meglio che andare in strada no? O a casa. Con mia madre isterica. Che facciamo? Niente. Guardiamo la gente. Mandiamo sms. Prendiamo gli ascensori. Scendiamo. Risaliamo (ride). Giacomo si fa una partita ai videogame, io se vado al Beauty point mi fanno il trucco gratis... Poi magari (ride di nuovo) andiamo fuori, al Gazebo, da soli, si sente la musica degli altoparlanti, ci sono le panchine, mi siedo sulle sue ginocchia e ci incolliamo[166] un po'...".

Giacomo la scuola l'ha smessa, lavora e i soldi, quindi, ce l'ha. "Vengo da Orbassano. Ho la Clio.[167] Me la sono comprata da solo. Perché con lo studio non è che ci andassi d'accordo e quindi stop, via, a guadagnare. Mi fa sentire forte. Mica come quelli che anche le diecimila le devono chiedere a casa. E se vuoi sapere la verità in paese ci restano soltanto quelli che l'auto non ce l'hanno". Basta, silenzio, nulla.

Fuori. In un pomeriggio tiepido. America di casa nostra. Sulla terrazza delle Gru cappa di nuvole con qualche schiarita,[168] orizzonte piatto verso il panorama-parcheggio, Renato Zero canta *Vecchio*. Adulti solitari mangiano il gelato monogusto seduti sulle panchine. Tre bambini si tirano un pallone con il sorriso di McDonald. "Qui ci sentiamo tranquille" dicono le madri. Cielo lattiginoso, malinconia che spezza le gambe. È l'approdo[169] del tour, sempre lo stesso, dentro e fuori gli ascensori, partita videogame, vetrina del Media World, finestra Swish,[170] panino, e si ricomincia. "Sì è vero, siamo in gabbia,[171] e allora? Giriamo in tondo come bestie ubriache, e allora? Non c'è grana[172] okay, non c'è grana, ma qui nessuno ti dice niente, se non fai casino non ti buttano fuori, noi andiamo giù all'Iper, l'Ipermercato,

© *Giorgio Fedi*

compriamo una bottiglia e ce la beviamo qui… Ci sono loro, i boss, i sorveglianti, però okay, tranquilli…". Gabriele, vent'anni più o meno, è uno che la vita la conosce. Ha la faccia segnata[173] e le mani nervose, piercing sul labbro e testa rasata.[174] "Qui ci vengo tutti i pomeriggi perché non so dove altro cazzo andare. Ci sto bene e ci sono le ragazze, incontro gente. Se ho soldi compro un cd, o mi faccio un giro, prendo una birra. La musica fa schifo, mettono solo roba italiana, però meglio qui che nel mio quartiere, io sono di Nichelino, è pieno di tossici[175] là, e io, insomma, è meglio che non mi faccio vedere troppo. E poi fa schifo, non ci sono nemmeno i pub. Ogni tanto lavoro, faccio il cassettista[176] al supermarket, di notte, così posso portare la mia donna fuori se ho grana. Sai perché vengo a Le Gru? Perché qui la vita sembra buona… Te lo confesso: quando mi torna la voglia di farmi[177] entro al Disney Store e guardo i giochi, i cartoni sui monitor. È gratis, le commesse sono gentili. Mi fa sentire normale. Normale. Sì, normale…".

Attività

A. Immaginate di dovervi recare a Le Gru di Grugliasco e compilate una lista di negozi da visitare e di cose da comprare.

B. Spiegate se ci sono differenze tra i centri commerciali che conoscete e quelli italiani, con particolare riferimento alle attività dei giovani che si ritrovano lì.

C. Nel servizio di Maria Novella De Luca si trovano molti esempi di costruzioni paratattiche, sequenze di brevi frasi o di espressioni separate da virgole, che vogliono rendere l'idea della serialità associata al consumismo e alla spersonaliz-zazione che un centro commerciale moderno rischia di produrre. Per esempio:

Homeless che legge Pirandello.
© *Giorgio Fedi*

"arrivano a ondate, maschi e femmine, coppie, gruppetti, singoli mai..."; "...non fa freddo, non fa caldo, non è inverno, non è estate, non è giorno, non è notte"; "...uno dei tanti Mall nostrani, che ha i chioschi, gli alberi, le fontane, le cornetterie, gli hot-dog". Descrivete un centro commerciale che esiste nella vostra zona, usando come modello passi dell'articolo che avete letto.

D. L'articolo offre anche esempi di dislocazione, tipici del linguaggio colloquiale: "la scuola l'ha smessa"; "l'auto non ce l'hanno"; "la vita la conosce". Questi sono casi di dislocazione a sinistra, in cui il complemento ("la scuola", "l'auto", "la vita") viene trasferito per motivi di enfasi dalla sua posizione naturale (a destra del verbo), per cui la frase ordinaria "ha smesso la scuola" diventa "la scuola l'ha smessa". La dislocazione a destra, altrettanto comune, consiste invece nell'anticipare un complemento o un'intera frase per mezzo di un pronome: per es., "non lo prendo mai il caffè"; "lo so che mi vuoi bene". In classe, proponete altre frasi con dislocazione a destra o a sinistra.

VIGÀTA

Andrea Camilleri e il giallo italiano

Andrea Camilleri (Porto Empedocle, 1925–) vive a Roma, dove ha insegnato all'Accademia di Arte Drammatica lavorando anche come autore e regista in teatro e in televisione. Inizia a pubblicare poesie e racconti nella seconda metà degli anni '40, e con *Il corso delle cose* (1978) esordisce nella narrativa poliziesca di ambientazione siciliana. Con la vicenda tardo-ottocentesca di *Un filo di fumo* (1980), Camilleri inaugura uno dei generi principali della narrativa che verrà poi proponendo: il romanzo che è d'invenzione nella storia principale e nei personaggi, ma storico nel dettagliato e documentato accertamento della condizione siciliana dopo il 1860 e il tradimento delle promesse post-unitarie. Affiliandosi[178] a un pensiero sostanzialmente concorde in autori quali Giovanni Verga e Federico De Roberto, Giuseppe Tomasi di Lampedusa e finanche il moderno Leonardo Sciascia, Camilleri ravvisa[179] in quel tradimento la radice di mali sociali ormai inestirpabili,[180] più profondi degli occasionali sintomi di malaffare e malavita in cui essi si manifestano. È in quel romanzo che il lettore viene a conoscere Vigàta, paese che l'autore stesso (dichiarandosi "totalmente incapace di inventarmi una storia ambientata in un luogo che non conosco") ci invita a ritrovare nella sua Porto Empedocle (e il capoluogo Montelusa sarà una riconoscibilissima Ragusa).

A Vigàta si svolgeranno gli accadimenti dei successivi romanzi di tipo storico, tra cui ricordiamo almeno *Il birraio di Preston* (1995), *La concessione del telefono* (1998), *La mossa del cavallo* (1999) e *La presa di Macallè* (2003), mentre *Il re di Girgenti* (2001), da molti critici considerato tra le prove più riuscite dell'autore, retrocede storicamente all'Agrigento del diciottesimo secolo.[181] Se il successo di pubblico è stato notevolissimo e ha superato di molto le aspettative che gli editori riponevano in quel genere di narrativa, l'imporsi di questo vero "caso letterario" degli anni '90 si deve alla fortuna ineguagliata[182] di un'altra serie di opere: i romanzi gialli che hanno per protagonista il commissario Salvo Montalbano,[183] a cominciare da *La forma dell'acqua* (1994), e seguitando con *Il cane di terracotta* (1996), *Il ladro di merendine* (1996), *La voce del violino* (1997), *La gita a Tindari* (2000), *L'odore della notte* (2001), *Il giro di boa* (2003).

Non meno di successo sono state le raccolte di racconti: *Un mese con Montalbano* (1998), *Gli arancini di Montalbano* (1999), *La paura di Montalbano* (2002), *La prima indagine di Montalbano* (2004). La fortunata serie televisiva Rai con Luca Zingaretti nei panni del Commissario siciliano ha finito per rendere non solo quello di Montalbano uno *household name* per milioni di persone, ma anche per aggiungere il siciliano di Camilleri al repertorio di coloriture lessicali non native che gli italiani amano acquisire dai mezzi di comunicazione di massa.[184] All'italiano adulto che predilige l'intrattenimento di qualità, parole quali *taliare*, *addrumare*, *vastaso* sono altrettanto familiari quanto lo sono al pubblico più giovane o meno esigente le espressioni o i becerismi[185] dei "nuovi comici" toscani, romani o milanesi che imperversano al cinema o in televisione, in un generale avvicendarsi[186] e mescolarsi dei modelli di riferimento dell'italiano parlato di oggi.[187] Né stupisce che nell'aprile del 2003 il Comune di Porto Empedocle abbia deciso di adottare ufficialmente "Vigàta" come secondo nome cittadino, caso raro di rinominazione a base romanzesca. E la decisione di un liceo classico ragusano di sostituire, come testo di lettura del ginnasio, *Il birraio di Preston* a *I promessi sposi* ha suscitato insieme plauso e scandalo, così come l'iniziativa dell'editore Mondadori di raccogliere i romanzi di Montalbano in un volume della prestigiosa collana *I Meridiani*.

Ciò può parere sorprendente anche perché il giallo[188] ha sempre avuto un precario stato di cittadinanza nel territorio letterario italiano, e per decenni è stato percepito come letteratura "di genere", di consumo e di puro passatempo. Né ha giovato alla sua reputazione il fatto che un romanzo universalmente considerato tra i capolavori del Novecento, *Quer pasticciaccio brutto de via Merulana* di Carlo Emilio Gadda (1957) sia un giallo, sì, ma labirintico, aperto, senza accertamento del colpevole, quantunque, nelle parole di Gadda, "letterariamente concluso". Un altro scrittore insigne[189] come Sciascia, poi, adotterà la forma del poliziesco come puro strumento di investigazione e rappresentazione di realtà extraletterarie quali la mafia e la corruzione politica, proponendo dunque il giallo come variante strutturale del romanzo "civile", atta[190] a smontare[191] e denunciare devianze sociali di portata criminale. Come osservò Calvino, quello di Sciascia era un poliziesco "smontato", inconsueto, che dimostrava "l'impossibilità del romanzo giallo nell'ambiente siciliano" dove tutto è ormai classificato e catalogato.[192]

Sembrava dunque che, nella letteratura non puramente di genere, la struttura del romanzo poliziesco si potesse adottare solo come parodia o allegoria. In tempi recenti, invece, nell'ambito della generale rivalutazione della letteratura di genere da parte di autori giovani e meno legati a pregiudizi accademici, il giallo, e soprattutto il *noir*,[193] stanno godendo di inusitato[194] favore anche da parte della critica. Ma è alla dimenticata scuola italiana di Augusto De Angelis (1888–1944) e Giorgio Scerbanenco (1911–69) che i romanzi di Camilleri, più gialli che neri, vogliono riallacciarsi, senza dimenticare un altro autore assai rivalutato, Georges Simenon, con il suo Maigret (fu proprio Camilleri, negli anni '60, il produttore di una celeberrima serie Rai sul commissario francese).

Il personaggio di Montalbano, ci racconta lo stesso Camilleri, si definisce anche per mezzo di un'operazione di scarto[195] caratteriale rispetto al collega francese. Maigret attraversa settantasei romanzi (più altri racconti) senza mutazioni: "passa la guerra mondiale, passano le rivoluzioni... si sconvolge la società, e lui niente". Montalbano, invece, un ex contestatore nato nel 1950, di buone letture e forte passione civile (e idee politiche di sinistra) muta, si evolve, passa da pura "funzione" del racconto (nei primi romanzi), a personaggio riconoscibile che interagisce con una società e un quadro storico in movimento. Così, ne *Il giro di boa* troviamo un Montalbano dimissionario,[196] umiliato e oltraggiato dai fatti accaduti a Genova nel luglio 2001, quando la polizia represse con brutalità e accusò con prove false i giovani che manifestavano contro il G8. Di romanzo in romanzo, l'attenzione si sposta sempre di più sugli strumenti di conoscenza del commissario, spesso in casi ormai già arrivati alla fine, in cui non c'è bisogno di arrestare più nessuno.

Frutto della sua lunga esperienza di regista teatrale, i racconti di Camilleri spesso procedono per sequenze di dialoghi, in cui i personaggi vengono presentati con poche didascalie. E in questi dialoghi, così come nella narrazione, figura a tutto campo il dialetto siciliano. In Camilleri l'uso del dialetto non è motivato dalla ricerca di una lingua antifolklorica, iperletteraria, come in buona parte del Novecento italiano, né espressionistica o di ritorno al materno e infantile. E, diversamente da Gadda, Camilleri non ricerca un *pastiche* plurilinguistico e barocco per sperimentare con una realtà che non si può esperire altrimenti.[197] Il dialetto di Camilleri è quello della piccola borghesia siciliana, impastato con l'italiano, non quello puro, parlato dall'aristocrazia. È—direbbe Luigi Pirandello—la lingua del "sentimento" opposta a quella dei concetti.

Il dialetto è proposto non in modo puro (come in poeti e scrittori "alti"), ma mescidato,[198] costantemente alternato all'italiano (che talvolta lo traduce) o a lingue straniere, e solo in bocca al narratore o ai personaggi siciliani. Tutto questo fa della lingua di Camilleri uno *slang* imitabile e di facile successo, una parlata che si può mettere insieme con un prontuario di frasi e di parole, un gergo tra i tanti offerti da ogni medium in un panorama culturale multietnico e iperlocalistico come quello di oggi. E se Camilleri acconsentì[199] con riluttanza, nel 1980, ad includere un glossario in uno dei suoi libri, oggi questo non sarebbe più necessario: il lettore è ormai abituato. D'altra parte, basterebbe dare un'occhiata ad uno dei vari siti web che seguono con continua attenzione le vicende di Camilleri e di Montalbano per trovare integrazioni e tempestivi aggiornamenti, e per navigare nella realtà pseudovirtuale di Vigàta, dei suoi personaggi, della sua gastronomia e dei suoi monumenti.

Andrea Camilleri, "Un caso di omonimia"

(Gli arancini di Montalbano; Milano: Mondadori, 1999)

E così, per puro masochismo, accettò l'invito del suo amico, il vicequestore Valente, ora a capo di un commissariato di periferia a Palermo, di passare il Natale con lui. Masochismo perché la mogliere di Valente, Giulia, ligure di Sestri e coetanea di Livia, cucinava (ma si poteva usare il verbo nel caso specifico?) come i picciliddri[200] quando mischiano in una scodella mollica di pane, zucchero, peperoni, farina e tutto quello che trovano a portata di mano e poi te l'offrono, dicendo che ti hanno preparato il mangiare. Mentre fermava l'auto davanti all'albergo che aveva scelto, capì che quello che lui aveva chiamato masochismo era in realtà una specie di atto espiatorio per essere stato così sgarbato con Livia. A Valente aveva detto che sarebbe arrivato il 24 mattina: si era invece ripromesso di passare la serata del 23 tambasiando[201] per le strade palermitane, senza obbligo di parola con nessuno. S'era scordato però che a Natale la gente viene pigliata dalla smania d'accattare[202] regali, i negozi erano illuminatissimi, le strade affocate[203] di persone, le scritte degli archi luminosi aguravano pace e felicità. Camminò per un'orata,[204] scegliendo accuratamente una rotta quanto più possibile lontana dall'attività accattatoria, ma macari nei vicoli più squallidi c'era sempre qualche negozietto dalla vetrina decorata da una fila di lampadinuzze colorate che ritmicamente s'addrumavano[205] e s'astutavano.[206] A tradimento, senza capire perché o percome, l'assugliò[207] una gran botta di malinconia. Gli tornò a mente un Natale di quando lui, picciliddro... Basta. Decise di porvi immediato riparo. Accelerò il passo e arrivò finalmente a un'osteria dove andava ogni volta che si trovava a Palermo. Trasì[208] e vide ch'era l'unico cliente. Il proprietario-cameriere del locale, sei tavolini in tutto, era chiamato don Peppe. Sua mogliere stava in cucina e sapeva fare le cose come Dio comanda. Don Peppe conosceva Montalbano per nome e cognome, ma ne sconosceva la professione: se l'avesse

saputa, forse si sarebbe addimostrato[209] meno espansivo, la sua osteria era frequen-
tata da persone non tanto per la quale.[210]

Sbafàtosi[211] a occhi socchiusi per il piacìri[212] un piatto d'involtini di milanzàne[213]
con la pasta e la ricotta grattuggiata, stava aspettando il secondo quando don Peppe
gli si avvicinò.

"La chiamano al telefono, signor Montalbano".

Il commissario strammò. Chi poteva sapere che lui in quel momento s'attrovava[214]
lì? Certo c'era uno sbaglio. Ad ogni modo si susì,[215] andò al telefono posato su un
tavolinetto allato alla porta del gabinetto.

"Pronto?"

"Montalbano sei?"[216]

"Sì, sono Montalbano, ma..."

"Niente ma. Hai accettato, non fare storie. La prima metà dei soldi te li pigliasti.
Senti: quella persona la trovi verso mezzanotte. Sta a via Rosales 32, un villino. Fai
una cosa pulita pulita. Doppo mi telefoni e riferisci. Il numero è 0012126783346. Ti
dico dove puoi andare a pigliare il resto dei soldi. Chiama, eh?"

Gesù! Quello stava a New York! Lo sapeva perché le prime sei cifre erano le stesse
del numero che gli aveva lasciato Livia. Uno sbaglio, come aveva pensato subito, un
caso di omonimia.

"Mi scusi, don Peppe, lei ha altri clienti che si chiamano come a mia?"[217]

"Nonsi.[218] Perché?"

Trasì uno e s'assittò a un tavolino. Un trentino,[219] con una faccia da spavento se
l'incontravi a solo di notte.

"Lei come si chiama?"

"E a lei che gliene fotte?"

"Sono un commissario. Come si chiama?"

"Filippazzo Michele. Vuole i documenti?"

"No" disse Montalbano. Filippazzo si susì e fece, rivolto al proprietario:

"Mi scusasse, don Peppe, ma il pititto[220] mi passò". Sinni niscì. Montalbano si
riassittò,[221] il secondo già sul tavolo mandava un sciàuro[222] divino, ma macari[223] a lui
era passata la gana[224] di mangiare, tanto più che ora don Peppe lo squatrava[225] di
traverso. Taliò[226] il ralogio,[227] le nove e mezzo, domandò il conto, pagò, niscì[228] in
strada, s'appuntò l'indirizzo di Palermo e il numero di telefono di Nuovaiorca.[229] Si
fermò a poca distanza, per controllare chi trasiva nell'osteria, e si mise a ragionare.
Dato per certo che la cosa pulita pulita da fare era un omicidio su commissione
del quale era stata pagata la prima rata, era chiaro che il Montalbano killer non
era direttamente conosciuto né da don Peppe né dall'omo di Nuovaiorca. A questo
omonimo era stato detto solo di andare nell'osteria di don Peppe e d'aspettare una
telefonata per sapere l'indirizzo della vittima e come riscuotere la seconda rata. Però
il fatto era che il Montalbano numero due non si era apprentato.[230] Se l'era pen-
tita? Il traffico gli stava impedendo d'arrivare a tempo? Una coppia stava in quel
momento trasendo nell'osteria, due vecchietti di settantina passata. Principiava a

sentire freddo, il giubbotto di montone non ce la faceva a fargli càvudo.[231] Passò un'altra mezzorata. Era chiaro che l'altro Montalbano non sarebbe più venuto. E anche se si fosse presentato in ritardo non avrebbe conosciuto né l'indirizzo della vittima né il numero di telefono di Nuovaiorca, perché l'altro non aveva più motivo di richiamare, oramai s'era fatto convinto d'avere parlato col vero Montalbano. Tornato in albergo, acchianò[232] nella sua càmmara,[233] chiamò Livia, a Nuovaiorca dovevano essere le quattro e mezzo del doppopranzo.

"Hullo?" fece una voce d'omo.

"Salvo Montalbano sono".

"Che piacere sentirla! Lei è il fidanzato di Livia, vero? Gliela passo".

"Pronto, Salvo? Com'è che ti sei deciso a farmi gli auguri?"

"E infatti non mi sono deciso. Ti chiamo per un favore". Le spiegò quello che voleva. Ma la telefonata durò a lungo, perché le interruzioni di Livia furono tantissime. ("Si può sapere che ci fai a Palermo?" "A questo punto potevi venire a New York!" "Ma la moglie di Valente non cucina malissimo?" "Che rogna[234] stai andando a cercarti?") Finalmente Montalbano ce la fece e Livia gli promise che avrebbe richiamato immediatamente. Il telefono infatti squillò dopo manco un quarto d'ora.

"Il numero che mi hai dato corrisponde al Liberty Bar. Non è un indirizzo privato".

"Grazie. Mi faccio vivo più tardi" fece Montalbano. E poi, dopo una pausa: "Per gli auguri".

Un bar qualsiasi di New York, un'osteria qualsiasi di Palermo. Erano bravi, dei veri professionisti. Nessuna conoscenza diretta tra di loro, nessun numero privato. E ora che fare? Erano le undici, pigliò una decisione. Scinnì[235] nella hall, consultò lo stradario[236] di Palermo. Poi, con la sua macchina, s'avviò verso via Rosales, al capo opposto della città, una strada scurosa che già sentiva la campagna. Non ci passava anima criata.[237] Il commissario fermò all'altezza del 32, un grande cancello di ferro che nascondeva un villino. Era mezzanotte. Forse la vittima designata era già in casa.

Lessico: sicilianismi

Si fornisce qui di seguito un elenco con traduzione in italiano dei sicilianismi ricorrenti nelle opere di Camilleri. Ricordate che la lingua del nostro autore, più che dialetto puro, è una sorta di impasto regionale con l'italiano; di conseguenza certe voci possono apparire leggermente normalizzate (ad esempio, il più stretto "affucatu", per "affogato", diventa "affocato").[238]

accussì (così) (so)
addrumari (accendere) (turn)
affocare (affogare, annegare)
a lèggio a lèggio (piano piano)
ammucciarsi (celarsi, nascondersi)
appuiare (appoggiare, poggiare)
arbolo (albero)
armalo (animale)

arriconoscere (riconoscere)[239]
arriniscire (riuscire)
arriparari (riparare)
arrisbigliari (svegliare)
arrispunnìri (rispondere)
arrubbare (rubare)
assittarsi (sedersi)
assuppato (inzuppato)

astutare (spegnere, estinguere, anche in senso figurato)

babbiare (scherzare, parlare per scherzo)

billizza (bellezza)

buttana (prostituta)

cabasisi (testicoli)

caliarsi (riscaldarsi)

camurrìa (inconveniente, seccatura)[240]

camurriusu (noioso, impertinente)

catafottersi (gettarsi, buttarsi)

cataminarsi (muoversi, smuoversi)

cinquantino (cinquantenne; vedi pure "trentino", "quarantino", ecc.)

darrè (dietro, didietro)

dintra (dentro)

facenna (faccenda)

fàvuso (falso)

fetere (puzzare)

fimmina (donna, femmina)

fora (fuori)

friscare (fischiare, fischiettare)

indovi (dove)

lastimiare (bestemmiare, imprecare)

liggi (legge)

malo (cattivo, malvagio)

màscolo (maschio)

miricano (americano)

mutanghero (taciturno, reticente)

nenti (niente)

nèsciri (uscire)

nicareddro (piccolino, bambino)

nico (piccolo, minuto)

nirbùso (nervoso)

nisciri (uscire)

nìvuro (nero)

pacienzia (pazienza)

paìsi (paese)

parrino (prete, parroco)

picca (poco)

pinsèro (pensiero)

povirazzo (poveraccio, poveretto)

pruire (offrire)

raggia (rabbia)

revorbaro (revolver)

rumorata (rumore)

santiare (bestemmiare santi)

scantarsi (impaurire, spaventarsi)

schiticchio (cenetta fra amici)

sciarriatina (lite, alterco)

scìnniri (scendere, portare in basso)

spiare (chiedere, domandare)

squieto (inquieto)

strammo (strambo, insolito)

susìrisi (alzarsi)

taliare (guardare)

tanticchia (un pochino)

tinto (cattivo)

trasire (entrare)

travaglio (lavoro)

triatro (teatro, finzione)

ummira (ombra)

vastaso (maleducato, osceno)

viddrano (contadino, villano)

zuppiare (zoppicare, claudicare)

Attività

A. Questa è la conclusione di "Un caso di omonimia": mentre il commissario aspetta, arriva una macchina. Il cancello di via Rosales 32 si apre, la macchina passa e anche Montalbano entra dentro. All'improvviso viene immobilizzato da due carabinieri. La casa era sotto sorveglianza perché la signora Cosentino sospettava che il marito la volesse far uccidere. Sembra che la cattura del vero killer debba andare a monte,[241] quando Montalbano ha un'idea. Prende il telefono e compone il numero del Liberty Bar di New York. Lascia credere che ha ucciso la vittima

come d'accordo, e domanda il resto dei soldi. Dall'altro capo del telefono gli danno l'indirizzo di un negozio di calzature,[242] in via Sciabica 28, e gli dicono di andarci subito. Però quando i carabinieri vanno in via Sciabica trovano solo un'agenzia di pompe funebri,[243] "Addamo-Frutta e verdura" e la "Salumeria Di Francesco". Il giorno seguente Montalbano legge sul giornale una notizia di cronaca: la sera prima, verso le 20,30, un'auto ha investito e ucciso un passante, di nome Montalbano Giovanni. L'incidente è avvenuto in via Scaffìdi, a poca distanza dall'osteria di don Peppe. Montalbano infine capisce che al telefono da New York gli hanno dato un indirizzo sbagliato, perché a quel punto sapevano di parlare con un poliziotto. Ad avvertirli è stata la signora Cosentino...

Spiegate in un paragrafo perché la signora Cosentino conosceva il numero di New York, e descrivete qual era esattamente il suo piano.

B. Scrivete un finale diverso per il racconto del commissario Montalbano, riprendendo la narrazione dal momento in cui il personaggio arriva in via Rosales 32.

C. Scrivete un breve racconto giallo ambientato in una città italiana. Se ci riuscite, date al personaggio principale un'identità regionale e fatelo parlare mescolando italiano standard e dialetto.

NAPOLI

Peppe Lanzetta

Peppe Lanzetta (Napoli, 1956–), autore di testi drammatici e di narrativa e collaboratore di cantautori quali Edoardo Bennato e Pino Daniele, ha recitato, oltre che in teatro, al cinema, per registi quali Nanni Loy, Liliana Cavani, Giuseppe Tornatore e Pasquale Scimeca. Notevole la sua collaborazione, come attore, in due lavori cinematografici di Mario Martone, *L'amore molesto* (1995) e *Teatri di Guerra* (1998), filmsimbolo del nuovo corso culturale napoletano degli anni '90.[244]

In quegli anni Napoli, strozzata dalla malavita organizzata e microcriminale, dallo scempio[245] urbanistico ed ambientale, e da una stagnazione economica apparentemente insuperabile, mostra segni forti di rinascita sul piano culturale e artistico e, con l'amministrazione del sindaco Antonio Bassolino, anche su quello civile. Si affermano nel cinema Pappi Corsicato, a teatro lo stesso Lanzetta, ed entrano in scena nuovi gruppi che propongono musica influenzata dall'hip-hop più radicale e dai suoni del bacino mediterraneo (Almamegretta, 99 Posse). Indimenticabili le grandi installazioni scultoree in spazi pubblici e monumentali di Mimmo Paladino (1995) e Yannis Kounellis (1997), cui si sono aggiunte opere di artisti contemporanei italiani e stranieri (si possono vedere nei cortometraggi girati dallo stesso Corsicato).

Lanzetta è recentemente apparso in un'altra pellicola ambientata a Napoli, *L'uomo in più* del giovane regista Paolo Sorrentino (2002). In teatro ha interpretato molti testi di cui è anche autore, tra i quali *Napoletano pentito* (1983), *Roipnol* (1984), *Il vangelo secondo Lanzetta* (1986), *Il gallo cantò* (1993). Dei suoi libri, ricordiamo *Una vita postdatata* (1991), *Figli di un Bronx minore* (1993), *Incendiami la vita* (1996), *Tropico di Napoli* (2000). Come in quest'ultimo romanzo, in *Un Messico napoletano* (1994) sono il caldo ineluttabile, l'aria e l'afrore[246] irrespirabili della città in estate ad accompagnare le gesta e i detti di vite marginali, votate alla tragedia. I momenti di piacere, o gustosi, o odorosi, o quelli in cui la città si mostra bella, sono intervalli di un corso di morte e disfacimento. La Rossa protagonista del libro ha diciannove anni, e un fidanzato che morirà di droga e sarà da lei vendicato.

Peppe Lanzetta, *Un Messico napoletano* (Milano: Feltrinelli, 1994)

Nel rione centosessantasette il ferragosto era ancora più caldo, più opprimente. Quelli che non erano riusciti a prendere una casa a Mondragone, Baia Verde o Domitia, quelli che non erano riusciti ad andare a Ischia o a Castelvolturno stavano tutti là ed erano tanti. Di giorno mancava quasi tutto, i negozi erano chiusi. Alla spicciolata[247] i dannati dell'ultim'ora caricavano sedie a sdraio, ceste di vimini[248] piene di frittate di maccheroni, palle e palloni e portavano i bambini sul fetido arenile[249] di Licola o Ischitella, per una giornata da passare spensieratamente, appuntamento magari al Lido Costasmeralda. Lido Costasmeralda che non hai niente della Costasmeralda, né la costa né lo smeraldo. Ma sei messo qui apposta, per far sognare i dannati persi e disperati che non ne possono più e che chiudono gli occhi e sognano di volare. Senza passare per Olbia, senza Fiumicino, senza check in, senza valige, solo unte borse da mare e ceste piene di termos e fette di melone. E quelli che poi si perdono e sbagliano spiaggia vengono pure sbeffeggiati:[250] "ma dove siete andati? V'abbiamo aspettato per mezz'ora..."

"Ma come c'avete aspettato... ma dov'è questa Costasmeralda?[251] alla fine siamo andati alla Conchiglia d'oro".

E nelle sere che non passano mai, fatte di zanzare e di sedie messe fuori ai balconi, lì al dodicesimo o tredicesimo piano, il ferragosto sa di aria che manca, di birre che fanno sudare ancora di più e fette di anguria rosse come il fuoco e alle due di notte stanno ancora tutti lì a bivaccare, le comari grasse e vecchie che non hanno voglia di dormire o meglio hanno paura di andare a dormire per paura di non svegliarsi più, perché qua manca l'aria, non si può respirare e chi ha problemi di respirazione evita pure di parlare, solo un ventaglio per soffiarsi, i piedi a bagno in una bacinella, sta lì ed ascolta. Ogni tanto sbuffa la frase più gettonata:[252] "Mammamia che caldo, non si respira..."

"Volete un'orzata,[253] una menta? quella rinfresca!"

"Signo', c'ho la pancia piena di menta, orzata, birra... che io queste cose non me le posso nemmeno bere perché c'ho il diabete... ma fa troppo caldo, non si respira... mettetene un poco poco di orzata mi raccomando, che dopo ci dobbiamo mangiare le pizze che è il compleanno di Assuntina, compleanno e onomastico, pizze, birre e cannoli siciliani".

"Poi dite il diabete..."

"Evvabbe' una volta tanto..."

"Sì, una volta tanto... tra compleanni, battesimi, nomi,[254] comunioni, matrimoni e morti stiamo sempre a mangiare e poi tutta roba dolce, ma come bisogna fare?"

"Stanotte è un'altra notte che non si dorme".

"E che vuoi dormire... sveglia sono stata, tutta la notte, andavo e venivo dal balcone, poi verso le quattro ho preso una pezza bagnata e me la sono messa in fronte e sulle spalle e ho goduto un poco..."

"L'anno prossimo me ne vado con mia figlia a Scalea, quella fitta la casa ogni anno, mi vuole portare ma non ci sono mai andata, però l'anno prossimo ci vado, qua non si può stare".

"Beata voi che pensate già all'anno prossimo... io non so nemmeno se mi sveglio domani mattina, che mi manca proprio l'aria... che dite, me la mando a prendere una bombola d'ossigeno?"[255]

"Signora mia e come siete drammatica, la bombola porta sfortuna, che dovete fare... mo'[256] chiamo mio figlio ci facciamo portare un poco sopra ai Camaldoli".[257]

"A quest'ora?"

"E che fa, almeno respirate un poco".

Attività

A. Descrivete una vostra vacanza al mare.

La nuova immagine di Napoli nel mondo

Nella seconda metà degli anni '90, sotto la guida del sindaco Antonio Bassolino (già membro della Camera e quindi Ministro del Lavoro nel governo D'Alema), Napoli è riuscita a trasformare la sua immagine. La stampa internazionale è stata rapida a cogliere il cambiamento. "Naples is Italy's most vibrant city—and now it's clean and safe", riportava l'*Atlantic Monthly* nel suo servizio del '97. "The city's fortunes have been changing", annotava il *Los Angeles Times* nel 2001; "Museums, palaces, piazzas, churches and cloisters were renovated, and car traffic was banned in certain neighborhoods. Police were posted in tourist areas". E Francine Prose, nel 2003, scriveva sul *New York Times*: "The brilliant colors, the energy, the wildness, the sheer sensory overload of Naples make Palermo—until now my personal gold standard for the most attractive example of chaotic urban vitality—seem, by comparison, as orderly and restrained as Zurich".

Le uniche voci dissonanti sembrano essere quelle dei napoletani che vivono in periferia, dove i turisti non arrivano e dove regnano la povertà e il degrado. Nel 1997 Marcello D'Orta, il maestro autore del best-seller *Io speriamo che me la cavo*, attaccava Bassolino sulla stampa: "Il sindaco ha puntato tanto sul turismo, e quindi si è preoccupato di rivalutare quella parte di Napoli che fa parte delle cartoline: piazza Plebiscito, piazza Municipio, il Lungomare. Ha fatto bene, ma Napoli è anche altro. Nelle periferie vivono centinaia di migliaia di persone, e non si può pretendere di avere una città bellissima che però sia circondata da zone dove si sopravvive a stento...[258] le periferie sono diventate il meridione di Napoli". A difesa di Bassolino interveniva l'attore-scrittore Peppe Lanzetta, uno che viene dalla periferia: "Bassolino tante cose le ha ereditate, non può risolverle come se avesse la bacchetta magica.[259] Bisogna cominciare a sentirsi tutti, senza vittimismi e piagnistei,[260] parte integrante di una città che cambia".

Corby Kummer, "Napoli Ever After" (*Atlantic Monthly,* agosto 1997)

"I'd love to go to Italy too," a deskbound friend in Milan remarked jokingly when I told him about my recent trip to Naples. For Italians as well as Italophiles, Naples is today the must-visit city—the place where the arts are in the fullest flower, the food is exhilarating, and life pulsates. Like Barcelona in the eighties, Naples is taken with itself in a way that makes visiting it more exciting than it has been in decades—maybe centuries.

Until very recently, saying that Naples was your favorite city and urging friends to visit was almost foolhardy. The churches and museums were among the finest in Italy, yes, but just try to see them. Guidebooks directed you down dark, menacing alleys to marvelous churches that turned out to be bolted shut. The city's star museum of art, Capodimonte, in a vast royal palace built by the Spanish Bourbons, who made Naples a capital rivaled only by Paris, was simply closed for years. Walking around Spaccanapoli, the quarter with most of the great churches and noble palaces, was so dangerous that you were warned to leave everything of value at your hotel before setting out.

The city has transformed itself with startling speed. Its modern rebirth began in 1984, when a group of citizens calling itself Napoli '99 took the destruction caused by a 1980 earthquake (and the subsequent pilfering of government funds earmarked for rebuilding) as the impetus for collecting private support to restore monuments and museums. Sculptures, portals, and palace façades emerged, cleansed, from scaffolding; whole museums were refurbished, and churches that had been closed for years reopened. During the G7 summit of 1994 the world saw that Naples could be clean and safe, and the main arteries passable rather than clogged.

Cynics accustomed to grime and chaos called it a modern Potemkin village. Rather, it was a preview of the plans of the city's newly elected left-wing mayor, Antonio Bassolino, who vowed to make Naples "livable" after years of civic neglect, corruption, and abandonment to the effective control of the Camorra, the Neapolitan version of the Mafia. Within months of his election, in December of 1993, Bassolino put traffic cops and patrolmen back on the beat (traffic policemen considered their jobs so hopeless that many would clock in and then go home) and set about cleaning up the city. Since then theft has decreased by 25 percent (it has not, of course, vanished) and tourism has increased by 40 percent. In the spring of last year it took me nearly an hour in a taxi to get from downtown to Capodimonte, which had just reopened to international fanfare. Last April, after the busiest portion of the city's main north-south route had been made one-way, the trip took less than twenty minutes.

Piazza del Plebiscito, the city's main piazza, previously a chaotic welter of vehicles, has been shut to traffic altogether and paved with new black cobblestones, and now it is among the country's grandest spaces. Grouped around the piazza are Teatro San Carlo, Italy's largest opera house, which some critics say lately surpasses Milan's La Scala; a vast royal palace, where you can inspect grandiose mid-nineteenth-century royal suites built by the Bourbons, reminiscent of the ones in Buckingham Palace; an 1887 shopping gallery more ornate than Milan's famous Galleria, restored by Napoli '99 to its gilt, stucco, and cast-iron splendor and now home to shops that display the city's internationally famous tailoring; Caffè Gambrinus, where seemingly half of Naples gathers twice a day for coffee, served in beautifully refurbished neoclassical salons; and, across from the palace, a sweeping semicircular colonnade to rival the one at St. Peter's. Once at 1:00 A.M. last spring I counted seven wedding parties posing for pictures.

And have I mentioned the city's food? It made me swoon.

Two neighborhoods—Spaccanapoli, at the heart of the city, and Vomero, in the hills above—kept drawing me back to their streets, old and narrow and cramped in the first case, modern and wide and airy in the second. Spaccanapoli reflects the

Genova. © Giorgio Fedi

classic image of wily denizens living amid decaying glory. Vomero is an unexpectedly calm, prosperous neighborhood where in a small area you can find a selection of the city's best museums, shopping, and cafés.

It's easy to think of Spaccanapoli as the set for a melodrama, with Sophia Loren gesticulating out some back window, or for a postwar comedy starring Totò, the aristocrat whose rubber face immortalized the Neapolitan who knows how to "arrange himself," or sidestep every obstacle. The laundry flapping on balconies and old women hawking contraband cigarettes are picturesque reminders of a time when Naples lived entirely on the streets—a time as recent as the late forties and the fifties, memorably described in *Naples '44,* by Norman Lewis, and *The Gallery,* by John Horne Burns.

Whenever the pace in the city center becomes trying, board one of the clean, recently rebuilt funiculars from the center up to Vomero—a city within a city, and an exceptionally civilized one. A lovely morning could begin with a stroll through the gardens of the neoclassical Villa Floridiana, a mansion that now contains a ceramics museum. Its collections consist of rare early porcelain from factories all over Europe and many pieces from Capodimonte, the royal porcelain factory established in Naples in the mid eighteenth century (named for but not part of the palace). Another place to begin is the whitewashed Baroque charterhouse of San Martino, recently and handsomely restored. The original monastery rooms, which house Baroque and Rococo furniture and paintings, are cool and tranquil, and former stables house the *pièces de rèsistance*: soaring, marvelously detailed crèches that make the famous one at the Metropolitan Museum of Art look mundane.

GENOVA

Fabrizio De André

Fabrizio De André (Genova Pegli, 1940–Milano, 1999) trascorse gli anni giovanili tra le campagne dell'astigiano[261] e il capoluogo ligure, serbando[262] di entrambi i luoghi memorie che alimenteranno[263] la galleria di personaggi, spesso subalterni,[264] che popoleranno le sue canzoni. Rinunciando agli studi universitari, Fabrizio si dedicò allo studio del violino e della chitarra, e diede corso all'interesse per la canzone soprattutto francese (ad esempio, Georges Brassens), e per la letteratura anarchica (Mikhail Bakunin, Max Stirner, l'italiano Errico Malatesta): saranno queste tra le influenze più durature di tutta la sua carriera artistica. Si aggiungeranno, negli anni a venire, l'interesse per autori nordamericani come Bob Dylan e Leonard Cohen (di cui tradurrà e riscriverà testi e musiche). Sono anche gli anni, questi, dell'amicizia con altri artisti genovesi, i cantanti Gino Paoli, Bruno Lauzi, Luigi Tenco, e il regista teatrale Aldo Trionfo.

Dopo esordi non memorabili, la vena e l'originalità di De André cominciano a manifestarsi nella seconda metà degli anni '60 con i primi LP (*Tutto Fabrizio De André, Volume I, Tutti morimmo a stento*), mentre, grazie all'interpretazione della popolarissima Mina, *La canzone di Marinella* si fece conoscere anche da un pubblico non aduso alla canzone d'autore. Seguirono *La buona novella* (1970),[265] ispirato ai vangeli apocrifi, e *Non al denaro non all'amore né al cielo* (1971), omaggio alla *Spoon River Anthology* di Edgar Lee Masters, cui collaborò anche Nicola Piovani, oggi celebre come compositore di colonne sonore per il cinema. Se *Canzoni* (1974) testimonia di nuovo, negli originali rifacimenti,[266] l'ammirazione per Brassens, Dylan e Cohen, *Volume III* è frutto della collaborazione con Francesco De Gregori, mentre con *Rimini* (1978) inizia il sodalizio con Massimo Bubola.

L'anno seguente De André compie un fortunatissimo tour con la Premiata Forneria Marconi (storico gruppo di "progressive rock" all'italiana), che consolida il seguito tra le generazioni più giovani. Trasferitosi in una tenuta agricola in Sardegna, Fabrizio e la compagna Dori Ghezzi vengono rapiti[267] e rilasciati in seguito al pagamento di un riscatto.[268] L'esperienza ispirerà un album (*Fabrizio De André*, 1981, noto ai fan come "*L'Indiano*", dall'immagine di copertina) che, più che raccontare il dramma personale, guarda con rispetto e curiosità alla vita della gente dell'isola. "*L'Indiano*", dichiarerà De André, "ha come tematica le culture etniche e autoctone, e

Genova. © Giorgio Fedi

i personaggi che intervengono e si raccontano sono degli indiani, dei pellerossa che io avevo associato, da un punto di vista culturale, ai sardi dell'interno".

L'interesse per le etnie non egemoni e per le loro lingue e culture ritornerà in *Creuza de mä* (1984), composto con Mauro Pagani (ex PFM) e accolto entusiasticamente dai critici, e in *Anime salve* (1996), mentre in *Le nuvole* (1990) il riferimento alla commedia del greco Aristofane annuncia una satira amara e feroce della società contemporanea. Nel 1996 De André pubblica un romanzo, *Un destino ridicolo,* scritto a quattro mani con lo psicanalista Alessandro Gennari. Nel 1999 esce postumo un album registrato dal vivo, *De André in concerto,* cui seguiranno altri dischi commemorativi ed antologici. Alla morte dell'artista, nel gennaio 1999, i maggiori quotidiani italiani, dal *Manifesto* ai giornali cattolici, gli dedicano pagine di commossa rievocazione, invariabilmente ripercorrendo la vita non usuale di figlio dell'alta borghesia genovese che cantava un'umanità perdente e marginale, quella dei carrugi[269] genovesi e delle trincee[270] della Grande Guerra, dei pascoli di Sardegna e delle praterie e dei canyon nordamericani.

Nel lungo e mai risolto dibattito sul valore e la dignità poetica e letteraria della canzone d'autore, Fabrizio De André ha meritato attenzioni e considerazioni che hanno eluso altri artisti, anche quelli, come Francesco Guccini o De Gregori, particolarmente attenti alle qualità letterarie del testo. Se in alcune canzoni di De André i critici hanno censurato quell'affollamento di metafore tipico, tra gli altri, di De Gregori (mentre a Guccini si rimproverano eccessi di letterarietà arcaizzante),[271] è pur vero che uno tra i massimi poeti italiani viventi, Mario Luzi, ha dichiarato in un'intervista: "Spesso il poetico di una canzone fa pensare di essere a contatto con la poesia, che è però un'altra cosa, non certo in conflitto... Fabrizio De André è uno *chansonnier*, e lo è nel senso più vero: il senso in cui la poesia, il testo letterario e la musica convivono necessariamente... In questa sua realtà di *chansonnier* raggiunge delle invenzioni che possono essere considerate realmente interessanti ed eloquenti". Un altro, più giovane poeta, Valerio Magrelli, ha affermato: "sulla traccia dell'amato Georges Brassens, De André riuscì a mescolare alto e basso, citazione e invettiva, con una felicissima naturalezza". Una vera e propria canonizzazione si può leggere nel titolo dell'antologia poetica curata nel 2002 da Guido Davico Bonino, professore di Storia del Teatro all'Università di Torino: *Cento poesie d'amore da Dante a De André*.

Fabrizio De André, "Creuza de mä"

(*Creuza de mä*, 1984; testo di Fabrizio De André e Mauro Pagani; © 1998 BMG Ricordi S.P.A.—Milano, SIAE. All rights for the U.S.: BMG Songs, Inc., ASCAP)

Umbre de muri muri de mainé
dunde ne vegnì duve l'è ch'ané
da 'n scitu duve a lûna a se mustra nûa
e a neutte a n'à puntou u cutellu ä gua
e a muntä l'àse gh'é restou Diu
u Diàu l'é in çë e u s'è gh'è faetu u nìu
ne sciurtìmmu da u mä pe sciugà e osse da u Dria
e a funtana di cumbi 'nta cä de pria.

E 'nt'a cä de pria chi ghe saià
int'à cä du Dria che u nu l'è mainà
gente de Lûgan facce da mandillä
qui che du luassu preferiscian l'ä
figge de famiggia udù de bun
che ti peu ammiàle senza u gundun.

E a 'ste panse veue cose che daià
cose da beive, cose da mangiä
frittûa de pigneu giancu de Purtufin
çervelle de bae 'nt'u meximu vin
lasagne da fiddià ai quattru tucchi
paciûgu in aegruduse de lévre de cuppi.[272]

E 'nt'a barca du vin ghe naveghiemu 'nsc'i scheuggi
emigranti du rìe cu'i cioi 'nt'i euggi
finché u matin crescià da puéilu rechéugge

frè di ganeuffeni e dè figge
bacan d'a corda marsa d'aegua e de sä
che a ne liga e a ne porta 'nte 'na creuza[273] de mä.

"Creuza de mä non è dedicato né al genovese né a Genova, ma al bacino mediterraneo"—Fabrizio De André

Mulattiera di mare

Ombre di facce facce di marinai
da dove venite dov'è che andate
da un posto dove la luna si mostra nuda
e la notte ci ha puntato il coltello alla gola
e a montare l'asino c'è rimasto Dio
il Diavolo è in cielo e ci si è fatto il nido
usciamo dal mare per asciugare le ossa dell'Andrea
alla fontana dei colombi[274] nella casa di pietra.

E nella casa di pietra chi ci sarà
nella casa dell'Andrea che non è marinaio
gente di Lugano facce da tagliaborse[275]
quelli che della spigola[276] preferiscono l'ala[277]
ragazze di famiglia, odore di buono
che puoi guardarle senza preservativo.[278]

E a queste pance vuote cosa gli darà
cose da bere, cose da mangiare
frittura di pesciolini, bianco di Portofino
cervella di agnello nello stesso vino
lasagne da tagliare ai quattro sughi
pasticcio in agrodolce di lepre di tegole.

E nella barca del vino ci navigheremo sugli scogli
emigranti della risata con i chiodi negli occhi
finché il mattino crescerà da poterlo raccogliere
fratello dei garofani[279] e delle ragazze
padrone della corda marcia d'acqua e di sale
che ci lega e ci porta in una mulattiera[280] di mare.

La lingua di "Creuza de mä"

Lorenzo Coveri, docente di Linguistica Italiana all'Università di Genova e autore di diverse pubblicazioni sulla lingua della canzone, ha osservato, parlando ad un convegno su De André tenutosi a Garessio (Cuneo), che la lingua di *Creuza de mä* è "costruita a tavolino[281] da schegge[282] presenti nel reale. ...è una lingua fuori dal tempo e dallo spazio, una lingua mai esistita a Genova, che però contiene tutte le

Genova. © Giorgio Fedi

Genove del presente e del passato, dei vicoli e della nobiltà". Il dialetto, dunque, è ricostruito attraverso una complessa operazione intellettuale ed etnografica, e non per imitazione diretta dell'idioma parlato popolare. Un altro elemento, questo dell'uso del dialetto in funzione non folklorica, che apparenta la scrittura di De André a quella di molti poeti dialettali del Novecento.

Da "Litania", Giorgio Caproni, 1912–90

Genova di tramontana.
   Di tanfo. Di sottana.
Genova d'acquamarina,
   aerea, turchina.

Genova di luci ladre.
   Figlioli. Padre. Madre.
Genova vecchia ragazza,
   pazzia, vaso, terrazza.

La cucina di De André

Oltre al dialetto, in "Creuza de mä" Fabrizio De André fa ampio uso di riferimenti a ricette tradizionali, dalle più semplici alle più elaborate, per rievocare scene e atmosfere della sua Liguria. A una pietanza tipica della cucina genovese De André ha dedicato un'intera canzone, "A cimma" (La cima). Riportiamo qui di seguito le istruzioni per preparare due dei piatti citati nelle canzoni di questo cantautore genovese.

Genova. © Giorgio Fedi

Frittura di pesciolini

Lavare i pesciolini sotto l'acqua corrente.[283] Asciugarli con un panno[284] e infarinarli. Versare abbondante olio d'oliva in una padella. Quando l'olio è bollente, immergervi i pesciolini e friggerli a fuoco vivo per pochi minuti, finché non saranno dorati. Sgocciolare[285] la frittura e deporla su un piatto coperto con carta gialla, per assorbire l'unto. Salare i pesciolini e servirli subito, ben caldi, con qualche spicchio di limone.

Cima alla genovese (cimma) [286]

Prendete dal macellaio[287] un pezzo di pancia di vitello[288] cucito con il filo in modo da ottenere una sacca[289] rettangolare. Tritate[290] finemente il vitello e la cervella. Fate rosolare[291] nell'olio un trito di cipolle e carota. Aggiungete la carne, i piselli, i funghi secchi, i pinoli, l'aglio tritato, il pane bagnato nel latte, le uova e il parmigiano. Salate e versate nella terrina il vino bianco. Quando il composto è cotto, infilatelo dentro la sacca di vitello e chiudetela con il filo. Mettete sul fuoco una pentola piena d'acqua salata con una cipolla, sedano[292] e carota. Quando l'acqua è tiepida[293] immergetevi la cima (cioè la sacca ripiena di carne). Fate bollire a fuoco medio per circa due ore. Ogni tanto pungete[294] la sacca con uno stecchino[295] perché la cima non si rompa. A cottura terminata tirate fuori la cima e lasciatela raffreddare in un piatto. Tagliatela a fette e servitela con un contorno[296] caldo.

Attività

A. Scrivete una ricetta semplice; per le istruzioni potete usare l'imperativo o l'infinito presente, come nelle ricette che avete appena letto.

B. Descrivete il vostro piatto preferito: dite quali sono gli ingredienti principali, perché vi piace, a quali ricordi piacevoli è associato, ecc.

C. Vi piace di più la cucina tradizionale, *fusion* o etnica? Descrivete il vostro ristorante preferito e la sua cucina.

D. Immaginate di aprire un ristorante in Italia. Scrivete un menù completo, con il nome del locale e i piatti divisi per categorie (antipasti, primi, secondi, contorni, dessert), con l'indicazione del prezzo in euro.

FORZA NAPOLI!

Marcello D'Orta e i bambini di Arzano

"Il mio maestro si chiama Marcello D'Orta, ed è mio dalla prima classe, quando andavo all'asilo non era mio": così comincia il tema intitolato "Parla del tuo maestro", uno dei tanti inclusi nel libro *Io speriamo che me la cavo*, indiscusso fenomeno editoriale degli anni '90, con più di 2 milioni di copie vendute.[297]

Nella sessantina di temi del libro sono molte le città citate dai bambini di Arzano, in provincia di Napoli. Ci sono le città del Nord Italia, dove i padri emigrano per trovare lavoro: "Caro papà, tu eri disoccupato, perciò sei andato a Torino! ... Tu a Torino non ci volevi andare, mi ricordo; dicevi che quella gente non ci poteva vedere,[298] che il clima era una schifezza, la lingua una schifezza, il mangiare una schifezza". Anche se c'è il lavoro, e abbonda la ricchezza materiale, manca alle città del Nord il calore del clima e il tesoro degli affetti umani: "Al Nord il maltempo è sempre cattivo, piove e nevica sempre, le persone si svegliano umide"; "Se vai a faccia a terra a Milano e a Bergamo nessuno ti alza: ti lasciano sulla via, soprattutto a Bergamo alta. A Napoli invece ti alzano". Poi c'è Roma, piena di sé in quanto centro dell'Italia e della Chiesa ("A Roma sono tutti buffoni"), ma pure vicina al Sud e alla sua gente: "Però sono anche un poco simpatici. Essi ci chiamano cugini".

Infine c'è Napoli, punto di riferimento costante per i bambini e le loro famiglie: "Quando viene la domenica mio padre dice che cazzo ci facciamo in questo paese fetente,[299] andiamocene perlomeno a Napoli!". Napoli, avvertono i bambini, è un po' la cenerentola della società italiana, sempre associata nei media alla camorra, all'inquinamento e alla disoccupazione. E anche se quell'immagine negativa di Napoli non corrisponde sempre all'esperienza diretta dei bambini ("Io una volta ci sono andato a Napoli. Era pulita. Però forse non ho visto bene"), i problemi della città stimolano il loro affetto e la loro creatività: "Io se fossi miliardario costruirei tutta Napoli nuova e farei i parcheggi".

Uno dei fenomeni in cui si esprime con maggior forza l'attaccamento alla città di Napoli è il tifo calcistico. In un tema intitolato "Qual è lo sport che preferisco", un bambino spiega che l'anno precedente il Napoli, che di solito "segna molti gol", non è andato bene, per la semplice ragione che Silvio Berlusconi ha dato "dieci o venti miliardi di dollari" a Corrado Ferlaino, il presidente della società, e in cambio quello ha fatto perdere lo scudetto alla squadra partenopea. Nel tema che riportiamo qui una bambina di nove anni descrive la gioia della famiglia e i festeggiamenti che ci sono stati quando il Napoli ha vinto lo scudetto[300] per la prima volta, nel 1987.[301]

"Il Napoli ha vinto lo scudetto.
Che cosa suscita nel tuo animo questa vittoria?"

(*Io speriamo che me la cavo. Sessanta temi di bambini napoletani*, a cura di Marcello D'Orta; Milano: Mondadori, 1991)

Veramente io non sono proprio di Napoli, perché sono nata a San Giorgio a Cremano, vicino a Napoli. Si prende prima la tangenziale,[302] poi l'autostrada per San Giorgio a Cremano, e si esce[303] a San Giorgio a Cremano.

Mio padre però era di Napoli, uscita Capodichino. Mia madre di via Duomo. Poi siamo venuti a Arzano.

Io sono stata felicissima che il Napoli ha vinto lo scudetto, perché egli[304] non ce la faceva più. Erano sessantanni che perdeva, e tutte le squadre lo sfottevano.[305] Io mi ritengo una ragazza fortunata, perché quando sono nata, sono passati soltanto nove anni e il Napoli ha vinto lo scudetto, ma mio padre mi ha detto che un suo amico che teneva[306] cinquantanove anni, ha aspettato cinquantanove anni che il Napoli vinceva[307] lo scudetto, e poi è morto, e il Napoli l'anno dopo ha vinto lo scudetto, e questo è un uomo sfortunato.[308]

Nel mio vico[309] tutti hanno sparato le botte,[310] noi abbiamo buttato dal balcone le seggie[311] vecchie e abbiamo fatto fuggire dalla gabbia il pappavallo[312] che stava morendo, per dargli la libertà prima di morire.

Se il pappavallo non morirà, a lui lo scudetto del Napoli gli ha dato la libertà.

Il primo scudetto del Napoli

Il 10 maggio 2002, a quindici anni esatti dal primo scudetto del Napoli, i tifosi partenopei si scambiano ricordi all'interno del loro newsgroup (it.sport.calcio.napoli).

From: Luca (LucaZ7@yahoo.com)
Subject: Re: 15 ANNI FA... Come (e dove) eravamo??
Date: 2002–05–10 08:12:33 PST
Facciamo un gioco... una sorta di come eravamo e dove eravamo in quelle ore, il 10 Maggio 1987. Inizio io: ero allo stadio, un bambino di 13 anni seduto al posto 860, fila 19, settore P della tribuna numerata.

From: Oliviero (lungoma@inwind.it)
Subject: Re: 15 ANNI FA... Come (e dove) eravamo??
Date: 2002–05–10 08:37:20 PST

Scritta dei tifosi romanisti, nei colori della loro squadra.
© Andrea Fedi

Stritolato[313] in curva B tra parenti e amici. Che giornata! Ricordo che alla fine della partita cominciammo il tour dei quartieri della città: indimenticabile Forcella, dove tra vino e pasta e fagioli si fece l'alba a cantare e ballare per strada.

From: Claudio (nonvogliospam@tin.it)
Subject: Re: 15 ANNI FA... Come (e dove) eravamo??
Date: 2002–05–10 21:01:48 PST
Avevo lasciato moglie e figli a casa di parenti a Santa Lucia. Li raggiunsi dopo ore, mi aspettavano con ansia. Ci abbracciammo e ci mettemmo a saltare. Uscimmo tutti e quattro, tenendoci per mano, ci salutavamo con tutti, eravamo tutti conoscenti, tutti simili, tutti napoletani. Dio, che giornata...

From: Quirino (gargiull@tiscalinet.it)
Subject: Re: 15 ANNI FA... Come (e dove) eravamo??
Date: 2002–05–11 09:54:22 PST
Era il giorno della mia prima comunione. Al ristorante radioline su tutti i tavoli, sintonizzate su "Tutto il calcio minuto per minuto". Fu il regalo più bello che potessi ricevere... lo scudetto del mio Napoli!!!

Scritta dei tifosi laziali.
© *Andrea Fedi*

From: Armando (armTOGLIsanipol@libero.it)
Subject: Re: 15 ANNI FA... Come (e dove) eravamo??
Date: 2002–05–11 13:12:45 PST

Avevo 15 anni e di solito la domenica pomeriggio andavo con un amico a sentire le partite nel garage del mio condominio. Quel giorno rimasi a casa con i miei. Mio padre, venuto qui a Torino più di 30 anni fa, aspettava quel momento da troppo tempo. Decisi di stargli vicino perché temevo per le sue coronarie. Al fischio finale andammo a festeggiare con altri amici napoletani in piazza San Carlo, in pieno centro di Torino, ed eravamo almeno in 5000.

From: Russo (rj7ousa@webtv.net)
Subject: Re: 15 ANNI FA... Come (e dove) eravamo??
Date: 2002–05–11 15:30:50 PST

Io stavo a Sarasota (Florida). Passai la mattinata a telefonare ai miei a Napoli ogni 5 minuti. Forza Napoli!!!

From: Altri tempi (nessuno@zero.com)
Subject: Re: 15 ANNI FA... Come (e dove) eravamo??
Date: 2002–05–11 15:50:10 PST

Che palle questi post patetici sui ricordi dello scudetto! Non ne posso più!

Attività

A. Riassumete in un paragrafo le reazioni della città e dei tifosi dopo la vittoria del Napoli nel 1987.

B. Rievocate il giorno di una grande vittoria della vostra squadra preferita di football americano, baseball, pallacanestro o hockey.

C. Non tutte le squadre di calcio in Italia hanno lo stesso nome della città in cui hanno la sede (come la Roma, il Torino, il Venezia, il Bologna, il Parma, ecc.). Indovinate la città a cui appartengono queste squadre di calcio:

1) Il Milan: _____

2) La Lazio: _____

3) La Salernitana: _____

4) Il Genoa: _____

5) La Juventus: _____

6) L'Atalanta: _____

7) La Reggina: _____

8) L'Inter: _____

9) L'Udinese: _____

10) Il Chievo: _____

11) La Sampdoria: _____

12) La Triestina: _____

13) La Spal: _____

14) La Sambenedettese: _____

15) La Pistoiese: _____

16) La Viterbese: _____

D. Per compitare[314] una parola in italiano di solito si usano i nomi delle città per indicare le lettere che la compongono: per esempio, E-L-E-N-A (Empoli Livorno Empoli Napoli Ancona), M-A-R-I-O (Milano Ancona Roma Imola Otranto). Con lo stesso sistema, compitate il vostro nome e poi questi altri: Giacomo, Marisa, Alberto, Matteo, Alessia, Federica.

E. Indovinate la città in cui è ambientata ciascuna di queste serie televisive. Riempite gli spazi bianchi scegliendo le cinque città giuste da questa lista: Venezia Roma Como Firenze Napoli Torino Bologna Perugia Genova Palermo.

1) *Cuori rubati*

"La fiction *Cuori rubati* narra le vicende quotidiane di tre famiglie e di un gruppo di giovani, nella

_____ di oggi. Il Po rappresenta una sorta di spartiacque[315] tra la zona collinare—dove

abitano i Donadoni e i Galanti, entrambe famiglie benestanti—e la zona di pianura in cui si raccolgono

numerosi studenti e abita la famiglia Rocca" (www.cuorirubati.rai.it).

2) *Incantesimo*

A _____, come in ogni capitale, ci sono molti grandi ospedali, ma in questa soap ogni volta

che un personaggio si ammala viene ricoverato sempre e soltanto alla Clinica Life. I complicati amori, le

incomprensioni e gli odii profondissimi dei dottori della Life, dei suoi amministratori, degli impiegati, delle

infermiere e dei pazienti forniscono gli spunti narrativi a questa serie che è arrivata alla sesta edizione. "Il

pubblico che ci segue è di circa 6 milioni", afferma il vicedirettore di Rai Fiction Max Gusberti, "per due terzi

donne e per un terzo uomini. *Incantesimo* è il più lungo seriale di prime time della tv italiana".

3) *Vivere*

"Sull'altro ramo del lago di _____ venerdì 13 giugno [2003] due moderni promessi sposi

finalmente pronunciano il fatidico sì:[316] per la puntata numero 1.000 di *Vivere* la citazione manzoniana è

d'obbligo. ... Lei, Nina Castelli, è una moderna Cenerentola[317] che, per diventare avvocato, si è pagata gli

studi facendo la cameriera alla locanda Bonelli, luogo dove si intrecciano le vite dei numerosi personaggi.

Lui, Riccardo Moretti, ha tutte le carte in regola[318] per essere il principe azzurro: è bello, buono, ricco di

famiglia, e non vuole nemmeno i soldi del padre. Fa il giornalista e dirige la televisione locale di

_____, TeleEspansione. I due si conoscono, si innamorano, ma come spesso accade nella

vita (e sempre nelle soap) qualcosa va storto" (www.sorrisi.com).

4) *Vento di Ponente*

Questa telenovela rielabora il format della soap olandese *Westenwind* (ambientata a Rotterdam). Presenta la storia di due famiglie rivali di armatori,[319] i Ghiglione e i De Caro: "I Ghiglione costruiscono imbarcazioni fin dall'Ottocento e sono una delle più potenti famiglie di_____. I De Caro, invece, gestiscono un cantiere[320] di medie dimensioni... A dividere le due famiglie contribuiscono vecchi rancori. Giacomo, capofamiglia dei De Caro, era partito dalla Campania negli anni '60 in cerca di fortuna. Aveva trovato lavoro proprio nel cantiere navale dei Ghiglione, diventando in breve il pupillo del principale, l'ingegnere Sebastiano. Ma la prematura scomparsa di quest'ultimo aveva portato con sé anche l'immediato licenziamento di Giacomo" (www.clictv.it).

5) *Un posto al sole*

Palazzo Palladini, il palcoscenico[321] di questa storia, si trova a_____ sulla collina di Posillipo, vicino al mare e al Vesuvio. Qui viveva il conte Giacomo e la sua aristocratica famiglia. "Dopo la sua morte misteriosa, il vecchio conte lasciò il posto ai suoi discendenti, legittimi e non. Come in un vero e proprio condominio vecchio stile gli abitanti del palazzo non sono semplici vicini di casa, ma amici, nemici e talvolta amanti" (www.unpostoalsole.rai.it).

MILANO TORINO CHE BELLE CITTÀ

Filastrocche,[322] conte,[323] scioglilingua[324] e proverbi sono frammenti di una cultura orale che ha radici molto antiche e che appare minacciata dalle trasformazioni dello stile di vita e dalla diffusione dei mezzi di comunicazione di massa. Se è pur vero che i bambini italiani di oggi passano meno tempo con i loro nonni o nelle strade e nelle piazze con i loro coetanei, la scuola elementare, però, sempre più spesso si assume il compito di curare la trasmissione di quella cultura minore alle generazioni più giovani. Basta consultare i motori di ricerca su Internet per scoprire una miriade di siti di scuole o di singole classi che illustrano progetti didattici basati sulle tradizioni orali e popolari, spesso arricchiti dalla partecipazione dei nonni e dal supporto delle loro testimonianze e dei loro ricordi. Riproduciamo qui alcuni esempi ricollegabili al tema delle città.[325]

Conte

Ponte ponente ponte pì
tappetà Perugia;
ponte ponente ponte pì
tappetà perì.[326]

Milano Torino che belle città:
si mangia si beve l'amore si fa.
Hai tu visto mio marito? (*se la risposta è no, si ricomincia il giro*)
Di che colore era vestito? (*dire un colore*)
Hai tu addosso quel colore? (*se la risposta è sì, viene pronunciata la battuta successiva*)
Esci fuori per favore!

Scioglilingua

Trentatré trentini
entrarono in Trento,
tutti e trentatré
trotterellando.

Il Papa pesa e pesta il pepe a Pisa
e Pisa pesa e pesta il pepe al Papa.

Filastrocca di origine trevigiana

Trotta cavallo biso[327]
con un trotto va a Treviso
con un trotto va a casteo[328]
trotta cavallo beo.[329]

Proverbi e detti

Milano la grande
Genova la superba
Bologna la grassa
Firenze la bella
Padova la dotta

Venessiani, gran signori;
padovani, gran dotori;
vesentini, magnagati;
veronesi, tuti mati.[330]

*3 Washington Mews,
New York. © Andrea Fedi*

Attività

A. In piccoli gruppi, sperimentate le conte che avete letto. Chi perde sarà costretto a ripetere uno degli scioglilingua.

B. Provate a tradurre in italiano una conta che conoscete. Cercate di dare alla conta un ritmo preciso, prestando attenzione al numero delle sillabe e agli accenti tonici. Ricordatevi che potete includere anche sillabe o parole prive di senso, purché sembrino e suonino italiane.

IL SEGRETO DI SAN NICOLA

Martin Mystère

Martin Mystère "nasce a New York il 26 giugno 1942" (*Martin Mystère*, Rizzoli, 1999), città nella quale risiede, al numero 3 di Washington Mews, vicino alla New York University. La scheda biografica del libro ne elenca i molteplici talenti: "antropologo, archeologo, scienziato, esploratore, docente universitario, scrittore di successo e da anni responsabile di uno show di divulgazione scientifica alla televisione americana", intitolato "I misteri di Mystère", che va in onda su ABC. "È americano di nascita ma si è formato culturalmente in Italia", dove ha soggiornato a lungo: dal 1993 al '95 ha trasferito la sua dimora a Firenze, al numero 2 di via dell'Anguillara.

Mystère è appena un po' più alto della media, ha qualche ruga,[331] ma nonostante l'età ha un fisico asciutto[332] e un ciuffo biondo che gli ricade sulla fronte. Guida una Ferrari Mondial rossa, che ha fatto riparare molte volte (una volta, tornando da Long Island, un camion gli ha provocato $60.000 di danni). È profondamente legato alla sua compagna, Diana Lombard, più giovane di lui. Gli amici lo chiamano il Buon Vecchio Zio Marty (alle volte abbreviato in BVZM, per comodità). Coloro che si rivolgono a lui per una consulenza o per un aiuto sanno perché è soprannominato il Detective dell'Impossibile: non gli interessano crimini e omicidi insoluti, bensì i "grandi enigmi" della storia, dalle pietre di Stonehenge alla fine dei Templari, dai misteri degli Etruschi alle armi segrete dei nazisti.

Alla fine dell'estate del 1995 il professor Mystère si trovava ancora a Firenze, impegnato nella preparazione dell'ultima puntata di una serie televisiva dedicata ai "misteri italiani", che doveva andare in onda a dicembre. La puntata riguardava i "misteri di Natale". Per il suo pubblico Martin ha ricostruito la storia di Santa Claus (Babbo Natale), e i suoi legami con San Nicola, protettore della città di Bari. San Nicola era vescovo[333] di Myra, in Asia minore, al tempo dell'Impero Romano. Durante il Medioevo, secondo la tradizione, sessantadue tra marinai, soldati e mercanti baresi trafugarono le spoglie[334] del santo da Myra, allora in mano ai turchi, e le trasportarono in Puglia. Mystère ha ipotizzato che a prendere il corpo fossero stati in realtà nobili cavalieri, discendenti da quelli di re Artù, i quali avrebbero riportato a Bari anche una misteriosa e potentissima reliquia, nascosta in seguito nella cripta della basilica del santo. Martin si è recato a Bari con il suo leale e taciturno assistente, Java. Hanno preso alloggio al Palace Hotel, il più grande albergo della città. Tra un piatto di strascinati[335] e un purè di fave e cicoria, tra una visita all'archivio del quotidiano cittadino, la *Gazzetta del Mezzogiorno*, e una passeggiata sotto il teatro Petruzzelli (semidistrutto da un incendio nel 1991), i due hanno cercato di localizzare l'ingresso della camera segreta in cui si trovava la reliquia. Con l'aiuto di un messaggio cifrato inciso su un altare della chiesa, il Buon Vecchio Zio Marty ha individuato l'accesso al nascondiglio e ha cominciato a intuire i legami oscuri che uniscono la reliquia a fatti di cronaca della città di Bari: un tentativo di furto nella basilica, l'insolita alluvione[336] del 1905, il bombardamento del porto da parte dei tedeschi nel 1943. Il resto della soluzione glielo fornirà, una notte, un anziano insegnante di lingua con un occhio solo, Richard Miller. Sotto quel nome si nasconde Otto Rahn, un archeologo che lavorava al servizio dei nazisti...

Martin Mystère è il personaggio di una serie a fumetti che è stata creata all'inizio degli anni '80 da Alfredo Castelli (Milano, 1947–), per l'ideazione del personaggio e la sceneggiatura, e da Giancarlo Alessandrini (Jesi, 1950–), per la grafica. Con un protagonista parte Indiana Jones (seppure alla maniera del *Pendolo* di Umberto Eco) e parte 007 (più chiacchierone, però, e meno donnaiolo), *Martin Mystère* vende oltre 400.000 copie ogni mese, e trova il maggior numero di lettori nella fascia di età che va dai quindici ai venticinque anni, ma non gli mancano schiere[337] di ammiratori nel pubblico più adulto.

Attività

A. Indovinate a quali personaggi de *Il segreto di San Nicola* (di Castelli-Alessandrini) appartengono le parole che trovate sotto la lista:

_____ Martin Mystère, Detective dell'Impossibile

_____ l'archivista della *Gazzetta del Mezzogiorno*

_____ il padre superiore della chiesa di San Nicola

_____ Percival, cavaliere di re Artù

_____ Giovannoccaro, capo della spedizione barese a Myra

_____ Otto Rahn, archeologo al soldo dei nazisti

1) "Sì, è l'Excalibur. La spada[338] che Merlino affidò ad Artù. La stessa che Lancillotto gettò nelle acque di un lago per volontà del nostro sovrano morente..."

2) "...comunque, ciò che prima temevo è ora certezza. In pochi mesi tutti i marinai che sono entrati con me nella cripta di Myra sono morti di morte violenta..."

3) "Visto che vi piacciono tanto i misteri, ve ne mostrerò uno che non è mai stato risolto. O meglio... vi mostrerò una sua foto. Il 'mistero' si trova infatti su un altare del transetto[339] attualmente in fase di restauro..."

4) "Ecco, l'annata 1905 è laggiù. All'epoca il giornale si chiamava *Corriere delle Puglie*. Non è ancora stata microfilmata... Posso sapere cosa state cercando?"

5) "Come ho fatto a non pensarci prima?... È rettangolare. Stavamo cercando una stanza rettangolare... e ci siamo dentro... Nessuno, compreso il nostro amico frate, ha pensato che essa potesse essere diventata un banale locale di sgombero..."[340]

6) "Ben nascosto nella basilica, il Graal avrebbe continuato ad assorbire le energie positive delle preghiere dei fedeli, e a diffondere i suoi effetti benefici sui crociati[341] che, dalla Puglia, partivano per la Terra Santa... E questo è tutto, Mystère..."

ANAGRAMMI URBANI

Indovinate le città che si nascondono dietro gli anagrammi in corsivo, con l'aiuto dei titoletti.

Il ritratto della salute ligure
Va sano

Militare in licenza[342] sotto il Vesuvio
Alpino

Minaccia abruzzese
A morte!

Poco adatte al Palio
Asine

Parenti superficiali nella laguna
Zie vane

Auguri al direttore dal Molise
Campa,[343] *o boss!*

Depresso in Umbria
Pare giù...

Malinconia mitteleuropea
È triste

Grandi menti piemontesi
Cervelli

Atmosfere elettriche in Abruzzo
Presa[344] *AC*

Affetti romagnoli
Li amo

Il latifondista meridionale
Tengo agri

Fa dormire il ciociaro
Sonnifero[345]

Folle sicule
In masse

Mi rifiuto di lasciare il Veneto
Vi resto

IL QUADRATO CITTADINO

In questo riquadro composto di lettere dell'alfabeto, sono nascoste le seguenti parole: *scudetto, negozi, palazzina, Abruzzo, vicolo, muretto, parcheggio, stadio, Napoli, condominio, piazza, chiesa, Torino, fontana, vetrina, Bologna*. Individuate le parole, tenendo presente che possono essere disposte in orizzontale, in verticale e in diagonale nei due sensi (dall'alto in basso o viceversa, dalla prima lettera all'ultima o al contrario).

Matera. © Giorgio Fedi

Z	V	Q	A	G	O	T	T	E	D	U	C	S	N	I
E	A	F	P	A	L	A	Z	Z	I	N	A	B	Z	M
V	G	B	A	S	U	B	P	O	M	L	K	O	P	T
I	T	H	R	H	T	O	L	R	B	Q	G	E	H	R
C	Q	P	C	U	T	A	N	Y	P	E	L	W	D	O
O	S	D	H	T	Z	L	D	C	N	A	P	O	L	I
L	D	U	E	R	B	Z	X	I	Q	Z	C	U	B	N
O	K	R	G	L	P	B	O	L	O	G	N	A	V	I
H	U	C	G	O	D	L	G	M	E	V	C	L	Y	M
M	L	Z	I	P	N	V	E	T	R	I	N	A	B	O
Q	W	V	O	S	M	O	P	Z	E	W	B	Z	P	D
C	J	X	F	A	N	A	T	N	O	F	N	Z	G	N
B	T	O	R	I	N	O	L	Q	Y	P	M	A	K	O
N	I	C	H	I	E	S	A	G	N	Z	L	I	R	C
T	M	A	C	B	O	M	X	R	L	D	Q	P	B	N

LA SOLUZIONE

```
Z  V  Q  A  G  O  T  T  E  D  U  C  S  N  I
E  A  F  P  A  L  A  Z  Z  I  N  A  B  Z  M
V  G  B  A  S  U  B  P  O  M  L  K  O  P  T
I  T  H  R  H  T  O  L  R  B  Q  G  E  H  R
C  Q  P  C  U  T  A  N  Y  P  E  L  W  D  O
O  S  D  H  T  Z  L  D  C  N  A  P  O  L  I
L  D  U  E  R  B  Z  X  I  Q  Z  C  U  B  N
O  K  R  G  L  P  B  O  L  O  G  N  A  V  I
H  U  C  G  O  D  L  G  M  E  V  C  L  Y  M
M  L  Z  I  P  N  V  E  T  R  I  N  A  B  O
Q  W  V  O  S  M  O  P  Z  E  W  B  Z  P  D
C  J  X  F  A  N  A  T  N  O  F  N  Z  G  N
B  T  O  R  I  N  O  L  Q  Y  P  M  A  K  O
N  I  C  H  I  E  S  A  G  N  Z  L  I  R  C
T  M  A  C  B  O  M  X  R  L  D  Q  P  B  N
```

© Giorgio Fedi

CRUCIVERBA

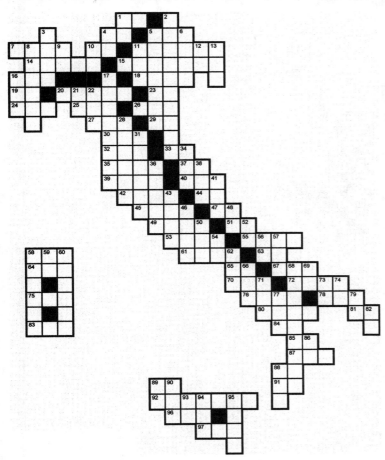

58 Battuta comica
61 Cittadina piemontese, o l'inizio del giorno
63 Il prefisso di "disperare", "discendere", "dimagrire", ecc.
64 Il suffisso di "lattaio", "gelataio", "fioraio", ecc.
65 Articolo determinativo maschile
67 Producono il miele
70 Altare (arcaico)
72 Il fiore più citato
75 Lo sono l'ossigeno, l'idrogeno, l'elio, ecc.
76 Lo inventarono gli antichi Romani
78 Adesso, subito
80 Ripidi, faticosi da salire
81 Lo dicono spesso i bambini
83 Vertice, massimo livello
84 Targa automobilistica di Aosta
85 A te (pronome)
87 Istituto per la Ricostruzione Industriale (sigla)
88 Antonio Pallante, colui che sparò a Togliatti (iniziali)
89 Televisione (sigla)
91 On e Off su certi interruttori italiani (sigla)
92 Si usa per fare il gin
96 Piano Operativo di Sicurezza (sigla)
97 Eccetera (abbreviazione)

13 In mezzo al fiore
16 Il suffisso di forme arcaiche o dialettali come "notaro", "magliaro", ecc.
17 Gente che studia
21 "Sono" inglese
22 La televisione pubblica italiana
28 Si dice della lingua mista dei Caraibi
31 Relativa alle Alpi
34 Il modulo che portò gli astronauti sulla luna
36 Può essere leggero, agitato o profondo
38 Club Alpino Italiano (sigla)
41 Istituto Tecnico Industriale (sigla)
43 Conta molto a poker
46 Preposizione articolata
48 Là, in quel posto
50 Petrolio, in inglese
52 Nobildonna (sigla)
54 In mezzo alla roba
56 Overdose (sigla)
57 Congiuntivo presente di essere
58 Accessorio particolare
59 Artificial Intelligence (sigla)
60 Pettegolezzo
62 Arto[346] di volatile
66 È fatta di sessanta minuti
68 Modello sperimentale; primo esemplare di una macchina
69 In fondo al ghiacciaio[347]
71 La desinenza della prima coniugazione
73 Lo dice chi è esperto
74 Andata e ritorno, sui biglietti del treno (sigla)
77 Lo dice il corvo[348] italiano
79 Alleanza Nazionale (sigla)
82 Il contrario di Off
86 La sigla che indica l'infrarosso
88 Cortile della fattoria
89 Telegiornale (sigla)
90 Persona molto importante
93 In fondo al vino
94 Il suffisso di "inglese", "francese", "giapponese", ecc.
95 La musica di Elvis

ORIZZONTALI
1 Il contrario di giù
4 La fine del male
5 Gruppo italiano che opera nel settore dell'energia e del petrolio (sigla)
7 Il nome del cantante Ramazzotti
10 In fondo alla strada
11 Introduzioni poetiche
14 Gruppo ristretto
15 Poeta elegiaco latino
16 In fondo al lago
18 Umberto, poeta di Trieste
19 Prefisso iterativo
20 Il Buon Vecchio Zio, Detective dell'Impossibile
23 In cima al campo
24 Suffisso accrescitivo
25 Appare due volte nel nome di una band piemontese
26 Medicina (abbreviato)
27 International Data Corporation (sigla)
29 Il pronome più egocentrico
30 Lungo periodo
32 Dentro il... (preposizione)
33 Radio Libera (sigla)
35 Personaggio dei fumetti di Topolino: Sir Top de...
37 Iniziali di Emilio Cecchi
39 Antico nome di Troia
40 Secondo 007 non bisognerebbe dirlo mai
42 Il nome della Magnani, attrice di Roma città aperta
44 Italiano (abbreviazione)
45 La maggiore agenzia di stampa italiana
47 Articolo determinativo maschile
49 La capitale della Norvegia
51 Dentro (preposizione)
53 Si ottiene dalle olive
55 Quantità prestabilita; usata spesso in medicina

VERTICALI
1 La congiunzione della speranza
2 Poeta del Medioevo provenzale
3 Non accompagnato
4 Articolo determinativo femminile
5 Simili all'erba
6 Città della Sicilia
8 La consorte del re
9 La parola che risuona nel "Bel paese" di Dante
10 Particella nobiliare
11 Polo Integrativo di Sviluppo (sigla)
12 Le iniziali del leggendario tenore Mario Lanza

LA SOLUZIONE

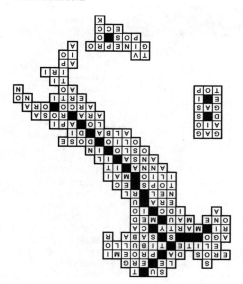

4 migrazioni

© *Giorgio Fedi*

È ben noto agli storici, ma non sufficientemente accettato dal senso comune, che nella storia del genere umano "è stata forse la sedentarietà una condizione eccezionale" (Paola Corti, *Storia delle migrazioni internazionali*). Si dovrebbe perciò dire che è la migrazione ad essere una costante nella vita dei popoli o delle civiltà. Anche per genti stanziali,[1] l'interazione pacifica o conflittuale con civiltà caratterizzate dal nomadismo ha sempre prodotto mutazioni del corso storico, della cultura intellettuale e materiale, del rapporto col territorio. Basta guardare a quel processo di instabilità militare, economica e demografica, e di continuo rimescolamento etnico, che interessò il continente europeo dal declino dell'Impero Romano all'undicesimo secolo dell'era volgare.[2]

Gli italiani sono sempre stati un popolo incline al movimento. Non si tratta necessariamente di dare credito alla retorica fascista del "popolo di Poeti di Artisti di Eroi di Santi di Pensatori di Scienziati di Navigatori di Trasmigratori".[3] È vero, nel Medioevo e nel Rinascimento emigrazioni coatte[4] o volontarie crebbero a seguito delle Crociate, del colonialismo politico ed economico dei Genovesi o dei Veneziani, dell'espansione delle reti finanziarie e dei movimenti di marinerie militari o mercantili[5] (che contribuirono a creare un primo modello di economia globale). Gli artisti e gli intellettuali, da parte loro, emigrarono per secoli, accettando o cercando il mecenatismo di committenti[6] esteri. E l'abbandono dell'Italia fu talvolta un esilio forzato o volontario: per motivi religiosi, come durante il periodo delle Riforme Protestante e Cattolica,[7] o per motivi politici nelle prime fasi del Risorgimento.

Tuttavia non va dimenticato che, al di là dei colonialismi e delle emigrazioni cosiddette "di qualità" (cioè di lavoratori qualificati[8] ed artisti), la mobilità territoriale interessò larghi strati della popolazione, più bassi nell'estrazione socioeconomica, ma non per questo marginali: si trattava spesso di emigrazioni temporanee, talvolta solo stagionali (si pensi alla transumanza dei pastori),[9] regolate dai cicli di produzione agraria e, più tardi, manifatturiera e industriale. Le cause non erano sempre fattori di coercizione (guerre, intolleranza religiosa o razziale), gravi crisi produttive o spinte demografiche incontenibili, ma anche strategie di miglioramento economico o stili di vita atavici.

L'Ottocento è per l'Italia e buona parte dell'Europa, come si sa, il secolo della grande emigrazione. Ricordiamo qualche dato: è stato calcolato in 25–30 milioni il numero di italiani che lasciò la penisola dal 1876 al 1976 (pari all'intera popolazione del Paese appena dopo l'Unità). Di questi, 13 milioni e mezzo partirono tra gli anni '80 e l'inizio della prima guerra mondiale. Pensare all'emigrazione di massa come a un capitolo della Questione Meridionale[10] è sbagliato: si consideri, per fare solo un esempio, la numerosa presenza di italiani di origine settentrionale (e non necessariamente proletaria) nei paesi del Sudamerica. Come ha rilevato[11] Ludovico Incisa di Camerana ne *Il grande esodo* (2003), è proprio dalle regioni del Nord che si avvia, dopo l'unificazione, l'esodo migratorio: ciò avviene tanto per la maggiore presenza di infrastrutture di comunicazione (porti, ad esempio), quanto per la modernizzazione delle attività agricole che riduce la necessità di manodopera (mentre l'aumento delle tasse erode i salari).

L'emigrazione dal Sud, invece, dove il problema principale è la scarsa redditività e competitività del latifondo, si avvia più tardi, con qualche eccezione (come l'Abruzzo), ma diventa assolutamente preponderante nel giro di pochi decenni, raggiungendo l'apice alla fine dell'Ottocento. Dopo l'interruzione bellica, il flusso riprende (900.000 partenze nel 1919-20), per poi diminuire drasticamente con l'avvento del Fascismo e con il programma di espansione demografica e l'orgoglio nazionalistico di Benito Mussolini.

Nel secondo dopoguerra gli espatri ripigliano e dal 1946 al 1961 assommano a[12] 4 milioni e mezzo. L'ultimo spostamento di massa si ha a partire dagli anni '60. Ha come destinazione prevalente i paesi europei (Svizzera, Germania, Francia, Belgio), e coincide con un forte movimento migratorio interno, dalle regioni del Sud a quelle del Nord beneficiate[13] dal boom industriale (questa mobilità interna perdura ancor oggi). Dal punto di vista della composizione socioculturale, nella popolazione che si trasferisce all'estero è sempre più osservabile la presenza dei ceti medi, di lavoratori qualificati e, in anni più recenti, di lavoratori intellettuali specializzati, mentre anche i flussi in senso inverso vanno cambiando regime: dal restare o tornare per sempre, si è passati ad una sorta di "pendolarismo"[14] su scala geografica più vasta.

Come si vede, l'atteggiamento sostanzialmente benevolo e in buona fede degli italiani che deplorano la discriminazione verso chi ora emigra nel loro paese e dicono "una volta, tanto tempo fa, eravamo noi a dover partire", si fonda su un'idea imprecisa della realtà storica dell'emigrazione italiana, o su una rimozione della storia recente. Perché è solo nel 1975 che il bilancio migratorio dell'Italia verso il resto del mondo diviene attivo.

È ben noto che negli ultimi vent'anni l'Europa mediterranea (con Italia e Spagna in testa) è diventata, se non sempre la meta,[15] almeno il porto d'ingresso di nuove folle di migranti. I dati ufficiali ci dicono che in Italia, nel 1996, il numero totale dei permessi di soggiorno rilasciati a stranieri ha superato il milione. L'86% di quegli stranieri proveniva da paesi al di fuori di quella che allora si chiamava "Comunità europea". La concentrazione massima degli immigrati dotati di permesso (e non in transito) si trova nelle regioni del Centro. Seguono il Nord-ovest, il Nord-est, il Sud e l'Italia insulare.

Numerosi sono i casi di ricongiungimento familiare e molte le famiglie con prole[16] (si deve a loro se il saldo demografico italiano è tornato in attivo). Rimane considerevole il numero di persone che continuano a vivere e lavorare in condizioni marginali, talora illegali o di sfruttamento[17] servile. È tuttavia significativo l'evolversi e il differenziarsi dei tipi delle occupazioni lavorative. Non manca neppure un certo grado di mobilità e "avanzamento" sociale, con l'ovvia tendenza a imitare i modelli egemoni della cultura ospitante: nel 2000–2001, ad esempio, alla Camera di Commercio torinese si sono iscritte 3.000 nuove imprese avviate da immigrati.

Il traffico di immigrati clandestini resta una delle attività più redditizie di nuove alleanze mafiose internazionali, e il fenomeno viene solo apparentemente arginato[18] da nuove leggi repressive fatte per accontentare gli strati più xenofobi dell'elettorato italiano, o quelli socialmente ed economicamente insicuri. I naufragi di navi e barconi nei bracci di mare che separano l'Italia dal Nordafrica e dai Balcani non sembrano diminuire di frequenza e tragicità. Negare che un numero non trascurabile di italiani si sia mostrato in questi anni razzista e discriminatorio a parole o a fatti sarebbe ingiusto anche nei confronti di quanto invece hanno fatto le organizzazioni non governative, del volontariato e della Chiesa, per fornire mezzi materiali di accoglienza o d'inserimento sociale, e per consentire ai nuovi arrivati di mantenere strumenti di espressione e continuità culturale.

Se nell'Italia degli anni '80 era più visibile la diaspora originante dai paesi post-

© *Giorgio Fedi*

coloniali (non solo africani o di colonizzazione europea: si veda il gran numero di filippini), negli anni '90 si assiste ad un flusso che coinvolge nuove entità nazionali e geografiche. Le cause sono numerose e varie: la crisi economica nell'Europa ex-socialista (insieme con l'apertura delle sue frontiere), l'esplodere delle violenze interetniche nei paesi balcanici, mediorientali, del subcontinente indiano e del Sud-est asiatico; l'ulteriore impoverimento di larghe aree geoeconomiche già non affluenti (Africa Subsahariana, America Latina), e l'arresto della crescita economica in Estremo Oriente. Ma è comunque l'idea tradizionale dell'emigrazione, come segmento delimitato da un punto di partenza e uno di arrivo, ripercorribile solo al contrario (il ritorno a casa, o la "rimessa" finanziaria dell'emigrante al suo paese d'origine), che si rivela sempre meno applicabile.

Parlare di "migranti" e "migrazioni" non è obbedienza ad un arcano e formalistico precetto di *political correctness*. È una presa d'atto di condizioni (di nascita, del quadro geopolitico di provenienza), di necessità (economiche, politiche), di identità (culturale, religiosa, di genere) non sempre descrivibili secondo le categorie con cui si davano forme e ragioni a più antichi movimenti di popolo. Come avverte Paola Corti, "è il modo stesso di concettualizzare la diaspora che subisce un ulteriore ampliamento nell'epoca della globalizzazione, quando i migranti si muovono in una dimensione 'transnazionale' e quando le frontiere e le distanze geografiche perdono progressivamente importanza sia nell'orientamento dei flussi sia nella percezione soggettiva dei protagonisti".

Alcuni dei migranti che oggi incontriamo non possono dire di provenire da un "paese" nel significato in cui noi lo abbiamo sempre inteso, perché magari il loro paese non esiste più, o perché la loro etnia non ha mai riconosciuto o ritenuto necessaria la forma-stato. Spesso non ha senso chiedere loro se si sono "inseriti", perché è possibile che siano soltanto in transito. E meno senso avrebbe intimare[19] loro di accasarsi[20] e accontentarsi di una casa anziché di un'altra, se per quel migrante l'idea di *domus*[21] non è un concetto nativo o un bisogno primario della sua cultura.

Il nuovo ordine economico pretende l'abbattimento di ostacoli e barriere al libero mercato, e incessantemente opera per uniformare attese e desideri dei consumatori su scala universale (più prosaicamente,[22] multinazionale): può quest'ordine economico invocare per i migranti (che, a dire il vero, non sono tra i più fedeli consumatori di quel mercato), la necessità di quei confini, dei limiti, delle frontiere che ha dichiarato obsoleti per le merci?

LESSICO

ambulante *peddler*

accoglienza: l'insieme dei servizi e delle strutture predisposti per accogliere gli immigrati

badante (da "badare", *to take care*): lavoratore / lavoratrice che si prende cura di anziani o malati

campi d'accoglienza: luoghi usati per alloggiare gli immigrati clandestini dopo il loro arrivo; talvolta si tratta di un eufemismo, perché gli ospiti sono tenuti in regime di sorveglianza, e non possono lasciare legalmente i campi

carretta del mare: nave vecchia e malandata usata per il trasporto illegale di immigrati clandestini; "carretta", nel gergo nautico, vuol dire *tramp*, nave da trasporto non di linea, ma in questa accezione prevale il significato di rottame[23]

clandestino: immigrato senza permesso

extracomunitario: letteralmente, cittadino di paese non membro della comunità europea; in realtà questo termine non si usa per i cittadini dei paesi affluenti che non fanno parte della UE (non si userebbe mai, nel linguaggio comune, per un americano, un canadese o uno svizzero), e dunque è un eufemismo per "immigrato da paesi in via di sviluppo"

oriundo: chi è originario di un altro luogo; parola molto usata negli anni '60 per indicare un calciatore di origine italiana e nazionalità straniera, che giocava in una squadra italiana

La casa che fu di Amerigo. © Giorgio Fedi

permesso / visto di soggiorno o di residenza *residence visa / permit*

permesso di lavoro *work permit*

regolarizzare: indica l'azione, intrapresa dal datore di lavoro, che mette in regola l'immigrato clandestino

rimessa: di solito al plurale ("rimesse"), indica le somme di denaro inviate dagli emigranti ai loro paesi e comunità d'origine

sanatoria: amnistia, legge che sana (corregge) una situazione di irregolarità diffusa

scafista: pilota della barca (da "scafo", *hull*) o del gommone[24] che porta gli immigranti

vu cumprà / vu cumpra': usato, con valore spregiativo, per indicare gli immigrati che lavorano come ambulanti (troncamento di "vuoi comprare" che vorrebbe riprodurre il modo di parlare degli stranieri di origine nordafricana)

lavoro atipico: impiego temporaneo, in cui il lavoratore non è totalmente indipendente, ma si trova a svolgere il suo lavoro in posizione quasi subordinata

lavoro a tempo indeterminato: di un lavoratore regolarmente assunto[25] con un contratto senza scadenza prefissata

lavoro a tempo determinato, a termine *temporary job*

AMERIGO

Francesco Guccini

Nato a Modena nel 1940, Francesco Guccini è cresciuto a Pàvana, sull'Appennino pistoiese, dove i nonni paterni avevano un mulino ad acqua.[26] Abbandonati gli studi universitari prima della tesi, ha lavorato brevemente come cronista alla *Gazzetta dell'Emilia* e per vent'anni ha insegnato italiano a Bologna, un mese l'anno, nel programma di Dickinson College.

Da quattro decenni Guccini scrive canzoni e fa concerti. Negli anni '60 la sua canzone "Dio è morto", ispirata da Bob Dylan, divenne una sorta di manifesto della cultura giovanile italiana. Il suo primo album, *Folk Beat N.1,* è del 1967, ma il grande successo arrivò con *Radici* (1972), che contiene "La locomotiva", una delle sue canzoni più famose. (Sulla copertina di *Radici* c'è una foto di famiglia, con i bisnonni di Guccini, suo nonno, il fratello Amerigo, le prozie.)[27] Nel 2000 è uscito il suo diciannovesimo album, *Stagioni,* che ha avuto un inaspettato successo tra i giovanissimi. Il suo ultimo cd, *Ritratti* (2004), non appena uscito è balzato in vetta alla classifica delle vendite in Italia, strappando il primo posto a *Feels Like Home* di Norah Jones.

Sceneggiatore di fumetti per Magnus, Bonvi e altri disegnatori, da sempre considerato un grande cantastorie, nel 1989 Guccini ha pubblicato il suo primo romanzo, *Cròniche epafàniche,* ispirato ai suoi ricordi di Pàvana e scritto in una lingua ricca di espressioni dialettali. Il suo secondo romanzo, *Vacca d'un cane* (1993), racconta l'adolescenza a Modena e gli inizi della carriera musicale. In collaborazione con il giallista Loriano Macchiavelli negli ultimi anni Guccini ha scritto una fortunatissima serie di libri (*Macaronì, Un disco dei Platters, Questo sangue che impasta la terra, Lo spirito e altri briganti*), che hanno per protagonista Antonio Santovito, un maresciallo dei carabinieri trasferito in un piccolo paese dell'Appennino tosco-emiliano, dove il suo predecessore è morto in circostanze misteriose.

Definito da Umberto Eco "il più colto dei cantautori in circolazione", elogiato pubblicamente da Ezio Raimondi (suo professore all'Università di Bologna), Guccini nel 1998 ha portato a termine un dizionario del dialetto di Pàvana e ha tradotto in pavanese la *Casina* di Plauto. Le canzoni di Guccini sono state incluse in antologie per le scuole medie, e studenti universitari italiani hanno scritto la loro tesi di laurea sulla sua opera.

"Amerigo"

Il brano che segue è la trascrizione (con qualche taglio e poche modifiche) del discorso con cui Guccini ha introdotto la canzone "Amerigo" durante un concerto a Lucca.

"Amerigo": il titolo è stato scelto per due motivi. Primo perché la persona di cui parlo in questa canzone era soprannominato Amerigo, Merigo anzi e non Amerigo.

"Pàvana è l'imprinting, è il mio luogo della memoria, è l'infanzia, è quello che ho mangiato e ho bevuto, è il posto con cui rompo sempre le scatole" (Francesco Guccini). © Andrea Fedi

Secondo perché Amerigo, Amerigo Vespucci, mi ricorda l'America e l'America c'entra molto in questa canzone.

Questo Amerigo io lo conoscevo molto bene perché era il fratello di mio nonno, il mio prozio, il quale verso il 1911, come molti altri del suo paese, emigrò negli Stati Uniti d'America. Come moltissimi allora. Emigravano negli Stati Uniti e di solito facevano i minatori,[28] minatori di carbone.

E tornò—non ho avuto la fortuna, il famoso zio d'America ricco—tornò poveretto, coi pochi soldi che aveva, verso il '38–'39. E quello che mi incuriosiva era questo fatto dell'America... Lui che c'era stato. Io che la sognavo attraverso i film, attraverso le canzoni, attraverso gli americani, quando arrivarono nel '44 con tutta questa roba: le scatolette,[29] le cioccolate, queste riviste che avevano loro, tipo *Life,* tutte di carta patinata[30] con della gente su queste copertine che sorrideva con 46 denti... Io guardavo queste riviste, ero bambino, e dicevo: "Della gente così dev'essere della gente felice, della gente contenta, che sta bene".[31] E sognavo veramente quest'America.

E poi arrivarono tutti i film di indiani e cowboy. *Il massacro di Fort Apache*[32] dove gli indiani erano cattivi, e io tenevo,[33] come tutti, per i bianchi. Poi c'erano quegli altri bellissimi film tipo *Casablanca,* che adesso è ritornato di moda, *Ombre rosse*[34] con Ringo... Ringo era John Wayne. Quello sulla diligenza. Tutto il West era lì. C'era il prete predicatore, l'ubriacone, la puttana e gli indiani. E poi *Gunga-Din,* quest'altro bellissimo film dove questo indiano che voleva suonare la tromba,[35] lui che era un umile portatore d'acqua,[36] ha l'occasione di suonarla quando gli ufficiali inglesi sono

Il Limentra.
© *Giorgio Fedi*

feriti in una maniera tragica. Gunga-Din, un altro che aveva capito tutto, sale—benché ferito a morte—sulla pagoda, suona la tromba e li salva... Tutti questi film meravigliosi, che vedevo in questo mio paese di montagna che si chiamava Pàvana... Ho provato a paragonare questo mio mito americano giovanile a quella che probabilmente è stata la sua America. Cioè l'America vera, l'America che lui ha incontrato.

Francesco Guccini, "Amerigo"

(*Stagioni;* Torino: Einaudi, 2000; testo di Francesco Guccini)

Probabilmente uscì
chiudendo dietro a sé
la porta verde.
Qualcuno si era alzato
a preparargli in fretta
un caffè d'orzo.[37]
Non so se si girò,
non era il tipo d'uomo che si perde
in nostalgie da ricchi,
e andò per la sua strada senza sforzo.

Quand'io l'ho conosciuto,
o inizio a ricordarlo, era già vecchio
o così a me sembrava,
ma allora non andavo ancora a scuola.
Colpiva il cranio raso[38]
e un misterioso e strano suo apparecchio,
un cinto d'ernia[39] che
sembrava una fondina[40]
per la pistola.
Ma quel mattino aveva
il viso dei vent'anni senza rughe
e rabbia ed avventura
e ancora vaghe idee di socialismo.
Parole dure al padre[41]
e dietro tradizione di fame e fughe
e per il suo lavoro,
quello che schianta e uccide, il fatalismo.
Ma quel mattino aveva
quel sentimento nuovo
per casa e madre
e per scacciarlo aveva
in corpo il primo vino
di una cantina
e già sentiva in faccia
l'odore d'olio e mare
che fa Le Havre[42]
e già sentiva in bocca
l'odore della polvere della mina.

L'America era allora,
per me, i G.I. di Roosevelt,
la quinta armata.
L'America era Atlantide,
l'America era il cuore,
era il destino.
L'America era *Life,*
sorrisi e denti bianchi
su patinata.
L'America era il mondo
sognante e misterioso
di Paperino.[43]

L'America era allora
per me provincia dolce,
mondo di pace,
perduto paradiso,
malinconia sottile,
nevrosi lenta
e Gunga-Din e Ringo,
gli eroi di Casablanca
e di Fort Apache,
un sogno lungo il suono
continuo ed ossessivo
che fa il Limentra.
Non so come la vide
quando la nave offrì New York vicino,
dei grattacieli il bosco,
città di feci[44] e strade, urla, castello.
E Pàvana un ricordo
lasciato fra i castagni[45]
dell'Appennino.

L'inglese un suono strano
che lo feriva al cuore
come un coltello
e fu lavoro e sangue,
e fu fatica uguale
mattina e sera,
per anni da prigione,
di birra e di puttane,
di giorni duri,
di negri ed irlandesi,
polacchi ed italiani,
nella miniera
sudore ed antracite,
in Pennsylvania, Arkansas, Tex, Missouri.[46]

Tornò come fan molti,
due soldi e giovinezza
ormai finita.
L'America era un angolo,
l'America era un'ombra,
nebbia sottile,
l'America era un'ernia,

© Andrea Fedi

un gioco di quei tanti
che fa la vita
e dire *boss* per capo,
e *ton* per tonnellata,
raif per fucile.[47]

Quand'io l'ho conosciuto,
o inizio a ricordarlo,
era già vecchio.
Sprezzante[48] come i giovani,
gli scivolavo accanto
senza afferrarlo[49]
e non capivo che
quell'uomo era il mio volto,
era il mio specchio,
finché non verrà il tempo
in faccia a tutto il mondo
per rincontrarlo.

Macaronì

All'emigrazione italiana Guccini ha dedicato molte pagine dei suoi libri. In *Macaronì. Romanzo di santi e delinquenti,* uno dei personaggi principali, Ciarèin, lascia il

Il passaporto di Maria Conforto Marcazzò (1919), con la foto e i nomi dei figli che l'accompagnarono in America. © Regina Marcazzò-Skarka

suo paese a dodici anni, nel 1884, per andare a lavorare in Francia. Lì fa lavori faticosi e pericolosi (in una vetreria,[50] in una salina,[51] in una miniera), mangia spesso maccheroni stracotti e trova altri italiani, caporioni e trafficanti di clandestini, che cercano di sfruttarlo.[52] I francesi lo chiamano *macaroni*, *briseur* (crumiro), *rital* (franco-italiano), "orso", *sans papier* (senza carta, cioè senza permesso di soggiorno).

Attività

A. Sulla base delle informazioni che trovate nell'introduzione, nella canzone e nelle note, create un brano in prosa in cui il personaggio di Amerigo racconta in prima persona la propria storia.

B. Raccontate le esperienze di una persona che è emigrata nel vostro paese. Potete riferire la storia di un familiare, oppure raccogliere informazioni da un amico o da un conoscente.

C. Nel suo dizionario del dialetto di Pàvana, Guccini ricorda che al loro ritorno dall'America emigranti come il prozio Amerigo avevano introdotto nella lingua del paese termini modellati sull'inglese, come "faitare" (*to fight*); secondo Gian Antonio Stella (*L'orda: quando gli albanesi eravamo noi*, 2002), nelle campagne del Veneto l'emigrazione temporanea negli Stati Uniti ha prodotto la diffusione del termine "farma" (*farm*). Compilate una lista di esempi simili che circolano nelle comunità italiani all'estero: ad es., carro (*car*), parcare (*to park*), ecc.

© *Andrea Fedi*

I LOVE THEE, AMERICA

Fred Gardaphé

Il professor Fred Gardaphé è stato uno dei pionieri nel campo degli studi culturali applicati alle comunità di origine italiana in America. Attualmente ricopre la cattedra di Italian American Studies presso l'Università di New York (Stony Brook). In questo brano egli presenta il caso emblematico di Constantine Panunzio, la sua esperienza di emigrante e il suo cammino spirituale.

Fred L. Gardaphé, *Italian Signs, American Streets: The Evolution of Italian American Narrative* (1996; © Duke University Press)

Though he had received an education in Italy, Panunzio arrived in America, at the age of eighteen, unable to read or write English and ignorant of American laws and customs. His immigration, appropriately on July 4, 1902, was unintentional and is recounted in a chapter entitled "In the American Storm." Having landed in Boston aboard the *Francesco,* the Italian merchant ship on which he worked, Panunzio becomes homesick and decides not to remain on the ship for its next voyage to Montevideo. He plans to find work in America that will enable him to purchase return passage to Italy. He immediately befriends a French immigrant sailor, and the two take off in search of work. What follows is an account of Panunzio's initiation into and journey through America. He is victimized by the *padrone* system, in which Italian Americans exploit naive immigrant "greenhorns," essentially enslaving them to employers and extracting a large percentage of their wages for finder's fees, housing, and meals, which they would provide to the immigrant workers. Panunzio begins to learn the English language through his work. His first American words are "peek" and "shuvle," which refer to the type of work he is expected to do. Because he cannot speak the language and because of his ignorance of the American system of justice, he is victimized time after time by people who hire him for jobs and then do not pay him. Panunzio repeatedly interrupts the narrative of his hard times on the road to becoming an American to connect his experiences to those of other immigrants. Many of these interruptions identify and argue against the false assumptions that Americans often make about his people. One such false assumption is that if Italian immigrants come from a farming economy, they should be comfortable working on American farms. As Panunzio explains, however, "the *contadini* were not farmers in that sense at all, but simply farm laborers, more nearly serfs, working on landed estates and seldom owning their own land. Moreover, they are not in any way acquainted with the implements of modern American farming. . . . When they come to America, the work which comes nearest to that which they did in Italy is not farming, or even farm labor, but excavation work." He makes similar references to false assumptions about southern Italian immigrants and the harsher American climate, and their difficulties in learning the English language and dealing with the American justice system. Throughout his life Panunzio experienced the shattering effects of racial prejudice, which, he says, "have been dealt by older immigrants, who are known as 'Americans' as well as by more recent comers. All have been equally heart-rending and head-bending. . . . I have seen prejudice like an evil shadow, everywhere. . . . It passes on its poison like a serpent from generation to generation, and he who would see the fusion of the various elements into a truly American type must ever take into cognizance its presence in the hearts of some human beings." Panunzio refers to false assumptions and prejudice as stumbling blocks to assimilation and then cites his own experiences to demonstrate that in spite of such hurdles the Italian can become a faithful American. Because he has succeeded in overcoming these obstacles, first by being converted and then by becoming a Methodist minister, Panunzio decides to work as a mediator between the Italian immigrant and the dominant American culture: "I began to have a desire to do what I could to interpret America to the immigrant, especially to the Italians, and an equal desire to interpret the life struggles of the immigrant to the American public. . . . I felt it my duty on general humanitarian grounds to participate in the work of mutual interpretation."

His work takes him for the first time into urban ghettos, and his experiences there enable him to understand the reasons Italians were not easily made into enthusiastic Americans. Inherent in his reflections on the plight of the immigrant is a strong thread of social criticism that is couched in Panunzio's repeated praise for the ideals of American life: individuality, self-reliance, freedom, democratic justice, and Christian values. These ideals are all possible for immigrants to achieve with assistance from good Christian Americans. Such educated, white Anglo-Americans are the audience (his model readers) to whom Panunzio writes, and he pays tribute to them in his chapter "My American 'Big Brother."

After detailing the great and "kind assistance" that an American (who remains anonymous to the reader) provided him when he needed it most, Panunzio draws yet another generalization designed to elicit sympathy and support for the immigrant from his WASP audience: "Americans are not made by simple formulas. They are born out of the embodiment of ideals; they are molded into shape by the hand of those who have mastered the art of treating men as human beings, whatever their color or nationality. When we realize this and act accordingly, then all the problems of the 'alien' in America will largely vanish and our country will realize in a fuller measure a true assimilation of its varied people and a truer national consciousness and unity." Panunzio adopts an assimilationist stance that argues for giving immigrants opportunities for education and conversion. He has been successful because he has not been restricted to life in a ghetto, where "the real America" cannot be experienced. In a chapter entitled "My American Philosophy of Life," which is written as a letter to his brother Vincent, who remained in Italy, Constantine documents the exact changes he has gone through in becoming an American. He explains that his experience shows "that a transformation in the thought-life of the foreign groups could actually take place, if in some way or other they had access, as I have had, to the real life of America."

Panunzio had the opportunity to return to Italy during World War I when he enlisted for service with the YMCA in France. From France he was sent to Italy, where it was his privilege to "raise the first Stars and Stripes which, to my knowledge, ever flew near the lines of the Italian army"; it was a small flag he had carried "folded against my heart" from America. This episode provides the final brick in Panunzio's foundation as an American: he has answered his country's call during a time of war. He ends his autobiography with a short oration paraphrasing "America the Beautiful," which is directed beyond the reader to America itself:

I love Thee, America, with manhood's strong love, born out of the unfolding of the mind, the evolving of the soul, the sufferings and joys, the toil and the larger loves of the years. I love Thy very life. I love Thee as I can love no other land. No other skies are so fair as Thine; no rugged mountains or fruitful plains so majestic and divine. I am of Thee; Thou art mine; upon Thy sacred soil shall I live; there I fain would die,— *an American*.

Panunzio's documentation of his journey from European civilization through the American wilderness and finally into American civilization establishes his authority

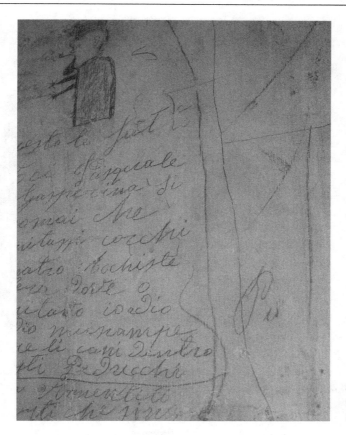

Scritte di emigranti italiani ad Ellis Island.
© Andrea Fedi

to speak for the concerns of all immigrants. Writing his autobiography becomes a way of negotiating not only for his own acceptance by the dominant American culture but also for the acceptance of all Italians who immigrate to America. Though his experiences certainly qualify him for such acceptance, it is the public self presented in his autobiography that demonstrates to all his readers that he has made himself over into an American, and that his experience can provide a model for all immigrants, especially if his criticism of the treatment of immigrants is heeded.

While Panunzio's autobiography opens in the poetic mode, its closing represents the beginning of the shift into the mythic mode, obvious in Pietro di Donato's autobiographical novel *Christ in Concrete*. While Panunzio's philosophical basis is fundamentally Christian, he takes great pains to establish the fact that he comes from a culture strongly rooted in folk beliefs, in which organized religion means little. The two halves of his story separate folktale from autobiography and mark a move into the mythic as his protagonist becomes the heroic model immigrant. This shift also marks the movement of Italian alien subject toward conformity with mainstream American society. By prefacing each chapter with poems by such figures of the Anglo-American canon as Matthew Arnold, Henry Van Dyke, Christopher Morley, and William Wordsworth, Panunzio reinforces the notion that education, in the Arnold-

© Andrea Fedi

ian tradition of exposure to the best a culture has to offer, is the way to convert the immigrant into the American.

Attività

A. In gruppi, parlate degli scrittori e registi italoamericani che conoscete. Focalizzate l'attenzione sugli elementi che nelle loro opere qualificano l'identità italo-americana.

B. Allargate la discussione suggerita nell'attività precedente e includete esempi tratti dalla cultura di altri gruppi etnici.

ELLIS ISLAND

I Mau Mau

Nei primi anni '90 si affermano in Italia nuove band che propongono una reinterpretazione e mescolanza (spesso caratterizzata dall'uso dei dialetti e da forti messaggi politici) di vari generi di hip-hop, ragamuffin, musica etnica e world music, forme musicali già di per sé ibride e fluide. I Mau Mau (nucleo storico: Luca Morino, voce e chitarra, Fabio Barovero, voce e fisarmonica,[53] Bienvenu Nsongan, voce e percussioni) nascono a Torino nel 1991. Del loro nome, i musicisti dichiarano: "Mau Mau erano il gruppo di liberazione del Kenya dalla colonizzazione inglese, Mau Mau sono ancora oggi nel dialetto piemontese quelli che vengono da lontano, magari scuri di pelle, certamente poveri". Appaiono subito chiari il riferimento e l'ispirazione a due gruppi storici della musica alternativa francese, Les Negresses Vertes e i Mano Negra, che dalla seconda metà degli anni '80 andavano sperimentando fusioni di sonorità mediterranee e nordafricane col rock, il reggae, il rap. Tra gli album dei Mau Mau, ricordiamo *Sauta rabel* (1992), *Bàss paradis* (1994), *Viva Mamanera!* (1996), *Eldorado* (1998), *Safari Beach* (2000), *Marasma General* (2001).

Nella retorica di un tempo, gli italiani che emigravano erano detti "pionieri". Oggi questo "popolo di viaggiatori" non sempre ha memoria degli ostacoli e delle ingiustizie che si trovò ad affrontare con altri compagni di migrazioni.

Mau Mau, "Ellis Island" (*Viva Mamanera!* © EMI Music Publishing Italia Srl, 1996; testo di Luca Morino; musica di Fabio Barovero)

A 'lè parej i lo savia ch'a l'è propi parej
noi i soma 'n pòpol
'na rassa ch'a l'ha sempre viagià
deserti, aquasse e ostacoj impossibil superà
e varie strasordinarie ingiustissie consumà.
A l'è parej, pija l'esempi dij primi ani dël secol
quand ij nòstri viagiator a s'as ciamavo pionieri
famije ëd mil pais dëspaisà
a fasìo tapa forsà a Ellis Island.

Chicanos, macarones, cinesi a Little Italy

Ellis Island cit isolòt e cancher 'd Nueva Yòrk
limbo disperà dla neuva America
tanti milion, tante speranse
speranse d'ambrochè
l'intrada për la piramida malefica.

Chicanos, macarones, cinesi a Little Italy

What's your name, what's your name?
welcome to America, do you understand me?
where do you come from,
where do you wanna go?

Andoma bin, che le strà a son bin longhe
e che 'l travaj a nobilita l'argheui
s'as ciama boom boom boom boom economico
ch'a saria l'invension,
l'invension la pì perfida.
A l'è parej, a son passà pì che otant'ani
e le aventure 'd cola gent

a son profonde eredità
a son deli deli deli delicatësse
mës-cià a la naftalina dij nòstri armari.

Chicanos, macarones, cinesi a Little Italy

What's your name, what's your name?
welcome to America, do you understand me?
where do you come from,
where do you wanna go?
Welcome...

È così, lo sapevo che era proprio così
noi siamo un popolo,
una razza che ha sempre viaggiato
deserti, acquacce e ostacoli impossibili superati
e innumerevoli straordinarie ingiustizie consumate.
È così, prendi l'esempio dei primi anni del secolo
quando i nostri viaggiatori si chiamavano pionieri
famiglie di mille paesi, spaesate
facevano tappa forzata a Ellis Island.

Chicanos, maccheroni, cinesi a Little Italy

Ellis Island, piccolo isolotto e cancro di Nuova York
limbo disperato della nuova America
tanti milioni, tante speranze
speranze di azzeccare[54]
l'entrata per la piramide malefica.[55]

Chicanos, maccheroni, cinesi a Little Italy

Come ti chiami, come ti chiami
benvenuto in America
da dove vieni, dove vuoi andare?

Andiamo bene
che le strade sono molto lunghe
e che il lavoro nobilita l'orgoglio
si chiama boom boom boom boom economico
che sarebbe l'invenzione
l'invenzione più perfida.
È così
sono passati più di ottant'anni
e le avventure di quella gente
sono profonde eredità

sono deli deli deli delicatezze
mescolate alla naftalina dei nostri armadi.

Chicanos, maccheroni, cinesi a Little Italy

Come ti chiami, come ti chiami
benvenuto in America
da dove vieni, dove vuoi andare?
Benvenuto...

Attività

A. Descrivete brevemente i contenuti della canzone dei Mau Mau, ed esprimete il vostro parere sul modo e lo stile in cui è presentato il tema dell'emigrazione.

UNA CIVILTÀ DI METICCI[56]

Umberto Eco

Umberto Eco (Alessandria, 1932–) è professore di Semiotica all'Università di Bologna, storico della filosofia, narratore, saggista e collaboratore di riviste e quotidiani. Il suo *curriculum vitae* (accessibile dal sito del dipartimento di Discipline della Comunicazione, www.dsc.unibo.it) consta di 20.192 parole, 4.241 righe, 117.740 caratteri (spazi non inclusi). Condensarlo in pochi paragrafi è un'impresa a dir poco temeraria. Ci limiteremo allora a citarne la saggistica non accademica, a cui appartiene il brano presentato in queste pagine, e poi affideremo la rievocazione di momenti salienti della sua vita a un'intervista rilasciata a Laura Lilli di *Repubblica* pochi giorni prima del suo settantesimo compleanno.

Tra le raccolte di saggi non strettamente semiologici o tecnici, ma di interesse più generale (su argomenti di morale, storia intellettuale, società e cultura di massa) ricordiamo almeno *Diario minimo* (1963), *Apocalittici e integrati*, (1964, per molti anni la sua opera più nota), *Il superuomo di massa* (1976), *Dalla periferia dell'impero* (1977), *Sette anni di desiderio* (1983), *Sugli specchi e altri saggi* (1985), *Il secondo diario minimo* (1992), *La memoria vegetale* (1992), *In cosa crede chi non crede* (1996, scritto col Cardinale di Milano, Carlo Maria Martini) *Cinque scritti morali* (1997), *Tra menzogna e ironia* (1998), *La Bustina di Minerva*[57] (1999), *Sulla letteratura* (2002).

Da bambino gli piaceva immaginare che nella vita avrebbe fatto il bigliettaio[58] del tram, ha dichiarato Eco a *Repubblica*. Oppure il generale. O il pianista di pianobar. Sono queste le risposte irriverenti che vengono fuori ogniqualvolta[59] gli ricordano che ormai è "una celebrità mondiale premiata e riverita", "una sorta di padre della patria". Messo alle strette,[60] non può fare a meno di ricordare i romanzi scritti sul quaderno quando era piccolo, romanzi d'avventura di tipo salgariano.[61] Però per quasi trent'anni si è occupato solo di saggistica. Allora perché a un certo punto ha

© *Giorgio Fedi*

scritto *Il nome della rosa?* "Diciamo che l'ho fatto perché me ne era venuta la voglia" spiega Eco. Così, e basta; e se a qualcuno non sembra una buona ragione, "allora non capisce niente di letteratura". Poi, dopo il successo planetario del *Nome della rosa*, gli editori italiani e quelli esteri si sono messi a ristampare e a tradurre anche i saggi più oscuri. Qualsiasi cosa, purché il nome di Eco comparisse in copertina,[62] compreso il primo libro: la tesi di laurea sul problema estetico in Tommaso D'Aquino. Con la solita voglia di stupire, Eco preferisce parlare di quel successo editoriale: "ne erano state stampate, credo, trecento copie da una casa editrice universitaria. Di colpo è stato tradotto nelle lingue principali. In America è uscito dalla Harvard University Press, in Francia dalle Presses Universitaires, insomma nei posti più concupibili.[63] Ebbene, sono stato più contento di queste traduzioni che di tutte le copie del *Nome della rosa* o dei romanzi successivi".

Nel 1954, l'anno della laurea, Eco trova un posto alla Rai di Torino, agli albori[64] dell'industria televisiva italiana. Fu un caso (dice lui). Vinse un concorso per telecronisti.[65] Tuttavia non andò mai in video per colpa della sua "erre fortissima"; lo mandarono alla segreteria artistica, dove si faceva il palinsesto[66] e si raccoglievano informazioni per ogni genere di programmi. Per quattro anni scrisse testi firmati da altri (quelli raccomandati), ed ebbe modo di incontrare personaggi come Berio, Brecht e Stravinsky. Fu questa esperienza, della televisione vista dall'interno, che lo mise in grado di scrivere (tra i primi in Italia) sulla comunicazione di massa. In quegli anni, comunque, quando non usciva con attori e ballerine, studiava per prepararsi alla libera docenza.[67]

Prima dell'incarico universitario e delle cattedre (a Firenze, Milano e infine Bologna) arrivò un lavoro presso la Bompiani, che gli affidò la collana di filosofia "Idee nuove". Insieme all'ingresso nel mondo accademico venne l'esperienza della Neo-avanguardia e del Gruppo 63, nato in alternativa alla letteratura di Bassani, Cassola, Tomasi di Lampedusa. Anche in questo caso Eco ci tiene a smontare[68] il mito dell'intellettuale rivoluzionario, che protesta contro la società: "Quelli del gruppo erano già tutti bene inseriti nelle case editrici, nei giornali, nella Rai, gli artisti esponevano nelle maggiori gallerie. Non è stata una polemica contro l'establishment, è stata una rivolta dall'interno dell'establishment".

Il resto, come si suol dire, è storia. Della sfolgorante carriera universitaria (trenta volte dottore *honoris causa*, sedici incarichi all'estero come Visiting Professor), Eco ama ricordare soprattutto l'esperienza del Dams di Bologna, il programma creato all'inizio degli anni '70 e dedicato alle Discipline dell'arte, della musica e dello spettacolo. Ci entrò a meno di un anno dalla fondazione: "gli studenti non erano più di una cinquantina, e si stava insieme mattina e sera. Tutti lo pensavano un luogo per aspiranti artisti, ma è lì che ho fatto crescere il primo centro di studi peirciani,[69] e facevo lezioni sul *Cratilo* di Platone e cose del genere".

Arrivato a settant'anni, Eco ha un unico rimpianto,[70] di aver passato una vita "senza grandi episodi individuali", ossia senza le avventure romantiche degli eroi della sua infanzia: "malattie, esilio, fughe per la prateria".[71] Malgrado questo, ha attraversato i "grandi eventi" del ventesimo secolo: il Fascismo, la guerra e la Resistenza, "e via via, fino all'attentato alle Torri Gemelle".

Nel brano che segue, basato sull'ultimo dei *Cinque scritti morali*, si ripropongono le idee di Eco riguardo allo scontro di culture che i movimenti migratori stanno producendo in Europa.

Umberto Eco, "Le migrazioni, la tolleranza e l'intollerabile"

I testi raccolti nel volumetto della Bompiani intitolato *Cinque scritti morali* (1997) sono diversi per ispirazione, genere e destinazione, e tuttavia hanno in comune una marcata attenzione per l'etica. Come spiega Eco con l'immediatezza semplice e gradevole che fa di lui un maestro nella divulgazione di concetti filosofici, tutti e cinque "riguardano quello che sarebbe bene fare, quello che non si dovrebbe fare, o quello che non si può fare a nessun costo". La riflessione dell'autore spazia dalla guerra (la prima guerra del Golfo) al fascismo come categoria della politica e della storia (il cosiddetto "fascismo eterno"), dai mezzi di comunicazione di massa alla religiosità e alla carità. Chiude il libro un collage composto da un articolo apparso sul quotidiano *Repubblica,* e dai passi salienti di due interventi del 1997, il primo pronunciato a un convegno tenutosi in Spagna, sulle prospettive del terzo millennio, e il secondo a Parigi, in apertura del Forum internazionale sull'intolleranza organizzato dalla Académie Universelle des Cultures.

Al cuore del ragionamento che ha per tema "Le migrazioni, la tolleranza e l'intollerabile" si pone la questione, di grande attualità, se al giorno d'oggi gli europei possano o meno riconoscersi nel modello eurocentrico. Eco fa riferimento allo statuto con cui era stata costituita l'accademia parigina. Nel preambolo di questa *charte* si legge che il terzo millennio in Europa sarà caratterizzato da "un grande 'meticciato di culture'".[72] Ciò equivale a dire che "se il corso degli eventi non si invertirà bruscamente"[73] noi assisteremo a fenomeni di convivenza interculturale, connessi al processo di globalizzazione già in atto. In breve, "nel prossimo millennio l'Europa sarà come New York o come alcuni paesi dell'America Latina".

New York, secondo Eco, rappresenta un caso notevolissimo di coesistenza di culture diverse, che si verifica in opposizione alle aspettative implicite nel modello sociale del *melting pot*. Difatti, mentre alcuni gruppi etnici "si sono fusi[74] tra loro (come italiani e irlandesi, ebrei e polacchi), altri si mantengono separati (in quartieri diversi, parlando lingue diverse e praticando tradizioni diverse), e tutti si incontrano sulla base di alcune leggi comuni e di una lingua veicolare comune, l'inglese, che ciascuno parla in modo insufficiente". Perfino quella classe all'apparenza monolitica che è la popolazione definita "bianca", avverte Eco, è un mosaico di gruppi "di diversissime origini", che si identificano con tradizioni e credenze religiose differenti. E comunque i cosiddetti "bianchi" si avviano a diventare una minoranza nel contesto urbano di New York.

L'America Latina offre un esempio alternativo di ciò che potrebbe avvenire nei paesi europei. In quel continente "talora i coloni spagnoli si sono meticciati con gli indiani, talora (come in Brasile) anche con gli africani, talora sono nate lingue e popolazioni dette creole".

Per far comprendere le dinamiche in atto nella situazione europea, Eco introduce una distinzione fondamentale tra il concetto di "immigrazione" e quello di "migrazione". "Si ha immigrazione quando alcuni individui (anche molti, ma in misura statisticamente irrilevante rispetto al ceppo[75] di origine) si trasferiscono da un paese all'altro (come gli italiani o gli irlandesi in America, o i turchi oggi in Germania)". Questa immigrazione, di solito, è subordinata alle decisioni e agli orientamenti della politica del paese in cui si immigra. Di conseguenza, gli immigrati sono sottoposti ad una forte pressione che li spinge verso l'assimilazione.

Le migrazioni, invece, sono caratterizzate dallo spostamento di "un intero popolo" da una regione all'altra, con il risultato di un radicale cambiamento nella cultura di interi territori. Dopo gli spostamenti, in epoca più antica, degli indoeuropei, il precedente meglio conosciuto nella storia occidentale è quello delle invasioni "barbariche" avvenute tra la fine dell'Impero Romano e l'inizio dell'era volgare. Più avanti "c'è stata la migrazione europea verso il continente americano", che ha creato una civiltà originale a cui i nativi sopravvissuti sono stati forzati ad adattarsi.

È possibile dunque stabilire forme di programmazione politica per controllare i fenomeni di immigrazione. Lo stesso, come ricorda Eco, non si può fare con le migrazioni. Queste "sono come i fenomeni naturali: avvengono e nessuno le può controllare".

Dopo un lungo periodo di immigrazione tipica, tra il diciannovesimo e l'inizio del ventesimo secolo, il panorama attuale offre esempi di movimenti migratori difficili da classificare. È sotto gli occhi di tutti, e specialmente degli italiani, il "flusso inarrestabile da sud verso nord (gli africani o i medio-orientali verso l'Europa)". Gli sbarchi di clandestini sulle coste italiane, in particolare sulle isole piccole e grandi dei mari meridionali, sono diventati fatti di routine nelle cronache televisive e sulla stampa. I sequestri o il salvataggio di imbarcazioni hanno assunto un tale rilievo tra le attività della marina militare che la NATO ha cominciato ad organizzare operazioni congiunte e simulazioni di addestramento.

È ancora possibile applicare la distinzione tra immigrazione e migrazione, si domanda Eco, nel momento in cui l'intero pianeta "sta diventando il territorio di spostamenti incrociati"? Una cosa è certa: gli xenofobi e i nostalgici reazionari che in vari paesi d'Europa si illudono di poter rinchiudere gli immigrati in nuovi ghetti "affinché non si mescolino con i nativi", non capiscono la differenza tra le immigrazioni "controllabili politicamente" e le migrazioni che producono un "meticciato incontrollabile". Le barriere geografiche, militari e politiche tra il cosiddetto Terzo Mondo e l'Europa si rivelano impossibili da mantenere. "Il problema non è più decidere se si ammetteranno a Parigi studentesse con il *chador* o quante moschee si debbano erigere[76] a Roma. Il problema è che nel prossimo millennio l'Europa sarà un continente multirazziale, o se preferite, 'colorato'. Se vi piace, sarà così; e se non vi piace, sarà così lo stesso".

Attività

A. In gruppi, discutete le questioni sollevate da Umberto Eco.
B. Affrontate il tema dei problemi dell'integrazione degli immigrati nei paesi europei, con particolare riferimento alle differenze di religione e al ruolo della donna.
C. In omaggio all'autore del *Nome della rosa,* appassionato e cultore[77] dei giochi di parole, ve ne proponiamo uno di cui Eco ha fornito esempi sopraffini nel volumetto *Vocali* (1991): si chiama lipogramma. Un lipogramma è un testo in cui non è mai usata una determinata lettera dell'alfabeto. Qualsiasi parola che contenga quella lettera deve essere esclusa o sostituita da un'altra. Per esempio, Eco ha riscritto la prima pagina dei *Promessi sposi* senza la lettera "U" e una poesia di Montale omettendo in ogni versione una vocale diversa. Noto già in età classica, il lipogramma fu rilanciato nel 1969 da un romanzo Georges Perec, *La disparition,* scritto senza la lettera "E". In Italia il gioco, raccomandato anche da Ersilia Zamponi nel suo manualetto *I Draghi locopei: imparare l'italiano con i giochi di parole* (1986), è usato da insegnanti di scuola elementare e media per rinforzare il processo di individuazione dei sinonimi. Provate anche voi, scegliendo uno di

questi formati: potete riscrivere un passo di un testo famoso senza una consonante o una vocale, oppure potete scrivere un lipogramma su una professione
(l'arbitro, il cantante, il poliziotto, ecc.).

Ecco due esempi di lipogramma in A:

Dante Alighieri (*Inferno* 1): "Nel mezzo del sentier di nostro evo / io mi rinvenni
per un bosco oscuro / che 'l giusto ir vedere non potevo. / Oh come il dir che fu è
troppo duro / quest'intrico silvestre, irto e sì forte / che nel pensier timore mi
figuro!"

Il pilota: Corre veloce sul suo veicolo leggero, oppure su moto che producono
odiosi rumori. Insegue il sogno dei soldi, mentre si gode visioni di piste sporche
d'olio. L'ingegnere nel box lo dirige con consigli sempre opportuni. Non crede di poter
smettere nemmeno se vecchio. Solo vincere per lui è vivere.

ITALIANI D'ARGENTINA

Al consolato di Buenos Aires le istruzioni sono chiare e perentorie: consegnare i
documenti per la domanda di cittadinanza e poi attendere la telefonata del funzionario. A casa. Gli oriundi italiani, però, non ce la fanno ad aspettare per mesi che
diventano anni. I loro nonni o i bisnonni si erano trasferiti lì (dal Meridione ma anche
dal Nord: Friuli, Veneto, Piemonte), in cerca di lavoro e di fortuna; i discendenti
guardano all'Italia come all'ultima spiaggia. Il loro unico pensiero è lasciare l'Argentina devastata dalla crisi economica, e rifarsi una vita, pure a costo di ricominciare da
capo. E allora si formano file lunghissime fuori del consolato. Di tanto in tanto
qualche giornalista italiano o una troupe televisiva va lì a fare un servizio.

Nell'estate del 2002, secondo *Repubblica,* in Argentina e in Uruguay c'erano ancora "600.000 domande" per la cittadinanza italiana "in attesa di trascrizione".
Spiegava Omero Ciai, l'inviato del giornale: "Vuol dire che tu hai già raccolto tutti i
documenti necessari per ottenere la cittadinanza, che hai già trovato il certificato di
nascita di tuo nonno. E che il Consolato deve mandarlo in Italia, al Comune, e il
Comune deve rispedirlo indietro timbrato".[78] Tuttavia, oltre alle pratiche bloccate
dalla proverbiale lentezza della burocrazia, ci sono "migliaia di nipoti e pronipoti di
italiani che non hanno neppure la più pallida[79] idea del Comune esatto da dove partì,
cent'anni fa, il nonno o il bisnonno".

Erano davvero numerosi, gli immigrati italiani in questa terra. Tanto che il grande
Jorge Luis Borges escogitò[80] questo paradosso: "A veces pienso que no soy argentino,
ya que no tengo sangre ni apellido italianos".[81] Un altro detto famoso, che risale ai
tempi di un'Argentina ricca e cosmopolita, recita: "Un argentino es un italiano que
habla español, piensa en francés pero le gustaría ser inglés".[82] Al giorno d'oggi,
invece, com'era scritto in un editoriale del periodico *La Nueva España,* "un argentino
es un argentino, el de las tres des: deprimido, desilusionado y desesperanzado".[83]

Murale bolognese.
© Giorgio Fedi

"Abbiamo l'aria di italiani d'Argentina / ormai certa come il tempo che farà. / Con che scarpe attraverseremo / queste domeniche mattina / E che voglie, tante, / e che stipendi strani / che non tengono mai". Sono i versi della canzone "Italiani d'Argentina" di Ivano Fossati (1990), dedicata proprio ai nipoti dei primi emigranti italiani; quelli, per riprendere le parole del cantautore, "che non sono ancora del tutto radicati[84] nel nuovo paese e non si sono ancora completamente dimenticati delle loro origini". La grave crisi economica dell'Argentina ha cambiato le loro abitudini, nelle cose importanti come nelle più piccole. Uno degli intervistati di Ciai afferma: "fino all'anno scorso andavo a casa di mia madre e c'erano sempre la pasta Barilla e il caffè Lavazza. Era un modo per sentirsi un po' italiani. Oggi, per noi, sono prodotti proibitivi. La pasta, l'olio. Mangiamo la pasta che si scuoce. La colla".[85]

Ha scritto Paolo Rumiz in "Noi, italiani di ritorno" (articolo apparso sulla prima pagina di *Repubblica* nel gennaio 2003), che gli italo-argentini tornano nella terra d'origine "pensando di essere immigrati di serie A, e invece si scoprono italiani di seconda classe". La laurea argentina non è riconosciuta in Italia, e comunque il mercato italiano "non cerca cervelli ma solo braccia", "manodopera di basso livello". Un oriundo si sfoga con il giornalista: "L'Italia lancia all'estero l'immagine della quarta, quinta potenza mondiale. E noi siamo attirati da quella chimera. Nessuno ti dice: attenti, qui non c'è lavoro, state a casa, aspettate, l'Europa già scoppia di immigrati. È così che nasce il rancore per la madrepatria".

ITALIANI NEL MONDO

Grandi cambiamenti sono intervenuti nel rapporto tra l'Italia e le comunità italiane nel mondo. Paradossalmente sembra che sia stato il recente fenomeno dell'emigrazione verso l'Italia a risvegliare la sensibilità del Paese nei confronti dei propri emigranti, aprendo la strada all'istituzione di un apposito Ministero per gli Italiani nel Mondo e all'approvazione di una legge che consente agli italiani residenti all'estero di votare ed essere eletti al Parlamento. I posting che seguono, pubblicati su vari newsgroup in momenti diversi, esaminano la questione da punti di vista differenti.

From: eugeniol@home.com
Subject: Messaggio di Mirko Tremaglia agli Italiani nel mondo
Newsgroups: it.politica, soc.culture.italian
Date: 2002-08-09 11:50:49 PST
Mi ha provocato una grande emozione, davvero. Non ve lo copio tutto perché sarebbe troppo lungo...

Messaggio del Ministro per gli Italiani nel Mondo, On.[86] Mirko Tremaglia
Miei cari connazionali, su mia richiesta, il Governo della Repubblica ha proclamato l'8 di agosto Giornata Nazionale del Sacrificio del Lavoro Italiano nel Mondo.
In tutte le Pubbliche Amministrazioni d'Italia, nei Comuni, nelle Province, nelle Regioni e in tutte le Ambasciate del Mondo verrà osservato un minuto di raccoglimento[87] come atto di devozione e di omaggio a tutti gli italiani Caduti sul lavoro.

Restituiamo la memoria a tutto il popolo italiano. Non dimentichiamo mai la nostra storia che è la vostra storia. Quella della emigrazione che, durante un secolo, ha subito violenze, insulti, umiliazioni, che ha pagato con il sangue tante ingiustizie, misconoscimenti, discriminazioni.

... Tutto oggi è stato capovolto perché siete divenuti i primi della classe e siete onorati in ogni Paese che vi ospita. Siete 4 milioni di cittadini italiani, siete 60 milioni di origine italiana. Avete invaso il mondo e noi oggi possiamo proclamare quanto abbiamo dato. Siamo in tutte le Pubbliche Amministrazioni. Siamo 351 parlamentari di origine italiana. Siamo nei Governi, nell'economia, nelle arti e nei mestieri, nella scienza e nella ricerca. Nell'imprenditoria. Abbiamo tanti missionari. E tanti artisti, giornalisti della carta stampata e della televisione. Siamo negli Istituti di cultura e in quelli del Commercio estero.

Mandandovi il mio abbraccio dal profondo del cuore, vi annunzio che l'Italia di oggi, per la prima volta, in questa grande ricorrenza[88] di ammirazione per voi ha emesso il francobollo dal titolo "Italiani nel Mondo".

From: Saverio Raffaelli (saraf@hk.net)
Subject: Re: Messaggio di Mirko Tremaglia agli Italiani nel mondo
Newsgroups: soc.culture.italian

Date: 2002–08–09 20:38:22 PST

Pfui! È una collezione di banalità zuccherose che mi fa venire in mente De Amicis.[89]

From: Pino Lebani (giubani@my-deja.com)
Subject: Re: Messaggio di Mirko Tremaglia agli Italiani nel mondo
Newsgroups: soc.culture.italian
Date: 2002–08–12 05:30:21 PST

Tremaglia comunque si è sempre battuto per il voto degli italiani all'estero. È uno dei pochi nella CdL[90] che si oppose alla famigerata[91] legge Bossi-Fini,[92] dichiarandosi a favore dei ricongiungimenti familiari, della regolarizzazione dei clandestini, ecc. ecc.

From: Gualberto (gualberto1@libero.it)
Subject: Re: Messaggio di Mirko Tremaglia agli Italiani nel mondo
Newsgroups: soc.culture.italian
Date: 2002–08–12 06:26:25 PST

Per il momento accontentiamoci di Mirko "lacrimuccia" Tremaglia che commemora i 100 e passa[93] morti della miniera di Marcinelle dell'8 agosto del '56 (da qui la scelta della data).[94] Chiedere di più adesso è chiedere troppo.

From: Marco (sereni@my-deja.com)
Subject: voto italiani all'estero
Newsgroups: soc.culture.italian, it.diritto
Date: 2003–01–26 13:47:12 PST

Avete ricevuto la lettera del consolato sul voto degli italiani all'estero? Devo dire che la legge è stata fatta da gente senza senso pratico. Ma che hanno usato, il Risiko?[95] Il mondo è diviso in quattro (!) collegi elettorali: 1) Europa; 2) America Meridionale; 3) America Settentrionale e Centrale; 4) Africa, Asia, Oceania e Antartide. Da questi collegi dovrebbero uscire 12 deputati e 6 senatori. A ciascun collegio, dice la lettera, va 1 deputato e 1 senatore, gli altri sono distribuiti in base al numero dei residenti. I dettagli del voto sono interessanti: si vota per posta, il consolato locale raccoglie i voti e poi li spedisce in Italia.

Un bel sistemino, non c'è che dire.

From: Tommy (tommy80@IOSONOlibero.it)
Subject: Re: voto italiani all'estero
Newsgroups: it.diritto
Date: 2003–06–06 14:28:23 PST

Spiegatemi un po' voi che senso ha che una persona nata magari in Argentina da genitori italiani e che ha preso la cittadinanza italiana senza mai venire nel nostro paese possa votare al referendum sull'art. 18.[96] Che gliene importa?

From: Cristiano V. (vannucchi@katanospammail.com)
Subject: Re: voto italiani all'estero

Newsgroups: it.diritto

Date: 2003–06–11 07:34:41 PST

Capisco chi si trova all'estero temporaneamente. Gli altri perché votano, se non pagano le tasse in Italia? È assurdo.

From: amelia (amcos@tiscali.it)

Subject: Re: voto italiani all'estero

Newsgroups: it.diritto

Date: 2003–06–12 07:57:07 PST

Non mi pare tanto assurdo. Chi è cittadino italiano, anche se è all'estero, deve avere il diritto di votare (ripassati[97] la Costituzione!). Allora che effetto ti fa sapere che un cittadino europeo può votare per le elezioni comunali, se risiede in Italia? Tanto più che all'estero voteranno quelli che sono veramente interessati, gli altri non staranno a perdere tempo.

From: angela (angecas@libero.it)

Subject: la prima volta degli italiani all'estero

Newsgroups: it.politica.pds

Date: 2003–06–13 09:57:20 PST

Oggi ho ascoltato al tg un'intervista a Tremaglia sul voto degli italiani all'estero. Sono arrivate in Italia, per via aerea, le schede[98] e i risultati sono molto incoraggianti. La risposta dei nostri connazionali è stata positiva, la percentuale dei votanti alta.

From: Silvano (silvagost@wind.it)

Subject: Re: la prima volta degli italiani all'estero

Newsgroups: it.politica.pds

Date: 2003–06–13 13:43:52 PST

Veramente stasera ho sentito che la percentuale sarebbe del 25%, tanto che alcuni accusano il governo di non essersi impegnato abbastanza.

Attività

A. In classe, dibattete i pro e i contro del sistema elettorale italiano con riferimento al voto dei residenti all'estero e ai collegi elettorali extraterritoriali.

B. Immaginate di candidarvi per rappresentare gli italiani del vostro collegio elettorale, e compilate una lista di punti che includereste nella vostra piattaforma politica.

L'ESISTENZA DELLE LINGUE STRANIERE

Gianni Celati

Oltre che narratore e autore di *travelogues*, Gianni Celati (Sondrio, 1937–), è anche saggista, traduttore e videografo. È stato docente di Letteratura Angloameri-

© *Giorgio Fedi*

cana a Bologna e Visiting Professor in varie università americane. L'esordio come narratore avviene nel 1970 con *Comiche*. Seguono *Le avventure di Guizzardi* (1972), storia di un attore ispirata al vecchio cinema comico alla Harry Langdon, *La banda dei sospiri* (1976) e *Lunario del paradiso* (1978), ricordi, incontri e migrazioni tra infanzia e gioventù. I racconti di *Narratori delle pianure* (1985), le *Quattro novelle sulle apparenze* (1987) e i diari o "racconti d'osservazione" di *Verso la foce*[99] (1989) compongono una trilogia di attraversamento di paesaggi, con e senza figure umane, nelle campagne padane tra la via Emilia e il delta del Po, fino al "limite delle terre".

Recita dell'attore Vecchiatto nel teatro di Rio Saliceto (1996) è uno straordinario risarcimento[100] di rispetto e fama tributato, attraverso un triste "dramma della vecchiaia", a un attore shakespeariano famoso in America e nel resto d'Europa ma sconosciuto e disoccupato al suo ritorno in Italia (dove trovò un ingaggio solo nel piccolo teatro emiliano del titolo). *Avventure in Africa* (1998) è il taccuino-diario di un viaggio in Mali, Mauritania e Senegal intrapreso nel '97.

"Scrivendo e leggendo dei racconti si vedono dei paesaggi, si vedono figure, si sentono voci: è un cinema naturale della mente": così l'autore spiega il titolo di *Cinema naturale* (2001), la sua più recente opera narrativa.

Celati è anche autore di *Finzioni occidentali* (saggi sulla mitografia e sulla distinzione tra storiografia e romanzesco, pubblicati nel 1975), di traduzioni di classici (Jonathan Swift, Stendhal, Herman Melville, Friedrich Hölderlin) e, più recentemente, di *Visioni di case che crollano* (2002). *Visioni* è un video-documentario a cui ha collaborato il critico e scrittore John Berger. Le immagini di case cadenti sul delta padano,[101] e le voci di chi a quelle terre e case è legato o ci ha trovato recente asilo (come un gruppo di immigrati senegalesi) inducono a riflessioni sul nostro rapporto con le rovine come "sorprendenti aspetti d'un paesaggio moderno". Commenta l'autore: "in un'epoca in cui si tende a restaurare tutto per cancellare le tracce del tempo, quelle case portavano i segni d'una profondità del tempo e così ponevano la domanda: cosa dobbiamo fare delle nostre rovine? cosa fare di tutto ciò che è arcaico e sorpassato, e non può essere smerciato[102] come un altro articolo di consumo?"

Tra film di finzione e documentario, avverte Celati, "forse non c'è molta differenza nei modi di manipolazione delle immagini, ma c'è differenza nel grado di sorveglianza dei confini del fittizio". Queste parole possono valere anche per il Celati osservatore dei paesaggi e dell'umanità del Delta, per il Celati raccontatore del "sentito dire che circola in un luogo e paesaggio", e per il narratore delle apparenze: "si trattava di riattivare la semplice percezione delle cose poco osservate, la capacità di guardare il mondo esterno così come è. Forse il problema di fondo è che noi non crediamo più al mondo esterno, crediamo solo a un'immagine di noi stessi da proiettare in base all'estetica spettacolare dei consumi".

Narratori delle pianure

All'inizio di *Narratori delle pianure* c'è una carta geografica del delta del Po, con, segnate, la via Emilia e, dal Milanese alla foce, le città e i paesi in cui vivono o hanno vissuto raccontatori e personaggi delle storie: dal falegname che perde una causa legale e va a vivere con un eremita, al barbiere che crede gli venga negata l'esistenza e dunque si mette a cercarne le prove, e poi resta muto; dai "bambini pendolari"[103] che si perdono andando in cerca di chi non sia noioso o cretino, alla stilista di moda giapponese che, fidandosi delle divinazioni di un "consigliere zodiacale", si trasferisce da Los Angeles a un paese della cintura milanese, e lì vive felice; dallo pseudo-scienziato "manipolatore d'apparenze" che si ritrova senza una lingua propria per comunicare, a vari altri filosofi, visionari e viaggiatori delle pianure del basso corso del Po.

Narratori delle pianure è dedicato a "quelli che mi hanno raccontato storie, molte delle quali sono trascritte". Non avrebbe senso chiedersi se l'autore ci dica questo solo per riprendere l'antico espediente letterario del narratore come testimone e veicolo di storie altrui. Così facendo, si verrebbe meno[104] al patto, all'intesa formale tra narratore e lettore: "i raccontatori di storie... non inventano quello che vogliono, devono attenersi[105] a quello che dice la storia. E a un raccontatore non si può chiedere: 'Ma è vera la tua storia? È veramente successo così?', perché sarebbe una grande offesa".

La narrazione celatiana è totalizzante: mancano i discorsi diretti, tutto è mediato e riorganizzato dal filtro della voce narrante, con quella "disinvoltura" e competenza convenzionale che le permette di superare gli ostacoli propri di ogni comunicazione interpersonale, di nascondere la discontinuità delle esperienze e "l'entropia del linguaggio".

In barca sul delta del Po.
© Luca Di Iorio

Gianni Celati, "Mio zio scopre l'esistenza delle lingue straniere"

(*Narratori delle pianure*; Milano: Feltrinelli, 1985)

Mio nonno paterno era un uomo molto magro e molto basso, esattamente della stessa altezza e nato nello stesso giorno del re d'Italia Vittorio Emanuele III. Essendo così basso non avrebbe dovuto fare il servizio militare; ma quell'anno è stato abbassato il limite minimo di altezza necessaria per entrare nell'esercito, perché altrimenti neanche il futuro re d'Italia avrebbe potuto entrare nell'esercito. Per questo motivo mio nonno ha dovuto fare il servizio di leva.[106]

Era muratore e tutti i suoi figli hanno dovuto fare i muratori come lui, tranne mio padre perché andava in giro a suonare la chitarra e la fisarmonica nelle feste dei paesi. Mio nonno era il muratore di molte famiglie ricche, e anche della famiglia di quell'occupatore di città di cui ho detto.[107]

In casa e sul lavoro era dispotico come un re. Quando i suoi figli hanno dovuto fare il servizio militare, ha voluto diventassero tutti carabinieri[108] benché il periodo di leva fosse più lungo, in quanto così guadagnavano dei soldi e non perdevano del tempo.

Per lui come per i suoi figli muratori i giorni di festa non contavano, lavoravano di domenica come gli altri giorni. Neanche la religione per loro contava, tranne per necessità come battesimi, matrimoni, funerali. Non solo mio nonno non leggeva i giornali, ma non credeva neanche che le notizie riportate sui giornali avessero qualche fondamento, e le considerava come favole che fanno solo perdere tempo.

Uno dei figli muratori molto presto ha litigato con mio nonno dispotico, e se n'è andato per conto suo a lavorare all'estero. È rimasto in Francia per alcuni anni, e diceva che durante quegli anni non s'era mai accorto che là si parlava francese.

Mio nonno e i suoi figli parlavano il dialetto del loro paese, ma appena fuori di casa e subito oltre il Po i dialetti erano già diversi. Quando mio zio se n'è andato di casa e s'è fermato a lavorare vicino a Genova, ha trovato un dialetto molto diverso dal suo. E così trovava dialetti molto diversi ad ogni posto in cui si fermava, Mentone, Nizza, Digione. Riusciva però sempre a farsi capire, e allora per lui un dialetto era uguale a un altro.

A Digione viveva in un sobborgo dove c'erano molti italiani. S'è sposato e subito ha imparato le frasi necessarie per parlare in francese con sua moglie e con gli altri; e anche quello era per lui un altro dialetto.

Infatti (raccontava mio zio) dov'era la differenza se lui parlava con un francese o con un contadino della riviera? Capiva poco l'uno e poco l'altro, ma riusciva a intendersi con entrambi.

Poi è nato suo figlio. Due anni dopo è tornato a lavorare in Italia lasciando la moglie a Digione.

E solo quando è rientrato in Francia dopo altri due anni, ascoltando suo figlio e scoprendo che parlava in modo tanto diverso dal suo, cioè una lingua straniera, gli è venuto in mente un mare pieno di nebbia che non si può traversare: al di là c'è uno che ti parla e tu lo senti, ma non ci arriverai mai a farti capire, perché la tua bocca non riesce a dire le cose come stanno, e sarà sempre tutto un fraintendersi,[109] uno sbaglio a ogni parola, nella nebbia, come vivere in alto mare, mentre gli altri però si capiscono bene e sono contenti.

Così mio zio ha scoperto l'esistenza delle lingue straniere, per primo nella nostra famiglia.

Sentire suo figlio che parlava in francese, così piccolo e già lontano mondi e mondi dal dialetto di mio nonno dispotico, è stata la più grande sorpresa della sua vita, come se si svegliasse da un sogno, e s'è messo a piangere.

La lingua delle apparenze

Le convenzioni classiche del discorso narrativo prescrivono che la narrazione distaccata delle azioni o degli eventi puntuali avvenga al passato remoto o al trapassato, e quella delle azioni o eventi frequenti o durativi all'imperfetto o trapassato (come in: "Carlo disse che aveva mal di pancia e che il giorno prima si era sentito peggio"). Il commento dialogico sugli eventi e la comunicazione narrativa immediata dovrebbero rendersi col presente e il passato prossimo, più l'imperfetto ("Carlo disse: 'Ho il mal di pancia e ieri mi sono sentito peggio perché avevo la febbre'"). Molti scrittori italiani recenti rinunciano all'uso dei tempi narrativi convenzionali per comunicare un senso d'immediatezza, per imitare le cadenze del parlato o per produrre sconcerto e straniamento.[110] In Celati, invece, sembra che si voglia semplicemente abolire la distanza tra narrato e commento, e ridurre tutto alla superficie di ciò che appare e viene detto. D'altra parte, dichiara l'autore, le apparenze, "che sono

© *Giorgio Fedi*

il supporto della rappresentazione esterna, ci stanno a cuore più d'ogni interpretazione complessiva del mondo: infatti sono tutto ciò che abbiamo per orientarci nello spazio".

Al protagonista di questa storia le lingue appaiono come un *continuum* che, in successive migrazioni, si modifica, appare diverso, ma non fino al punto da impedire che i parlanti s'intendano. Egli vive una serie di eventi ordinati ed ordinari, eventi che, direbbe Celati, vanno sottoposti a semplice "manutenzione". Poi un fatto singolare (il distacco e il ritorno), che non è parte dell'esperienza consueta, interrompe la serie: l'ascolto del figlio fa scoprire allo zio l'esistenza delle lingue straniere ed, insieme, che il suo comunicare sarà d'ora in avanti tutto un fraintendersi, un perdersi nella nebbia più impenetrabile. Questo è l'evento che rende la storia degna di essere raccontata.

Ogni racconto, dice Celati, "dovrebbe mostrare di avere un succo, un punto, una morale, comprensibile e magari accettabile dall'ascoltatore". Questa novella ci dice, in sostanza, che la consapevolezza della propria lingua non va data per scontata, e che talvolta la razionalizzazione del comunicare o la stessa verbalizzazione dell'esperienza non sono necessarie: ecco dunque gli eremiti o i muti o i piangenti che incontriamo tra i personaggi di queste storie.

Attività

A. Componete un'intervista immaginaria con il protagonista del racconto di Celati.
   Nelle risposte rielaborate i contenuti della biografia del personaggio.

MILA LIRE

Salah Methnani e Mario Fortunato

Salah Methnani nasce a Tunisi nel 1963 da una famiglia della media borghesia. Dopo la laurea in lingue straniere (inglese e russo) seguì la strada di molti suoi connazionali: emigrò clandestinamente in Italia. Una lunga migrazione interna lo portò in varie città (Palermo, Napoli, Roma, Firenze, Padova, Torino, Milano), dove egli entrò in contatto con le realtà locali del mondo degli stranieri più o meno regolari, più o meno dotati, cioè, di permesso di soggiorno e di lavoro. Uscito dal mondo della clandestinità e del lavoro nero, Methnani ha trovato impiego presso case editrici italiane traducendo testi letterari dall'arabo. Il racconto autobiografico (quasi un diario) *Immigrato*, uscito nel 1990, è frutto della collaborazione di Methnani e Mario Fortunato, giornalista, scrittore e, attualmente, direttore dell'Istituto Italiano di Cultura di Londra. (La decisione del governo italiano di centro-destra di sollevare Fortunato dal suo incarico londinese suscitò la reazione ferma di alcuni tra i più noti scrittori, artisti e attori britannici, tra cui Salman Rushdie, Tom Stoppard, Rupert Everett, Ken Loach, Doris Lessing e Harold Pinter. Questi accusarono i governanti italiani di voler rimuovere Fortunato perché apertamente gay e di sinistra. La protesta fu efficace e Fortunato rimase al suo posto.)

L'opera di Methnani e Fortunato documenta una fase iniziale, pionieristica, di un genere (la letteratura scritta da immigrati in Italia) ancora in fase di definizione ed emancipazione. Armando Gnisci, docente di letteratura comparata all'Università La Sapienza di Roma, ha parlato di "doppiaggio"[111] per questi testi rimaneggiati da un *editor* di madrelingua. E Mario Fortunato ha dichiarato al quotidiano *L'Unità* che queste opere sono "messaggi in bottiglia, che arrivano da una realtà underground ancora in formazione. Ci vorranno altre generazioni, un'assimilazione della lingua, dei suoi stilemi narrativi, più profonda. E da qui forse avremo delle sorprese importanti, perché non è escluso che l'italiano, aprendosi a delle nuove elaborazioni, risulti più ricco, più eccentrico. O più povero".

All'inizio degli anni '90 furono più di uno i racconti autobiografici che riuscirono ad arrivare al mercato editoriale. Tra essi ricordiamo *Chiamatemi Alì* (1991) di Mohamed Buchane; *Io, venditore di elefanti: una vita per forza fra Dakar, Parigi e Milano* (1994) di Pap Khouma; *Pantanella, canto lungo la strada* (1992) e *I bambini delle rose* (1995) di Mohsen Melliti. Tra le iniziative editoriali più recenti si segnala *L'Africa secondo noi* (2002), in cui Piersandro Malandri e Jadelin Mabiala Gangbo hanno raccolto testi sul tema dell'Africa e degli africani, commissionati a vari autori (tra cui Angelo Ferracuti, Giulio Mozzi, Aldo Nove, Tiziano Scarpa). Il volume è uscito da quelle stesse edizioni Arco che, nel corso degli anni, avevano stampato letteratura di e su immigrati, ed è stato distribuito per le strade, dai venditori ambulanti extracomunitari.

Immigrato

Salah è figlio di genitori separati. Affidato,[112] secondo quella che era pure la sua volontà, alla madre, ha sempre avuto per la figura paterna un misto di soggezione e rimpianto, non foss'altro per le occasioni mancate d'incontro e reciproca conoscenza. Si reca in Italia la prima volta da turista, e visita Trapani, in Sicilia, con un amico. Dopo la laurea, seguendo il consiglio di amici che gli raffigurano l'Italia come un paese dalle molte opportunità, ed anche attratto dalla televisione italiana e dai suoi

spettacoli rutilanti e in fondo mendaci,[113] Salah intraprende il viaggio di trasmi-
grazione, peraltro quasi iscritto nel suo destino (il padre, nei rari momenti trascorsi
insieme, gli aveva insegnato a contare da uno a dieci in italiano).

All'arrivo in Sicilia, a Mazara, subito Salah comincia a percepire come egli possa
solo per approssimazione assimilarsi agli altri immigrati, e si rende conto che c'è ben
poco da fare in un mercato del lavoro in cui gli stranieri si contendono paghe da
schiavo con gli italiani diseredati,[114] oltreché con gli immigrati veterani. Il protagonista viene a contatto con persone di diverse provenienze, compiendo una sorta di
esplorazione etnografica del mondo dell'immigrazione cui si aggiunge in parallelo la
catalogazione razzista fornita dagli italiani ("gli algerini sono ladri. I marocchini
lavoratori. I tunisini spacciatori...", dice un datore di lavoro padovano). Salah avverte
subito l'impossibilità di trovarsi un ruolo, un'identità: da persona colta qual egli è,
vorrebbe talvolta fare il turista, visitare musei e siti archeologici; si ritrova però
calamitato nei bassifondi[115] in cui gli immigrati si radunano: le stazioni ferroviarie, i
giardinetti dove si spaccia la droga, i viali frequentati dalle prostitute. Le opportunità
di trovare un lavoro legittimo (con cui ottenere un permesso di soggiorno) non ci
sono, e senza il permesso, neanche le occupazioni più umili sono a portata di mano.
Ecco dunque che Salah è costretto a sperimentare identità transeunti,[116] quasi di
comodo;[117] a Firenze, dopo aver preso della droga, si ritrova a comportarsi come un
tossicodipendente, ad assumerne movenze e gesti: egli è diventato, dice, "un tossico
clandestino. Finalmente ho un'identità".

Nel brano che segue, il protagonista, che pure è capace di parlare un buon italiano, si cala nella maschera del "vu cumprà". Egli parla come gli italiani si aspettano
che parli un immigrato stereotipico.

Mario Fortunato—Salah Methnani, *Immigrato*

(Roma-Napoli: Theoria, 1997)

C'è uno strano clima, a Milano: caldo e freddo insieme. Non mi piace. E non mi
piace Milano. Natale è ormai alle porte, e il senso della festa, sarà sciocco ma è vero,
sottolinea la tua solitudine, il non sapere dove andare. È buffo: quando, in Tunisia,
immaginavo l'Occidente, lo vedevo proprio così: vetrine scintillanti[118] di negozi,
moquette rossa per le strade più chic, e un brusio[119] fitto ma in sordina di passanti, intenti a comprare oggetti di buon gusto. Solo che, in questa fantasia, io e molti
miei amici partecipavamo al gioco, e mentre gli altri si precipitavano ad acquistare
l'ultimo modello Levi's, io facevo grandi scorpacciate[120] di prime visioni cinematografiche. Forse, chissà, avevo anche un amico italiano esperto di cinema con cui
chiacchierare fino a notte, imparando da lui, apprendendo di cineasti[121] e attori
sconosciuti ai più.

Faccio un breve giro per la Stazione Centrale. È il solito paesaggio: accanto a una
scala mobile, gruppi di nordafricani sdraiati o seduti in terra. Sembrano una caro-
vana di nomadi raccolti intorno a un palmizio:[122] se ne stanno lì, in sosta, in attesa di
ripartire per nessun luogo...

Ho comprato da un marocchino una ventina di accendini.[123] La città è già gremita[124] di venditori ambulanti. Non riesco a trovare un posto tranquillo. Provo a una fermata della metropolitana, faccio il biglietto, scendo di sotto. C'è qualche ragazzo che suona il sassofono, gente indaffarata[125] che va e che viene, parecchi nordafricani. Passo l'intera mattinata a spostarmi da una piazza all'altra, da una stazione del metrò a un'altra. Il pomeriggio tento a piazza Lagosta, dove c'è il mercato del sabato. Finalmente, un angolino libero. Recupero una cassetta vuota, vi appoggio sopra i miei accendini e comincio a gridare:

"Mila lire, accendini, mila lire". Dico anch'io "mila", invece di mille, perché ormai sono convinto che la gente si aspetti che un vu' cumprà parli così. Così tutti i vu' cumprà dicono "mila lire".

Allineato agli altri venditori, mi sento un imbonitore.[126] O un domatore di leoni.[127] Ogni tanto, lancio un'occhiata ai miei colleghi. Alla mia destra, c'è un marocchino che offre foulard e magliette. Alla sinistra, un senegalese propone borse e cinture. Bobo, il senegalese, mi racconta di essere in Italia da tre anni. Ha i documenti in regola, non è clandestino. Pure, non è riuscito a trovare niente di meglio che fare l'ambulante. Davanti alle sue borse, sono in parecchi a sostare: guardano, toccano, sorridono, e proseguono oltre. Bobo commenta: "La gente dice bello bello, ma poi non compra un cazzo". Finalmente un ragazzo si ferma a guardare e pare intenzionato a fare acquisti. Per una borsa e una cintura, Bobo chiede, dopo lungo discutere, sessantamila lire. Il ragazzo dice: "Quaranta". Bobo cerca di resistere, ma quello è l'unico cliente della giornata. Vada per quaranta. Bobo incarta[128] gli oggetti, poi chiede duemila lire "per un caffè". Il ragazzo fa spallucce,[129] si allontana, ma, a sorpresa, dopo pochi metri torna indietro e allunga[130] mille lire a Bobo, che accetta con grandi sorrisi e inchini.[131]

Verso le diciotto, lasciamo la piazza del mercato. Bobo mi accompagna al Centro stranieri di via Tadini. Nella sala, c'è una riunione. Temo il solito copione[132] inconcludente. Ma c'è una novità: qui le persone si esprimono in *wuluf,*[133] quindi non capisco nemmeno una parola. Meglio così, penso. Rimango seduto e in silenzio per tutto il tempo. Non è male: sempre meglio che restarsene lì fuori, al gelo.

La discussione, qui e là, pare accendersi. Qualcuno si alza all'impiedi, dice qualcosa in maniera molto decisa, si siede. Segue una pausa. Tutti sembrano molto colpiti. Si ricomincia in sordina, un tono più suadente. Alle nove e mezza, la riunione si scioglie. Ho capito solo una cosa: fra poco, al Centro sociale ex Alcione, ci sarà una festa di immigrati. Non ho intenzione di perdermela. Mi unisco agli altri, parlando in francese.

Ora sembra di essere dentro una balera.[134] Festoni al soffitto e file di lampadine multicolori alle pareti. Al centro, molti ballano, altri si ammucchiano[135] davanti al buffet. La scena fa pensare, non so perché, a un film di Fassbinder. Ci sono molte ragazze, e un tale gira con una cinepresa[136] sulla spalla. In fondo alla sala, anche un piccolo palcoscenico allestito per lo spettacolo teatrale *La sofferenza.* Il titolo mi sembra discutibile. Vedremo.

© *Giorgio Fedi*

Uno dei responsabili del Centro si avvicina, mi domanda se ho trovato alloggio e dove. Gli parlo della Cascina Rosa. Dico: "È una sistemazione momentanea". Quello mi spiega che, a Milano, il problema dell'alloggio è una tragedia per gli stessi italiani. "Molti immigrati non clandestini", dice, "hanno trovato sistemazione nelle case del Comune. Ma moltissimi milanesi hanno protestato: il problema è anche loro. Sta diventando una guerra fra poveri". È vero, purtroppo. È proprio questa l'immagine che, in maniera inconsapevole, confusa, mi sono fatto delle contraddizioni e dei conflitti fra noi immigrati e gli italiani. Questo non è un Paese veramente razzista, mi dico. È un Paese sbagliato. La ricchezza c'è, ma non è distribuita bene. Basta andare in autobus dal centro di Milano fino a Lambrate: il ricco Occidente si tramuta di colpo in un territorio cupo[137] e desolato. Non è più Occidente.

Attività

A. Compilate una lista di consigli e informazioni utili per un emigrante che va in Italia.

L'ITALIA È UN PAESE CIVILE

Susanna Tamaro

Susanna Tamaro (Trieste, 1957–) ha lavorato come documentarista e assistente alla regia prima di debuttare come scrittrice nel 1989 con il romanzo *La testa fra le nuvole*. Nel 1991, con la raccolta di racconti *Per voce sola*, ottiene i primi riconoscimenti critici. *Va' dove ti porta il cuore*, romanzo del 1994, diventa, con circa 8 milioni di copie vendute, il maggior best-seller della storia editoriale italiana contemporanea; nel 1995 ne fu tratto un film diretto da Cristina Comencini. *Anima Mundi* (1997) vende meno e viene ferocemente stroncato[138] dai critici, ancor più del libro precedente. Nello stesso anno Tamaro raccoglie in *Cara Mathilda* articoli e lettere pubblicati in un anno su *Famiglia Cristiana* (il settimanale più venduto in Italia), mentre *Verso casa* (1999) contiene scritti di argomento morale e spirituale. Seguono i racconti di *Rispondimi* (2001), l'epistolario d'invenzione *Più fuoco, più vento* (2002), e, di nuovo, una raccolta di racconti, *Fuori* (2003). Tamaro è anche autrice di libri per bambini, tra cui si ricordano *Cuore di ciccia* (1992), *Papirofobia* (1994) e *Tobia e l'angelo* (1998).

Mathilda è tornata a vivere nella sua Africa, e l'autrice le scrive, una volta alla settimana e per un anno. Le lettere affrontano questioni di carattere morale, e temi di vita quotidiana e di attualità sociale.

Susanna Tamaro, *Cara Mathilda. Non vedo l'ora che l'uomo cammini*
(Milano: San Paolo, 1997)
3 settembre
Cara Mathilda,
ti ricordi di quella brutta esperienza che mi è capitata un'afosa[139] mattina d'estate di qualche anno fa su un autobus? Avevo aspettato a lungo alla fermata,[140] intorno a me la folla rumoreggiava[141] innervosita, pronta all'arrembaggio.[142] Quando finalmente il 280 è arrivato, era talmente pieno che sembrava impossibile salirci. Invece grazie a delle misteriose leggi della fisica—esistenti solo a bordo dei mezzi pubblici—siamo riusciti tutti, tra spintoni,[143] salti e gomitate, a infilarci.

L'autobus caracollava già da qualche minuto sull'asfalto incandescente quando dalla parte anteriore ho sentito un trambusto,[144] una voce di uomo si è levata[145] sopra le altre:

"Tornatene nel tucùl.[146] Via, va' giù, scendi. State qua a rubarci il posto, puzzate come le bestie. Ci vorrebbe che tornasse lui,[147] che vi metterebbe tutti a posto!".

C'è stato un momento di gelo. Ce l'aveva con una ragazza eritrea che stringeva a sé un bambino. Invece di rispondere, ha abbassato gli occhi. Stavo per intervenire, quando intorno a me è esploso un coro di indignazione: "La bestia sei tu", hanno gridato i passeggeri. "Scendi, vattene giù, non c'è posto qui per gente come te!". L'aggressore ha tentato di rispondere con una sequela[148] di insulti. Insulti che sono durati pochissimo perché alla prima fermata è stato scaraventato giù di peso.[149] Intanto un signore si era alzato e aveva fatto accomodare al suo posto la ragazza.

Quell'episodio, pur nella sua turbolenza, mi aveva rassicurato. Vedi? Ti avevo raccontato, in fondo l'Italia è un Paese civile, lontano dal razzismo e dall'intolleranza. Quanti anni sono trascorsi da quell'episodio? Otto, credo, al massimo nove.

Per ferragosto è venuta a trovarmi un'amica cinese. Dopo un periodo vissuto in

© Giorgio Fedi

Europa, sta tornando definitivamente in Cina. Voleva salutarmi. Quando sono andata a prenderla alla stazione, l'ho trovata in lacrime. Era stata pesantemente insultata dal bigliettaio perché non aveva obliterato[150] il biglietto prima di partire. Semplicemente non era al corrente della nuova regola. La cosa grave è che lei non aveva minimamente protestato, anzi aveva già tirato fuori il portafoglio per pagare, scusandosi.

Ma questo non è bastato per placare il furore cieco del bigliettaio. Cosa sta succedendo in questo Paese? Perché si sta così velocemente imbarbarendo? Ognuno pensa solo a sé e in questo pensare a sé non conosce alcun limite. L'altro viene percepito solo come fastidio, ostacolo o nemico. Non esiste più alcun tipo di morale, di attenzione, di solidarietà, di rispetto. "Senza Dio, tutto è possibile", aveva scritto Fëdor Dostoevskij.

Non è quello a cui stiamo assistendo in questi tristissimi anni? Il Cielo ormai è completamente sgombro[151] e in questa nudità spicca,[152] come stella di prima grandezza, l'*ego* individuale assurto[153] a divinità unica. Tutto quello che mi rende felice è lecito, il resto non mi interessa. E su questo totalitarismo dell'*ego*, si innestano i segni visibili del degrado del cuore: l'intolleranza, il razzismo, l'assenza di compassione, di condivisione, l'incapacità di ascolto.

Attività

A. Discutete l'atteggiamento degli italiani nei confronti degli immigrati che provengono dal cosiddetto Terzo Mondo.

INSALATA ALLA MAGHREBINA

L'insalata è l'"oro verde" di un pezzo di Lombardia: le verdure pronte all'uso che gli italiani trovano sugli scaffali di 500 negozi e supermercati del Centro e del Nord provengono dalle province di Bergamo e Milano, tra Seriate e il fiume Adda. Tre aziende lombarde dominano il settore: l'Ortobell coltiva gli ortaggi, li lava, li asciuga e li confeziona in buste o in vaschette;[154] l'Italfruit li vende ai supermercati, e si preoccupa anche di sistemare i sacchetti sui banconi; i camion dell'Italfresco consegnano il prodotto. Nel 2001 l'Ortobell è diventata il maggiore produttore italiano di insalate confezionate, con una quota di mercato pari al 30%. Al tempo stesso l'Ortobell è diventata famosa in Italia come modello di integrazione dei lavoratori immigrati. A Bergamo, provincia ricca, lavorista e a forte presenza leghista,[155] secondo dati del 2002 ci sono almeno 30mila extracomunitari residenti: *latinos* che lavorano nelle imprese di pulizie; donne russe, ucraine e moldave assunte come colf o come badanti; slavi e maghrebini impiegati nei cantieri edili, nelle fabbriche e nei laboratori artigiani.

Manuela Cartosio in questo articolo descrive le lotte e i successi di un piccolo gruppo di marocchini che lavorano alla Ortobell.

Manuela Cartosio, "Insalata alla maghrebina. Gli immigrati scoprono la Cgil[156] e la portano in fabbrica"

(*Il manifesto,* 20 ottobre 2000)

Quasi incredibile ma vero. Dalla provincia di Bergamo—terra non tenera con gli immigrati—arriva una notizia in controtendenza. "Grazie" ai marocchini, il sindacato entra in un'azienda dove non aveva mai messo né piede né naso, si eleggono le Rsu,[157] si candidano solo i marocchini e i tre delegati, alla prima prova al tavolo della trattativa, portano a casa un accordo che migliora sensibilmente le condizioni di lavoro per tutti: straordinari[158] pagati di più, mezzora di pausa-pranzo retribuita, passaggio generalizzato di categoria, un aumento fisso annuo di 3 milioni netti. I lavoratori bergamaschi ringraziano: "Se non ci fossero stati loro...". E il padrone ammette: "Sarei un bugiardo a lamentarmi dei marocchini".

È successo alla Ortobell di San Paolo d'Argon. L'azienda, di proprietà dei fratelli Bellina, lava e confeziona in buste e in contenitori di plastica insalate e verdure. Sembra robetta[159] e invece la Ortobell conta 140 dipendenti (più della metà immigrati, quasi tutti marocchini), lavora 350 quintali di verdura al giorno, supera i 100 miliardi di fatturato e da quest'anno è lo sponsor dell'Atalanta.[160] La storia della Ortobell inizia tredici anni fa, "quando di dipendenti ne avevamo uno", dice Fulvio Bellina. La storia del protagonismo dei marocchini inizia a giugno, quando—racconta il delegato Khalil Abdelali—"dalla televisione abbiamo saputo che a Brescia gli immigrati facevano la lotta per il permesso di soggiorno e che la Cgil era dalla loro parte". Il permesso di soggiorno è un problema che i marocchini della Ortobell hanno alle spalle e però la condizione del lavoratore immigrato non si riduce solo a quello: "vogliamo sapere, informarci; se si sta sempre tra noi, fabbrica-casa, lavorare-dormire, le cose non si conoscono". Così in venti sono andati alla Cgil di Bergamo, alla Filcams[161] per l'esattezza, perché la Ortobell rientra nella categoria del commercio. "Una piacevole sorpresa" per Mirco Rota, funzionario della Filcams, "un mondo sconosciuto ci si è aperto davanti". Poi le prime assemblee, con i marocchini al completo e solo sette o otto lavoratori bergamaschi presenti. Gli altri si sono tenuti a distanza. Diffidenti, un po' per natura, un po' perché convinti di "rimetterci" qualche fuoribusta[162] con l'ingresso del sindacato in azienda. Perché gli italiani non si sono candidati alle elezioni delle Rsu? "Forse perché quello che noi non abbiamo ancora loro ce l'hanno già, si vede che stanno bene così", risponde Khalil, che ha lasciato Marocco e università nell'89, parla bene l'italiano e ci fa da traduttore.

I marocchini della Ortobell vengono tutti dalla provincia di Beni Amir, molti sono parenti, vicini di casa, uno ha "chiamato" l'altro, la trafila[163] è la stessa degli immigrati meridionali negli anni Sessanta. Molti hanno portato qui la famiglia. Arriveranno tra un mese la moglie e i figli più piccoli di Taoufe El Mustafa, 46 anni, i denti tutti rotti e neri, "ci vogliono troppi soldi per aggiustarli". L'hanno messo nel direttivo provinciale della Filcams e si presenta sul piazzale della Ortobell con un foglio scritto in arabo, chiede a Khalil di tradurlo: "Io non conosco le leggi in Italia, sono andato alla Cgil per conoscere i miei diritti, chiedo al sindacato di aiutarci a integrarci, sono un operaio in Italia e pago le tasse, perché non posso votare?". C'è una cifra scritta sul foglio—14 milioni—e Taoufe ci torna sempre sopra con il suo italiano stentato. "Per casa e spese di condominio 14 milioni l'anno", troppi per lui che prende 2 milioni al mese (con gli straordinari). Casa e insegnamento della lingua, insiste Rota, sono i due temi su cui il sindacato deve "stringere"[164] gli imprenditori. Chiediamo a Taoufe come si sta alla Ortobell. "Tutto bellissimo adesso, prima così così".

... L'Ortobell in zona è diventata famosa e sa d'essere osservata, "mai visti tanti giornalisti in vita mia", dice Fulvio Bellina. Meglio, per lei, evitare le rogne[165] di un conflitto sindacale, firmare in tempi rapidi l'accordo. Che effetto fa avere tre delegati marocchini? "Per me va bene così", e non aggiunge motto[166] il signor Fulvio, "noi siamo gente che non è abituata a parlare". Si lamentano i dipendenti bergamaschi d'essere rappresentati dai marocchini? "Ne ho sentito uno che lo faceva, un'operaia gli ha risposto: potevi farti avanti tu. Concordo".[167] Bellina chiama il caporeparto, che fotografa così la situazione: "Qui non è mai stato licenziato[168] nessuno. Per me andava bene anche prima. Però se loro (i marocchini, *ndr*) si trovano meglio adesso, contenti loro, contenti tutti". Un marocchino potrebbe fare il caporeparto? "Forse no, perché non riescono a comandarsi tra loro". Khalil gli dà ragione: "Qui siamo tutti come fratelli, se mandi uno in un posto dove si fa meno fatica magari pensano che l'hai privilegiato, che quello ti è più caro degli altri. Meglio che a comandare siano gli italiani, così noi restiamo tutti parenti".

Khalil alla sua cultura e alla sua religione ci tiene, ma non sembra uno venuto in Europa per convertirci all'Islam. Anzi, lui spera di tornare in Marocco tra qualche anno. "Qui mi mancano delle cose, c'è più ricchezza ma non sapete viverla bene, siete troppo *strizzati*".[169] Manderebbe sua moglie a lavorare fuori casa? "No, ha due bambini piccoli". La moglie porta il velo? "Sì. Ma il velo non fa male a nessuno". All'Ortobell il venerdì è un giorno lavorativo, come il sabato del resto. "Se qualcuno vuole pregare, può farlo, basta che si lavi le mani e si raccolga in preghiera per qualche minuto". Per le ferie[170] lunghe, nessun problema, "basta chiedere". Il più anziano, Taoufe, in Italia da tre anni, non riesce a vedere nel suo futuro un ritorno in patria.

Pensa ai due figli che hanno più di vent'anni e per i quali non ha ottenuto il ricongiungimento: "Se li prendessero a lavorare qui all'Ortobell sarei contento".

Mentre Khalil stacca deleghe[171] per l'iscrizione al sindacato—e ci tiene a mostrarci nomi anche italiani—visitiamo la "fabbrica" dell'insalata. Nulla da eccepire quanto a pulizia dei macchinari, però il rumore è forte, c'è acqua per terra e l'umidità risale velocemente lungo le gambe. "Ho visto di peggio", commenta Mirco Rota. "Per lavare l'insalata l'acqua ci vuole", dice il caporeparto.

Attività

A. Rispondete alle seguenti domande.

1) Di che cosa si occupa la Ortobell?

2) Qual è l'atteggiamento prevalente nei confronti dell'immigrazione straniera a Bergamo?

3) In che modo si distingue la Ortobell rispetto alla questione dell'impiego e del ruolo degli immigrati stranieri?

4) Che effetto ha avuto l'attenzione della stampa sulle trattative[172] sindacali della Ortobell?

5) I dipendenti bergamaschi della Ortobell sono contenti di essere rappresentati da delegati sindacali marocchini?

6) Perché i dipendenti marocchini affermano di preferire che a comandare siano gli italiani?

7) Quali sono le condizioni di lavoro all'interno dell'azienda?

8) Come hanno avuto l'idea di creare una rappresentanza sindacale i dipendenti marocchini? E come hanno attuato la loro idea?

ITALIA, ITALIA, TU SEI IL MONDO!

Il cinema di Gianni Amelio

Gianni Amelio (San Pietro Magisano, Catanzaro, 1945–) comincia a lavorare nel cinema negli anni '60 come aiuto regista in pellicole del genere "spaghetti western",[173] allora in auge.[174] Dopo alcuni film d'ispirazione letteraria o teatrale (*La città del sole*, 1973; *La morte al lavoro*, 1978; *Il piccolo Archimede*, 1979) il successo di pubblico si aggiunge al favore dei critici con *Colpire al cuore* (1982). Ambientato negli "anni di piombo",[175] è una storia di crisi e disfacimento[176] delle relazioni affettive e dei rapporti sociali, con un figlio adolescente che denuncia alla polizia il padre, professore universitario, e il suo allievo prediletto, giovane terrorista. Con *I ragazzi di via Panisperna* (1989) Amelio ricostruisce la stagione eroica della fisica nucleare italiana degli anni '30, degli esperimenti di Enrico Fermi ed Ettore Majorana. *Porte aperte* (1990), tratto da un romanzo breve di Leonardo Sciascia, narra la vicenda di un giudice nella Sicilia fascista che si batte per evitare di sentenziare la morte di un imputato pluriomicida che invece la pretende.

Il ladro di bambini (1992) narra la storia di un giovane carabiniere che deve accompagnare prima nel Lazio e poi in Sicilia due fratellini sottratti alla madre prostituta. Un film di viaggio, dunque, di attraversamento di paesaggi naturali e urbani squallidi e sontuosi (dai quartieri-dormitorio di Milano e della zona Termini di Roma, alle spiagge di una Calabria desolata, al barocco fastoso e decrepito di Noto, in Sicilia), fotografati in una luce abbagliante[177] che non è quella del Sud da cartolina. Dopo *Lamerica* (1994), Amelio ripropone lo stesso attore protagonista dei due precedenti lavori, il giovane Enrico Lo Verso, in un film premiato al Festival di Venezia nel 1998, sul rapporto obliquo e ossessivo tra due fratelli siciliani, immigrati nella Torino degli anni '60 (*Così ridevano*). Di prossima uscita è *Le chiavi di casa*, ispirato al romanzo di Giuseppe Pontiggia *Nati due volte*.

Lamerica (regia di Gianni Amelio, 1994)

È il 1991. In Albania è crollato[178] il regime comunista del dittatore Enver Hoxha. La polizia albanese cerca di tenere fuori dai cancelli[179] del porto di Durazzo centinaia di persone che vogliono imbarcarsi per l'Italia e che urlano, nella loro lingua, "Italia, Italia, tu sei il mondo!". Un imprenditore italiano, il dottor Fiore (Michele Placido), e il suo assistente, un giovane siciliano di nome Gino (Enrico Lo Verso), sbarcano dal traghetto[180] a bordo di un fuoristrada[181] giapponese. Selimi, un interprete albanese, li accompagna al loro albergo.

Selimi: "Albania comunista era come prigione, nessuno è entrato o uscito per cinquant'anni. Adesso gli stranieri possono entrare, ma gli albanesi non possono uscire".

Fiore: "Ma dove volete andare? Ma che vi pensate che in Germania, in Italia, stanno aspettando a voi?"

Fiore e Gino, nella loro stanza, cominciano a intervistare degli albanesi. Devono scegliere il "presidente" per una fabbrica che la loro società, Alba Calzature, vuole creare in Albania. In realtà cercano solo un "morto di fame" senza parenti che faccia da prestanome[182] per una truffa:[183] fingeranno di aprire una fabbrica di scarpe, per ricevere un finanziamento dal governo italiano e incassare i soldi. Fiore e il padre di Gino hanno già fatto qualcosa di simile in Nigeria, dove hanno messo su una fabbrica di televisori fasulla,[184] la Niger Electronics. Dopo molte ricerche Fiore e Gino decidono di nominare presidente Spiro Tozai (Carmelo Di Mazzarelli), un vecchio che ha passato molti anni in prigione per motivi politici e che per questo è considerato "un eroe democratico". Appena Spiro ha firmato tutti i fogli al Ministero del Lavoro albanese, i due italiani lo mettono in un orfanotrofio cattolico.

Il giorno dopo, mentre Fiore va a Roma per ottenere gli aiuti dello Stato italiano, Gino torna all'orfanotrofio a prendere Spiro, il quale deve apparire in qualità di presidente dell'Alba Calzature davanti a una commissione di stato albanese. Gino scopre che il vecchio è appena scappato; il guardiano dell'orfanotrofio l'ha portato alla stazione perché Spiro voleva andare in Italia in treno. Gino prende il suo fuoristrada e va in giro a cercarlo. Con l'aiuto della polizia, finalmente Gino trova il vecchio in un ospedale. Una dottoressa gli dice che il vecchio parla italiano, e che ha dichiarato di chiamarsi Michele Talarico. Durante la seconda guerra mondiale Michele, anche lui siciliano, è arrivato in Albania con l'esercito italiano; poi ha disertato e alla fine della guerra ha finto di essere albanese per non venire fucilato[185] dai comunisti. Mentre Gino e Michele stanno tornando a Tirana, per comparire[186] di nuovo al ministero, qualcuno ruba le ruote del fuoristrada. I due allora proseguono il viaggio su un vecchio pullman, pieno di gente diretta alla costa, per passare in Italia.

Ismail: "Come ti chiami tu? Il mio nome è Ismail. Piacere di conoscere. Mi piace Italia. Mi piacciono italiani. Io ho amici italiani: Pippo Baudo, Frizzi, Adriano Celentano.[187] Io ho guardato sempre televisione italiana, anche se prima è stato proibito da comunisti. Basta cantare una canzone italiana, allora prigione. Comunismo diceva: Tu sai canzone italiana? Allora visto televisione italiana. E se hai visto televisione italiana, tu sei un spia".

. . .

Ismail: "Chi è più importante in Italia, Papa o Presidente di Repubblica?"
Gino: "Tu che dici?"
Ismail: "Per me è il Papa. Alla tv sempre ho sentito Papa e poche volte ho sentito il Presidente... io ora che vengo in Italia faccio cristiano. Qualcuno che fa cristiano può trovare lavoro in Italia?"
Gino: "Come no!"[188]

Quando la polizia albanese ferma il pullman per ordine del governo, "così gli albanesi non scappano in Italia", Gino e Michele continuano il loro viaggio prima a piedi e poi su un grosso camion stracarico di emigranti. Michele si rammenta di[189] quando i suoi parenti prima della guerra erano partiti per New York e per l'Argentina. I giovani sul camion bersagliano Gino di domande.[190]

Albanese: "Di dove sei, italiano? Di dove sei?"
Gino: "Sicilia".
Albanese: "Sicilia è vicino a Bari?"[191]

. . .

Albanese: "È vero che in Italia hanno tutti l'acqua a casa, e anche il telefono?"
Altro albanese: "A noi danno casa quando arriva?"
Gino sorride e annuisce.

. . .

Altro albanese: "Ehi, amico chi è più meglio di squadra, Juventus o Milan?"
Gino: "Nessuna delle due".
Altro albanese: "Ma tu sbaglia, Juventus più... più meglio, c'è anche Schillaci... più forte. Tu dove abita, a Torino?"
Gino: "No".
Altro albanese: "Torino sta vicino a Bari?
Gino: "Sì".
Altro albanese: "Lui è bravo a giocare, arriva a Juventus".

Altro albanese: "Se non mi prende la Juventus, vado col Milan. Io... io allena[192] tutti i giorni, anche la notte, non sono mai stanco".

Altro albanese: "Calciatore miglior professione in Italia. Prendi soldi più di tutti, eh?"

Gino: "Eh... giocatori, giocatori. A voi se vi va bene in Italia vi fanno fare i lavapiatti... Già ci stanno i marocchini, i polacchi, tutti gli altri neri... Venite, venite!"

La sera il camion arriva in una città e i due scendono. Il giorno dopo Gino parla al telefono con Fiore, che è ancora in Italia, e viene a sapere che l'affare delle scarpe è saltato. Decide allora di abbandonare Michele in un vecchio albergo, lasciando dei soldi al proprietario perché si prenda cura di lui. Gino arriva a piedi nel centro di Tirana, dove c'è la polizia in assetto di guerra[193] e i carri armati[194] per le strade. Quando Gino arriva al suo hotel due poliziotti lo arrestano, lo caricano su una camionetta[195] e lo portano in prigione. Un ufficiale lo interroga, accusandolo di corruzione. Gino si difende:

Gino: "È che ancora non siete pratici dei metodi occidentali. In Italia si fa sempre così... per sveltire[196] la burocrazia. Si aiutano le pratiche[197] ad andare avanti. Così c'è più efficienza".

Poi lo lasciano libero in attesa del processo, ma senza passaporto. La notte Gino vaga per le strade di Tirana e trova un gruppo di albanesi intorno a un fuoco: ripetono in coro le parole italiane che una bambina legge da un libro mezzo strappato.[198]

Nella scena finale vediamo Gino stanco, affamato, vestito come un povero emigrante perché i compagni di cella gli hanno rubato i vestiti. È a bordo di una vecchia nave che sta trasportando in Italia parecchie centinaia di immigrati clandestini. Sulla nave Gino ritrova il vecchio Michele che crede di essere in viaggio per l'America, insieme agli emigranti della sua gioventù.

Michele: "Avete visto quanta gente? I' nun credia[199] che si imbarcavano tutti... Ma l'America è grande. Tanti si portarono 'a famiglia. Ma Giovanni è troppo picciriddu,[200] non può affruntare lu viaggio. E pure Rosa, è delicata, ha sempre 'a freve.[201] Paisa', ma voi sapete parlare l'americano? Io nun saccio[202] manco l'italiano. Che dicete? Ce lo trovano lo stesso lu lavoro? Sugno[203] stanco, ma voglio stare sveglio quando arrivo a Nuova York...".

Attività

A. Riassumete la trama di *Lamerica*.

B. Compilate una lista di espressioni utili per un immigrato che si reca in Italia.

CRUCIVERBA

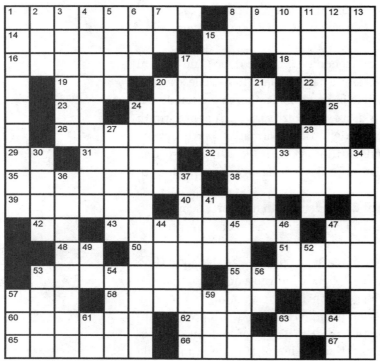

ORIZZONTALI

1 Lavora su un'imbarcazione che porta immigrati clandestini
8 A volte sono usati per trasportare via terra gli immigrati clandestini
14 All'opposto dell'Occidente
15 Porta la pace fra due parti in lotta
16 Tra maggio e luglio
17 Il primo pezzo dell'Airbus
18 Il re dei cavalieri della Tavola Rotonda
19 Organizzazione Artistica Internazionale, l'agenzia che ha organizzato molte edizioni del Festival della canzone italiana di Sanremo
20 Secondo Erich Fromm, si oppone a "essere"
22 Istituto per le Opere Religiose (sigla)

23 Targa automobilistica di Latina
24 Norme, principî
25 Targa automobilistica di Bologna
26 Aerostazioni
28 Articolo determinativo femminile
29 Le iniziali del cantante Renato Zero
31 Fiume dell'Italia centrale, che nasce in Abruzzo e sfocia sulle coste del Lazio
32 Correnti, presenti
35 Si oppone alla globalizzazione
38 Mitico eroe greco
39 Accessibile tramite Internet
40 Targa automobilistica di Imperia
42 L'oro sulla tabella periodica degli elementi
43 Relativa a un gruppo ristretto[204]
47 Italia (abbreviazione)
48 Compact Disc (sigla)
50 L'amore di Petrarca

51 Mezzo di trasporto romano
53 Compagnia dei soci
55 Pallacanestro
57 Non è né un solido, né un liquido, né un gel
58 Lo è chi favorisce le nozze
60 Venti costanti
62 Quelle di marzo furono fatali a Cesare
63 Un elemento del fair play
65 Uno sceneggiato italiano sulla mafia, di grande successo: ha avuto dieci edizioni
66 Popolo del Medio Oriente
67 Targa automobilistica di Napoli

VERTICALI

1 Il permesso che desiderano gli immigrati clandestini
2 Il verso del grillo[205]
3 Forma alternativa di "aiola"

4 Pezzetti di fegato di maiale, di solito cucinato con erbe aromatiche
5 Canti patriottici
6 Lo dice chi resta
7 Gli inglesi lo bevono alle cinque
8 Le vecchie navi usate per trasportare gli immigrati nel Mediterraneo
9 Azione Cattolica (sigla)
10 Il nome della Farrow attrice
11 Prima di oggi
12 L'azienda lombarda specializzata nel lavaggio dell'insalata
13 Il primo elemento di "neurologo", "neuropsichiatra", "neurochirurgia", ecc.
15 Sasso, roccia
17 Prefisso aeronautico
20 Mostro mitologico con volto di donna e ali di uccello; persona sgradevole e antipatica
21 Cittadini di una ex colonia italiana
24 Stupidaggine
27 Quartiere (arcaico)
28 Paese del Sud-est asiatico, confinante con il Vietnam
30 Territorio, area
33 Al centro della buca
34 Malocchio, influsso malefico
36 Zucchero semplice

37 Piccola nazione dell'Est europeo; confina con la Polonia e con la Russia
41 Secondo il proverbio è in mezzo tra il "dir" e il "far"
44 Interruzione; incontro di due vocali pronunciate separatamente (per es., in "pazzia", "creare", ecc.)
45 Ira
46 Sofisticato impianto frenante
47 Tassa sulle vendite che esisteva prima dell'Iva
49 La sigla del maggior partito della prima Repubblica, la Democrazia Cristiana
52 Secondo Aldo Nove, questo mobilificio svedese è una specie di paradiso terrestre
53 Metà del saliscendi[206]
54 Il prefisso di "ipermercato", "iperattivo", ecc.
56 Targa automobilistica di Aosta
57 Catena di negozi di abbigliamento, molto diffusi in America ma non in Italia
59 La sigla del partito Unione Democratica per la Repubblica
61 Signoria Vostra (sigla)
63 Targa automobilistica di Firenze
64 Il contrario di *out*

LA SOLUZIONE

Piazzale Michelangelo, Firenze. © Giorgio Fedi

5 america

Elvis a Genova.
© Giorgio Fedi

Nell'autunno del 2001 Alessandro Baricco pubblicava su *Repubblica* una serie di lunghi articoli che l'editore Feltrinelli avrebbe raccolto l'anno dopo in un volumetto intitolato *Next. Piccolo libro sulla globalizzazione e sul mondo che verrà*. Ciò che aveva spinto Baricco a scrivere erano stati prima gli eventi del G8 di Genova (le proteste dei no global e dei Black Bloc,[1] l'uccisione del giovane manifestante Carlo Giuliani da parte di un carabiniere, il duro trattamento dei dimostranti nella caserma di Bolzaneto) e poi, naturalmente, la tragedia dell'11 settembre.

Fin dall'inizio l'America occupa un posto preminente nelle riflessioni del giovane scrittore. Tra i sei esempi di globalizzazione due, il primo e l'ultimo, hanno a che fare con l'ubiquità dei prodotti commerciali e cinematografici americani. Scrive Baricco: "Vai in qualsiasi posto del mondo e ci trovi la Coca-Cola. O le Nike. O le Marlboro". E, più avanti: "dappertutto, nel mondo, hanno visto l'ultimo film di Spielberg, o si vestono come Madonna, o tirano a canestro come Michael Jordan". A proposito del primo esempio, Baricco si sforza di mettere in prospettiva "il reale potere di penetrazione della Coca-Cola nelle abitudini di un paese". Quindi fa notare che mentre un americano beve in media 380 lattine[2] l'anno, un italiano ne beve solo 102, un russo ventisei e un indiano appena quattro. Ne deduce che "la Coca è dappertutto", ma non conta in ogni società alla stessa maniera. Quanto ai film di Hollywood, ai video e alle star del basket, la loro popolarità per Baricco è solo un esempio di "colonizzazione culturale". Non è vera globalizzazione, perché manca "un flusso circolare di denaro e prodotti": "il mondo vede i film americani, gli americani non vedono i film del mondo".

Tuttavia, aggiunge Baricco, rimane il fatto che "la globalizzazione è una faccenda di soldi". Sono le leggi dell'economia che determinano la creazione di un mercato sempre più vasto e unificato. Per far capire meglio il concetto al lettore, Baricco tira in ballo ancora una volta l'America, la conquista del West e la costruzione della ferrovia. "Il West era l'allargamento ideale del campo da gioco: chilometri di terra solo da andare a prendere e da riempire di consumatori. L'unico problema era, per il mondo di allora, la distanza. Ed ecco la soluzione: la ferrovia. Un po' come Internet oggi, la ferrovia riduceva gli spazi e il tempo. Avvicinava quello che era lontano. Faceva di uno spazio enorme un unico paese". La frontiera è il mito americano per eccellenza, riproposto e rinnovato negli anni del boom occidentale da quell'icona dell'America moderna che è il presidente Kennedy. La frontiera dei pionieri e le nuove frontiere kennediane "delle speranze e dei sogni irrealizzati", "della scienza e dello spazio" si uniscono idealmente alla frontiera digitale di Internet. È la forza di un'idea che muove l'economia così come la società intera. Ricorda Baricco: "Bisognava che un sacco di gente credesse che il West esisteva davvero… bisognava rendere il West reale nella testa della gente".

A questo punto il discorso torna ad esaminare la rilevanza mondiale dei fatti dell'11 settembre, e la tesi di chi afferma che "lì la globalizzazione è morta". Baricco non è affatto d'accordo con quella tesi, perché "politicamente non si era mai visto un

Sala da Bingo in
Toscana. © Giorgio Fedi

mondo tanto globalizzato", cioè "schierato quasi unanimemente al fianco degli Stati Uniti". Nel momento in cui tanti paesi hanno identificato nel terrorismo il loro nemico globale e si sono trovati d'accordo nella "difesa dei valori fondamentali della convivenza civile", il mondo ha fatto un passo avanti nella direzione della globalizzazione, della "creazione di una coscienza collettiva". La gente ha imparato "cosa significa essere cittadini del mondo", perché ha condiviso sentimenti fortissimi di cordoglio[3] e di rabbia. "Ci son voluti decenni per farci sentire, almeno un po', europei. In pochi giorni eravamo già tutti americani".

La distruzione delle Torri Gemelle, secondo Baricco, ha messo in evidenza un aspetto fondamentale del desiderio di pace che accomuna tutti i popoli, ossia che "la legge del più forte non è una garanzia per nessuno, nemmeno per il più forte". E quest'osservazione riporta il ragionamento su Genova e sui giovani che manifestavano contro il G8. Mentre gli otto capi di Stato delle nazioni più potenti della Terra erano lì "per vendere... il sogno del West", i no global in tuta bianca esprimevano "il rifiuto di un mondo regolato dalla legge del più forte" (almeno in linea di principio, perché i loro bersagli immediati, da Seattle in poi, sono diventati i grandi loghi—al primo posto McDonald's, per la sua visibilità—e l'omologazione culturale verso il basso che essi producono.

Incapace di trovare una risposta sicura alla domanda se i no global siano "pazzi o profeti", Baricco chiude la sua riflessione insistendo sul potere dell'immaginazione, da qualunque parte arrivino gli stimoli: da Shakespeare, da Umberto Eco, da *Topolino*[4] o da McDonald's. "Noi siamo grati a chi riesce ad allestire[5] mondi. Sono assicurazioni contro il caos, sono organizzazioni salvifiche del reale". Anche se "il mondo allestito da Kafka" è più ricco e intelligente di quello proposto dalla multinazionale di hamburger e patatine, "il gioco è lo stesso" ed è "un gioco di cui noi abbiamo bisogno".

LESSICO

Secondo un sondaggio dell'Unione Europea del 2001, più del 40% dei cittadini dell'Unione afferma di "sapere" l'inglese. Per un altro 16% l'inglese è la lingua materna. Non ci sarà da meravigliarsi allora dei costanti progressi dell'italenglish. Stefano Bartezzaghi, grande esperto di enigmistica e quindi molto attento a tutte le particolarità del linguaggio, ne ha fornito un esempio grottesco su un articolo di *Repubblica* del settembre 2000: "In un question time del last minute si è discusso della carbon tax nella new economy, ma già uno squatter su una safety car presa in leasing con l'e-commerce faceva del mobbing un po' friendly ma spudorato su dei transgender in preda all'outing in dual band e in chat line con un call center molto, molto, molto xtreme". Nell'articolo, Bartezzaghi faceva notare la quantità di vocaboli stranieri registrati nelle ultime edizioni di tre dizionari italiani: 2% nello Zingarelli, 3% nel De Mauro, 4% nel Devoto-Oli (pari a quattromila parole). In tutti e tre i casi l'inglese è la lingua di origine della maggior parte dei forestierismi.

Recentemente un folto gruppo di scrittori, artisti e cantanti, con l'appoggio di due cardinali e di un buon numero di parlamentari del governo e dell'opposizione ha stilato un "Manifesto in difesa della lingua italiana", che invoca "un movimento di resistenza attiva contro l'inquinamento della lingua" e se la prende a morte con gli aeroporti e le banche italiane che espongono cartelli con su scritto: "Grazie per non fumare!" (traduzione letterale, sintatticamente errata, dell'inglese "Thank you for not smoking!"). Quest'anglicismo grammaticale, l'unico citato nel Manifesto, è giudicato dai suoi firmatari un ibrido mostruoso, un esempio del "pidgin english dilagante" che in breve tempo rischia di distruggere secoli di civiltà. Parole al vento: se il ministro per la Funzione pubblica Franco Frattini ha firmato, sulla *Gazzetta ufficiale* del giugno 2002, una direttiva che raccomanda a tutte le pubbliche amministrazioni di evitare parole straniere e neologismi, il suo collega di governo Roberto Maroni non ha nulla da eccepire[6] di fronte al suo titolo di Ministro del Welfare (anziché Ministro del Lavoro), e tanti comuni italiani preferiscono chiamare "Infopoint" i loro sportelli[7] di informazione.

Del resto ci avevano già provato i fascisti, a bandire[8] i "barbarismi" dalla lingua nazionale, prescrivendo agli italiani di usare "coda di gallo" invece di *cocktail,* "mescita" invece di *bar,* "auto pubblica" invece di *taxi.* Invece, come ha scritto Umberto Eco, "la lingua, per definizione, va dove essa vuole, nessun decreto dall'alto, né da parte della politica, né da parte dell'accademia, può fermare il suo cammino". E poi c'è il fatto che l'italiano è una lingua povera, come osserva il linguista Giovanni

"Airone" in italiano vuol dire "heron." © *Air One*

Nencioni, ex Presidente dell'Accademia della Crusca. Per due ragioni: "La prima: l'italiano non ha la possibilità di creare parole composte che esprimano, con raffinata sintesi, nuovi significati. Prendiamo un termine antico come *democrazia,* e si pensi a quello che significa una volta tradotto in italiano: 'potere del popolo'. Poco bello, poco efficace, troppo lungo. La seconda: l'Italia ha spesso accolto da altri paesi idee e concetti in quei settori tipici dello sviluppo, come la tecnologia, l'industrializzazione. Mentre ha prestato ad altre lingue termini relativi alla cultura: alla musica soprattutto (*allegro, adagio, andante, pizzicato*) e alla cucina. Spaghetti è un termine che si usa ovunque".

Casomai, come avvertiva Bartezzaghi in una nota del dicembre 2001, bisogna stare attenti agli effetti comici involontari prodotti dalla affrettata sovrapposizione di italiano e inglese. "Adesso bisogna stare attenti allo 'One'", scrive Bartezzaghi; "dico lo One che compare ormai in molti nomi commerciali anche italiani, e che si può pericolosamente incrociare con il suffisso accrescitivo". La lista degli esempi di possibili equivoci va da uno cercato e ben trovato, il nome della compagnia aerea italiana Air One, al meno felice Top One (l'insegna di un negozio di elettronica, che si può leggere anche "topone"), dall'innocuo Cellular One (un grosso telefonino?) al volgarissimo Pub One, un locale modenese la cui clientela giovanile aveva subito colto l'umorismo: infatti lo chiamava regolarmente "pubone".

Anglicismi e termini inglesi in uso nella lingua italiana[9]

Nel lavoro e nell'economia

il businessman

la businesswoman

il/la manager

il/la boss: spesso usato ironicamente

il/la tycoon: per es., "l'anomalia di un tycoon televisivo che diventa premier"

lo staff / staffare

lo/la stagista

il/la freelance

(il/la) part-time

(il/la) full-time

il business

il budget

la partnership

la joint-venture

off-shore: per es., "una banca off-shore"

(il) made in Italy

la new economy

l'e-commerce (m.)

la net economy

il boom

il crack

l'high-tech / l'hitech (m.)

la holding (f.)

l'import-export (m.)

il marketing

il board: ad es., "il board della Banca Centrale Europea"

Bankitalia: la Banca d'Italia, organo dello Stato

Nella moda

(il) casual

(il) trash

(il) vintage

slim: per es., "pantaloni slim"

sexy / supersexy

must: per es., "è un must"

il/la fashion

il fashion system

la top model

la t-shirt

i blue jeans[10]

il bikini

gli slip / i microslip

il look

i lookettari: quelli che sono molto attenti alle mode

il make-up

la show room

il backstage (di una sfilata o di un servizio fotografico)

lo sportswear

lo swimwear

Nello spettacolo e nei media

i mass media

la science fiction

(lo/la) horror

il western

il thriller

il b-movie

la suspense

mixare / il mixaggio

il/la talent scout

il gossip

il/la fan

la miss: la vincitrice di un concorso di bellezza

lo show

l'audience (f.)

il press agent

il cast

la rockstar

il/la cameraman

la star / superstar

il rockettaro: appassionato di musica rock

il metallaro: appassionato di musica heavy metal

il box office

il cartoon

la soap opera

il talk show

il format (dei programmi televisivi)

il box: trasmissione-contenitore

la fiction

il reality show

lo special televisivo

la sitcom

il tabloid

l'hit parade (f.)

l'hit (m.)

il remake

lo scoop

il videoclip / il video

(il/la) cult

lo zapping

la gag

il set

il trailer

Nello sport

la performance

doparsi / dopato

il match

il team

lo sprint

il rally: gara automobilistica

il pit stop

la pole position

il windsurf

il fotofinish

il round (pugilato)

il cross / crossare

il corner: calcio d'angolo

lo stop / stoppare (calcio)

l'off-side (m.): fuorigioco

il mister: l'allenatore di una squadra di calcio

il pressing (calcio)

il training

il basket: la pallacanestro

il volley: la pallamano

lo spinning

l'aquagym (m./f.)

il record

Nella politica e nell'amministrazione pubblica

il welfare

il premier

l'escalation (f.)

il ticket: pagamento a carico del paziente per medicine e visite

la tecnicalità

lo slogan

la convention

il leader

il summit

la deregulation

l'Authority (f.): ad es., "L'Authority per le telecomunicazioni"[11]

(il) liberal

il pool: ad es., "il pool dei giudici antimafia"

la task force

il question time (in Parlamento)

il social forum

la leadership

(il/la) no global

i baby cittadini: i bambini

la lobby

la privacy

(il/la) bipartisan

monitorare / **monitoraggio**

la governance

politically correct

l'austerity (f.)

Nell'informatica e nell'elettronica

il software

downloadare

l'hardware (m.)

connettare

il laptop

resettare

il computer

editare

il monitor

formattare

il display

zoomare / zoommare

lo speaker

la chat / chattare

il cd / compact disc

cliccare

il mouse

scrackare

il joystick

l'hacker (m., f.) / hackerare

il file

il fax / faxare

la password

il Web

il videogame

l'Internet (m.)

l'homepage (f.)

vu vu vu / vuvuvu: così si legge "www"

il network

   negli indirizzi Internet; "Vuvuvu è

il provider

   veloce, si ricorda, è sbagliato,

l'e-mail / la mail

   funziona" (Bartezzaghi)

mailare / emailare

© Andrea Fedi

Attività

A. Uno dei punti principali del programma del secondo governo Berlusconi era quello delle tre "I": Inglese, Internet e Impresa.[12] È andata a finire che, alla fine del 2001, le sane economie dettate dallo spirito imprenditoriale hanno spinto un solerte[13] impiegato a utilizzare un programma di traduzione automatica per pubblicare in inglese, su Internet, le biografie dei ministri del governo italiano. Ne è uscito un pasticcio maccheronico: le perle, pubblicate dal quotidiano *La Repubblica,* hanno fatto ridere mezza Italia. A poco è servito il comunicato stampa di Palazzo Chigi, che parlava di "pagine di prova[14] mai destinate alla pubblicazione". Mentre le pagine venivano tolte in tutta fretta dal sito del governo (www.governo.it), altri siti ed altri archivi le riproponevano integralmente. Quelli che seguono sono alcuni esempi. Provate insieme a ricostruire l'originale italiano di queste frasi, tenendo presente che il programma di traduzione di solito ha tradotto una parola alla volta, compresi i nomi propri, spesso mantenendo intatto l'ordine delle parole. In mancanza del soggetto o in presenza di parole corrispondenti a forme maschili e femminili di significato diverso (ad es., *il fronte / la fronte*), il programma più volte ha confuso i generi. Alcuni termini invece sono stati ignorati dal traduttore e riportati in italiano così com'erano.

Gianfranco Fini
Been born to Bologna 3 January 1952. Married, daughter has one. Graduated in psychology, she is journalist professional from 1979. National secretary of the Forehead of the Youth in 1977, is elect deputy for before turns the 26 June 1983.

Giuseppe Pisanu
Been born to Ittiri (Sassari) 2 January 1937. Conjugated, it has three sons. It resides to Sassari.

Franco Frattini
Been born to Rome 14 March 1957. Graduated in jurisprudence, to 22 years, near the University "the Wisdom" of Rome. White woman has collaborated with the Chairs of Civil law of prof. M. Giorgianni and prof. C.M.[15]

Rocco Buttiglione
He has studied Jurisprudence to Turin and to Rome, where he has graduated himself with a thesis in History of the Political Doctrines lead under the guide of prof. Augusto Of the Walnut of which he will become assistant and friend.

Umberto Bossi
Been born to Cassano Magnago (Settembre 1941 GOES)[16] the 19. In 1984 he constitutes the Alloy North, initially Alloy Lombarda-Liga Veneta. Journalist, is founding of various journalistic heads and average.

Renato Ruggiero
In 1977 it has been Megaphone of the President of the European Commission, Roy Jenkins.

Claudio Scajola
In 1975 it was called to preside the regional Hospital of Costarainera, where it brought to light its dowries of concretezza and organizational efficiency... Silvio Berlusconi the churches to enter in Italy Force. The happened one is clamorous, and plugs the mouth to the adversaries and the skeptics.

Roberto Castelli
Elect deputy for before the time in 1992 with the proportional system, comes then rieletto in 1994 in the majority uninominale college of Lecco and in 1996 like senator in the college to horse of the province of Lecco and Bergamo. In Parliament he has been: Vice president of the Group Alloy North to the Room; Group leader in Commission You transport...

B. Riesaminate le traduzioni dell'esercizio precedente e cercate di catalogare gli errori che ha prodotto il traduttore automatico. Ad es.: è stato tradotto un nome proprio; è stato ignorato il contesto; un'espressione idiomatica è stato tradotta letteralmente; sono state confuse due parole identiche ma di genere e/o significato diverso, ecc.

C. Quando un film americano arriva sul mercato italiano, doppiato[17] com'è consuetudine, i distributori hanno davanti a sé diverse opzioni riguardo al titolo: possono lasciare il titolo originale intatto, specialmente se lo ritengono sufficientemente comprensibile o comunque riconoscibile (com'è avvenuto per *Traffic, Wild Wild West, Jurassic Park*); possono accompagnare il titolo originale con la traduzione (*Angel Eyes—Occhi d'Angelo*) o con un titolo italiano (*The Mexican—Amore senza la sicura*,[18] *Erin Brockovich—Forte come la verità*); possono tradurre letteralmente il titolo americano (*Vi presento Joe Black, Il colore viola*); e infine, come capita ancora spesso, possono inventare un altro titolo.

Leggete le brevi trame che trovate qui sotto, tutte di grandi successi cinematografici, e poi indovinate quale film americano si cela dietro il titolo italiano.

Miss Detective
Un'agente speciale è costretta ad infiltrarsi in un concorso di bellezza[19] per acciuffare[20] un pericoloso criminale.

Un amore a cinque stelle
Una ragazza madre trova l'amore della sua vita nell'hotel di lusso in cui lavora.

Mela e tequila
Un newyorkese rampante[21] si trova a Las Vegas per lavoro. Una sera esce con una ragazza di origine messicana, poi la perde di vista e infine la sposa quando lei gli annuncia di aspettare un bambino.

I perfetti innamorati

Una coppia di stelle hollywoodiane, dopo una separazione burrascosa,[22] si incontra di nuovo in occasione del lancio del loro ultimo film. A complicare le cose ci sono un agente stampa impiccione[23] e una sorella-segretaria che ha perso molti chili.

Se scappi, ti sposo

Un giornalista decide di scrivere un pezzo su una ragazza che per tre volte ha abbandonato all'altare il fidanzato.

Quei bravi ragazzi

Un pentito italo-irlandese, Henry Hill, racconta la sua carriera criminale, vissuta a contatto con il mondo della mafia newyorkese.

Terapia e pallottole

Un mafioso duro e violento comincia a soffrire di crisi di panico, e si rivolge a uno psicanalista in procinto di[24] sposarsi.

Un boss sotto stress

Un boss mafioso esce di prigione e viene affidato in custodia al suo analista. Promette che troverà un lavoro regolare...

Il rompiscatole

Un tecnico della televisione via cavo cerca disperatamente l'amicizia di un suo cliente.

Faccia a faccia

Un consulente di successo, scapolo[25] incorreggibile, si ritrova in casa un bambino che gli ricorda stranamente se stesso, quando aveva otto anni.

Il socio

Un neolaureato in giurisprudenza trova lavoro presso uno studio legale di Memphis. I soldi sono tanti, e anche le gratifiche,[26] ma ovviamente c'è qualcosa sotto...

Codice d'onore

Un giovane avvocato militare difende due marines della base di Guantanamo accusati dell'omicidio di un commilitone.

D. In gruppo, uno studente racconta brevemente la trama di un film di successo, e gli altri devono indovinare il titolo.

E. Compilate una lista di parole inglesi che sono usate in italiano ma che non compaiono nella lista di questo capitolo.

© Andrea Fedi

NOVECENTO

Alessandro Baricco

Alessandro Baricco è nato a Torino nel 1958. Come romanziere ha esordito nel 1991 con *Castelli di rabbia,* ambientato in un'immaginaria cittadina europea dell'Ottocento, Quinnipak, dove certi emblemi e sogni della rivoluzione industriale (dalla "favola dei primi treni" alla "magia del Crystal Palace")[27] rivivono in una trama complessa fatta di "schegge di Storia e fiumi di storie", viaggi veri o immaginari nell'infinito, esecuzioni[28] di grandi orchestre e ancor più grandi silenzi. La costruzione musicale delle frasi e dei periodi, densi di parole esotiche, le messe a fuoco[29] e i montaggi narrativi di gusto cinematografico tornano in *Oceano mare* (1993). Fortunatissimo anche all'estero, ricco di echi dei grandi scrittori del mare (Joseph Conrad, Herman Melville), questo romanzo ripropone il motivo del luogo d'incrocio[30] di numerosi e misteriosi destini (in questo caso una locanda[31] sul mare, un mare che è nient'altro se non sogno o aspirazione). Con *Seta* (1996) Baricco inventa la storia di un allevatore di bachi da seta[32] francese che viaggia fino in Giappone per procurarsi nuovi esemplari, immuni dall'epidemia che ha distrutto i suoi.

In *City* (1999), libro lanciato su Internet, l'autore racconta per la prima volta "storie che accadono ai nostri giorni, e non in qualche immaginario passato". Ma è il

© *Giorgio Fedi*

luogo ad essere comunque immaginario, "una città. Non una città precisa. L'impronta[33] di una città qualsiasi, piuttosto. Il suo scheletro. Pensavo alle storie che avevo in mente come a dei quartieri. E immaginavo personaggi che erano strade, e alle volte iniziavano e morivano in un quartiere, altre attraversavano la città intera, infilzando[34] quartieri e mondi che non c'entravano niente uno con l'altro e che pure erano la stessa città. City". *City* è anche l'occasione per narrare sulla pagina scritta una storia western, e per misurarsi con un altro mito americano, Jack London e la sua passione per la boxe. L'opera più recente di Baricco, *Senza sangue* (2002), è un romanzo ambientato in un paese che assomiglia, tristemente, a molti che conosciamo: c'è stata una guerra civile, con tutto il male "necessario" (la vendetta e la "giustizia") che una simile guerra comporta.[35]

Baricco è anche autore di testi drammatici: *Davila Roa,* messo in scena dal grande regista Luca Ronconi nel 1997, e *Novecento*, uscito a stampa nel 1994 (e da cui poi sarà tratto il film di Giuseppe Tornatore *La leggenda del pianista sull'oceano*). Il testo era stato scritto originariamente per Gabriele Vacis e per l'attore Eugenio Allegri, e il loro allestimento[36] teatrale, prodotto dallo Stabile[37] di Torino, è stato visto da più di 120.000 spettatori tra il 1994 e il 2001. Recentemente il monologo è tornato nei teatri con l'interpretazione di un "grande vecchio" della prosa[38] italiana, Arnoldo Foà.

Nel 1994, Baricco, con un gruppo di amici, ha fondato la "Scuola Holden",[39] con lo scopo di insegnare ai giovani "la produzione di oggetti narrativi". Il sito affiliato, www.holdenlab.it, si presenta come "la carta nautica[40] per orientarsi nell'oceano del raccontare".

Novecento

In *Novecento* ritroviamo temi cari al Baricco romanziere: la musica e il miracolo della sua esecuzione, ma anche il tendere[41] infinito verso ciò che non si realizza, l'eludere la meta finale per conservarla come miraggio: in questo caso, la terraferma, il successo, "l'America. Lì, ad aspettare".

Danny Boodmann T.D. Lemon Novecento è il magico protagonista. Subito dopo la nascita, egli è stato abbandonato sul *Virginian,* una nave da crociera che percorre la rotta[42] tra l'America e l'Europa e da cui non scenderà mai, nemmeno una volta. Viene chiamato così perché un marinaio, Danny Boodmann, lo trova sopra il pianoforte del salone di prima classe, dentro una scatola di limoni, il primo giorno del secolo. Allevato dall'equipaggio e dai musicisti, sull'oceano egli cresce, vive e dà sfogo[43] al suo immenso talento musicale. La sua storia è raccontata dall'amico Max, musicista come lui.

Prima del brano che leggerete, Max racconta che un giorno di febbraio, mentre il *Virginian* è ancorato nel porto di New York, "dopo trentadue anni vissuti sul mare", Novecento decide finalmente di scendere a terra per poter fare una cosa che ha sempre desiderato, cioè "vedere il mare" da lì. Max gli presta il suo cappotto cammello, e lo guarda scendere con trepidazione; arrivato al terzo gradino, però, Novecento si ferma, si toglie il cappello, lo getta in mare, poi si gira[44] e risale sulla nave.

Alessandro Baricco, *Novecento. Un monologo* (Milano: Feltrinelli, 1995)

Cosa aveva visto, da quel maledetto terzo gradino,[45] non me lo volle dire. Quel giorno e poi per i due viaggi che facemmo dopo, Novecento rimase un po' strano, parlava meno del solito, e sembrava molto occupato in qualche sua faccenda personale. Noi non facevamo domande. Lui faceva finta di niente.[46] Si vedeva che non era proprio tutto normale, ma comunque non ci andava di chiedergli[47] qualcosa. Andò così per qualche mese. Poi un giorno Novecento entrò nella mia cabina e lentamente ma tutto di fila,[48] senza fermarsi, mi disse: "Grazie per il cappotto, mi andava da dio, è stato un peccato, avrei fatto un figurone, ma adesso va tutto molto meglio, è passata, non devi pensare che io sia infelice: non lo sarò mai più".

Per me, non ero nemmeno sicuro che lo fosse mai stato, infelice. Non era una di quelle persone di cui ti chiedi chissà se è felice quello. Lui era Novecento, e basta. Non ti veniva da pensare che c'entrasse qualcosa con la felicità, o col dolore. Sembrava al di là di tutto, sembrava intoccabile. Lui e la sua musica: il resto, non contava.

"Non devi pensare che io sia infelice: non lo sarò mai più". Mi lasciò secco,[49] quella frase. Aveva la faccia di uno che non scherzava, quando la disse.

Uno che sapeva benissimo dove stava andando. E che ci sarebbe arrivato. Era come quando si sedeva al pianoforte e attaccava a suonare, non c'erano dubbi nelle sue mani, e i tasti[50] sembravano aspettare quelle note da sempre, sembravano finiti lì per loro, e solo per loro. Sembrava che inventasse lì per lì: ma da qualche parte, nella sua testa, quelle note erano scritte da sempre.

Adesso so che quel giorno Novecento aveva deciso di sedersi davanti ai tasti bianchi e neri della sua vita e di iniziare a suonare una musica assurda e geniale, complicata ma bella, la più grande di tutte. E che su quella musica avrebbe ballato quel che rimaneva dei suoi anni. E che mai più sarebbe stato infelice.

Io, dal *Virginian,* ci scesi il 21 agosto 1933. C'ero salito sopra sei anni prima. Ma mi sembrava fosse passata una vita. Non ci scesi per un giorno o per una settimana: ci scesi per sempre. Coi documenti di sbarco, e la paga arretrata,[51] e tutto quanto. Tutto in regola.[52] Avevo chiuso, con l'Oceano.

Non è che non mi piacesse, quella vita. Era un modo strano di far quadrare i conti,[53] ma funzionava. Solo, non riuscivo a pensare veramente che potesse andare avanti per sempre. Se fai il marinaio allora è diverso, il mare è il tuo posto, ci puoi stare fino a schiattare[54] e va bene così. Ma uno che suona la tromba...[55] Se suoni la tromba, sul mare sei uno straniero, e lo sarai sempre. Prima o poi, è giusto che torni a casa. Meglio prima, mi dissi.

"Meglio prima", dissi a Novecento. E lui capì. Si vedeva che non aveva nessuna voglia di vedermi scendere da quella scaletta, per sempre, ma dirmelo, non me lo disse mai. Ed era meglio così. L'ultima sera, stavamo lì a suonare per i soliti imbecilli della prima classe, venne il momento del mio assolo, incominciai a suonare e dopo poche note sentii il pianoforte che veniva con me, sottovoce,[56] con dolcezza, ma suonava con me. Andammo avanti insieme, e io suonavo meglio che potevo, oddio, non ero Louis Armstrong, ma suonai proprio bene, con Novecento dietro che mi seguiva ovunque, come sapeva fare lui. Ci lasciarono andare avanti per un bel po', la mia tromba e il suo pianoforte, per l'ultima volta, lì a dirci tutte le cose che mica puoi dirti, con le parole. Intorno la gente continuava a ballare, non si era accorta di niente, non poteva accorgersene, cosa ne sapeva, continuavano a ballare, come se niente fosse. Forse qualcuno avrà giusto detto a un altro: "Guarda quello con la tromba che buffo, sarà ubriaco, o è matto. Guarda quello con la tromba: mentre suona, piange".

Come sono andate le cose, poi, dopo esser sceso da là, quella è un'altra storia. Magari mi riusciva perfino di combinare[57] qualcosa di buono se solo non si ficcava di mezzo quella dannata guerra, pure lei. Quella è stata una cosa che ha complicato tutto, non si capiva più niente. Bisognava avere un gran cervello, per raccapezzarsi.[58] Bisognava averci delle qualità che io non avevo. Io sapevo suonare la tromba. È sorprendente come sia inutile, suonare una tromba, quando c'hai una guerra intorno. E addosso. Che non ti molla.[59]

Comunque, del *Virginian,* e di Novecento, non seppi più nulla, per anni. Non che me ne fossi dimenticato, ho continuato a ricordarmene sempre, mi capitava sempre di chiedermi: "Chissà cosa farebbe Novecento se fosse qui, chissà cosa direbbe, 'in culo la guerra'[60] direbbe", ma se lo dicevo io non era la stessa cosa. Girava[61] così male che ogni tanto chiudevo gli occhi e tornavo là sopra, in terza classe a sentire gli emigranti che cantavano l'Opera e Novecento che suonava chissà che musica, le sue mani, la sua faccia, l'Oceano intorno. Andavo di fantasia, e di ricordi, è quello che ti rimane da fare, alle volte, per salvarti, non c'è più nient'altro. Un trucco da poveri, ma funziona sempre.

Insomma, era una storia finita, quella. Che sembrava proprio finita. Poi un giorno mi arrivò una lettera, me l'aveva scritta Neil O'Connor, quell'irlandese che scherzava in continuazione. Quella volta, però, era una lettera seria. Diceva che il *Virginian* se n'era tornato a pezzi, dalla guerra, l'avevano usato come ospedale viaggiante, e alla fine era così mal ridotto che avevano deciso di buttarlo a fondo. Avevano sbarcato a Plymouth il poco equipaggio[62] rimasto, l'avevano riempita di dinamite e prima o poi l'avrebbero portata al largo per farla finita: bum, e via. Poi c'era un poscritto: e diceva: "Ce l'hai cento dollari? Giuro che te li restituisco". E sotto, un altro poscritto: e diceva: "Novecento, lui, mica è sceso". Solo quello: "Novecento, lui, mica è sceso".

Io mi rigirai la lettera in mano per dei giorni. Poi presi il treno che andava a Plymouth, andai al porto, cercai il *Virginian,* lo trovai, diedi un po' di soldi alle guardie che stavano lì, salii sulla nave, la girai da cima a fondo, scesi alla sala macchine,[63] mi sedetti su una cassa[64] che aveva l'aria di essere piena di dinamite, mi tolsi il cappello, lo posai per terra, e rimasi lì, in silenzio, senza sapere cosa dire/

...Fermo lì a guardarlo, fermo lì a guardarmi/ Dinamite anche sotto il suo culo, dinamite dappertutto/

Danny Boodmann T.D. Lemon Novecento/

Avresti detto che lo sapeva che sarei arrivato, come sapeva sempre le note che avresti suonato e.../

Con quella faccia invecchiata, ma in un modo bello, senza stanchezza/

Niente luce, sulla nave, c'era solo quella che filtrava da fuori, chissà la notte, com'era/

Le mani bianche, la giacca ben abbottonata, le scarpe lucide/

Mica era sceso, lui/

Nella penombra,[65] sembrava un principe/

Mica era sceso, sarebbe saltato[66] insieme a tutto il resto, in mezzo al mare/

Gran finale, con tutti a guardare, dal molo,[67] e da riva, il grande fuoco d'artificio,[68] adieu, giù il sipario,[69] fumo e fiamme, un'onda grande, alla fine/

Danny Boodmann T.D. Lemon/

Novecento/

Letteratura e musica

Più volte in quest'antologia si è parlato delle intersezioni, incidentali o ricercate, tra letteratura e musica. Si sono visti casi (come per Enrico Brizzi, Silvia Ballestra, Andrea De Carlo, Aldo Nove) in cui le citazioni di brani o canzoni da parte dei narratori o dei personaggi, o le epigrafi apposte[70] alle opere o ai capitoli, venivano a creare una specie di "colonna sonora", di accompagnamento musicale al testo: un

Monsummano Terme.
© Andrea Fedi

soundtrack che, come al cinema, può essere utile a mettere in un certo rilievo l'azione narrata, o a creare un'atmosfera epocale e generazionale; altre volte l'allusione musicale serve a connotare la scrittura col riferimento ad altre forme di espressione artistica (pensiamo al "parlato rap" di Ballestra). Abbiamo pure affrontato,[71] episodicamente, il caso inverso: quello dei musicisti "professionisti" che si mettono a scrivere romanzi o comunque testi non per musica (Fabrizio De André, Francesco Guccini, Roberto Vecchioni, Jovanotti). Un argomento a parte, che si è appena sfiorato nel caso di De André, è la lunga e irrisolvibile diatriba sulla dignità poetica e letteraria dei testi delle canzoni.

Nel caso di Alessandro Baricco siamo di fronte ad un autore che si accosta[72] alla musica non solo e non tanto per produrne o per appropriarsene artisticamente (cosa che pure ha fatto),[73] ma per studiarla dal punto di vista della ricezione, e per dire cose che un musicologo di professione e carriera difficilmente potrebbe dire. Baricco ha pubblicato uno studio sul teatro musicale di Gioacchino Rossini (*Il genio in fuga*, 1988), e nel 1993 ha condotto alla Rai il programma televisivo "L'amore è un dardo", dedicato anch'esso alla lirica e pensato in funzione divulgativa. Ma il suo contributo più importante è senza dubbio un saggio-pamphlet del 1992 intitolato, bizzarramente, *L'anima di Hegel e le mucche del Wisconsin*.[74] In questo saggio, dal tono fortemente polemico, Baricco spara a zero[75] da un lato sulla musica da hit parade, dall'altro sul formalismo assoluto e l'oscurità fine a se stessa[76] della musica "colta"[77] contemporanea, soprattutto atonale, e sulla sua capacità di alienare totalmente il pubblico offrendo all'ascolto una "sequenza di eventi sonori semplicemente indecifrabili, muti ed estranei".

Di contro, Baricco recupera positivamente certi autori rifiutati dai compositori contemporanei come tardo-romantici[78] (Mahler, Puccini), e reputa necessario, perché la musica possa dirsi davvero moderna, il suo rivivere nell'esecuzione e nello spettacolo. "La modernità è innanzitutto uno spettacolo". E dunque bisogna "recuperare un rapporto con le lingue vive che oggi pronunciano la modernità e ricreare una sintonia col sentire collettivo". Per Baricco letteratura e musica possono diventare spettacolo insieme. È accaduto con *Totem. Letture, suoni e lezioni,* realizzato a partire dal 1997 con il regista Gabriele Vacis e riproposto in varie versioni nel corso degli anni. In *Totem* coesistono diverse forme di narrazione (e di riflessione sul narrare), dal romanzo alla canzone, all'opera lirica. Nel *City Reading Project* del 2002, invece, Baricco ha portato sui palcoscenici letture di brani del romanzo *City* accompagnate da musiche del gruppo francese Air e del violoncellista Giovanni Sollima.

Attività

A. Discutete la scelta di Novecento.

B. Parlate dell'importanza che ha la musica nella vostra vita.

Rita Kempley, " 'The Legend of 1900': Poetry on the Water"

(*Washington Post,* 19 novembre 1999; © The Washington Post. Reprinted with permission)

"The Legend of 1900," an enchanting, staggeringly beautiful epic at sea, is poetry in motion: the tossing, gently rocking, ever-changing salty rhythms of the Atlantic.

Directed by Italy's Giuseppe Tornatore of "Cinema Paradiso," the film is a hopelessly romantic fable about a gifted pianist (Tim Roth) who was born on an ocean liner and never once set foot on land.

The story of this ocean-going nomad, who is known simply as 1900, is based on a dramatic monologue by Italian novelist Alessandro Baricco. The movie marks the English-language debut of Tornatore, who also wrote the tender, enigmatic, oddly slangy screenplay. Max (endearing Pruitt Taylor Vince), the jazz trumpeter who narrates 1900's life story, sounds more like one of Raymond Chandler's gumshoes than an aging hepcat nostalgic for the best years of his life.

Max, so hard up that he's pawning his trumpet, is about to leave the shop when the shopkeeper plays the only remaining copy of the only recording 1900 ever made. Upon learning that it came from a rusting ship scheduled for immediate destruction, Max rushes to the shipyard to stop the demolition crew. He's certain that 1900 is still aboard, but must use all of his storytelling powers to convince the crew that the musical virtuoso ever existed.

The legend begins when Danny Boodmann (delightful Bill Nunn), a burly stoker, discovers an abandoned newborn in the ship's first-class lounge. Since the child is born on the first day of the new century, Danny christens him 1900 and lovingly rears him in the ship's great belly. He slumbers peacefully in his tiny hammock as Danny and his crewmates feed the *Virginian*'s engines.

When he eventually loses his adopted father, the devastated boy wanders into the lounge where Danny found him, crawls onto the piano bench and begins to play a mournful, perfectly executed elegy. Time passes quickly as it does in movies, and the prodigy has suddenly become a handsome, immaculately dressed, dizzyingly proficient musician.

It's 1927 when Max joins the band of the *Virginian* and first takes in one of 1900's astonishing performances: His hands move so fast that they seem to multiply and his instrument's strings literally get hot enough to smoke. Though 1900 cannot read or write music, his sound is universal (actually composed by four-time Oscar nominee Ennio Morricone) and knows no ethnic or stylistic boundaries. There's a theme song for every passenger who catches his eye and one for the many moods of Neptune.

Max tries to talk his friend into going ashore so he might share his sound with the world, gain wealth and fame and maybe meet the perfect girl. But unlike his melodies, 1900 isn't free. He's forever caught between here and there, perhaps fearful like the Little Mermaid that to step on land would silence his voice. Or maybe like so many landlubbers, he's simply afraid of change and ultimately of failure.

Roth, best known for playing thugs, is no stranger to tortured artists, having played van Gogh in Robert Altman's 1990 "Vincent & Theo." But van Gogh was not known for his tenderness, a quality much in evidence in Roth's work here. Furthermore, he has a fine way with a Steinway, looks grand in his swell threads and moves about the ship with the assurance of Rick in "Casablanca."

When it comes to his way with women, however, 1900 is awkward, even dumbstruck. (His adopted father told him a "mama" was a fast horse, and that's all he ever learned about the opposite sex.) Forever seduced by the sounds of the sea, there's only one "she" for him and that is the *Virginian*.

"The Legend of 1900" would have benefited from more story and less music, and tends to wear thin before it quite reaches the dock, but it is a ravishing film. "Titanic" should have looked so good.

Attività

A. Se avete visto il film, offrite la vostra opinione in merito alla recensione di Rita Kempley.

BACK TO THE KLONDIKE

Roberto Vecchioni

Roberto Vecchioni (Milano, 1943–), cantautore e scrittore, ha portato avanti negli anni una carriera "parallela" di insegnante di greco e latino nei licei classici. Negli anni '60 inizia a comporre per vari interpreti del repertorio leggero, e nel 1971 debutta come cantante. Caso insolito nella canzone italiana d'autore, Vecchioni non si nega al pubblico dei festival più popolari e commerciali, pur riuscendo a mantenere il favore della stampa e dei critici musicali. Tra i suoi numerosissimi album ricordiamo *L'uomo che si gioca il cielo a dadi* (1972), *Elisir* (1976), *Samarcanda* (1977), *Luci a San Siro* (1980), *Hollywood Hollywood* (1982), *Camper* (1992), *Canzoni e cicogne* (2000), *Il lanciatore di coltelli* (2002).

Vecchioni è stato tra i primi cantautori ad esordire come scrittore di narrativa, dando inizio a una moda letteraria che ha coinvolto artisti tra i più vari, dal collega Guccini, a rocker o rapper come Luciano Ligabue (che è anche regista di cinema), Piero Pelù e Jovanotti. Il primo volume pubblicato da Vecchioni è una raccolta di poesie, racconti e testi per canzoni (*Il grande sogno*, 1983). Dopo *Viaggi del tempo immobile* (1996) l'autore, che sostiene di "trovare molto più facile scrivere libri che canzoni" (e non sembra dimenticare mai la vocazione di pedagogo), pubblica il romanzo *Le parole non le portano le cicogne* (2000). È la storia di una liceale "veteromane" (cioè con gusti artistici e letterari più in armonia con quelli degli adulti), a cui l'incontro con un anziano glottologo permetterà di riscoprire "un linguaggio finalmente vicino alla vita". Vecchioni ha recentemente partecipato a *Più bella della poesia è stata la mia vita,* raccolta di inediti della poetessa Alda Merini, con tributi in video e musica di vari artisti. Durante l'anno scolastico 1999–2000 ha dato vita ad una serie di incontri e conferenze con studenti delle scuole superiori e delle università sui temi della storia della canzone d'autore, e della sua legittimità e specificità come genere letterario e forma di espressione poetica.

"Zio Paperone e la stella del Polo"

Ripubblicata almeno sette volte in Italia, tra il 1953 e il 2000, "Zio Paperone e la stella del Polo" è la storia che ha ispirato Roberto Vecchioni. Oltre che dal papero più ricco del mondo, la fantasia del cantante-scrittore è stata stimolata dalla figura di Carl Barks, l'animatore e sceneggiatore che lo creò, nel 1947, e per vent'anni ne disegnò le tavole.[79]

Barks (1901–2000), inventore di altri insigni[80] cittadini di Paperopoli (Gastone, la Banda Bassotti, Archimede Pitagorico, Amelia), secondo gli esperti ha espresso il meglio di sé proprio con il personaggio del "ricco avarastro" di origine scozzese. Lo scrittore Dino Buzzati scrisse che si trattava di "una delle più grandi invenzioni narrative dei tempi moderni"; il filosofo Giulio Giorello l'ha definito "una perfetta personificazione del Capitale".

Nel racconto di Vecchioni, Carl si innamora di una bravissima disegnatrice, con più talento di lui. Per gelosia professionale Carl tiene lontana da sé la ragazza. Si comporta da vero orso, come il suo personaggio, "attaccato al suo denaro e nient'altro". Finalmente un giorno d'estate Carl prende la macchina e si decide ad andare a trovare la ragazza alla periferia di Los Angeles. Non la trova in casa, entra lo stesso e in mezzo al disordine vede delle cartelle: "era il Paperone più bello che avesse mai incontrato, il più drammatico, il più comico che conoscesse. Meglio, straordinariamente meglio del suo". Preoccupato per la sua carriera, timoroso di perdere il controllo del suo personaggio, Carl inizia "una guerra senza quartiere"[81] contro la ragazza, finché ella non lascia Los Angeles e cambia mestiere.

"Passarono gli anni. Carl invecchiava". Scontento di sé e della propria vita, Carl si mette al lavoro su una nuova storia di Zio Paperone, "Back to the Klondike". Questa storia per lui è "come una confessione postuma, tardiva, disperata e tenerissima", una "richiesta di perdono". Infatti Carl ritorna all'abitazione del suo amore di un tempo, rifiutato e poi rimpianto.[82] Attacca i disegni di "Back to the Klondike" sulla porta di casa e se ne va. Due settimane più tardi sente suonare alla porta, apre... "E lei, anche se non era vestita come Doretta Doremì, era lì".

Roberto Vecchioni, "Doretta Doremì, la stella del Polo"
(*Viaggi del tempo immobile;* Torino: Einaudi, 1996)

Carl corse in casa, tirò fuori le penne che non adoperava più da tanto, faticò a trovare nei cassetti qualche cartella[83] bianca non ancora usata.

Fu un lampo, un ritorno, un'improvvisazione, un'intuizione incontrollabile.

Di colpo, dal niente, era lì che rifaceva il suo personaggio come per la prima volta, come se non ci fosse mai stato, e il vecchio papero non era più una maschera, non era più l'America, ma solo un piccolo indifeso Carl. Sapeva benissimo cosa dire, cosa scrivere, conosceva già la fine di quella storia e cominciò inventandosi un pretesto, un artifizio per preparare inaspettato e folgorante[84] il colpo di scena:[85] Paperone perde la memoria. È costretto a prendere una pillola[86] al giorno per farsela tornare. E dopo la prima pillola ricorda...

Una ragazza! Paperone e una ragazza! Non è il suo genere. Lui se n'è sempre fregato[87] di queste cose.

Deve trovare un'altra ragione per fargli ricordare quella ragazza, qualcosa che c'entri con i dollari e magari con l'avventura e perché no, col passato di Paperone, e già che c'è col mitico Klondike della sua giovinezza, quand'era cercatore d'oro e le albe si confondevano ai tramonti nell'impercettibile luce polare a seguir greti di fiumi[88] appena nati e già impetuosi come gli uomini senza scrupoli e senza nome che si sparavano addosso per molto meno di una pepita[89] e di una donna. Ecco, sì... la ragazza gli deve dei soldi, glieli ha sgraffignati,[90] rubati non si sa come cinquanta anni prima,[91] e lui, Paperone, aveva dimenticato, o aveva voluto dimenticare... Mille dollari, che con gli interessi composti sono diventati un milione.

Barks, appena dipanato[92] quel lontano filo sentimentale lo ritira, lo nasconde: il vero volto di Paperone è sempre lo stesso, la maschera torna maschera, s'invola l'attimo sognante.

Parte, il vecchio papero, insieme agli inseparabili nipoti, e torna là dove la sua storia era mito: Dawson, città morta, tetti sghimbesci,[93] cartelli illeggibili, botteghe decrepite, ante del saloon cigolanti[94] e poi, dentro, frammenti di quel che fu: ragni, bottiglie vuote, carte da gioco sparpagliate[95] sui tavoli, vecchia pianola in un angolo e l'odore, quel misto pungente di metallo e sudore... tutto disfatto, tutto a pezzi, mangiato dal tempo. *Tutto?* No. Il ballatoio, la balconata che incorniciava la stanza è ancora là, intatto. Quel ballatoio! Da lì scendeva ogni sera lei, la bellissima, indimenticabile Doretta Doremì, la stella del Polo, la stella del saloon, cantando con voce soavissima, nel suo lungo provocante abito di chiffon. Stringeva gli occhi, Doretta, e da quei due brevi orizzonti di lunghissime ciglia faceva perdere il senno e la ragione. Ma non a lui!

E invece anche a lui. Cosa accadde quella sera? Come fece Doretta a rubargli l'oro che aveva in tasca? Come lo abbindolò?[96] Fu con un sonnifero, con una droga? O fu con qualcos'altro?

Paperone non ricorda o non vuole ricordare, ma quei mille dollari li rivuole indietro, subito!

Prima di tutto, però, deve ritrovare la sua concessione aurifera[97] e scavare[98] nel punto dove cinquant'anni prima ha sotterrato una carrettata[99] di pepite: lui sa bene dov'era il filone,[100] ha segnato il posto. Ci arriva coi nipoti, ed ecco la collina, l'albero, ecco il *suo* tramonto: il sole che scompare dietro lo stesso monte, verdissimo sotto e bianco di ghiacci alla cima... e poi la capanna,[101] e c'è del fumo in quella capanna. Non fa in tempo a chiedersi chi, come: gli eventi precipitano, arriva un orso, li assale, fuggono, l'orso li insegue, è ormai vicinissimo. Corrono, Paperino più agile, più veloce, lui un po' goffo[102] e legnoso, tenendosi la tuba[103] in testa con la mano. E poi sull'albero, e anche l'orso sull'albero, e poi l'albero che si piega e poi ancora il tuffo[104] nel fiume, l'orso che non demorde,[105] e sono metri, centimetri... Improvviso il grido, da lontano: "Cappuccetto nero,[106] fermati!" E l'orso si ferma. È addomesticato. Torna il silenzio. L'animale corre docile verso chi l'ha chiamato. C'è un'ombra appena visibile là sullo sfondo, un'ombra col fucile[107] in mano.

Paperone è fuori di sé. Chi si è permesso di invadere la sua proprietà? Di chi è quell'ombra? Ora la vede meglio: una vecchia, brutta, ossuta,[108] con indosso panni stracciati.[109] Le si scaglia contro: è lui ora la belva, la tuba gli trema sul capo, le pupille si riducono a un punto piccolissimo alla base degli occhi, le mani diventano pugni.[110] C'è di mezzo il suo oro e nessuno può ostacolarlo.—Torna qui e combatti!— grida come un forsennato.[111] E arriva la fucilata, secca, infallibile: addio cappello.

Consiglio di guerra. Bisogna catturare quell'orso: trappola, miele, un gioco da bambini. L'orso è eliminato, via libera.

Sono i ragazzini, Qui, Quo e Qua, i primi a entrare nella capanna. Ed eccoli di fronte alla vecchia. Ma chi è?

La signora, disfatta e tremante, siede vicino a un comò[112] logoro, vecchio, non antico; e sul comò, in una cornice d'epoca, c'è l'altra Doretta: giovane, bella da mozzare il fiato.[113] Impietoso[114] è il tempo, ordinario nella sua miseria tutto ciò che sta intorno: mobilio, specchio, teiera.[115] Minuscola, ma da forar[116] la pagina quella foto, quella cornice come una finestra sugli anni.

I ragazzini finalmente sanno: è lei, è Doretta, è la stella del Polo. Ora anche Doretta sa. Sa che è tornato Paperone, e sa di dovergli[117] quello che non ha più. Qui e Qua sono commossi, tentano di consolarla, giurano che non lo diranno al loro vecchio, che inventeranno una bugia qualunque per salvarla. Ma è troppo tardi. Quo sta già correndo verso lo zio e mentre Doretta stringe le mani sul viso, lui, il nipotino, dà la strabiliante[118] notizia: Doretta è viva, Doretta è là, in quella capanna. E sul volto di Paperone, nello spazio di pochi secondi e centimetri, si dipingono due opposte reazioni: quella del cuore e quella della ragione.

Non si può più giocar di fioretto,[119] di ricordi. Niente più gags, niente artifici comici. È il momento della verità. Questo era il centro della storia, fin dall'inizio. A quell'unico incrocio portavan le strade.

Paperone bussa,[120] è sicuro di sé, tronfio, impettito,[121] con la sua bella cambiale[122] in mano. Un attimo dopo la porta si spalanca,[123] Paperone guarda, trema, gli si imperlano di sudore gelido le penne,[124] solleva vergognoso il cappello, balbetta:[125] davanti a lui, solare, sfavillante[126] nel suo magico chiffon, nei suoi gioielli veri e finti, dietro un sorriso che è tutti gli orizzonti d'Alaska, c'è Doretta, tornata giovane, splendida come una volta, come se il tempo si fosse fermato. È un attimo che non scorre mai, un miracolo segreto tra i due. Cadono foglie, si muove impercettibilmente il sole nel cielo, ma tra loro tutto è fermo, tutto è come in quella sera antica.

© *Andrea Fedi*

Ma, Dio, come si ferma poco il tempo!

Il vecchio si scuote,[127] si scrolla di dosso[128] il sogno, torna in sé, sbraita,[129] la assale. Il milione di dollari, vuole indietro il milione di dollari! Doretta non ha più niente. Si sfila[130] gli orecchini, gli anelli, i braccialetti, e posa tutto su un tavolo, che è poi un barile di stoccafisso.[131] Si volta, se ne va...

Non lasciarla andare, non lasciarla andare! Corrile dietro, adesso, subito: dopo non potrai mai più.

Paperone ha l'animo in tempesta. Non è stata una vittoria quell'umiliazione. Altro è spillar soldi[132] a nemici irriducibili, spocchiosi, pieni di sé. L'aria è pesante. I nipoti intorno lo guardano malissimo. Non può uscirne così, battuto nei sentimenti, nella dignità.

La rincorre, la ferma, le propone una sfida, da vecchi cercatori.[133] Lei una volta aveva affermato di poter scavare più oro di lui: e allora se in dieci minuti troverà veramente più oro, riavrà il terreno e il debito sarà annullato. Doretta non ha niente da perdere, accetta. Ma Paperone è subdolo,[134] nasconde qualcosa: prende da parte i nipotini e ordina che conducano la vecchia a scavare più in là, su un'altura circondata da pietre. Ordina e ghigna...[135] È una trappola? È un inganno?

E invece no, il piccone[136] di Doretta sfonda il terreno, si apre una fessura,[137] manda bagliori[138] al cielo un tesoro immenso: oro, pepite a mucchi, a grappoli. La vecchia è esterrefatta,[139] i nipotini giubilano. Paperone trafelato,[140] allibito,[141] continua a ripetere come in trance "Non può essere, non può essere". Ma è stato fregato. Lei l'ha fregato per la seconda volta in tanti anni. Se l'è presa in saccoccia,[142] il vecchio imbecille.

Ma come ha fatto a perdere? Come ha fatto a non ricordare dov'era il suo oro?

Nel testo compare una vignetta in cui Paperone dice: "Avevo dimenticato di aver sepolto le pepite su questa collina! Avrei dovuto prendere una pillola stamattina!".

Ah, ecco, ecco perché. Oppure... oppure... cos'ha da guardare così Paperino?

È tutto finito, si ritorna. Doretta rimane dov'è la sua vita, il suo tempo. I paperi vanno a casa, uno col muso,[143] gli altri felici.

Ed è allora che Paperino rivela ai nipoti quel che già sapeva e in cuor suo aveva sempre saputo:

—Ragazzi, ieri sera avete contato le pillole dello zio?—chiede.

—Sicuro,—rispondono,—ce n'erano sei.

—Adesso sono cinque.

I fumetti italiani e l'America

"America on My Mind" è il titolo azzeccatissimo[144] di una conferenza sul fumetto italiano tenuta alla New York University nel novembre del '95 (www.bvzm.com/ conference.html). In quell'occasione Alfredo Castelli, il "padre" di Martin Mystère, ha ricordato al pubblico che la storia del fumetto italiano comincia all'inizio del Novecento con il *Corriere dei Piccoli* (1908–95), settimanale che riproponeva i fumetti americani della domenica, sostituendo le nuvolette[145] con didascalie in rima.[146]

Più avanti, quando i fumetti italiani escono dai limiti dell'intrattenimento per l'infanzia e si orientano verso il pubblico adulto, è ancora l'America a fornire storie, ambienti e personaggi, prima con Disney (il primo numero di *Topolino*[147] esce nel 1932, e tra i suoi lettori più affezionati ci saranno i figli del Duce),[148] poi con gli eroi mascherati e le avventure esotiche: Mandrake, L'Uomo Mascherato (The Phantom), Tarzan, Flash Gordon.[149] Nasce in quegli anni anche una "scuola italiana" del fumetto, con serie originali di grande fortuna, come *Il Monello* (1933–90) e *L'Intrepido* (1935–93), che "si specializzarono in racconti che ora definiremmo soap operas". Ci sono perfino settimanali cattolici che danno spazio ai fumetti: *Il Giornalino* (1924–), venduto all'uscita di chiesa, e *Il Vittorioso* (1937–67).

"Nel 1949", avverte Castelli, "*Topolino* abbandonò tutto il materiale non-Disney, assunse l'attuale formato pocket... e ottenne un immediato successo che dura tutt'ora: non a caso l'Italia è il principale produttore europeo di materiale Disney". Nel dopoguerra hanno grande fortuna anche pubblicazioni a fumetti in formato più ridotto, le strisce,[150] la più famosa delle quali è senz'altro *Tex* (1948–), di Gianluigi Bonelli e Aurelio Galleppini. Il protagonista, Tex Willer,[151] è modellato sul John Wayne di *Ombre rosse* e di *Sentieri selvaggi*,[152] anche se la sua faccia ricorda piuttosto quella di Gary Cooper. Tex è un Ranger del Texas e, con il nome Aquila della Notte, diventa anche il capo di una tribù Navajo dell'Arizona (dopo aver sposato Lilyth, la figlia di

Freccia Rossa). *Tex* è una delle serie più amate dal pubblico italiano, e ancor oggi sono circa mezzo milione le copie vendute ogni mese. Come ha detto uno dei suoi lettori famosi, Francesco Guccini, "Tex è il primo western all'italiana, ...rispecchia quello che un italiano pensa che sia il West".

Forte del successo ottenuto con *Tex,* l'editore Bonelli, vero e proprio re dell'editoria italiana a fumetti, continuò a introdurre serie basate sul genere western (*Zagor,* 1961– ; *Ken Parker,* 1977–), prima di passare ai generi del mistero esoterico, dell'horror e della fantascienza con *Martin Mystère* (1982–), *Dylan Dog* (1986–) e *Nathan Never* (1991–). "Il setting e i personaggi principali di gran parte delle serie avventurose realizzate in Europa continuano a essere 'americani' ", spiega Castelli. Il caso dell'Italia, tuttavia, è singolare nel panorama europeo, sia per il volume delle vendite che per il rapporto tra produzione locale (80%) e importazioni (20%). Attualmente, come osserva Castelli, "l'80% del mercato italiano di fumetti è spartito tra la Sergio Bonelli Editore (40%) e la Walt Disney Company Italia (*Topolino* e molte altre pubblicazioni Disney, 60%), con oltre 100.000.000 di copie vendute ogni anno". Il 97% dei fumetti in Italia sono venduti nelle edicole,[153] che ospitano sui loro scaffali fino a 200 collane (solo le testate dei supereroi della Marvel Italia sono una settantina). Invece sono ancora pochissimi i quotidiani italiani che pubblicano strisce a fumetti, e solo di recente si è registrata una leggera crescita nel numero delle librerie specializzate.

Attività

A. I loro nomi sono dappertutto. Ogni "riccone" può meritarsi l'appellativo di "Paperone": Marco Tronchetti Provera, il CEO della Pirelli, "è il nuovo Paperone della borsa italiana"; Francesco Totti, l'attaccante della Roma, "è il Paperone del campionato"; a dare del Paperone a Berlusconi ci si mettono firme illustri del giornalismo come Adriano Sofri e Curzio Maltese. Sebastiano Messina, corsivista[154] di *Repubblica,* scrive che Bossi, il segretario della Lega Nord, parla "citando Fonzie col tono di Gambadilegno". Il più sofisticato Maurizio Gasparri, Ministro delle Comunicazioni, dichiara in un'intervista che i politici della sinistra "hanno la sensibilità sociale di Rockerduck, il papero miliardario". Con 325.000 copie vendute ogni settimana,[155] non c'è da meravigliarsi che gli italiani conoscano e citino i personaggi di *Topolino.* Vediamo come ve la cavate[156] voi. Indovinate qual è il nome originale di questi personaggi disneyani che vivono a Paperopoli e a Topolinia:

1) (Paolino) Paperino	8) Gastone (Paperone)
2) Qui, Quo, Qua	9) Paperoga
3) Paperina	10) Archimede Pitagorico
4) Emy, Ely e Evy	11) Edi
5) Zio Paperone / Paperon de' Paperoni	12) la Banda Bassotti
6) Nonna Papera	13) Cuordipietra Famedoro
7) Ciccio	14) Rockerduck

15) Amelia
16) Pico de' Paperis
17) Doretta Doremì
18) Cip & Ciop
19) Topolino
20) Minni / Minnie / Topolina
21) Pippo
22) Super Pippo

23) Pluto
24) Orazio
25) Clarabella
26) Eta Beta
27) il commissario Basettoni
28) Manetta
29) Pietro Gambadilegno
30) Macchia Nera

Gyro Gearloose _____

Grandma (Elviry) Duck _____

Huey, Dewey, and Louie _____

Little Helper _____

April, May, and June _____

Donald Duck _____

Magica De Spell _____

Gladstone Gander _____

Fethry Duck _____

Gus Goose _____

Daisy Duck _____

Ludwig Von Drake _____

Horace Horsecollar _____

Flintheart Glomgold _____

(John D.) Rockerduck _____

Uncle Scrooge/Scrooge McDuck _____

Beagle Boys _____

Mickey Mouse _____

Minnie Mouse _____

Super Goof _____

Eega Beeva _____

Chief O'Hara _____

Clarabelle Cow _____

Glittering Goldie _____

Chip and Dale _____

Mr. Casey _____

The (Phantom) Blot _____

Goofy _____

Black Pete/Big (Bad) Pete/

Peg-Leg Pete _____

Pluto (the Pup) _____

B. Il rapporto tra i personaggi dei fumetti disneyani e la letteratura è sempre stato particolarmente forte in Italia, grazie soprattutto all'esempio magistrale di Guido Martina, autore di circa 1.200 storie originali tra il 1948 e i primi anni '80. A Martina, soprannominato "il Professore", la produzione italiana di Disney deve due delle sue caratteristiche maggiori: a differenza delle loro controparti americane, i personaggi di *Topolino,* nelle traduzioni o nelle sceneggiature originali, parlano un italiano sempre corretto ed elegante, a volte perfino letterariamente ricercato;[157] e, a cominciare da una storia a puntate intitolata "L'Inferno di Topolino" (1949–50), per la quale Martina scrisse delle terzine dantesche, Disney Italia nel corso degli anni ha pubblicato una lunghissima serie di parodie di opere liriche o teatrali, di testi letterari italiani o stranieri, a volte meglio noti ai genitori e ai nonni che non ai lettori più giovani. Qui sotto trovate una scelta dei titoli di quelle parodie: riuscite a indovinare il titolo originale?

Paperodissea ⎯⎯⎯⎯⎯⎯⎯⎯⎯⎯⎯⎯⎯⎯⎯⎯

Paperiade ⎯⎯⎯⎯⎯⎯⎯⎯⎯⎯⎯⎯⎯⎯⎯⎯⎯

El Kid Pampeador ⎯⎯⎯⎯⎯⎯⎯⎯⎯⎯⎯⎯⎯⎯

Paperin Meschino ⎯⎯⎯⎯⎯⎯⎯⎯⎯⎯⎯⎯⎯⎯

Paperin Furioso ⎯⎯⎯⎯⎯⎯⎯⎯⎯⎯⎯⎯⎯⎯⎯

Paperopoli Liberata ⎯⎯⎯⎯⎯⎯⎯⎯⎯⎯⎯⎯⎯

Don Pippo Chisciotte ⎯⎯⎯⎯⎯⎯⎯⎯⎯⎯⎯⎯

La disfida di Paperetta ⎯⎯⎯⎯⎯⎯⎯⎯⎯⎯⎯

Paperin Fracassa ⎯⎯⎯⎯⎯⎯⎯⎯⎯⎯⎯⎯⎯⎯

Zio Paperone e la locandiera ⎯⎯⎯⎯⎯⎯⎯⎯

Piccole papere ⎯⎯⎯⎯⎯⎯⎯⎯⎯⎯⎯⎯⎯⎯⎯

I Promessi Paperi ⎯⎯⎯⎯⎯⎯⎯⎯⎯⎯⎯⎯⎯

I viaggi di Papergulliver ⎯⎯⎯⎯⎯⎯⎯⎯⎯⎯

Paperino e le ventimila beghe[158] sotto i mari ⎯⎯⎯

Paperino e il giro del mondo in otto giorni ⎯⎯⎯⎯

Topolino corriere dello Zar ⎯⎯⎯⎯⎯⎯⎯⎯⎯⎯

Il Corsaro Paperinero ⎯⎯⎯⎯⎯⎯⎯⎯⎯⎯⎯

Sandopaper e la perla di Labuan ⎯⎯⎯⎯⎯⎯⎯

Paperino e l'Isola del Tesoro ⎯⎯⎯⎯⎯⎯⎯⎯⎯

Le avventure di Paperin Cenerentolo ⎯⎯⎯⎯⎯

Le avventure di Top Sawyer ⎯⎯⎯⎯⎯⎯⎯⎯⎯

Paperino di Münchhausen _____

Paperino e i Tre Moschettieri _____

Paperino e il Conte di Montecristo _____

Paperino e il flauto magico _____

Paperino barbiere di Siviglia _____

Paperino e l'Oro di Reno ovvero l'anello dei nani lunghi_____

Paolino Pocatesta e la bella Franceschina[159] _____

Paperina "fanciulla del West" _____

Topolino in "Il nome della mimosa" _____

C. Francesco Guccini, grande ammiratore delle storie a fumetti di *Tex,* ha detto: "Ogni tanto leggo un album di Tex e mi diverto a tradurlo automaticamente in inglese e a vedere l'effetto che fa. Il risultato è buffo e la traduzione non funziona perché Tex è italiano fino in fondo". Sarà vero quello che dice il cantautore emiliano? Giudicatelo voi, dopo aver tradotto le battute che trovate qui sotto, prese da *Il patto di sangue,* una delle avventure più importanti della "mitologia texiana", ripubblicata da Rizzoli nel 2000. È sempre Tex che parla in ogni frase.

1) "Siccome ho la memoria molto labile, ho fatto incidere il mio nome su una pallottola, e perciò se volete proprio leggerlo... ditelo chiaro e tondo. Io farò uscire il proiettile che c'è in canna e voi..."

2) "Niente fuochi d'artificio, *amigo!* Torto o ragione, non si deve mai sparare alle spalle di un avversario!"

3) "Ho conosciuto un rilevante numero di insigni farabutti sparsi in tutto il West, e finora nessuno di loro è ancora riuscito a mettermi sotto un metro di terra!"

4) "Piantatela di schizzare veleno. Sapete benissimo che non sono stato io a uccidere l'agente indiano! E adesso... tutti faccia al muro! Anche tu, muso di cavallo! Muoviti!"

5) "Credo di parlar chiaro, *hombres!* Se poi scoprirò che avete le teste dure... allora vedrò di ammorbidirvele con dei massaggi di piombo!"

"Le città dei Simpsons".
© *Giorgio Fedi*

"CIUCCIATI IL CALZINO, AMICO!"[160]

Non è solo l'America buona, quella dei personaggi disneyani e dei cowboy senza macchia e senza paura, che attrae il pubblico italiano. Anzi, c'è una famiglia della Fox che secondo i sociologi sembra creata apposta per rispecchiare l'Italia di oggi. "Gli italiani? Vivono come i Simpsons" si intitolava un articolo del *Corriere della Sera* dell'ottobre 2002. L'autore, Marco Gasperetti (giornalista ed esperto di linguaggi multimediali), annunciava che la famiglia di Matt Groening è diventata "un modello di riferimento anche per gli italiani", i quali ne ripropongono le cattive abitudini: alimentazione scadente[161] e indigestione di tv, consumismo sfrenato e cinismo, povertà del linguaggio e maleducazione.

Non sono soltanto i 2–3 milioni di spettatori che aspettano fino alle 22:30 per guardare i Simpsons su Italia 1 (sembrano pochi, ma a quell'ora corrispondono a uno share del 12–18%).[162] La Simpsons-mania dilaga perfino nella terra di Dante e Boccaccio: nell'autunno del 2002 le amministrazioni di tre paesi toscani, Certaldo, Poggibonsi e Abbadia San Salvatore, hanno organizzato una serie di eventi raccolti sotto il titolo "Le città dei Simpsons". Per alcune settimane i tre paesi delle province di Siena e Firenze hanno ospitato mostre e convegni ai quali hanno partecipato esperti della comunicazione e linguisti, sociologi e responsabili delle Aziende Sanitarie Locali, massmediologi e diplomatici americani. I titoli delle singole iniziative la dicono lunga sul potere di penetrazione della serie americana: "I Simpsons a tavola"; "Springfield, specchio del villaggio globale"; "Mercatino dei Simpsons e non solo: bancarelle di merchandising giallo, all'interno del tradizionale mercatino dell'antiquariato".

Dal punto di vista della lingua e della cultura, il fenomeno Simpsons è degno di nota sia per la ricaduta sul linguaggio (si misuri su Internet la frequenza del termine "homerata", ossia "azione paradossale e/o autodistruttiva"), sia per lo sforzo che ha comportato il processo di "localizzazione" della storica serie televisiva, cioè l'adattamento al contesto italiano nella traduzione e nel doppiaggio. Qui sotto abbiamo raccolto una serie di esempi e di informazioni utili, divisi per sezioni come avviene nei siti dei fan italiani e nelle numerose guide a stampa.

Le voci

Le voci dei personaggi principali sono state affidate a doppiatori professionisti, come la romana Monica Ward (Lisa), adoratissima dai fan, Ilaria Stagni (Bart) e Tonino Accolla (Homer). Per avvicinare la serie alla cultura dello spettatore italiano, la voce di Marge è stata assegnata a Liù Bosisio, già nota per aver recitato la parte di Pina, la moglie di Paolo Villaggio nei film comici *Fantozzi* e *Il secondo tragico Fantozzi* (1975 e 1976).[163] Seguendo la tradizione americana, star e uomini pubblici italiani hanno prestato la loro voce ai personaggi di contorno: i nomi più famosi sono quelli di Fedele Confalonieri, presidente di Mediaset, dell'onorevole di Alleanza Nazionale Ignazio La Russa, del parlamentare e critico d'arte Vittorio Sgarbi, dell'attrice Valeria Marini.

I dialetti

Una delle strategie adottate per replicare il successo dei Simpsons anche in Italia è stata quella di colorire con inflessioni dialettali le voci dei personaggi secondari. La scelta di puntare sull'effetto comico-realistico del dialetto (con una predilezione per il napoletano e i dialetti del Sud) non è insolita nel doppiaggio delle sitcom importate in Italia: ad esempio, la Roseanne Barr di *Roseanne*, reintitolata *Pappa e ciccia*, si chiama Annarosa e parla con accento napoletano, mentre la babysitter della serie *La Tata* (*The Nanny*) diventa Francesca Cacace, italoamericana, cattolica e originaria di Frosinone.

Nel caso dei Simpsons si può notare che un collega afro-americano di Homer, Carl, parla in dialetto veneto (ad esempio, usa esclamazioni come "Ostregheta!"), il commissario Winchester parla napoletano, e uno dei suoi poliziotti parla pugliese; il custode tuttofare della scuola di Bart e Lisa parla in sardo, con curiose inversioni sintattiche ("un pervertito sembrare ti fa"), mentre un bambino della sala video-

© *Giorgio Fedi*

giochi Chiassolandia ("Noiseland Arcade") e sua madre parlano un toscano smaccato[164] ("'Un credo proprio", "Maremma bona!"); alla chiesa dei Simpsons la maestra di catechismo parla piemontese e il reverendo Lovejoy siciliano; la segretaria del direttore Skinner ha uno spiccato[165] accento irpino, e l'autista dello scuolabus, Otto, parla milanese.

I gerghi

Per ricostruire le distorsioni e lo slang che caratterizzano il linguaggio della serie originale, la produzione italiana, oltre che sul dialetto, ha puntato molto sul linguaggio giovanile e giovanilistico, indipendentemente dall'età dei personaggi americani. L'Homer italiano non fa che ripetere "Mitico!"; Bart dice in continuazione "cacchio", "figo" e "figata" (oppure "fico", "ficata", "fichissimo"), insieme agli originali insulti che sono il suo marchio di riconoscimento: "rospo", "bacarospo" (o "bagarospo") e "ciuccellone".

Parole ed espressioni gergali che compaiono nei dialoghi dei Simpsons includono "casino" (confusione o disordine), "cazzarola" (espressione di meraviglia), "coatto" e "coattone", "dammi il cinque", "mezzasega" (espressione offensiva), "palla" (per indicare una cosa noiosa), "piottaro" (persona rozza e di basso ceto), "pischello" (ragazzino), "robe" (cose), "sballare" (andar fuori di misura o di testa), "sbarbina" (ragazzina), "schizzare" (affrettarsi), "sfiga" (sfortuna), "soggettone" (con connotazione negativa), "spallamento" (noia), "spararla alla grande" (esagerare), "scuffiare" (sbagliare), "telare" (sparire, andare via), "toppare" (sbagliare).

© *Giorgio Fedi*

Volgarità

La televisione italiana si regola secondo un diverso senso del pudore: ogni straniero che va in Italia se ne può rendere facilmente conto. Se a questo si somma la collocazione originale dei Simpsons, in seconda serata, si capisce perché parolacce e volgarità abbondino nella traduzione italiana, anche quando sono assenti dalla sceneggiatura originale. Ad esempio, nell'episodio *Odissea di Homer* la gazzetta di Springfield pubblica un articolo contro la campagna per la sicurezza lanciata da Homer. L'originale americano ha un titolo colloquiale ma innocentissimo: "Enough Already Homer Simpson". La versione italiana recita, ben più volgarmente: "Homer Simpson, hai rotto le palle".

Ecco per voi una scelta del peggio dei Simpsons di Mediaset:

"Questa è una soluzione del cazzo" (Marge)

"Vaffanculo!" (Homer)

"Sono uccelli per diabetici" (Bart)

"Nessuno riuscirà a inchiappettare Bartholomew J. Simpson" (Bart)

Comicità e lingua parlata

Alla ricerca di effetti umoristici, i traduttori dei dialoghi dei Simpsons hanno introdotto una quantità straordinaria di suffissi, accumulati nella stessa frase o usati

in maniera leggermente anomala rispetto all'uso che se ne fa nel linguaggio parlato. Ecco alcuni esempi:

"Non ho imparato un tubone" (Homer)

"Vecchio bidone scassone arrugginitone"[166] (Bart)

"Papone" (Bart a suo padre)

"Mi hai fatto proprio felicino" (Homer)

"E quell'aggeggiolino lì?" (Homer)

"Ecco la postinessa"[167] (Bart)

"Un portafoglio mallopposo"[168] (Homer)

"Per tutti i calzini ciucciati, che camperazzo!" (Bart, alla vista del camper[169] dei Flanders)

"Tutto nudazzo, eh?" (Homer)

"Miticuzzo!" (Homer)

"Un regalo grandioloso" (Burns)

Sempre nel tentativo di imitare il livello medio-basso della lingua parlata, i dialoghi contengono vari solecismi:

"Cacchio, sembra che mi legge nel pensiero" (Bart)

"Io voglio far finta che sono un bambino scemo quanto gli altri" (Bart)

"Pare che non avete fatto bene i conti" (l'Uomo Radioattivo, eroe del fumetto preferito di Bart)

Dall'America all'Italia

Innumerevoli sono i casi in cui le differenze sociali e culturali tra America e Italia hanno imposto cambiamenti.

Sul lavoro il bonus natalizio di Homer si tramuta in una italianissima "tredicesima". A scuola l'inaspettata "F" di Lisa diventa un "5" (l'insufficienza degli studenti italiani), le sue "A" diventano "10".

In cucina, come era prevedibile, le sostituzioni si moltiplicano a dismisura: il "jello" diventa un più familiare "crème caramel", i "muffin" che Lisa prepara per la maestra sono chiamati "maddalene" (da Marcel Proust ai Simpsons, che sorte!), il "punch" alcolico del picnic aziendale diventa una più europea "sangria". Quando Homer e Marge si recano alla Fiera dolciaria di Springfield, l'altoparlante[170] invece di "Mr. Goodbar" chiama in direzione "il signor Cacao Stupendao", richiamo ovvio per il pubblico italiano al "Cacao Meravigliao", sponsor fittizio di una trasmissione comica di grande successo, *Indietro tutta*. Sempre in tema di cibo, la preghiera di ringraziamento di Bart prima della cena, in "Amara casa mia" ("There's No Disgrace Like Home"), è l'occasione per un gioco di parole che ricorda l'*Inferno* di Dante: "Aleppe, alappa, grazie per la pappa".[171] Infine, l'alieno di "Springfield files", la parodia simpsoniana dei famosi *X-Files*, "arriva sempre di venerdì, come il pesce fresco". Il testo originale aveva "like Urkel" (cioè come Steve Urkel, il protagonista di *Family Matters*); alla serie televisiva, uscita in Italia con il titolo *Otto sotto un tetto*, è stato preferito un riferimento all'usanza cattolica di astenersi dalla carne il venerdì.

Un altro campo che ha richiesto notevoli interventi di adattamento è quello della musica. Nell'episodio in cui Bart si finge predicatore-guaritore,[172] "Chi con fede agisce, con fede guarisce" ("Faith Off"), il reverendo Lovejoy, per difendersi dalla concorrenza degli show religiosi di Fratello Bart canta in chiesa il ritornello di una canzone di Orietta Berti, "Fin che la barca va", grande successo del 1970, diventato proverbiale come esempio di cattivo gusto.[173] In "Nati per essere sfrenati" ("Life on the Fast Lane"), i camerieri canterini del ristorante "La costoletta canora" ("The Singing Sirloin") al tavolo di una famiglia in lutto[174] cantano "Vicino a te mio sire, a cantar *Dies irae*" (al posto di "Nearer my God to Thee"): il "Dies irae" è un inno religioso apocalittico di origine medievale, ancora popolare in certe parti d'Italia.

Cambia da un paese all'altro anche la mappa dei riferimenti linguistici collegati a produzioni televisive e cinematografiche. In "Come eravamo" ("The Way We Was") Homer rompe la televisione nel tentativo di migliorare il segnale, per poi implorare di fronte allo schermo spento: "Almeno fammi vedere Canale 5".[175] Mentre Homer gioca con Bart alla video-box, ripete al figlio "Ti spiezzo in due", storpiatura[176] resa famosa dal doppiaggio italiano di *Rocky 4* (è ciò che promette a Sylvester Stallone il campione di pugilato russo). Ne "La testa parlante" ("The Telltale Head"), Homer

© Giorgio Fedi

ascolta la radiocronaca del football americano, e la voce del commentatore imita quella roca[177] e inconfondibile di Sandro Ciotti, giornalista sportivo tra i più conosciuti in Italia.

Pronto, Osteria Boe?

"Moe's", il bar dove Homer va a bere, per motivi assolutamente misteriosi, diventa "Da Boe" in un certo numero di puntate italiane (ma non in tutte). Inoltre qualche volta ci si riferisce al locale chiamandolo "osteria", probabilmente un richiamo stereotipato alle osterie italiane di un tempo, che servivano vino a poco prezzo. La lista che trovate qui contiene alcuni degli scherzi telefonici del Bart italiano. L'impressione è che, oltre a dover cambiare l'originale, i produttori italiani abbiano dovuto tagliare per intero un certo numero di battute, dato che la pronuncia regolare dell'italiano offre molte meno possibilità di equivoco tra dati anagrafici e parole scurrili.[178]

"C'è Dina lì? Il cognome è Mutan..."

"C'è Al? Fa Colizzato di cognome"

"C'è il signor Faccio? Le iniziali sono P.P."

"Vorrei parlare con Cul... di nome fa Lu"

© *Giorgio Fedi*

Le punizioni di Bart alla lavagna

"La verità non è là fuori" ("The truth is not out there")

"Non ho mai visto il fantasma[179] di Elvis" ("I did not see Elvis")[180]

"Non chiamerò più la mia maestra 'Bella gnocca'" ("I will not call my teacher 'Hot Cakes'")

"Non griderò 'Al fuoco' in una classe affollata" ("I will not yell 'Fire' in a crowded classroom")

"Non dormirò durante le lezioni" ("I will not sleep through my education")[181]

"Io non sono l'ultimo padrino" ("I am not the last don")

"Non rutterò durante l'inno nazionale" ("I will not belch the national anthem")[182]

"La toilette dei maschi non è un acquapark" ("The boys' room is not a water park")

"La gomma all'aglio non è un bello scherzo" ("Garlic gum is not funny")

"Fatturare non è una pratica del satanismo" ("'Bewitched' does not promote satanism")[183]

"La grammatica non è un'opinione" ("Grammar is not a time of waste")[184]

"I denti dondolanti non hanno bisogno del mio aiuto" ("Loose teeth don't need my help")

© *Giorgio Fedi*

SOTTO LE STELLE DEL JAZZ

Paolo Conte

Tra gli artisti italiani di musica non classica, l'avvocato[185] piemontese Paolo Conte (Asti, 1937–) è senza dubbio il più apprezzato all'estero, dal pubblico più esigente così come dai critici. Negli Stati Uniti Conte è l'unico musicista italiano rappresentato dalla Nonesuch, etichetta[186] discografica molto prestigiosa e altamente selettiva, legata soprattutto ai nomi storici del minimalismo (Steve Reich, Philip Glass, John Adams), e aperta senza pregiudizi verso i generi più innovativi, dalla musica classica contemporanea alla world music, con artisti che vanno da Laurie Anderson a Henryk Górecki, dai Wilco al Kronos Quartet. Nel 1998 la prima raccolta di Conte pubblicata in America, *The Best of Paolo Conte,* è stata scelta come "Best of the Year" da due riviste tanto diverse quanto *The New Yorker* e *Rolling Stone,* e quest'ultima ha elogiato in Conte un artista "Italian by birth, singular in cool".

Ironico raccontatore di storie, con una voce roca e incline al recitativo che a molti ricorda quella di Tom Waits, Conte possiede una cultura musicale vasta e raffinata. In essa egli riesce a far coesistere la presenza del jazz tradizionale e moderno, una complessità e una perizia[187] di orchestrazione e di teatralità che discendono dal musical americano, e un'attenzione rara alla qualità dei testi. Testi che mescolano citazioni letterarie e gusto del nonsense, invenzioni linguistiche e piacere del dialogo più che della declamazione. Il circuito jazzistico internazionale ha riservato a Conte i maggiori onori, dalle serate al "Blue Note", la più classica istituzione newyorkese, ai concerti al Festival di Montreaux, a Parigi e a Montreal. Conte è anche l'autore di canzoni ormai storiche del repertorio leggero italiano, ma innovative nella musica e nei testi quando apparvero negli anni '60, come "Azzurro", portata al successo da Adriano Celentano, "Messico e nuvole", che conosciamo nell'interpretazione di Enzo Jannacci, "Genova per noi" e "Onda su Onda", rese note da Bruno Lauzi.

Tra gli album più significativi di Paolo Conte, ricordiamo *Un gelato al limon* (1974), *Paris Milonga* (1981), *Paolo Conte* (1984, ma con questo titolo uscirono raccolte anche nel '74 e nel '75), *Aguaplano* (1987), *Parole d'amore scritte a macchina* (1991), *Una faccia in prestito* (1995), *Razmataz* (2000) e, espressamente per il pubblico americano, *Rêveries* (2003). Oltre che un disco, *Razmataz* è anche un'opera multimediale pubblicata su dvd, uno spettacolo multilingue (italiano, inglese, francese, spagnolo e tedesco) fatto di musica, teatro e grafica, animato dal voler rivivere l'incontro tra cultura europea e "nuova" musica nera. Nelle parole di Conte, è un progetto "figlio dell'insistente desiderio di mettere il naso nel gusto e nello spirito degli amati anni Venti, culla delle avanguardie estetiche del Novecento, là dove qualsiasi idea di 'modernità' deve recarsi in adorante pellegrinaggio".

Paolo Conte, "Sotto le stelle del jazz"
(Paolo Conti, *Si sbagliava da professionisti;* Torino: Einaudi, 2003)

Certi capivano il jazz
l'argenteria[188] spariva...
ladri di stelle e di jazz[189]
così eravamo noi, così eravamo noi.

Pochi capivano il jazz
troppe cravatte sbagliate...
ragazzi-scimmia del jazz
così eravamo noi, così eravamo noi.

Sotto le stelle del jazz,
ma quanta notte è passata...
Marisa,[190] svegliami, abbracciami
è stato un sogno fortissimo...

Le donne odiavano il jazz
"non si capisce il motivo"
du-dad-du-dad—

Sotto le stelle del jazz
un uomo-scimmia cammina,
o forse balla, chissà
du-dad-du-dad—

© *Andrea Fedi*

Duemila enigmi nel jazz
ah, non si capisce il motivo...
nel tempo fatto di attimi
e settimane enigmistiche...[191]

Sotto la luna del jazz...

IL McPAESE

Gli italiani vanno ancora pazzi per la pasta (sei su dieci la mangiano tutti i giorni) e per la pizza (26mila le pizzerie nel 1999). Ma il fast food è il settore della ristorazione in più rapida crescita in Italia. Per misurare la forza delle passioni suscitate da hamburger e patatine, basta considerare l'intensità delle proteste.

Nell'autunno del 2000 centri sociali, associazioni ambientaliste e i giovani di Rifondazione Comunista hanno dato vita a una serie di iniziative contro McDonald's, in concomitanza con la Giornata mondiale sul cibo indetta dalle Nazioni Unite. A Milano hanno regalato pizza (cotta in un forno mobile) ai passanti che si avvicinavano ai "ristoranti" della catena americana. A Roma davanti ai McDonald's hanno distribuito gratuitamente cibi biologici. A Torino a contestare il Big Mac sono arrivati gli agricoltori sui trattori. I loro cartelli dicevano cose come "Mangia sano, mangia italiano", "Mamma, basta schifezze nel piatto dei tuoi bambini".

© Andrea Fedi

Contro la emme gialla non ci sono solo i no global. Perfino l'*Avvenire*, quotidiano cattolico da sempre legato alla Chiesa, nel novembre del 2000 dedicava una pagina intera alla nuova peccaminosa[192] abitudine del "pasto mordi-e-fuggi".[193] È un modo di mangiare "non cattolico", sentenziava il giovane teologo Massimo Salani, perché manca "l'aspetto comunitario di condivisione" che contraddistingue[194] il pasto tradizionale della famiglia italiana. Infine il pasto veloce offende la "sacralità del cibo", perché "si soddisfa la fame più in fretta possibile per poi dedicarsi ad altro".

A dispetto delle querele[195] sacre e profane, fino al 2001 erano stati aperti più di 300 McDonald's in tutt'Italia, con un piano nazionale che prevede l'apertura di altri 150 nel giro di pochi anni. Fra i prodotti sperimentati in Italia per soddisfare le richieste del mercato locale, la pizza (inizialmente disponibile solo in cinque ristoranti del Nord), il toast, l'hamburger di maiale, il "fritto mare". "Non siamo globalizzati", puntualizza Alfredo Pratolongo, responsabile relazioni esterne per la McDonald's Italia. "L'85 per cento di quello che serviamo è italiano". Spiega inoltre che servire in fretta non significa mangiare in fretta. E aggiunge: "in Europa la McDonald's non utilizza assolutamente alimenti geneticamente modificati".

"Il cibo è un importante elemento culturale della nostra vita", dichiarava ai giornali a ottobre del 2000 Silvio Barbero, vicepresidente di Slow Food, l'associazione creata a tutela del patrimonio enogastronomico italiano. A McDonald's dunque va rimproverata "l'omologazione del gusto, lo spingere i consumatori a mangiare lo stesso hamburger a Tokio, a New York, a Helsinki o Palermo". I genitori italiani, tuttavia, specialmente quelli che hanno figli piccoli, la pensano in modo diverso. O meglio, sanno per esperienza che la campagna contro la "mcdonaldizzazione"[196] è persa in partenza.[197] L'ha detto per tutti Michele Serra sulla prima pagina di *Repubblica,* il 15 ottobre 2000: "Anche i miei figli romperebbero volentieri le vetrine di McDonald's (meglio ancora di Burghy,[198] che non usa i cetrioli).[199] Per rubare gli hamburger, loro cibo devozionale, e mangiarne a ufo.[200] Quanto al roquefort tanto caro a José Bové, la sua aura fetente[201] e le sue venature[202] bluastre, da museo di mineralogia, commuovono me, ma ripugnano ai bambini".

DOLCETTO O SCHERZETTO?

Il primo novembre 2002, in due newsgroup italiani, il primo di cultura religiosa (it.cultura.cattolica), e il secondo di interesse locale (italia.potenza.discussioni), si discute di Halloween e dell'America.

From: Oliviero (rodomonte@libero.it)
Subject: Le zucche vuote[203] di Halloween
Date: 2002–11–01 08:16:35 PST
Leggete un po' quello che ha scritto ieri Franco Cardini sul Tempo. L'articolo era intitolato "Halloween e le zucche vuote" (un bel gioco di parole!):
Che noia, che tristezza, che umiliazione. Secondo una liturgia che si ripete ormai da anni, a ogni fine di ottobre, molti nostri giornali hanno riferito con legittimo patrio orgoglio[204] che "anche noialtri abbiamo il nostro Halloween", e che qua e là si accendono zucche vuote e trasformate in allegri teschi[205] luminosi e i ragazzini vanno in giro travestiti da spettrucci[206] e diavoletti. Sai la soddisfazione. Comunque, in effetti, tra le vecchie consuetudini ormai in disuso delle nostre campagne e delle nostre città c'era quella secondo la quale il 10 novembre—festa di San Martino cavaliere, benefattore dei poveri (a uno infreddolito, com'è noto, donò metà mantello)[207] quindi vescovo di Tours e patrono della gente franca[208]—i bambini andavano in giro percuotendo[209] pentole e tegami e chiedendo con rumorosa, allegra cortesia un po' di dolci in regalo.

From: Massimo (mazzatinti@tin.it)
Subject: Re: Le zucche vuote di Halloween
Date: 2002–11–01 8:41:02 PST
Anche quest'anno ci bombardano con la festa di Halloween. E come al solito i "puristi" come Cardini si indignano per la continua invasione delle "americanate", che rischiano di trasformare i ragazzini italiani in "cittadini dell'Impero Mondiale Americano". Mentre i "politicamente corretti" di casa nostra ricordano che è una festa di origine celtica[210] e quindi è una tradizione tornata a casa.

From: Diego Pansaneschi (dardanelli@tin.it)
Subject: Halloween è una festa italiana?
Date: 2002–11–01 10:54:32 PST

La storia di San Martino non mi sorprende. Mio padre dice che quando era piccolo i ragazzini prendevano le zucche, le svuotavano, ci facevano i buchi per gli occhi e ci mettevano dentro una candela. Poi andavano a giro a bussare alle porte. I contadini preparavano canestrate[211] di biscotti e i ragazzini ne approfittavano.

Mio nonno materno raccontava praticamente le stesse cose, con l'aggiunta di scherzi fatti alla strega[212] del suo paese (ogni paese della Maremma aveva la sua strega). Questo accadeva in provincia di Grosseto intorno al 1910!

From: don Piero (doventana@tiscalinet.it)
Subject: Re: Halloween è una festa italiana?
Date: 2002–11–01 15:50:05 PST

Stesse zucche e simili racconti fra i miei familiari (intorno agli anni '20) a Trento e nel bresciano.[213]

From: Tom (simondo@gsmbox.com)
Subject: Happy Halloween
Date: 2002–11–01 05:30:18 PST

Ciao ragazzi, perché non raccontate un po' che cosa avete fatto ieri sera? O cmq[214] cosa si organizzava nei vostri paesi, città, metropoli, favelas :)))

From: Eta Beta (francov148@freemail.it)
Subject: Re: Happy Halloween
Date: 2002–11–01 09:05:56 PST

A Pietragalla il 31 è andata più o meno così: pomeriggio con sfilata dei bambini, quindi balli di streghe, zombi, scheletri, diavolacci, lupi mannari,[215] per finire in un locale a ballare fino all'alba. Data la mia non più verde età, io sono tornato a casa presto.

From: Donato (santino.pz@libero.it)
Subject: Re: Happy Halloween
Date: 2002–11–01 11:53:39 PST

Fra qualche anno ci faranno festeggiare anche il 4 di luglio... Io sto già allevando il tacchino!!! Potrebbe anche essere un bene, chi lo sa. Ad ogni modo non me la sento di criticare voi giovanissimi che state cercando di sfruttare questa occasione per divertirvi un po'.

Chissà come avrebbe reagito mia nonna aprendo la porta di casa e trovando un mostriciattolo con maschera horror che urla "dolcetto o scherzetto" 3 mesi prima di carnevale?

From: Tom (simondo@gsmbox.com)
Subject: Re: Happy Halloween

Date: 2002–11–01 13:30:17 PST

La questione dell'età non la capisco: nei locali si trovava gente di tutti i tipi (incravattati[216] e non) e di tutte le età (giovanissimi e non). Io non mi sono vestito in maschera ma ho visto tanti genitori farlo per i loro bambini: che c'è di male?

From: il barba (ritano@libero.it)
Subject: Re: Happy Halloween
Date: 2002–11–01 15:58:31 PST

È verissimo che stiamo importando dall'America praticamente ogni cosa e, come al solito, gli americani non hanno fatto altro che scoprire un altro modo di far quattrini...[217] Il che dal punto di vista del business (autentica ossessione di ogni buon americano e base del loro "american dream") è una trovata intelligente.

Il problema è che occorre fare attenzione: non mi farebbe tanto piacere, ad esempio, se oltre ai cappellini da baseball, ad Halloween, a McDonald's, facessero il loro ingresso anche dibattiti politici sulla reintegrazione della pena di morte...[218]

From: Luciano (vivanesti@tin.it)
Subject: Re: Happy Halloween
Date: 2002–11–02 05:47:18 PST

Siamo certamente una colonia mediatica dell'America.

Ciao,
Luciano

P.s. non odio l'America, ma non vorrei mai viverci.

From: il barba (ritano@libero.it)
Subject: Re: Happy Halloween
Date: 2002–11–02 06:25:50 PST

Pure io non odio l'America; odio (anche se odiare mi sembra un termine forte) alcuni tipi di americani. Quelli, per intenderci, che credono di essere i padroni del mondo, che rifiutano tutto ciò che non è americano e non guardano a se stessi in modo critico.

From: Tom (simondo@gsmbox.com)
Subject: Re: Happy Halloween
Date: 2002–11–02 10:30:36 PST

Ok ragazzi. Ringrazio tutti di essere intervenuti. Comunque voglio dire due cose:

1) Le risposte mi sono sembrate troppo apocalittiche circa il futuro e l'invasione del modus vivendi americano; a me è sembrata solo una bella occasione per divertirsi, fare qualcosa di diverso.

2) Il titolo del mio post era Happy Halloween e chiedevo di parlare di ciò avevano organizzato nei vostri paesi/città ecc. per caratterizzare un po' le iniziative lucane,[219] ma nessuno, eccetto Eta Beta di Pietragalla, è rimasto in tema.

Senza polemizzare troppo,[220] saluti

Tom

*Halloween in
una scuola italiana.
© Giorgio Fedi*

Attività

A. Descrivete che cosa avete fatto e come eravate vestiti per l'ultimo Halloween.

B. Immaginate di dover replicare alle critiche contro l'America che avete appena letto.

C. Gli italiani hanno sviluppato tutta una serie di abbreviazioni che usano nei forum internettiani e nei messaggini telefonici. Sopra avete trovato *cmq,* che si basa sulla sottrazioni delle vocali e sull'assoluta rarità di parole che includano *c, m* e *q;* esempi simili sono *nn* ("non"), *msg* ("messaggio" o "messaggi"), *qlc* ("qualche"). "Per", che in italiano corrisponde al segno della moltiplicazione, è abbreviato in *x,* usato da solo o nel corpo di una parola: *xo* ("però"), *xdono* ("perdono"), ecc. Il gruppo *ch,* infine, viene reso con la *k,* per omologia fonetica: ad es., *ke* ("che"), *xke* ("perché"), skifo ("schifo"), ecc. Il fenomeno spesso investe tutte le *c* velari (o dure), anche in combinazioni vocaliche che non richiedono l'*h: kon* ("con"), *kome* ("come"), *pekkato* ("peccato"), *kukkare* ("cuccare").[221] Qui sotto trovate una serie di esempi di frasi pescate su Internet:

> Da quanto tempo nn ti mando un msg?
> Quand'è ke ci facciamo una bella uscita kome ai vekki tempi?
> Cmq mi devo trovare una girl x fine anno: nn è ke c'hai qlc amica carina all'univ?

Scrivete alcune frasi con le abbreviazioni presentate.

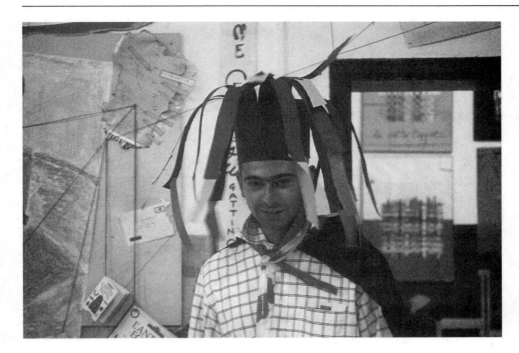

Una maschera improvvisata.
© Giorgio Fedi

SUPER EBAYER!

Andrea Becattini, trentasei anni, è dottore commercialista[222] presso uno studio professionale di Pistoia. È sposato, ha una figlia, e vive in un piccolo appartamento del centro storico. Nel tempo libero, quando non è impegnato a denunciare su Internet le mancanze[223] dell'amministrazione cittadina, a nome del Comitato Residenti (www.ztlpistoia.com), compra e vende su eBay. "Super eBayer!", "Klasse", "Un vero signore" è quello che hanno scritto di lui i suoi clienti un po' da tutto il mondo: dall'America, dalla Germania, dall'Italia. Questa intervista è stata fatta nel luglio 2003.

Come hai scoperto eBay?

Casualmente,[224] nel maggio del 2000: un mio cliente ci aveva comprato qualcosa. Da allora sono passati tre anni, e ho fatto quasi trecento transazioni.

Tre anni fa esisteva già eBay Italia?

No, non c'era. Infatti io sono ancora iscritto negli Stati Uniti. La fattura mi arriva in dollari, non in euro.

Che genere di articoli compri e vendi?

I primi oggetti erano attinenti all'area informatica. Ero molto attratto dal fatto che in America si trovano portatili a buon mercato.[225] E siccome li compravo a poco, amici e parenti mi chiedevano di prendergliene uno. Allora ho continuato a comprare portatili e accessori fino a farne un piccolo business. Successivamente mi sono indi-

Streghe in Toscana.
© Giorgio Fedi

rizzato sui pezzi di antiquariato informatico: vecchi computer, processori degli anni '80, schede madri.[226] In questo caso, più che con gli Stati Uniti, dove rispetto al prezzo dell'oggetto avevo da affrontare forti spese di spedizione, ho iniziato scambi abbastanza fitti[227] con la Germania.

Perché proprio la Germania?

Perché il sito tedesco di eBay è più sviluppato degli altri. Tutti i paesi europei hanno un sito, però sono piccoli, oppure, come nel caso dell'Inghilterra, ho avuto forti difficoltà a concludere. In Gran Bretagna l'utente medio è veramente, diciamo, fastidioso da contattare. Invece l'utente tedesco è molto simile a quello americano, cioè fa parte di una comunità che ormai parla lo stesso linguaggio indipendentemente dalla provenienza geografica.

Poi c'è anche il discorso dell'euro...

Sì, è un'altra facilitazione. Quando ho comprato degli oggetti a poco, ho addirittura messo gli euro in una busta[228] e li ho spediti, bypassando così ogni tipo di commissione[229] bancaria. L'unico difetto della Germania è che PayPal non è diffuso.

Invece con l'America usi PayPal?

In America quasi tutti hanno PayPal. Il problema è che negli Stati Uniti c'è una certa diffidenza verso l'utente[230] europeo o forse italiano. Spesso mettono l'indicazione "si accetta PayPal ma solo all'interno degli Stati Uniti". Però sono riuscito lo stesso a superare questa diffidenza grazie alla mia "Feedback history", nel senso che non ho mai avuto un feedback negativo. E questa è una credibilità che ho potuto spendere più di una volta.

Ritornando alla Germania: come facevi per la lingua? Le comunicazioni avvenivano in inglese o in tedesco?

Mi sono comprato un piccolo vocabolario di tedesco, e ho imparato una cinquantina di parole. Magari non saprei dare indicazioni al turista tedesco che passa qui sotto per andare in Piazza del Duomo, però so dire "spedizione", "bonifico[231] bancario", ecc. Poi indico sempre che sono della Toscana, "Toskana" per i tedeschi e "Tuscany" per gli americani, e vedo che questo mi dà un qualcosa di più.

Perché?

Credo che sia un particolare appeal che ha la Toscana nel mondo. A uno ho scritto che ero qui in Toscana, gli ho mandato delle foto di Piazza del Duomo e lui mi ha chiesto informazioni sul vino, sulle varietà di olive che ci sono in questa zona. Un altro mi ha detto che, se vincevo l'asta, sarebbe venuto di persona a portarmi l'oggetto, perché correva nella Millemiglia delle auto storiche.

Anche trattando con gli Stati Uniti qualche volta hai usato denaro in busta?

Sì, ho ricevuto tanti dollari per posta. Gli americani hanno commissioni bancarie elevate e per gli importi[232] più piccoli mi chiedevano di spedire le banconote. In poco tempo ho accumulato un centinaio di dollari in pezzi da uno. Mi ero fatto un piccolo tesoro. Non li cambiavo: li ho riusati per acquistare negli Stati Uniti.

So che tieni il conto del numero di stati americani in cui sei riuscito a vendere o comprare...

Sono fermo a 27. Non sono riuscito ad andare oltre. Il mio obiettivo è l'Alaska. Sono riuscito a vendere anche alle Hawaii. Soprattutto ho venduto sulle due coste degli Stati Uniti, però anche nell'interno, per esempio in Montana, nell'Illinois, nel Wisconsin... Il Wisconsin è dove ho fatto in assoluto più transazioni perché avevo conosciuto queste persone. Ci siamo telefonati più di una volta.

Erano della tua stessa età?

Dalla voce mi sembravano più o meno coetanei. In questa comunità c'è questo, che ognuno rimane con la propria identità virtuale e non fa troppe domande personali. La comunicazione è abbastanza standardizzata. Soprattutto per e-mail. Raramente sulle centinaia di transazioni che ho fatto ho avuto approcci di tipo diverso o rapporti un pochino più personali.

Qual è la cosa che hai pagato meno?

È stato il processore di una stazione Sun. L'avevano messo in vendita al prezzo di partenza di un centesimo. Io avevo puntato[233] un dollaro. Nessuno ha rilanciato e me lo sono aggiudicato per un centesimo.

E poi che ne hai fatto?

È uno di quegli oggetti che fa parte della mia collezione. Quando avrò tempo finirò di allestire un sito che per ora è assolutamente inguardabile, una pagina con tre link a malapena.[234] Si chiama www.etrusconline.com. Siccome ho tanti di questi pezzi, e li tengo ammassati in una stanza a casa di mio suocero, non li posso mai vedere tutti contemporaneamente, e mi dimentico delle cose che possiedo. Avevo iniziato a fotografare le cose che ho, e voglio creare delle directory, per esempio Commodore, Apple, Texas Instruments, Sinclair.

Qual è la cosa più "antica" che hai?

La cosa più antica penso sia un Olivetti degli anni '70, una macchina completa che non aveva hard disk: funzionava con questi disconi da sette pollici. Poi ho un processore Pentium dove c'è la scritta "Confidential" impressa dalla Intel. È del '92, il Pentium non era ancora uscito. Dovrebbe essere una specie di prototipo.

Quanti dei pezzi della tua collezione sono funzionanti?

Io cerco di tenere solo cose funzionanti. Facendo un paragone con chi colleziona francobolli, tra il computer che funziona e quello che non funziona passa la stessa differenza che c'è tra il francobollo nuovo e quello timbrato.[235] Comunque, quando prendo questi PC, spesso hanno bisogno di essere rimessi in funzione. Di solito non va l'hard disk. Il primo Apple II che ho avuto lo trovai nella spazzatura. Vidi sporgere codesto aggeggio[236] che lì per lì pensavo fosse un televisore. Guardo dentro e c'era l'Apple II con il doppio drive, un joystick e una serie di dischetti. Ero in bicicletta: caricai tutta questa roba e andai a casa. Un'altra volta, cercando dal ferrivecchi[237] un pezzo di rame,[238] sotto a una macchina ho trovato un Macintosh Classic, quello fatto a torretta, con lo schermo inglobato. Non aveva la tastiera, però l'ho comprata su eBay.

Quando è stato aperto il sito italiano di eBay?

Un anno e mezzo dopo, nel 2001. Siccome io ero uno degli italiani con il feedback più alto e da più tempo in attività, fui contattato da eBay Italia. Mi fecero una specie di intervista telefonica, poi organizzarono una riunione a Roma. Conobbi anche lo staff di eBay Italia, e la category manager dell'informatica, con la quale ebbi un lunghissimo colloquio. Le detti una serie di dritte[239] su come comportarsi su eBay, e dissi che era il caso di aprire la rubrica di informatica. Un paio di mesi dopo mi arrivò una mail nella quale mi ringraziava e mi informava che avevano aperto eBay informatica anche in Italia. Come premio mi dette una serie di visibilità gratuite.[240]

Hai ancora un rapporto privilegiato con eBay Italia?

Sì, mi hanno invitato di nuovo. Ora fanno eBay University. Poi sono decollati anche in Italia i negozi, ci sono persone che lo fanno a tempo pieno, e quindi eBay cura più loro che i dilettanti come me.

Attività

A. Immaginate di dover vendere su eBay Italia alcune cose di vostra proprietà. Scrivete una descrizione breve e accattivante degli oggetti.

B. Andate sul sito di eBay Italia (www.ebay.it) e trovate cose che vorreste comprare. Compilate una lista dei vostri acquisti virtuali, descrivendo brevemente ogni oggetto e perché l'avete scelto.

C. Compilate una lista dei termini inglesi e degli anglicismi che trovate in questa intervista.

D. Descrivete il vostro primo computer: quanto l'avete pagato, come funzionava il sistema operativo, i problemi che aveva, ecc.

© Giorgio Fedi

E. *Su eBay ho comprato...* Giochiamo alla versione internettiana di un gioco per bambini che comincia con la formula: "al mercato oggi ho comprato...". Ogni giocatore, a turno, dopo la formula deve citare un oggetto diverso, seguendo l'ordine alfabetico: "...un'automobilina", "...una bicicletta", "...una camicia". Chi rimane a corto di parole è escluso dal gioco.

UNA VOGLIA INCONTROLLABILE DI ANDARE IN AMERICA

Andrea De Carlo

Andrea De Carlo (Milano, 1952–) ha un sito personale nella cui pagina biografica, a grandi caratteri, campeggiano[241] capoversi che sono un po' frammenti di linguaggio pubblicitario,[242] un po' declamazioni sintetiche di fatti e gesti memorabili: "Nasce a Milano"... "Cresce a Milano, odiandola"... "Parte per gli Stati Uniti"... "Seconda emigrazione, questa volta in Australia"... "Torna in Italia"... "Va negli Stati Uniti con Federico Fellini per incontrare Carlos Castaneda e scrivere un film basato sui suoi libri"... "Non ha ancora trovato il posto ideale dove vivere" (www.andreade carlo.net). Un uomo, dunque, sempre in movimento, e per cui nonostante l'età sembra durare ancora quella giovinezza che Italo Calvino elogiava come perspicacia,[243] presentando *Treno di panna* nel 1981: "La giovinezza è tante cose, anche una particolare acutezza[244] dello sguardo che afferra[245] e registra un enorme numero di particolari e sfumature...[246] È questa la giovinezza che Andrea De Carlo racconta: la storia di un ragazzo italiano piombato a Los Angeles non sa neanche lui perché, che cerca d'arrangiarsi[247] con mestieri occasionali".

Gli Stati Uniti, soprattutto l'Ovest e la California, sono il paesaggio dell'azione o la meta del viaggio di molti dei romanzi di De Carlo, da *Treno di panna* a *Uccelli da gabbia e da voliera* (1982), da *Yucatan* (1986) a *Uto* (1995), al recente *I veri nomi* (2002). È l'America del rock e dell'industria creata intorno allo *stardom* musicale, del cinema e delle immense automobili, dei guru che affascinano aspiranti meditatori. E i personaggi sono spesso individui dotati di sensibilità accentuata, artisti, fotografi, registi, scrittori e musicisti, professionisti dell'esperienza estetica. Gli intrecci e le collisioni tra amicizia e passione, amore e necessità di ridefinire il proprio ruolo nella famiglia o nel mondo, sono tra i motori narrativi preferiti dei romanzi di De Carlo (ricordiamo tra gli altri *Due di due*, 1989; *Arcodamore*, 1993; *Di noi tre*, 1997; *Pura vita*, 2001). E sovente irrompe,[248] nelle storie del nostro autore, la forza misteriosa, talvolta temibile,[249] della seduzione, non solo erotica ma anche intellettuale (e letteraria, come in *Tecniche di seduzione*, 1991), o spirituale (come col guru "New Age" di *Uto*) o mediatica e politica (come per il dittatore di *Macno*, 1984).

De Carlo è anche coautore, con Ludovico Einaudi (a cui si devono pure le musiche) di due balletti: *Time Out* (1988), interpretato dal gruppo americano ISO, e *Salgari* (1995), messo in scena da Daniel Ezralow con il corpo di ballo di Verona. Per il cinema De Carlo, che ha lavorato come assistente per Federico Fellini e come aiuto regista per Michelangelo Antonioni, è stato autore del cortometraggio[250] *Le facce di Fellini* (1983) e sceneggiatore del film che Sergio Rubini ha tratto da *Treno di panna* (1988). *I veri nomi* contiene un cd di musiche scritte e interpretate dallo stesso De Carlo (chitarra acustica e voce).

I veri nomi

Siamo a Milano, intorno alla metà degli anni '70. Alberto Scarzi, ventitré anni, è uno studente universitario che gioca a fare "l'artista difficile": è uno scrittore che butta via ciò che scrive, un appassionato di rock che canta solo canzoni altrui. Un giorno, grazie all'intercessione di una compagna di università, viene invitato a cena a casa di Damiano Diamantini, ex bambino prodigio, ora self-made man dell'editoria medio-piccola. Diamantini ha intenzione di produrre una collana[251] di libri-intervista sui "canzonettari italiani più famosi", e affida ad Alberto la prima intervista, al cantautore Flavio Sbozzari (Claudio Baglioni?). Dopo due incontri in cui il cantante, stanco o irritato, si rifiuta di parlare, Alberto si licenzia[252] e va in vacanza in Grecia con Cristina, la sua ragazza.

A settembre Alberto legge sulle pagine del *Corriere della Sera* che Bernard Ohanian (Bob Dylan?) è in città, "non per un concerto ma per presentare un suo romanzo tradotto in italiano". È uno dei "grossi nomi internazionali", i "veri nomi" della musica rock, e Diamantini aveva dichiarato che sarebbe stato disposto a pagare parecchio per un'intervista con lui. Alberto si reca alla presentazione del libro in compagnia dell'amico Raimondo Vaiastri. Al termine, mentre Ohanian firma copie

© *Giorgio Fedi*

del libro per i fan, Raimondo sente la sua interprete parlare di "un rinfresco a casa dell'editore, in una via del centro poco lontana". I due amici riescono ad intrufolarsi,[253] ma Alberto non trova il coraggio per avvicinare il cantante e chiedere un'intervista.

Un pomeriggio di ottobre Alberto e Raimondo, presi da sogni di fuga dall'Italia e da visioni di una vita alternativa in Costarica o a New York, hanno l'idea di inventarsi "una straordinaria lunghissima intervista esclusiva a Bernard Ohanian", per venderla a Damiano Diamantini. Secondo il piano, Raimondo dovrà fingere di essere "un giornalista internazionale che scrive di musica rock", un italiano che vive ad Amsterdam ed è grande amico di Ohanian. Alberto invece compone il testo dell'intervista: "Non copiavo: mi limitavo ad attingere dati... Miravo allo stile che per anni avevo studiato con attenzione morbosa nelle interviste alle rock star su *Rolling Stone* e *Melody Maker*". Il risultato è "un'intervista-fiume[254] di novanta pagine", pronta per la pubblicazione. "Sembra vera. *È* vera" commenta l'amico Raimondo quando la legge. Raimondo telefona a Diamantini, gli racconta che da anni non lavora più in Italia perché "per il rock è un mercato secondario", che è tornato a Milano a causa dello stato di salute dei genitori, e lì ha tradotto la sua ultima intervista ad Ohanian. Il giorno dopo Raimondo si infila una "giacca con le frange[255] alla Buffalo Bill" e va a parlare con Diamantini. Entra timoroso di essere "sgamato", esce con in mano un contratto.

"Entrare nella testa e nel corpo di Bernard Ohanian" produce in Alberto uno strano effetto collaterale, "una voglia incontrollabile di andare in America". Non è soltanto curiosità. È proprio "un bisogno fisico di camminare nelle città e guidare le macchine e abitare le case e incontrare persone e parlare la lingua e mangiare i cibi". In attesa di ricevere la sua parte dei soldi, Alberto vende la sua moto e compra un biglietto per gli Stati Uniti. Il suo amico Raimondo lo incoraggia: "Madonna, Alberto, vai nel paese più entusiasmante del mondo!"

Alberto parte insieme a Cristina, destinazione Boston. Il suo incontro con la città è fulminante: "tutto quello che vedevo e sentivo mi affascinava, dai semafori agli incroci alle facce ai corpi della gente alle lavanderie a gettone alle mele giganti nei negozi di frutta alle insegne alle targhe delle automobili ai vestiti usati dell'Esercito della Salvezza". Tutto gli sembra familiare, e tutto gli sembra diverso e sorprendente.

Con l'avvicinarsi dell'inverno il rapporto tra Alberto e Cristina diventa sempre più freddo. I due si trasferiscono a New York e per un po' lavorano in un bar del Village, il Caffè Bella Roma. Poi rispondono a un annuncio sul giornale e si offrono di portare un'automobile da Syracuse a Santa Barbara: una vecchia Plymouth Fury II, con un motore potentissimo. Mentre vivono in California, in Italia finalmente esce l'intervista a Ohanian. Il libro riscuote un grande successo, e Alberto comincia a scrivere la seconda falsa intervista a un gigante del rock. Nel frattempo, con il denaro arrivato dall'Italia decide di comprarsi una macchina americana...

Andrea De Carlo, *I veri nomi* (Milano: Mondadori, 2002)

Plymouth Fury III berlina [256]

Ho comprato senza quasi provarla una Plymouth Fury III berlina verde di quarta mano trovata su un giornale di annunci gratuiti. Joe Barrick mi ha accompagnato di sera con la sua Mustang convertibile alla villetta suburbana dove viveva la famiglia che la vendeva. Abbiamo fatto un giro intorno all'isolato,[257] con Joe che guardava fuori con aria svagata,[258] la proprietaria e suo figlio dodicenne seduti dietro un po' apprensivi. Sembrava un vecchio filobus dai riflessi lenti, senza traccia dell'aggressività feroce della Fury II Coupé dalle gomme chiodate[259] della mia traversata costa a costa. Ma non avevo voglia di cercarmene un'altra, e Joe Barrick quando gli ho chiesto un parere ha detto "Se ti va bene, prendila" come se tutta la faccenda non lo riguardasse affatto; così l'ho presa.

Giravo per le strade di Santa Barbara nella mia immensa macchina americana; il grande motore frusciava[260] al minimo dei giri, il cambio automatico passava da una marcia all'altra. Era una macchina che creava equivoci,[261] come quasi tutte le macchine che ho avuto: a seconda di come la si guardava poteva sembrare un'interpretazione in grande ritardo del sogno americano, una conquista patetica da emigrante, una provocazione ironica da autore-ombra[262] di interviste ai giganti del rock. Di fatto era soltanto una scelta pigra e fatalista, compiuta in base all'idea che ci sia una ragione ogni volta che un oggetto o una persona tra milioni di oggetti e persone diventano miei.

A pensarci adesso, la Plymouth Fury III rappresentava abbastanza bene il rapporto che ho con il mondo materiale: l'avevo trovata senza cercarla davvero e con in mente una macchina del tutto diversa, e mi aveva lasciato perplesso fin dal primo momento in cui l'avevo provata, eppure mi era sembrato che fosse stata sospinta nella mia vita da qualche flusso di fondo non contrastabile; non avevo pensato di cercarne un'altra. Avevo continuato a convivere con la mia Plymouth Fury III trovata in base al fatalismo e alla pigrizia e a un puro equivoco sul nome, come se fosse la macchina che il destino mi aveva dato.

Attività

A. Scrivete un'intervista immaginaria al vostro cantante preferito.

B. Descrivete la prima macchina che avete acquistato e le circostanze dell'acquisto.

CRUCIVERBA

ORIZZONTALI

1 Monroe o Manson
7 La famiglia più famosa dei cartoni
14 Particelle di materia
15 Non ancora esplose
17 Il santo del Festival della canzone italiana
18 Il predecessore dell'euro; deriva da una sigla inglese, e il suo nome in francese significa "scudo"
19 Parrucchino
20 Il contrario di "non ancora"
21 Tiene ferma la nave
23 Di solito si dice che deve continuare
24 Le iniziali dello scrittore Enzo Siciliano
25 Targa automobilistica di Sassari
26 Più formale di "dove"
28 Apparecchio che consente di fermare o rallentare la pellicola
31 Neonato
33 Persona da imitare
34 Elogio
35 L'espressione americana più comune in italiano
36 Avido (trad.)
37 Il contrario della ricchezza
39 Affitto
41 Il nome del sindaco italoamericano a cui è intitolato un aeroporto di New York
44 La prima parola della costituzione americana (trad.)
45 Lavora con le cassette
47 Sindrome Acuta Respiratoria Severa (sigla)
49 Il prefisso di "innocente", "infelice", "incurabile", ecc.
50 Le porte dell'armadio
51 Rettile simile alla lucertola
53 Canzone di successo
56 Il tipico miraggio di chi si perde nel deserto
58 *Garrison* (trad.)
62 Genere musicale caratterizzato da un parlato ritmato
63 A metà del giro
64 Che riguardano la teologia
66 Opera di Verdi che si svolge in Egitto
67 Si dice di un volo senza scali[263] intermedi
68 Andata e ritorno (sigla)

VERTICALI

1 La consorte di Homer Simpson
2 È il contrario della religione
3 La città del primo episodio di *Caro diario*
4 La fine dell'umanesimo
5 Cinquantuno in numeri romani
6 Il nome del Segretario fiorentino
7 Congiunzione ipotetica
8 Il suffisso di "camionista", "automobilista", "motociclista", ecc.
9 In fondo al campo
10 Il "più" dei latini, degli inglesi e dei francesi
11 Il nome della Marceau attrice
12 Uccello del Veneto (dial.)
13 Il termine che va di moda per ogni tipo di rete
16 Così si traduceva un tempo il "New" di New York
18 Targa automobilistica di Enna
21 Centri per bambini di età prescolare
22 Umberto II lo è stato "di maggio"
25 Italo autore della *Coscienza di Zeno*
27 La virtù di chi è fedele
29 Fa la danza del ventre[264]
30 Vecchio stile
31 Italiano di origine svizzera, fu tra i primi a studiare gli antistaminici; ricevette il Nobel nel 1957
32 La città del muro, simbolo dell'Europa divisa
33 Accoppiata al termine America, era un'imprecazione[265] comune tra gli immigrati italiani
34 Ha preso l'Oscar per il film *La ciociara* (1960)
35 Le vocali di moda
37 Parlando di Formula 1 si usa insieme a "pole"
38 L'azione che produce un toast
40 L'inizio e la fine dell'oro
42 Targa automobilistica di Isernia
43 La quarta nota
45 Targa automobilistica di Cremona
46 Parte sporgente del cappello
48 L'arteria più importante
52 Si usano al posto delle lire
54 Casa fatta di ghiaccio
55 Ente Nazionale Italiano Turismo (sigla)
57 Prefisso superlativo
59 Pronome partitivo
60 Istituto nazionale di Oceanografia e Geofisica Sperimentale, fondato a Trieste nel diciottesimo secolo
61 Il prefisso di "ecosistema", "ecoterrorista", "ecoincentivi",[266] ecc.
65 Cavallo vapore: CV oppure... (sigla)

LA SOLUZIONE

(griglia della soluzione)

© Giorgio Fedi

6 europa

Sculture di Beverly
Pepper in nostra
a Firenze.
© Giorgio Fedi

arlo Azeglio Ciampi, dal 1999 decimo Presidente della Repubblica italiana, la seconda guerra mondiale l'ha conosciuta per esperienza diretta. Nato nel 1920, Ciampi fu richiamato sotto le armi[1] nel 1941, e un anno e mezzo dopo partiva per l'Albania. "Tutti quei morti li ricordo col pianto nel cuore", ha dichiarato in un'intervista sulla guerra alla fine del 2000. A febbraio di quell'anno Ciampi si era recato al Sacrario di El Alamein, in Egitto, dove sono sepolti oltre 5.000 soldati italiani, insieme a migliaia di tedeschi, inglesi e altre truppe alleate morte in battaglia nel 1942. A novembre il presidente era in Russia in visita ufficiale, e ha chiesto di concludere il suo viaggio a Tambov, 500 chilometri a sud di Mosca. Lì, nella foresta di Rada, sono sepolti in fosse comuni[2] segnate da grandi croci nere, oltre 40.000 soldati, di cui almeno 12.000 italiani. "Fra questi morti ci sono miei parenti e molti compagni di studi e d'armi", ha spiegato Ciampi. La memoria della guerra e delle sue vittime innumerabili, per lui, non è un fatto personale (anagrafico), o un dovere civile. "La memoria non serve solo a conservare", ma anche a costruire. Uno dei punti fondamentali del suo mandato presidenziale è l'insistenza sul legame che unisce il passato della sua generazione al futuro dell'Europa. Il ricordo di quegli anni è uno stimolo a "consolidare e accelerare l'unità europea, a fare dell'Unione Europea un fattore di pace al di là dei suoi confini attuali: soprattutto nei Balcani e nel Mediterraneo".

L'Europa unita di oggi nasce proprio all'indomani della seconda guerra mondiale. Nasce dalla volontà e dal desiderio di "superare gli antagonismi nazionalistici che ci hanno portato alle guerre nazionali e mondiali", per costruire una "grande unione di popoli" in cui gli Stati sopravvissuti ai "due rovinosi totalitarismi" del ventesimo secolo, collaborano all'edificazione di una civiltà comune, partecipe degli stessi valori di pace, solidarietà e sviluppo. Un'idea di Europa che si proietta al di là del mercato comune e degli accordi economici, monetari e militari, e che ai processi di omologazione globale oppone l'unicità della sua storia, l'autenticità delle diverse culture locali, la creatività delle minoranze e delle etnie. Infatti, secondo un sondaggio del 1997 condotto da Eurobarometer (agenzia alle dipendenze della Commissione Europea), oltre il 90% dei cittadini dell'Unione ritiene che sia "estremamente importante" "aiutare gli altri" e "apprezzare gli altri per quello che sono", mentre solo il 49% ha incluso nella lista delle cose importanti "fare un sacco di soldi".

L'Italia è un paese fondatore dell'Unione, e gli italiani sono sempre stati forti sostenitori dell'Europa. In un sondaggio di Eurobarometer del 1999, sull'opposizione tra identità europea e identità nazionale, gli italiani erano al secondo posto dietro il Lussemburgo per il loro grado di attaccamento all'Europa: su un campione di circa 1.000 individui, il 6% dichiarava di sentirsi "solo europeo", il 9% di sentirsi prima europeo che italiano, il 56% di sentirsi italiano ma anche europeo; al contrario, come il lettore può immaginare, i cittadini del Regno Unito dichiaravano nel 67% dei casi di sentirsi solo inglesi. Poco meno della metà degli italiani riconoscevano l'esistenza di una identità culturale comune a tutti gli europei, superati in questo solo da Grecia, Portogallo e Germania. Solo il 6% riteneva che l'appartenenza dell'Italia all'Unione

Europea (UE) fosse "una cosa cattiva": gli indecisi erano un terzo del totale, mentre il 60% pensava che fosse "una cosa buona" (al primo posto in questa categoria c'erano gli irlandesi, con l'82%). Di fronte all'introduzione dell'euro, però, erano gli italiani a guidare la classifica, con l'85% degli intervistati favorevoli alla moneta unica.[3]

L'ultimo sondaggio effettuato da Eurobarometer nella primavera del 2003 riscontrava che l'83% degli italiani reputava il Parlamento Europeo "importante", e con un tratto tipicamente italico, più persone dichiaravano di fidarsi dell'Unione Europea (59%) che non del Parlamento italiano (41%) o del governo (34%). Di fronte alla domanda "Cosa rappresenta l'Europa per voi?" il campione italiano nel 2003 rispondeva, in ordine di preferenze: "la libertà di viaggiare, studiare e lavorare", "l'euro", "una voce più importante del mondo", "la pace", "la diversità culturale". Solo il 6% temeva la perdita dell'identità culturale, e appena il 5% prevedeva un futuro nero, con maggiore disoccupazione. Nei confronti dell'allargamento dell'Unione ai paesi dell'Est europeo e del Mediterraneo, il 66% degli italiani si dichiarava favorevole, rispetto a una media europea del 50%. Riguardo alla Costituzione Europea, ancora una volta, la percentuale dei favorevoli in Italia (77%) era la più alta in Europa.

Insomma, come ha rilevato lo stesso Ciampi in un discorso del novembre 1999, c'è ormai in Italia "un modo di sentire, un modo di pensare, un modo di agire europeo". Le ragioni di tanto eurottimismo, contro cui poco possono Umberto Bossi ed altri euroscettici nostrani, vanno ricercate nel delicato processo di costruzione dell'identità civile dell'Italia. Un'identità "debole e fragile", come l'ha definita il professor Aldo Schiavone dell'Università di Firenze, nel corso di un dibattito televisivo sul termine "Patria". Secondo Schiavone, gli avvenimenti del 1943–45, con la "guerra civile" tra partigiani e repubblichini,[4] indebolirono l'idea di patria e di nazione. Successivamente, tra la fine della guerra e i primi anni '90, la politica e l'opinione pubblica italiana furono dominate dalla Democrazia Cristiana e dal Partito Comunista, partiti che "si ispiravano a ideologie fortemente sovranazionali o de-nazionali: la Chiesa, il marxismo". Come aggiungeva lo storico ed editorialista Ernesto Galli della Loggia, il municipalismo medievale e rinascimentale ha alimentato in Italia identità locali molto forti, che hanno ostacolato la realizzazione di uno Stato nazionale. Mentre l'identità italiana "come cultura, antropologia, letteratura" ha dietro di sé due millenni di storia, le idee di patria e di nazione anticipano di poco il Risorgimento. "Non direi che Machiavelli o Dante si siano sentiti italiani in questo senso", precisa Galli della Loggia.

Non sembra affatto casuale, in tale quadro storico e culturale, il successo che a gennaio del 2003 ha riscosso l'ultimo cd di Giorgio Gaber, intitolato "Io non mi sento italiano": 100.000 copie vendute nel corso della prima settimana. La canzone del titolo è rivolta con affettuosa ironia al Presidente della Repubblica: "Mi scusi Presidente / non è per colpa mia / ma questa nostra Patria / non so che cosa sia". Accompagnato dalle "note di una marcetta sarcastica e fanfarona"[5] (*La Repubblica*), Gaber proclama di non sentire "un gran bisogno dell'inno[6] nazionale", e che l'idea di patria gli fa venire in mente "il fanatismo delle camicie nere al tempo del fascismo".

© *Andrea Fedi*

Nel finale della canzone, che rieccheggia con sottile umorismo le parole di un'aria famosa della *Madama Butterfly* di Giacomo Puccini, Gaber ricorda per l'appunto il paradossale rapporto tra l'Italia e l'Europa: "Ma un po' per non morire / o forse un po' per celia / abbiam fatto l'Europa / facciamo anche l'Italia".

LESSICO: GUIDA ALLA COMPRENSIONE DEL GERGO EUROPEO[7]

Acquis comunitario: è un termine francese che significa, sostanzialmente, "l'UE così com'è"—in altre parole, i diritti e gli obblighi che i paesi dell'UE condividono. L' "acquis" comprende tutti i trattati e le leggi, le dichiarazioni e le risoluzioni, gli accordi internazionali sugli affari dell'UE e le sentenze pronunciate dalla Corte di Giustizia... I paesi candidati devono accettare l' "acquis" prima di aderire all'UE e integrare la legislazione dell'UE nella loro legislazione nazionale.

Armonizzazione: tale termine indica il coordinamento delle politiche nazionali e delle norme tecniche ai fini del libero scambio dei prodotti e dei servizi nell'UE. Contrariamente alle voci che corrono, armonizzare non vuol dire regolamentare ottusamente tutto, dalla curvatura dei cetrioli[8] al colore delle carote. Spesso, significa semplicemente che i paesi dell'UE riconoscono reciprocamente le rispettive norme di sicurezza dei prodotti.

"Bruxelles ha deciso...": il termine "Bruxelles" è spesso utilizzato dai media con riferimento alle istituzioni dell'UE, che hanno sede, per lo più, nella città di Bruxelles.

Capitali della cultura: ogni anno alcune città europee sono designate "capitali della cultura". L'obiettivo è di pubblicizzare e celebrare le realizzazioni culturali e le attrattive di tali città sensibilizzando maggiormente i cittadini europei al ricco patrimonio culturale che condividono.

Comitatologia: il termine indica una procedura, più correttamente nota come "procedura dei comitati". Descrive un processo in cui la Commissione, nell'attuare la legge dell'UE, deve consultare alcuni comitati consultivi speciali composti da esperti dei paesi dell'UE.

Conferenza intergovernativa (CIG): con tale termine si indica la conferenza in cui si riuniscono i Governi degli Stati membri per modificare i trattati dell'Unione Europea. La prossima CIG, prevista nel 2004, si propone di fondere tutti i trattati attuali in un unico trattato semplificato (o "costituzione") che definisca gli obiettivi e le politiche dell'UE e le competenze di ciascuno.

Cooperazione rafforzata: l'espressione si riferisce a un accordo in base al quale un gruppo di paesi dell'UE (almeno otto) possono operare insieme in un particolare settore anche se gli altri paesi dell'UE non possono o non vogliono partecipare in quella fase.

Deficit democratico: si dice spesso che il processo decisionale dell'UE è troppo lontano dalle persone comuni, che non possono comprenderne le complessità e i difficili testi giuridici. L'UE sta cercando di colmare[9] tale "deficit democratico" mediante una semplificazione giuridica, una migliore informazione del pubblico e dando alle organizzazioni dei cittadini un peso maggiore nell'elaborazione delle politiche europee.

Dumping sociale: tale termine designa la pratica con la quale i dirigenti delle industrie chiudono le fabbriche[10] nelle zone in cui gli stipendi sono alti e le installano in regioni in cui la manodopera[11] è a buon mercato.[12]

Eurocrate: il termine "eurocrati" (un calco della parola "burocrati") viene usato con riferimento alle molte migliaia di cittadini dell'UE che lavorano presso le istituzioni europee (il Parlamento, il Consiglio, la Commissione).

Eurolandia: è un nomignolo usato per gli Stati membri che hanno adottato l'euro come moneta. Per ora tali paesi sono il Belgio, la Germania, la Grecia, la Spagna, la Francia, l'Irlanda, l'Italia, il Lussemburgo, i Paesi Bassi, l'Austria, il Portogallo, la Finlandia. Tutti insieme costituiscono la cosiddetta "area euro" o "zona euro".[13]

EUROPA: non si tratta realmente di gergo europeo. È il nome, proveniente dal greco antico e dal latino, che è stato scelto per il sito ufficiale dell'Unione Europea.[14] Il sito contiene una gran quantità di informazioni utili sull'UE regolarmente aggiornate[15] ed è disponibile in tutte le lingue ufficiali dell'UE.

Euroscettici: tale termine viene utilizzato spesso per indicare coloro che si oppongono all'integrazione europea o sono "scettici" nei confronti dell'UE e delle sue finalità.

Fortezza Europa: tale espressione viene spesso utilizzata per indicare l'atteggiamento di chi vuole difendere l'Europa dalle influenze esterne, specialmente di ordine culturale. Il termine "fortezza Europa" compare spesso nelle discussioni sui regolamenti in materia di asilo e di immigrazione.

Il 9 maggio, giornata europea: il 9 maggio 1950 Robert Schuman (allora Ministro degli Affari Esteri francese) pronunciò un famoso discorso proponendo l'integrazione europea come metodo per assicurare la pace e raggiungere la prosperità nell'Europa postbellica. Poiché le sue proposte hanno posto le basi per l'Unione Europea attuale, il 9 maggio viene celebrato l'anniversario dell'UE.

Integrazione europea: il termine si riferisce al ravvicinamento tra i paesi e i popoli europei. All'interno dell'Unione Europea ciò significa che i paesi mettono insieme le loro risorse e prendono insieme molte decisioni. Ciò avviene grazie all'interazione tra le istituzioni dell'UE (il Parlamento, il Consiglio, la Commissione, ecc.).

"L'anno europeo di...": ogni anno o ogni due anni, l'UE richiama l'attenzione pubblica su un particolare aspetto europeo organizzando una serie di iniziative speciali ad esso connesse. Il 2003 è stato dichiarato l'"anno europeo dei disabili", per evidenziare le barriere e la discriminazione con cui devono fare i conti tali cittadini, e migliorare la loro vita.

L'Europa a due velocità: con tale espressione si fa riferimento alla possibilità teorica che, in futuro, un "nucleo" particolare di Stati membri decida di procedere più rapidamente sulla via dell'integrazione europea.

Lingue ufficiali: nell'Unione Europea vi sono undici lingue ufficiali: il danese, il finnico, il francese, il greco, l'inglese, l'italiano, l'olandese, il portoghese, lo spagnolo, lo svedese e il tedesco.[16] La legislazione dell'UE è pubblicata in tutte le lingue ufficiali e i cittadini possono corrispondere con le istituzioni dell'UE in una qualsiasi delle undici lingue.

Padri fondatori: negli anni successivi alla seconda guerra mondiale, personalità come Robert Schuman e Jean Monnet sognavano di unire i popoli d'Europa nel segno di una pace duratura e dell'amicizia. Nei cinquant'anni successivi, con l'edificazione dell'UE, il loro sogno si è realizzato ed è per questo che essi vengono chiamati "padri fondatori" dell'Unione Europea.

Quattro libertà: una delle maggiori realizzazioni dell'UE è stata la creazione di uno spazio in cui (1) i cittadini, (2) i beni, (3) i servizi e (4) i capitali potessero circolare liberamente. Spesso si fa riferimento a tale quadruplice libertà di circolazione come alle "quattro libertà".

Strasburgo: Strasburgo è una città francese vicina al confine con la Germania dove si svolgono per una settimana al mese le sessioni plenarie del Parlamento Europeo.

Sussidiarietà:[17] il "principio di sussidiarietà" implica che le decisioni dell'UE devono essere prese il più possibile a contatto con i cittadini. In altre parole, l'Unione prende iniziative (tranne che nei settori in cui è l'unica responsabile) solo se l'azione dell'UE è più efficace[18] dell'azione presa a livello nazionale, regionale o locale.

Bandiere italiana ed europea sulla facciata di un edificio pubblico.
© Giorgio Fedi

Trasparenza: il termine "trasparenza" è spesso utilizzato per indicare l'apertura che contraddistingue le attività delle istituzioni dell'UE che si sono impegnate ad agire con la massima chiarezza prendendo misure per migliorare l'accesso del pubblico alle informazioni e per realizzare documenti più chiari e leggibili.

Zona Schengen (area Schengen, paesi Schengen): nel 1985, cinque paesi dell'UE (Francia, Germania, Belgio, Lussemburgo e Paesi Bassi) hanno deciso di abolire tutti i controlli sui cittadini alle frontiere[19] interne. Ciò ha portato alla creazione di un territorio senza frontiere interne, la cosiddetta zona Schengen. (Schengen è la città lussemburghese in cui è stato firmato l'accordo)... Un po' alla volta, la zona Schengen si è estesa fino a comprendere tutti i paesi dell'UE, l'Islanda e la Norvegia e l'accordo è diventato parte integrante dei trattati dell'UE... I cittadini di uno dei paesi della zona Schengen non hanno bisogno di un visto[20] per viaggiare all'interno dell'area. I titolari[21] di un visto d'ingresso per un paese Schengen sono automaticamente autorizzati a viaggiare liberamente all'interno della zona Schengen, tranne che in Irlanda e nel Regno Unito.

SESSANT'ANNI DI STORIA EUROPEA[22]

1946
Winston Churchill lancia un appello a favore di "una sorta di Stati Uniti d'Europa" in un discorso pronunciato all'Università di Zurigo.

1949

Francia, Regno Unito[23] ed i paesi del Benelux decidono l'istituzione del Consiglio d'Europa e chiedono la collaborazione di Danimarca, Irlanda, Italia, Norvegia e Svizzera per redigere[24] lo statuto del Consiglio.

1950

In un discorso ispirato da Jean Monnet, Robert Schuman, Ministro degli Affari Esteri francese, propone che la Francia e la Germania, e ogni altro Stato europeo che lo desideri, mettano in comune le loro risorse di produzione di carbone e di acciaio[25] ("Dichiarazione Schuman").

Belgio, Francia, Lussemburgo, Italia, Paesi Bassi e Germania sottoscrivono la dichiarazione Schuman.

La Convenzione per la salvaguardia[26] dei diritti dell'uomo e delle libertà fondamentali viene firmata a Roma.

1951

I "Sei" (Belgio, Francia, Germania, Italia, Lussemburgo, Paesi Bassi) firmano a Parigi il Trattato istitutivo della Comunità Europea del Carbone e dell'Acciaio (CECA).

1953

Viene instaurato il mercato comune per il carbone e il minerale di ferro. I "Sei" sopprimono i dazi doganali[27] e le restrizioni quantitative sulle materie prime.

1954

Alcide De Gasperi[28] viene eletto Presidente dell'Assemblea parlamentare europea.

A seguito della Conferenza di Londra, vengono sottoscritti a Parigi accordi relativi ad una modifica del Trattato di Bruxelles; nasce l'Unione dell'Europa Occidentale (UEO).

La Corte di Giustizia europea pronuncia la prima sentenza.

1955

Il Consiglio d'Europa adotta il proprio emblema, una bandiera blu con dodici stelle giallo-oro.

1957

I trattati che istituiscono la Comunità Economica Europea (CEE) e la Comunità Europea per l'energia atomica (Euratom) vengono firmati dai Sei (Belgio, Francia, Germania, Italia, Lussemburgo, Paesi Bassi) a Roma, donde il nome ancora in uso, di "Trattati di Roma".

1958

Entrano in vigore[29] i Trattati di Roma. Le Commissioni della CEE e dell'Euratom si insediano a Bruxelles. L'Assemblea parlamentare e la Corte di Giustizia sono comuni a tutte e tre le Comunità.

Il primo regolamento del Consiglio decreta il francese, l'italiano, l'olandese e il tedesco lingue ufficiali delle Comunità.

1959

Vengono presi i primi provvedimenti[30] per abolire gradualmente i dazi doganali e i contingenti[31] all'interno della CEE.
La Banca Europea per gli Investimenti (BEI) concede i primi prestiti.[32]

1960

Viene firmata a Stoccolma, Svezia, la convenzione sull'Accordo europeo di libero scambio (EFTA) che riunisce Austria, Danimarca, Norvegia, Portogallo, Svezia, Svizzera e Regno Unito.

1961

Entra in vigore il primo regolamento sulla libertà di circolazione dei lavoratori.

1962

Il Consiglio adotta i primi regolamenti relativi alla politica agricola comune (PAC), varata per istituire un mercato unico dei prodotti agricoli e una solidarietà finanziaria attraverso il Fondo Europeo Agricolo di Orientamento e Garanzia (FEAOG).
L'Assemblea parlamentare decide di cambiare il proprio nome in Parlamento Europeo.
Il Consiglio adotta la prima direttiva della CEE sui prodotti alimentari. Questa definisce quali sono i coloranti ammessi.

1965

Firma a Bruxelles del Trattato di fusione degli esecutivi delle tre Comunità europee (CECA, CEE, Euratom) che entrerà in vigore il 1° luglio 1967.

1966

L'Italia ratifica[33] il Trattato che istituisce il Consiglio e la Commissione delle Comunità europee.

1968

Entra in vigore l'Unione doganale. Gli ultimi dazi doganali sul commercio intracomunitario vengono aboliti con diciotto mesi di anticipo rispetto a quanto previsto dal Trattato di Roma.

1972

Istituzione del "serpente" monetario: i Sei si impegnano a limitare al 2,25% lo scarto[34] massimo di fluttuazione fra le loro valute.[35]

1973

La Danimarca, l'Irlanda e il Regno Unito aderiscono[36] alle Comunità europee. Entra in vigore l'accordo di libero scambio con l'Austria, la Svizzera, il Portogallo e la Svezia.

1975

Il Consiglio Europeo, riunito a Roma, si pronuncia sull'elezione del Parlamento Europeo a suffragio universale, sull'unione dei passaporti e sulla partecipazione della Comunità alla conferenza sul dialogo Nord-Sud con una rappresentanza unica.

1976
Il Consiglio si pronuncia a favore della domanda di adesione della Grecia alla Comunità.

1977
Vertice[37] di Downing Street: per la prima volta la Comunità partecipa in quanto tale ad alcuni dibattiti di un vertice economico dei paesi occidentali industrializzati.

1978
Il Consiglio si pronuncia a favore della domanda di adesione del Portogallo e apre i negoziati.
La Commissione esprime parere favorevole sulla richiesta di adesione della Spagna.
Il Consiglio Europeo, riunito a Bruxelles, decide di istituire il Sistema Monetario Europeo (SME) basato sull'unità monetaria europea (ECU).

1979
Il Consiglio Europeo, riunito a Parigi, stabilisce l'entrata in vigore del Sistema monetario europeo (SME) a decorrere dal 13 marzo 1979.
Prime elezioni del Parlamento Europeo a suffragio universale diretto.
Prima sessione a Strasburgo del Parlamento eletto a suffragio universale diretto.
Simone Veil è eletta presidente, alla seconda votazione, a maggioranza assoluta.

1981
La Grecia diventa il decimo Stato membro della Comunità Europea.

1983
L'eurodeputato Altiero Spinelli presenta al Parlamento Europeo un progetto di trattato che istituisce l'Unione Europea.

1984
Il Parlamento Europeo adotta a grande maggioranza il progetto di trattato che istituisce l'Unione Europea (progetto Spinelli).
Il Consiglio e i rappresentanti dei governi degli Stati membri adottano una risoluzione sulla riduzione dei controlli sulle persone alle frontiere.

1985
Nella maggior parte degli Stati membri vengono rilasciati i primi passaporti europei.

1986
La bandiera europea, adottata dalle istituzioni comunitarie, è issata per la prima volta dinanzi al Berlaymont[38] e viene suonato l'Inno europeo.
Viene firmato all'Aia l'Atto unico europeo che modifica il Trattato di Roma.

1989
Crollo del muro di Berlino. La Repubblica democratica tedesca apre le frontiere.

1990

Viene firmato a Parigi l'accordo costitutivo della Banca Europea per la Ricostruzione e lo Sviluppo (BERS), destinata a fornire un sostegno finanziario ai paesi dell'Europa centrale ed orientale.

Entra in vigore la prima fase dell'Unione Economica e Monetaria (EMU).

Unificazione della Germania: i Länder dell'ex Germania dell'Est diventano parte dell'Unione Europea.

L'Italia firma l'accordo di Schengen.

1991

La Comunità aderisce all'Organizzazione per l'alimentazione e l'agricoltura (FAO), diventando così la prima organizzazione di integrazione economica che sia membro a pieno titolo[39] di un'agenzia specializzata delle Nazioni Unite.

Il Consiglio Europeo, riunito a Maastricht, Paesi Bassi, raggiunge un accordo sul progetto di Trattato sull'Unione Europea.

1992

Il Trattato sull'Unione Europea viene firmato a Maastricht dai Ministri degli Affari Esteri e dai Ministri delle Finanze degli Stati membri.

1993

Entra in vigore il Mercato unico europeo.

1994

Ha inizio la seconda fase dell'Unione Economica e Monetaria con la creazione dell'Istituto Monetario Europeo (IME).

Entra in vigore l'accordo che istituisce lo Spazio Economico Europeo (SEE).

Si concludono a Bruxelles i negoziati di adesione con l'Austria, la Svezia, la Finlandia e la Norvegia.

Il popolo norvegese, consultato mediante referendum, si esprime contro l'adesione della Norvegia all'Unione Europea.

1995

In seguito al voto di approvazione del Parlamento Europeo del 18 gennaio, i rappresentanti dei governi degli Stati membri nominano il Presidente, Jacques Santer, e i membri della Commissione Europea per una durata di cinque anni.

Il Consiglio e il Parlamento Europeo adottano il programma Socrates nel settore dell'istruzione.

Entra in vigore l'accordo di Schengen fra Belgio, Francia, Germania, Lussemburgo, Paesi Bassi, Portogallo e Spagna.

L'Austria firma l'accordo di Schengen.

1997

La Commissione adotta un piano d'azione a favore del mercato unico.

I Ministri degli Affari Esteri dei quindici Stati membri dell'Unione Europea firmano il Trattato di Amsterdam.

1998
Una riunione ministeriale apre il processo di adesione all'Unione Europea dei dieci paesi candidati dell'Europa centrale ed orientale e di Cipro.
È istituita la Banca Centrale Europea.
Il Consiglio adotta i tassi fissi[40] e irrevocabili di conversione tra le valute nazionali degli undici Stati membri partecipanti e l'euro.

1999
Lancio ufficiale dell'euro. Austria, Belgio, Finlandia, Francia, Germania, Irlanda, Italia, Lussemburgo, Paesi Bassi, Portogallo e Spagna adottano l'euro quale moneta ufficiale.
La Commissione si dimette in blocco[41] in seguito alla presentazione della relazione del Comitato di esperti indipendenti sui presunti casi di frode, cattiva gestione e nepotismo in seno alla[42] Commissione.
Entra in vigore il Trattato di Amsterdam.
Il Parlamento Europeo approva la nomina di Romano Prodi alla presidenza della Commissione.

2000
A margine del Consiglio Europeo di Nizza, i presidenti del Parlamento Europeo, del Consiglio Europeo e della Commissione proclamano solennemente la Carta dei diritti fondamentali dell'Unione Europea.

2001
La Grecia diventa il dodicesimo paese della zona euro.
A seguito del Consiglio Europeo tenutosi a dicembre 2000 a Nizza, viene firmato un nuovo Trattato (Trattato di Nizza) che ammenda[43] il Trattato sull'Unione Europea e il trattato che istituisce la Comunità Europea.
I paesi della zona euro distribuiscono euro-kits.[44]

2002
I biglietti e le monete in euro entrano in circolazione nei dodici paesi membri: Austria, Belgio, Finlandia, Francia, Germania, Grecia, Irlanda, Italia, Lussemburgo, Paesi Bassi, Portogallo e Spagna.

2003
Si tiene una votazione al Parlamento Europeo. La maggioranza adotta una relazione che accoglie l'adesione per il 2004 dei seguenti paesi: Cipro, Repubblica Ceca, Estonia, Ungheria, Lettonia,[45] Lituania, Malta, Polonia, Repubblica slovacca e Slovenia.

© Giorgio Fedi

Attività

A. Individuate i quattro eventi che secondo voi sono i più importanti nella storia dell'Unione Europea. Descriveteli con parole vostre, e spiegatene il valore.

B. Compilate una lista di paesi europei, aiutandovi con la cronologia che avete appena letto, e per ciascun paese indicate il nome della capitale, in italiano, e il nome degli abitanti. Ad esempio:

Francia—Parigi—Francesi

Polonia—Varsavia—Polacchi

ecc.

EUROPANTO

Stefano Bartezzaghi, "È una lingua-gioco: si chiama Europanto"

(*La Repubblica,* 4 giugno 2000)

Diventare finlandese! Abitare con disinvoltura[46] la terra in cui la primavera è la peggiore stagione, e imputridisce[47] nel fango del disgelo[48] ciò che l'inverno aveva ghiacciato. Conoscere le leggende della mitologia finnica;[49] nutrire atavica diffidenza per i russi; girare Helsinki alla ricerca delle tracce di una propria, ma improbabile, infanzia; combattere da patriota per una patria altrui. Parlare la lingua in cui "amore" si dice *rakkaus,* e ogni sostantivo ha quindici casi, compreso l'abessivo

Il passaggio all' euro.
© *Andrea Fedi*

che si usa quando l'oggetto designato non c'è: *koskenkorva* è "grappa", *koskenkorvatta* significa "senza grappa"; *toivo* è "speranza", *toivotta* è "senza speranza"; e *rakkaudetta* è "senza amore". Tanto singolare è il destino che Diego Marani racconta nel suo romanzo d'esordio (*Nuova grammatica finlandese,* Bompiani, pagg. 205, lire 25.000).

Tutto incomincia da un'amnesia. Su un molo del porto di Trieste, all'alba del 10 settembre 1943, i marinai di una nave ospedale tedesca trovano per terra un uomo in fin di vita. Non ha documenti. Sulla casacca[50] è cucito un nome finlandese, Sampo Karjalainen; in tasca ha un fazzoletto con le iniziali S.K. I marinai lo portano all'ufficiale medico, che è lui stesso di origine finlandese. Le condizioni inizialmente disperate del degente[51] miglioreranno, ma al risveglio non riuscirà più a ricordare nulla del suo passato e non saprà più parlare alcuna lingua. Pensando che si tratti di un connazionale sbarcato da una nave o l'altra, vittima di una violenta rapina, il dottore rieduca lo sconosciuto e gli insegna (o reinsegna) i primi rudimenti della difficilissima lingua finlandese. Lo sconosciuto impara velocemente, e il medico decide di mandarlo a Helsinki, in un ospedale: la lingua e la memoria potranno tornare a contatto con i suoni, gli odori, i luoghi del passato. Ma la memoria non tornerà: al suo posto si consoliderà un senso artificiale di appartenenza, mediato dai racconti di un pastore protestante e da un amore incipiente per un'infermiera. Il suolo patrio? La

© *Andrea Fedi*

lingua madre? Le due cose non sempre coincidono. Il problema è quasi edipico, ma il marinaio, misterioso a se stesso proprio come Edipo, deciderà di accettare la sua identità congetturale, fino a uno scioglimento aspro e beffardo.[52]

Interessato a un apologo antinazionalistico, Marani non ha insistito molto sui risvolti[53] comici del destino del marinaio. Il che è un po' un peccato, perché proprio la comicità, assieme all'interesse per le lingue, è l'ingrediente dell'invenzione più singolare di Diego Marani. Oltre che scrittore, Marani è un traduttore e revisore presso il Consiglio dei Ministri d'Europa, a Bruxelles: traduce leggi, regolamenti, direttive, testi giuridici vari in quattro lingue. Prima scherzando con amici e colleghi, poi per iscritto, Marani ha elaborato una nuova lingua, l'"Europanto". Questa lingua è un gioco: la sua unica regola sintattica richiede di costruire frasi che contengano parole provenienti da almeno tre lingue diverse. Gli effetti sono irresistibili. Il motto di Marani è "Adelanto mit Europanto!", e la traduzione in Europanto del primo canto della *Commedia* dantesca incomincia così:

> Des meine life nel medio van der way
> finde myself in uno bosco scuro
> de juste via nesciente donde stay.
>
> Dicere wat ich felte est mucho duro
> porqué van de foresta racontante
> de terrible horrore non enduro.

Marani ha anche composto una filastrocca per invitare all'Europanto:

Porqué trouble mit Englanto
Quando can speak Europanto?
Keine study pretendente
Many linguas mixerante
Europanto go speakante!

Marani, che è persona di certa[54] onestà intellettuale, ha sempre sostenuto che l'Europanto è una lingua-gioco, da non confondere con quella serissima lingua artificiale che è l'Esperanto. Ma lo scherzo dell'Europanto è riuscito tanto bene che la lingua ha incominciato a funzionare davvero. Marani ha tenuto rubriche in Europanto su vari giornali, belgi, francesi, svizzeri, tedeschi (e i suoi articoli venivano tranquillamente compresi). Ha scritto racconti poi raccolti nel libro *Las adventures des inspector Cabillot*. Ha tradotto in Europanto una commedia che è stata messa in scena a Broadway (*Der Orphano des Tchao*). Dell'Europanto si è occupata la BBC, il *Times, Le Monde,* e la stampa di tutto il mondo, da Sidney a San Francisco, da Helsinki al Guatemala, e particolare interesse hanno dimostrato quelle regioni del mondo dove la convivenza linguistica è un problema scottante,[55] come la Svizzera e il Canada. Simona Gallo, una studentessa dell'Università di Torino, ha scritto una tesi di laurea sull'Europanto e Jack Lang, oggi ministro francese dell'Istruzione, ha scritto un articolo che cominciava così: "Après l'Euro, que vive l'Europanto!".

Nei suoi interventi a tavole rotonde[56] e convegni sul multilinguismo (l'ultimo ieri ad Arenzano, in provincia di Genova) Marani sostiene che il gioco dell'Europanto ha un valore provocatorio, che ci ricorda che l'identità di lingua e nazione è una menzogna[57] ideologica dei nazionalismi. Le lingue sono una ricchezza a disposizione di tutti, e giocarci con l'Europanto fa venire voglia di impararle davvero, così come il marinaio del suo romanzo impara il finlandese, e lo rende una lingua madre adottiva.

Serio il romanzo, serie le argomentazioni: ma poi Marani continua a sostenere che si tratta di un gioco, e moltiplica le occasioni di divertimento. Pochi giorni fa lo si è visto su RaiDue, a *I fatti vostri*. Cantava con Toto Cutugno "Romagna Meine", la versione europantica di "Romagna":

Maxima nostalgia des passado
quando que meine mamma abandonado.
How coudde moi forget des kleine hause
In diese noche stellose
Voilà ein tormentose canzone por toi.
Romagna meine
Romagna in flower
Esse die stella, esse die liebe.
Quando reminde

© Giorgio Fedi

Woudde zubacke
Zum mein muchacha
Zum mein baraque.
Romagna, Romagna meine
Zu mucho away
No puedo stay.[58]

Attività

A. Per gioco, provate a comporre delle frasi in Europanto. Ricordate che ogni frase deve contenere "parole provenienti da almeno tre lingue diverse".

B. Provate a tradurre in italiano passi di un'avventura del personaggio creato da Diego Marani, l'ispettore Cabillot.

> Inspector Cabillot ist el echte europaico fonkzionario wie lutte contra der ingiustice y der mal, por der ideal van una Europa unita y democratica in eine world de pax where se sprache eine sola lingua, der Europanto.
>
> Erat una fria morning de Octubre und eine low fog noyabat las benches des park. Algunos laborantes maghrebinos collectabant der litter singing melancolic tunes. Aan el 200th floor des Euro Tower el Chef Inspector General del Service des Bizarre Dingen, Mr. What, frapped sur the tabula y said: "Dit is keine blague! Appel rapid Cabillot!".

Inspector Cabillot put seine rhubarbre lollipop en el tiroir, raccroched der telefono und got aan el cuirassed elevatore für emergence cases.

"Usted me demanded, Mr. What?"

"Ja. Ik hay ein delicaat mission voor vous"...

Diego Marani, *Nuova grammatica finlandese* (Milano: Bompiani, 2000. © R. C. S. Libri SpA)

Ero dunque su una nave. Ne sentivo il rollio leggero. Ma non riuscivo a percepire nessuna sensazione di movimento. Avevo coscienza della mia infermità, ma vedevo e sentivo in un modo distaccato, come se solo una parte di me fosse viva e sensibile e galleggiasse[59] in qualcosa a me estraneo. Come ricordai molto tempo dopo, in quei giorni di lento risveglio, il mio cervello era indifferente alla condizione del corpo, quasi non avesse più la voglia o la forza di preoccuparsene. Ora, prima delle visite del dottore, due infermiere venivano a mettermi seduto accanto all'oblò[60] su una sedia con i braccioli. Avevo notato che erano due crocerossine[61] e seppur confusamente ricordai che c'era una guerra. Immaginai anche che dovevo essere un superstite[62] di qualche operazione bellica. Ma non ricordavo chi ero, né avevo la curiosità di ricordare. Il mio pensiero sembrava scaturire[63] dal nulla e riaffondare[64] nel suolo poroso della mia coscienza che nulla tratteneva. Ripensando in seguito a quella sensazione, quasi la rimpiansi. Per pochissimi, meravigliosi giorni, ero stato insensibile al ricordo, libero dalla memoria, esonerato dal dolore. Ero solo un amalgama di cellule,[65] un organismo primitivo, come quelli che popolavano la terra milioni di anni fa. Dalla sedia vedevo l'altro lato della cabina, la mia branda,[66] il comodino.[67] E soprattutto, anche se mi costava fatica girare la testa, vedevo il mare fuori dall'oblò. Il passaggio alla sedia doveva essere stato un grande progresso, perché adesso il dottor Friari sorrideva quando veniva a visitarmi. Mi esponeva alla luce e scrutava[68] l'interno dei miei occhi dilatandoli con le dita. Apriva il tavolino pieghevole[69] fissato alla parete, vi stendeva sopra figure di cartone[70] colorato e mi chiedeva di associarle. Era sempre molto soddisfatto delle mie reazioni. Prendeva appunti[71] su un quaderno.

All'inizio i nostri incontri si svolgevano in silenzio. Era una danza di movimenti, scandita da gesti di cortesia e affabili cenni[72] del capo. Dopo alcuni giorni, il dottor Friari cominciò a parlarmi. Ma con parole diverse da quelle che usava rivolgendosi alle infermiere, dai suoni più rotondi e corposi, che mettevano un certo tempo prima di dissolversi. Io ancora non avevo coscienza della mia tragedia, non sapevo che il trauma di cui ero stato vittima mi aveva precluso il mondo del linguaggio. La mia mente era una nave cui la tempesta aveva spezzato gli ormeggi.[73] Vedevo l'approdo[74] scorrere poco lontano da me e credevo che recuperando le forze sarei riuscito a raggiungerlo. Non sapevo invece che il vento della disperazione mi avrebbe spinto sempre più al largo. Non capivo le parole del dottor Friari, né sentivo sorgere in me l'istinto o il desiderio di rispondergli. Ma questo non mi preoccupava. Distrattamente, lo attribuivo alla ferita[75] che avevo subito, alla stanchezza infinita da cui con lentezza mi riprendevo. In più, pur sradicata[76] da ogni conoscenza oggettiva, galleg-

giava nella mia mente una confusa nozione di lingua straniera, che alla mia super-
ficiale consapevolezza rendeva plausibile l'incomprensione delle parole del dottore.

Come seppi più tardi, fin da quei primi giorni, il dottore mi parlava in finlandese,
la sua lingua, che credeva fosse anche la mia. Sperava che le parole soffici e ac-
coglienti della mia lingua madre avrebbero alleviato il mio dolore e contenuto il mio
smarrimento,[77] facendomi sentire fra gente amica. Io non cercavo di parlare semplicemente perché non ne provavo il bisogno. Si era spenta in me l'intelligenza
linguistica, ogni interesse, ogni curiosità per la parola. Non potevo parlare nessuna
lingua, non sapevo più quale fosse stata la mia. Ma non ne ero cosciente. Un velo
impercettibile, come un'ipnosi, mi proteggeva dai colori violenti della realtà.

Una mattina il dottor Friari aprì sul tavolo una carta d'Europa e con un cenno della
mano mi invitò a fare qualcosa che non capivo. Credetti che si trattasse di un nuovo
esercizio e allora mi applicai a osservare le chiazze[78] verdi e marrone, i contorni
frastagliati[79] del mare blu, le rughe profonde dei fiumi. Sapevo che quella era una
carta geografica, le forme dei paesi mi erano familiari, le avevo già viste chissà
quante volte. Avevo una cognizione chiara delle cose che vedevo, ma la mia consapevolezza sembrava fermarsi appena sotto l'epidermide della realtà. Riconoscevo
quelle sagome[80] come ogni altro oggetto attorno a[81] me, ma non sapevo dar loro un
nome. La mia mente rifiutava di compiere ogni sforzo in quella direzione. Come notai
in seguito, sembrava che non avesse più gli strumenti per farlo. Il mio corpo, le mie
mani avevano ripreso a muoversi. Il movimento delle articolazioni mi ridava la
sensazione del corpo. Stringevo ogni cosa che vedevo, toccandola ne recuperavo la
conoscenza. La mia mente invece non sapeva più collegare parole e cose. Recisa[82] da
me eppure viva in me, la vedevo muoversi senza poterla raggiungere, come un pesce
in un acquario che l'acqua e il vetro dilatano facendolo apparire lontano anche
quando è vicino. Non capivo quindi che cosa dovessi fare con quella carta geografica.

Per incoraggiarmi, il dottore puntò l'indice su una tozza[83] striscia verde tutta
traforata[84] d'azzurro. Io fissavo i suoi occhi e poi la carta, aggrottando le ciglia[85]
sempre più confuso. Infine capii. Ma certo, il dottore voleva che gli indicassi da dove
venivo. Rassicurato, tossicchiai[86] un sorriso e alzai il dito ispezionando la carta.[87]
Allora il gelo[88] mi corse nelle vene. Fu come sporgermi sul ciglio di un baratro.[89]
Riconoscevo le forme scavate sulla carta dalle cicatrici[90] rosse delle frontiere, ma non
sapevo più cosa fossero. Le lettere maiuscole che attraversavano valli e montagne
non mi dicevano nulla. Francia, Germania, Austria, Ungheria, Romania vagavano[91]
nella mia mente come contorni disegnati, che non sapevo più nominare. Il mio
pensiero arrivava sulla soglia[92] di quei concetti, ma non trovava la maniglia[93] per
entrare. Era agghiacciante[94] scoprire che metà della mia mente mi sfuggiva. Era
come se il sangue che mi irrorava il cervello fosse rimasto strozzato in fondo a
una lontana arteria occlusa. Nozioni che mi sembravano banali, quando cercavo di
coglierle si volatilizzavano[95] davanti al mio sguardo impotente. Anche le lettere
che credevo di conoscere una per una, che avevo la sensazione di poter scrivere

Scultura di Marino
Marini.
© *Giorgio Fedi*

senza esitazione, erano diventate segni senza suono, geroglifici muti di una civiltà scomparsa.

Allora, come un vomito, mi prese l'improvviso bisogno di parlare. Di nuovo ebbi quella sensazione di occlusione. La testa mi girava e dietro agli occhi sentivo brulicare[96] come scintille[97] una pioggia di fitte dolorose.[98] Aprii la bocca cercando di emettere un suono, ma tutto quel che ne uscì fu un soffio. Mi accorsi che la mia lingua, la mia bocca, i miei denti erano incapaci di articolare. L'aria passava dalla gola al palato e si disperdeva in un desolante sospiro. L'orrore di quella tremenda scoperta mi inchiodò[99] alla sedia che stringevo ficcando le unghie nella vernice.[9100] Con gli occhi sbarrati[101] fissavo quelli del dottore cercando aiuto. Il solito formicolio[102] e poi le fitte di dolore mi presero la testa. Mi dibattevo in una paura che non avevo mai provato. Avevo la sensazione di sprofondare,[103] di perdere il contatto con il mondo sensibile. La vista delle cose sembrava a tratti affievolirsi,[104] come se stesse per spegnersi la fragile luce che illuminava l'unico scosceso[105] passaggio ancora aperto fra me e la realtà. Anche il dottore cercava di nascondere il suo smarrimento. Girava e rigirava la carta insistendo con il dito sulla sagoma della Finlandia. Si lasciò sfuggire qualche parola, un'esclamazione che ripeté più volte. Per me solo suoni che percepivo ma non capivo. Nel suo sguardo per un attimo scorsi lo smarrimento di chi

Bancarella romana.
© Andrea Fedi

si accorge di avere a che fare con la pazzia. Le infermiere accorsero.[106] Mi riportarono a letto. Di nuovo sentii qualcosa di freddo sul braccio. Il dottore rimase accanto a me fino a quando mi addormentai.

Attività

A. Riassumete in un paragrafo il brano che avete appena letto.

ESISTE LA POESIA EUROPEA?

L'Europa è quasi fatta, ed è normale chiedersi se il guscio[107] delle regole e delle istituzioni politico-economiche abbia in sé, o erediti dagli stati-nazione, anche contenuti e forme che rendano la cultura continentale distinta e riconoscibile. Prima ancora, ci si è chiesti se sia concepibile e valido estendere su scala continentale quell'idea di identità culturale delle nazioni, costruita e definita in secoli di storia; e se abbia senso farlo usando le tradizionali categorie di genere (arte, romanzo, poesia).

Nel 1998 *Semicerchio: rivista di poesia comparata* ha ospitato un'inchiesta-dibattito (in collaborazione con la rivista tedesca *Das Gedichte*) che prende l'avvio dalla domanda del poeta e critico letterario tedesco Ulrich J. Beil: "Esiste la poesia europea?" Vi hanno partecipato, con saggi e versi, scrittori e intellettuali italiani e tedeschi, tra cui molti dei nomi più rilevanti del panorama letterario dei due paesi. Nel presentare gli interventi, il direttore Francesco Stella sottolinea come possa sembrare significativo e insieme paradossale che la rivista accolga[108] il dibattito sullo stesso numero che inaugura una collana di poesia dell'immigrazione, cioè che essa s'interroghi sull'esistenza di una nozione apparentemente esclusiva, selettiva (cosa è e cosa *non è* europeo), mentre cerca di fare a meno delle categorie di nazionalità, sostituendovi l'identità di "cittadini della poesia" (questo è il titolo della collana). Tuttavia, nella dialettica sempre irrisolta[109] e sterile tra le pretese[110] universali della poesia e il suo attaccamento al particolare, al soggettivo e al locale, si può riscoprire, scrive Stella, "la necessità di una riflessione nuova sull'Europa come soggetto culturale, matrice e specchio dell'Occidente alla ricerca di una propria riformulazione". Perché (e questo è un altro paradosso), "la poesia europea comincia ad essere riconosciuta come unità letteraria proprio ora che si avvia a diventare una fra le tante compresenze dell'area multiculturale; mentre nelle università americane e olandesi fioriscono centri di European Studies, i poeti negano l'Europa come valore unitario".

Beil si è chiesto innanzitutto: in quale lingua "suona" la poesia europea? Nella lingua dei poeti che hanno trasmigrato tra lingue e culture diverse, o negli idiomi privati, nei dialetti in cui i grandi poeti talvolta scrivono i loro versi? Ed è poesia europea quella di chi, non appartenendo per nascita al continente (o all'Occidente), scrive usando una delle sue lingue, o mette in moto un dialogo o un conflitto con gli autori del suo canone letterario? Nel corso della storia della letteratura, un'idea di poesia dell'Europa può essere esistita almeno come coro polifonico di lingue, come uso riconoscibile di una lingua o di un'altra per una certa funzione espressiva: "pensiamo solamente all'irrefrenabile[111] energia del petrarchismo che influì per secoli e nel corso del quale l'italiano— attraverso il *Canzoniere*—divenne la lingua dell'amore, la lingua dell'atto poetico autonomo. Secondo una tipologia rinascimentale ritrovata da Andrea Zanzotto, alle diverse lingue nazionali si attribuivano diversi caratteri... Comunque: niente di più fuori luogo che voler diffondere sulla storia della lirica europea l'armonia di un album di poesia. A un più attento ascolto si notano le dissonanze del concerto continentale".

Mario Luzi, uno dei grandi poeti italiani che hanno preso parte al dibattito, risponde alla domanda iniziale negando ogni valore sostanziale all'idea stessa di "poesia europea", e riconoscendole solo una limitata funzione strumentale: "si potrà... retrospettivamente contrapporla a quella di altri spazi culturali, di altre civiltà. Ma il termine di confronto[112] non è fisso... Europea, o soltanto scritta in Europa? Anche sotto questo aspetto l'universo letterario è, come il cosmo, perennemente metamorfico".

Zanzotto, autore illustre che ha fatto della ricerca sulle lingue (nazionali, dialettali, vive e morte, gergali o tecniche) il segno riconoscibile della sua produzione poetica, ha evocato l'immagine di un'Europa "melograno[113] di lingue", in cui racchiude l'idea di "questa pluralità cresciuta entro un'unica infruttescenza, ed ora minacciata dal dilagare di un *broken English* sempre più in mutazione, ma necessario per il suo carattere pan-terrestre. Incombe[114] oggi la necessità di salvare i singoli idiomi, in cui risiede e si manifesta il nucleo più fondo[115] di ogni singola etnia con il suo potere di generare letterature diverse". Riconoscere una specificità culturale all'Europa vuol dire non dimenticare che la sua storia culturale, la sua ricerca del bello sono sempre coesistiti con le guerre, le violenze, i conflitti: parlare dei luoghi che erano stati "teatro della grande cultura artistica e letteraria del Rinascimento diveniva parlare degli enigmi europei, di quel continuo accendersi di guerre fratricide e, contemporaneamente, di culture innovative e vivissime: era una straziante[116] contraddizione in termini. L'Europa era formata dunque da questi popoli perpetuamente inquieti[117] e aggressivi o aggrediti, stipati[118] in piccoli spazi eppure 'lontanissimi', ma era questo moto continuo di intersezione tra stupende particolarità tanto differenziate, la matrice di ogni crescita culturale, valida poi per tutto il mondo".

Roberto Carifi si collega idealmente al paradosso di cui si parlava all'inizio, alla domanda sull'esistenza della poesia europea che viene posta mentre si dà spazio alla voce di coloro che all'Europa arrivano come migranti, come ospiti o come nuovi cittadini. Carifi ricorda l'intuizione del grande filosofo Emmanuel Lévinas (1905–95), secondo cui, nella relazione tra l'ospite e colui che lo accoglie, "chi viene accolto è ricevuto da qualcuno che è già ospite presso di sé, che ha ricevuto ospitalità nella sua casa". L'Europa è oggi, dice Carifi, "la comunità di coloro che non ne hanno alcuna", in cui si fa urgente il dialogo "con lo straniero che viene verso di noi e con lo straniero che è in noi, che accogliamo dentro di noi perché già ne venimmo accolti. Con questo *ethos* che non è più un luogo ma una condotta, un contegno[119] etico intonato[120] all'abbandono[121] e alla reciprocità del dono…, *amore* appunto, deve fare i conti l'Europa". Se dunque una poesia europea esiste, essa deve aprirsi ad includere l'ospite, deve fare sua l'etica "dell'accogliere e dell'essere accolto".

Paul Wuhr, nel suo contributo, si richiama alla necessità di una pluralità delle voci in una repubblica poetica in cui "nessun componimento è autonomo… ma è una voce tra molte altre", una comunità dove "tutte le parti sono liberi cittadini e hanno diritto di voto".

Edoardo Sanguineti, il più plurilinguistico dei poeti italiani di oggi, ci dà un saggio pratico di dialettica di lingue e culture riproponendo una poesia dai suoi *Reisebilder* (1971), o "diari di viaggio", in cui spesso il tedesco è usato per veicolare frammenti e riflessioni sulla cultura e la filosofia che quel paese ha dato all'Europa.

Kurt Marti unisce la sua alle altre voci che sostanzialmente negano che si possa parlare di poesia europea, e lo fa in modo alquanto drastico: "non esiste una poesia europea perché l'Europa culturalmente non è mai stata—neppure in senso approssimativo—un'unità". Inoltre, "alla conquista del continente Nord e Sudamericano ha fatto seguito la sua acculturazione europea… Lo spirito europeo si è così dissolto in

"L'uomo di Vinci"
di Mario Ceroli.
© Giorgio Fedi

una struttura culturale più vasta. È così potuto accadere che uno dei padri della moderna poesia *europea* fosse un *americano*, ovverosia[122] E. A. Poe". Siamo così di fronte, storicamente, a "un andare e venire, ... un continuo scambio che cancella confini e concetti continentali".

Joachim Pastorius concorda nel negare la validità, al presente, di un'ipotesi di poesia europea: "forse nel diciannovesimo secolo si sarebbe potuto parlare davvero di poesia europea. Le tradizioni oggi sono diventate ibridi, il *sound* di una poesia scritta oggi a Passau[123] o a Posen[124] si alimenta di[125] migliaia di fonti.[126] Il carattere inconfondibile[127] di una poesia non può essere il suo tratto europeo".

Non meno reciso[128] il parere di Dieter M. Gräf: "considero l'Europa come un concetto in primo luogo politico-economico... costruito sulla differenziazione, in particolare rispetto all'egemonia degli Stati Uniti".

La volontà di europeizzare la cultura, al tempo della irreversibile globalizzazione, pare a Klaus Drawert uno sforzo inutile, e già sconfitto in partenza. Secondo lui bisogna prendere atto che "da molto tempo abbiamo una cultura mista con una prevalenza di valori imposti dall'Europa occidentale e dall'America... I progetti di europeizzazione, dove vogliono essere di più di una valuta[129] comune o di una maggiore concentrazione di capitali, non paiono proprio dei giganteschi combattimenti di ombre?"

Attività

A. Riassumete gli argomenti a favore o contro l'esistenza di una cultura europea. Esprimete il vostro parere sulla questione.

B. Parlate del vostro poeta preferito tra quelli di nazionalità europea di ogni tempo.

SOSTIENE[130] PEREIRA

Antonio Tabucchi

Antonio Tabucchi (Pisa, 1943–), professore di Letteratura Portoghese all'Università di Siena,[131] narratore, saggista, traduttore e appassionato opinionista[132] politico, vive tra la Toscana e il Portogallo, ed è tra gli scrittori italiani più apprezzati e tradotti all'estero (versioni delle sue opere sono apparse in più di trenta lingue), conosciuto anche per le messe in scena dei suoi lavori teatrali e per le riduzioni cinematografiche dei suoi racconti e romanzi.

"Antonio Tabucchi è oggi considerato una delle voci più rappresentative della letteratura europea", dicono le note biografiche sul risvolto di copertina[133] del suo ultimo romanzo, e, più che una pubblicità[134] editoriale, si tratta della condensata messa in prosa di dati di fatto. Prestigiosi premi letterari gli sono stati assegnati in vari paesi d'Europa, e ad attraversare più volte il continente lo hanno portato vicende private (è sposato con una portoghese, María José de Lancastre), formazione culturale e frequentazioni da studioso. Dice di sé lo scrittore: "la lingua della realtà, dell'esperienza vissuta, è la mia lingua nativa, l'italiano. La lingua in cui sogno è il portoghese. Ma se penso ad una poesia, allora, con l'eccezione di Leopardi, è il francese che affiora più di sovente.[135] Villon, Baudelaire, Rimbaud: tanto li ho letti, che sono divenuti come una lingua a sé. E mi capita talvolta, quando mi accingo a scrivere, che un loro verso, non senza arroganza, s'imponga alla mia mente".[136]

Tabucchi guarda costantemente all'Europa non solo come quadro di geografia letteraria, ma come orizzonte di riferimento politico extranazionale su cui è necessario misurare e giudicare le vicende del proprio paese: "Oggi noi siamo in Europa. Per questo esigiamo dal Consiglio d'Europa che sorvegli la nostra democrazia, che la garantisca, che la vigili"[137] (da un suo recente appello contro la monopolizzazione e manipolazione dei media da parte di Berlusconi e della sua coalizione di governo).

Tabucchi esordisce come narratore con *Piazza d'Italia* (1975), storia di ideali, rivolte e sconfitte dei rivoluzionari anarchici e comunisti nella Maremma toscana, dall'Unità d'Italia alla fine della seconda guerra mondiale. Dopo *Il piccolo naviglio* (1978), *Il gioco del rovescio* (1981) e *Donna di Porto Pim* (1983), nel 1984 appare *Notturno indiano,* romanzo che assicura a Tabucchi ampia notorietà anche per il film che ne trasse nel 1989 il regista francese Alain Corneau. Nel 1985 escono i racconti di *Piccoli equivoci senza importanza* e, l'anno successivo, *Il filo dell'orizzonte,* romanzo poliziesco anomalo e "impazzito" portato al cinema dal portoghese Fernando Lopes (1993). Nel 1987 pubblica le dodici novelle di *I volatili*[138] *del Beato Angelico,* e l'anno successivo scrive le due fortunate *pièces* teatrali de *I dialoghi mancati,* in cui il colloquio impossibile tra insano e assente, o vivo e morto occupano una scena in cui "non si capisce se si tratti di dramma o di commedia".

Forze oscure e fantasmi popolano i racconti de *L'angelo nero* (1991), mentre "un'al-

*Ballo folkloristico in
una piazza d'Italia.
© Giorgio Fedi*

lucinazione", un sogno che dura dodici ore nell'afa[139] di una Lisbona di mezza estate
è il tema di *Requiem* (1992), scritto in portoghese. *Gli ultimi tre giorni di Fernando
Pessoa. Un delirio* (1994) è un dialogo immaginario tra lo scrittore e le molte identità
fittizie ("eteronimi") con cui firmava le proprie opere. Nello stesso anno esce *Sostiene
Pereira*, e la storia del giornalista antifascista nella Lisbona del 1938 trova particolare
risonanza in un'Italia che comincia seriamente a preoccuparsi dei problemi della
libertà d'informazione (quell'anno il magnate delle televisioni Berlusconi si presenta
alle elezioni politiche e le vince).

   La testa perduta di Damasceno Monteiro (1997) ci conduce in un'altra città portoghese, l'antica Oporto, dove un giornalista e un avvocato indagano sulla morte di un
uomo che è stato trovato decapitato.[140] Basata su un fatto di cronaca, quest'opera è
insieme un thriller e un atto di denuncia degli abusi polizieschi. *La gastrite di Platone*
(1998, uscito prima in Francia e poi in Italia) prende avvio da una polemica con
Umberto Eco sul ruolo politico dell'intellettuale. Nel 2001 esce *Si sta facendo sempre
più tardi*, "romanzo in forma di lettere" scritte da diciassette personaggi maschili ad
altrettanti femminili, a cui risponde infine una sola voce di donna: un racconto
epistolare anomalo, in cui la lettera amorosa è in realtà un "equivoco messaggero",
uno "spazio reale per noi, ma fittizio per gli altri" che la ricevono. In un libro recente,

Autobiografie altrui. Poetiche a posteriori (2003), Tabucchi raccoglie saggi di poetica che riflettono su alcune delle proprie opere, che sono spesso "autobiografie altrui" perché il confine tra scrivere di sé e scrivere degli altri si sposta continuamente, e perché "la questione è sempre la stessa, da millenni, da quando la letteratura comincia. Per parlare di sé bisogna cercare il sé che non c'è". Il suo ultimo lavoro narrativo è *Tristano muore* (2004).

Tabucchi ha ricevuto premi letterari e onorificenze in vari paesi. Nel 1999, la Fundação Calouste Gulbenkian di Lisbona gli ha dedicato un convegno ("Antonio Tabucchi: Geografia de um Escritor Inquieto"), e la Fête du Livre di Aix-en-Provence, nel 2000, ha promosso l'incontro di studiosi e artisti "Antonio Tabucchi. Vivre, écrire".

Antonio Tabucchi, *Sostiene Pereira. Una testimonianza*
(Milano: Feltrinelli, 1997)

Pereira sostiene che la città sembrava in mano alla polizia, quella sera. Ne trovò dappertutto. Prese un taxi fino al Terreiro do Paço e sotto i portici c'erano camionette[141] e agenti con i moschetti. Forse avevano paura di manifestazioni o di concentrazioni di piazza, e per questo presidiavano[142] i punti strategici della città. Lui avrebbe voluto proseguire a piedi, perché il cardiologo gli aveva detto che gli ci voleva del moto,[143] ma non ebbe il coraggio di passare davanti a quei militari sinistri, e così prese il tram che percorreva Rua dos Fanqueiros e che finiva in Praça da Figueira. Qui scese, sostiene, e trovò altra polizia. Questa volta dovette passare di fronte ai drappelli,[144] e questo gli procurò un leggero malessere. Passando sentì un ufficiale che diceva ai soldati: e ricordatevi ragazzi che i sovversivi sono sempre in agguato,[145] è bene stare con gli occhi aperti.

Pereira si guardò intorno, come se quel consiglio fosse stato dato a lui, e non gli parve che bisognasse stare con gli occhi aperti. L'Avenida da Liberdade era tranquilla, il chiosco dei gelati era aperto e c'erano delle persone ai tavolini che prendevano il fresco. Lui si mise a passeggiare tranquillamente sul marciapiede[146] centrale e a quel punto, sostiene, cominciò a sentire la musica. Era una musica dolce e malinconica, di chitarre[147] di Coimbra, e trovò strana quella coniugazione, di musica e polizia. Pensò che venisse da Praça da Alegria e infatti così era, perché man mano che si avvicinava la musica aumentava di intensità.

Non sembrava proprio una piazza da città in stato d'assedio,[148] sostiene Pereira, perché non vide polizia, anzi, vide solo una guardia notturna che gli parve ubriaca e che sonnecchiava su una panchina. La piazza era abbellita con festoni di carta, con lampadine colorate gialle e verdi che pendevano su dei fili tesi[149] da una finestra all'altra. C'erano alcuni tavolini all'aperto e qualche coppia ballava. Poi vide uno striscione[150] di stoffa teso da un albero all'altro della piazza dove c'era un'enorme scritta: *Onore a Francisco Franco*. E sotto, in lettere più piccole: *Onore ai militari portoghesi in Spagna*.

Sostiene Pereira che solo in quel momento capì che quella era una festa salazarista,[151] e per questo non aveva bisogno di essere presidiata dalla polizia. E solo allora si accorse che molte persone avevano la camicia verde e il fazzoletto al collo. Si fermò atterrito,[152] e in un attimo pensò a varie cose diverse. Pensò che forse Monteiro Rossi era uno dei loro, pensò al carrettiere[153] alentejano[154] che aveva macchiato di sangue i suoi meloni, pensò a quello che avrebbe detto padre Antonio se lo avesse visto in quel luogo. Pensò a tutto questo e si sedette sulla panchina dove sonnecchiava la guardia notturna, e si lasciò andare ai suoi pensieri, o meglio, si lasciò andare alla musica, perché la musica, nonostante tutto, gli piaceva. C'erano due vecchietti che suonavano, uno la viola e l'altro la chitarra, e suonavano struggenti[155] musiche di Coimbra della sua gioventù, di quando lui era studente universitario e pensava alla vita come a un avvenire radioso.[156] E anche lui a quel tempo suonava la viola nelle feste studentesche, e era magro e agile, e faceva innamorare le ragazze. Tante belle ragazze che andavano matte per lui. E lui invece si era appassionato di una ragazzina fragile e pallida, che scriveva poesie e spesso aveva mal di testa. E poi pensò a altre cose della sua vita, ma queste Pereira non vuole riferirle, perché sostiene che sono sue e solo sue e che non aggiungono niente a quella sera e a quella festa in cui era capitato suo malgrado.[157] E poi, sostiene Pereira, a un certo punto vide alzarsi da un tavolino un giovane alto e snello con una camicia chiara che andò a mettersi fra i due vecchietti musicanti. E, chissà perché, sentì una fitta al cuore, forse perché gli sembrò di riconoscersi in quel giovanotto, gli sembrò di ritrovare il se stesso dei tempi di Coimbra, perché in qualche modo gli assomigliava, non nei tratti, ma nella maniera di muoversi, e un po' nei capelli, che gli cadevano a ciocca[158] sulla fronte. E il giovane cominciò a cantare una canzone italiana, *O sole mio*, di cui Pereira non capiva le parole, ma era una canzone piena di forza e di vita, bella e limpida, e lui capiva solo le parole "o sole mio" e non capiva altro, e intanto il giovanotto cantava, si era alzata di nuovo un po' di brezza[159] atlantica e la serata era fresca, e tutto gli parve bello, la sua vita passata di cui non vuole parlare, Lisbona, la volta[160] del cielo che si vedeva sopra le lampadine colorate, e sentì una grande nostalgia, ma non vuole dire per che cosa, Pereira. Comunque capì che quel giovanotto che cantava era la persona con la quale aveva parlato per telefono nel pomeriggio, così, quando costui ebbe finito di cantare, Pereira si alzò dalla panchina, perché la curiosità era più forte delle sue riserve, si diresse al tavolino e disse al giovanotto: il signor Monteiro Rossi, immagino. Monteiro Rossi fece la mossa di alzarsi, urtò[161] contro il tavolino, il boccale[162] di birra che era davanti a lui cadde e lui si macchiò completamente i bei pantaloni bianchi. Le chiedo scusa, farfugliò[163] Pereira. Sono io che sono sbadato,[164] disse il giovanotto, mi succede spesso, lei è il dottor Pereira del "Lisboa", immagino, la prego si accomodi. E gli tese[165] la mano.

Sostiene Pereira che si accomodò al tavolino sentendosi imbarazzato. Pensò fra sé che quello non era il suo posto, che era assurdo incontrare uno sconosciuto a quella festa nazionalista, che padre Antonio non avrebbe approvato il suo comportamento; e che desiderò di essere già di ritorno a casa sua e di parlare al ritratto di sua moglie per chiedergli scusa. E fu tutto questo che pensava che gli dette il coraggio di fare una domanda diretta, tanto per aprire la conversazione, e senza pensarci più di troppo chiese a Monteiro Rossi: questa è una festa della gioventù salazarista, lei è della gioventù salazarista?

Monteiro Rossi si ravviò[166] la ciocca di capelli che gli cadeva sulla fronte e rispose: io sono laureato in filosofia, mi interesso di filosofia e di letteratura, ma questo cosa c'entra con il "Lisboa"? C'entra, sostiene di aver detto Pereira, perché noi facciamo un giornale libero e indipendente, e non ci vogliamo mettere in politica.

Intanto i due vecchietti ricominciarono a suonare, dalle loro corde[167] malinconiche traevano una canzone franchista, ma Pereira, nonostante il disagio,[168] a quel punto capì che era in gioco e che doveva giocare. E stranamente capì che era in grado di farlo, che aveva in mano la situazione, perché lui era il dottor Pereira del "Lisboa" e il giovanotto che gli stava di fronte pendeva dalle sue labbra.[169] E così disse: ho letto il suo articolo sulla morte, mi è parso molto interessante. Ho fatto una tesi sulla morte, rispose Monteiro Rossi, ma lasci che le dica che non è tutta farina del mio sacco,[170] quel pezzo che la rivista ha pubblicato l'ho copiato, glielo confesso, in parte da Feuerbach e in parte da uno spiritualista francese, e anche il mio professore non se n'è accorto, sa, i professori sono più ignoranti di quanto non si creda. Pereira sostiene che ci pensò due volte a fare la domanda che si era preparato per tutta la sera, ma alla fine si decise, e prima ordinò una bibita[171] al giovane cameriere in camicia verde che li serviva. Mi scusi, disse a Monteiro Rossi, ma io non bevo alcolici, bevo solo limonate, prendo una limonata. E sorseggiando la sua limonata chiese a bassa voce, come se qualcuno potesse udirlo e censurarlo: ma a lei, scusi, ecco, vorrei chiedere questo, a lei interessa la morte?

Monteiro Rossi fece un largo sorriso, e questo lo imbarazzò, sostiene Pereira. Ma che dice dottor Pereira, esclamò Monteiro Rossi a voce alta, a me interessa la vita. E poi continuò a voce più bassa: senta, dottor Pereira, di morte sono stufo,[172] due anni fa è morta mia madre, che era portoghese e che faceva l'insegnante, è morta dall'oggi al domani,[173] per un aneurisma al cervello, parola complicata per dire che scoppia una vena, insomma, di un colpo,[174] l'anno scorso è morto mio padre, che era italiano e che lavorava come ingegnere navale nei bacini[175] del porto di Lisbona, mi ha lasciato qualcosa, ma questo qualcosa è già finito, ho ancora una nonna che vive in Italia, ma non la vedo da quando avevo dodici anni e non ho voglia di andare in Italia, mi pare che la situazione sia ancora peggio della nostra, di morte sono stufo, dottor Pereira, scusi se sono franco con lei, ma poi perché questa domanda?

Pereira bevve un sorso[176] della sua limonata, si asciugò le labbra col dorso della mano e disse: semplicemente perché in un giornale bisogna fare gli elogi funebri degli scrittori o un necrologio ogni volta che muore uno scrittore importante, e il necrologio non si può fare da un momento all'altro, bisogna averlo già preparato, e io cerco qualcuno che scriva necrologi anticipati per i grandi scrittori della nostra epoca, immagini se domani morisse Mauriac, io come me la caverei?[177]

Pereira sostiene che Monteiro Rossi ordinò un'altra birra. Da quando era arrivato il giovanotto ne aveva bevute almeno tre e a quel punto, secondo la sua opinione, doveva essere già un po' brillo,[178] o almeno un po' caricato.[179] Monteiro Rossi si ravviò la ciocca di capelli che gli cadeva sulla fronte[180] e disse: dottor Pereira, io parlo bene le lingue e conosco gli scrittori della nostra epoca; a me piace la vita, ma se lei vuole che parli della morte e mi paga, così come mi hanno pagato stasera per cantare una canzone napoletana, io posso farlo, e per dopodomani le scrivo un elogio funebre di García Lorca, che ne dice di García Lorca?, in fondo ha inventato l'avanguardia spagnola, così come il nostro Pessoa ha inventato il modernismo portoghese, e poi è un artista completo, si è occupato di poesia, di musica e di pittura.

Pereira sostiene di aver risposto che García Lorca non gli sembrava il personaggio ideale, comunque si poteva tentare, purché se ne parlasse con misura e cautela,[181] facendo riferimento esclusivamente alla sua figura di artista e senza toccare altri aspetti che potevano essere delicati, data la situazione. E allora, con la maggiore naturalezza possibile, Monteiro Rossi gli disse: senta, scusi se glielo dico, io le faccio l'elogio funebre di García Lorca, ma lei non mi potrebbe anticipare qualcosa?, ho bisogno di comprarmi dei pantaloni nuovi, questi sono tutti macchiati, e domani devo uscire con una ragazza che mi viene ora a cercare e che ho conosciuto all'università, è una mia compagna e a me piace molto, vorrei portarla al cinema.

Attività

A. Vero o falso? Leggete queste frasi e verificate se corrispondono ai contenuti del brano che avete appena letto:

1) A Pereira non interessa molto la politica. Comunque simpatizza per il governo di Antonio Salazar.

2) La festa in piazza durante la quale Pereira incontra Monteiro Rossi ha connotati politici.

3) La donna di cui Pereira si è innamorato da giovane era una ragazza felice e piena di vita.

4) Monteiro Rossi canta alla festa salazarista solo perché l'hanno pagato, non perché parteggi[182] per i fascisti spagnoli.

5) Pereira si trova subito a suo agio con il giovane Monteiro.

6) Monteiro ha perso entrambi i genitori, ma grazie all'eredità[183] ha abbastanza soldi per tirare avanti.

7) Monteiro ha copiato parti della sua tesi sulla morte.

8) Il poeta di cui Monteiro vuole scrivere il necrologio era una figura molto amata nel Portogallo dell'epoca.

Il cinema di Roberto Faenza

Roberto Faenza (1943–) è un regista che predilige le fonti letterarie. Tra i suoi film si ricordano *Mio caro Dr. Grassler* (1987), da Arthur Schnitzler, *La vera storia di Marianna Ucrìa* (1997), dal libro di Dacia Maraini, *L'amante perduto* (1999), dal romanzo di Abraham B. Yeoshua. Sul carteggio[184] di Sabrina Spierlein con Sigmund Freud e Carl Jung si basa il recente *Prendimi l'anima* (2003).

*Il Porto Antico di
Genova ristrutturato
da Renzo Piano.
© Giorgio Fedi*

Sostiene Pereira (regia di Roberto Faenza, 1995)

Lisbona, estate 1938. Pereira (Marcello Mastroianni) è il responsabile della pagina culturale del quotidiano *Lisboa,* che proclamandosi politicamente "indipendente" si astiene dal documentare le violenze della polizia e del governo fascista di Salazar. Pereira è un vedovo sulla sessantina, ma sembra più vecchio: ha i capelli e i baffi grigi, qua e là bianchi, è sovrappeso[185] e le sue spalle sono leggermente curve. Quando esce indossa cappelli e vestiti chiari, un po' sgualciti,[186] la catenella dell'orologio da taschino[187] che sbuca dal panciotto.[188] Nei suoi movimenti appare timido, debole, incerto; cammina con il bastone, anche se probabilmente non ne ha bisogno. Gli occhiali di tartaruga tondi inquadrano uno sguardo mite, che riflette i modi[189] discreti, fin troppo garbati.[190] Non ha vizi, soltanto è ghiotto di limonate con lo zucchero e di frittatine alle erbe, sebbene il suo dottore gliele abbia proibite. Sarebbero proibiti anche i sigari che si concede ogni tanto, soprattutto quando è in compagnia. Pare rassegnato al fatto che gli resta poco da vivere, e nella calda giornata estiva in cui la storia ha inizio si dichiara tormentato dal pensiero della morte. Va a trovare un frate, padre Antonio, ma nemmeno lui che è suo amico vuole dar retta[191] alle bizzarre preoccupazioni teologiche di Pereira, il quale crede in Dio però non crede nella resurrezione della carne.[192]

Insoddisfatto, Pereira torna in redazione e chiama al telefono Monteiro Rossi, un giovane laureato in filosofia di origine italiana, il quale ha appena scritto un saggio sulla morte. A dire la verità neanche Monteiro desidera dibattere il tema della morte, e Pereira imbarazzato finisce con l'offrirgli un posto di collaboratore per la pagina culturale del *Lisboa*. Pereira e Monteiro si incontrano la sera stessa in un locale pieno di luci colorate, affollato di gente che balla, soldati in divisa e ragazzini in camicia verde della Gioventù nazionalista portoghese; alle pareti, bandiere del Portogallo e scritte inneggianti[193] a Franco e ai volontari che combattono al suo fianco in Spagna. In onore dei "camerati[194] italiani che combattono in Spagna" Monteiro (Stefano Dionisi) viene chiamato sul palco a cantare "O sole mio", ciò che egli fa con grande confidenza, quantunque sia terribilmente stonato.[195] Al tavolo Monteiro spiega a Pereira che lui non si interessa di politica, notizia che fa molto piacere al sempre cauto giornalista, il quale gli conferma che il *Lisboa* è un giornale indipendente. Pereira affida al giovane il compito di scrivere una serie di coccodrilli[196] da tenere pronti nell'archivio della redazione, e come prima cosa gli affida un pezzo su Gabriele D'Annunzio. Quella sera Pereira fa la conoscenza anche di Marta (Nicoletta Braschi), la ragazza di Monteiro, la quale si arrabbia con il giornalista perché il suo quotidiano non ha pubblicato la notizia di un carrettiere ucciso dalla polizia per ragioni politiche.

Il giorno seguente Monteiro arriva in redazione per consegnare il suo primo articolo, con un fiasco[197] di vino e dei dolci. Mentre festeggiano il suo "esordio" nella carriera giornalistica, Monteiro legge ad alta voce quello che ha scritto su Gabriele D'Annunzio: il "grande poeta" viene descritto come un "fanfarone",[198] "un guerrafondaio,[199] un personaggio da non prendere ad esempio per la volgarità insopportabile delle sue idee". Monteiro gli rimprovera il sostegno del fascismo e l'esaltazione delle "sanguinose conquiste coloniali" italiane. "Con lui scompare un personaggio losco",[200] conclude orgoglioso Monteiro. Il suo pezzo, così provocatorio e politicamente inopportuno, è del tutto inutilizzabile ai fini della stampa, ma Pereira, invece di licenziarlo, affida a Monteiro un altro necrologio,[201] e avendo saputo che non ha soldi per andare avanti, gli dà un generoso anticipo.[202] A casa, rivolgendosi alla foto della moglie, Pereira afferma che se avessero avuto un figlio, avrebbe la stessa età di Monteiro.

Ovviamente anche il nuovo pezzo di Monteiro, sul poeta rivoluzionario russo Vladimir Majakovskij, non è pubblicabile. Monteiro supplica[203] Pereira di dargli un altro anticipo, e la strana collaborazione continua. Pereira lascia Lisbona per recarsi alle terme.[204] Durante il viaggio in treno conosce una donna ebrea, una tedesca di origini portoghesi che si trova lì in attesa del visto per gli Stati Uniti. Al vagone ristorante, mentre Pereira consuma il suo solito menù (omelette alle erbe e limonata con lo zucchero), i due hanno una conversazione che alimenta l'inquietudine nascosta del vecchio giornalista:

Pereira: "Ho notato che leggeva Thomas Mann..."

Donna: "Anche lui ha chiesto il visto per partire..."

Pereira: "Forse neppure io... neppure io sono felice, per quanto accade qui".

Donna: "Allora faccia qualcosa!"

Pereira: "Ma cosa vuole che faccia?"

Donna: "Lei che può scrivere su un giornale, racconti quello che succede... faccia sentire che non è d'accordo".

Pereira: "Signora, io non sono Thomas Mann. Traduco racconti dal francese, non saprei fare di più".

Donna: "Lo crede davvero?"

Questo dialogo mette in scena la questione centrale del film e del libro di Tabucchi: cosa può fare un piccolo intellettuale, che ha dedicato la vita alla letteratura, di fronte all'emergere del fascismo (che in quel momento dilaga[205] in tutta Europa), di fronte alla repressione violenta e al razzismo antisemita?

Pochi giorni dopo, Monteiro va a casa di Pereira. È nei guai,[206] ha bisogno di aiuto perché suo cugino Bruno ha bisogno di nascondersi. La polizia lo cerca perché Bruno è in Portogallo per reclutare[207] volontari per combattere con i repubblicani spagnoli contro il generale Francisco Franco. "Siete due incoscienti", replica Pereira. Tuttavia, come confessa al ritratto della moglie, quel ragazzo gli fa pena,[208] e allora trova una pensioncina per Bruno e dà altro denaro a Monteiro, l'ennesimo anticipo per necrologi ancora da scrivere. Durante il soggiorno in un centro di terapia marina, Pereira avverte[209] che la sua vita regolare di un tempo ha cominciato a perdere senso. Il dubbio che lo assale è che i due giovani, Bruno e Monteiro, possano aver ragione. A conferma del cambiamento in atto, Pereira pubblica sul giornale la traduzione di un racconto di Alphonse Daudet, "Ultima lezione", che dà spazio a un incauto atteggiamento antitedesco. Naturalmente la traduzione attira su Pereira le ire[210] del direttore del quotidiano, che lo accusa di fare tutto di testa sua, e gli ordina di consultarlo prima di pubblicare qualunque cosa sulla pagina culturale.

Due conversazioni, con Marta e con padre Antonio, finiscono di aprire gli occhi di Pereira sul crescente[211] totalitarismo del regime di Salazar. Anche l'amico dottor Cardoso, in procinto di[212] trasferirsi in Francia prima della "catastrofe generale" del paese, gli raccomanda di smettere di frequentare il passato e di occuparsi più dei vivi che dei morti. Una sera Monteiro, sfinito e assetato,[213] braccato[214] dalla polizia, cerca rifugio a casa di Pereira. Con sé ha portato il suo ultimo articolo, una celebrazione in chiave antifascista del poeta Federico García Lorca. Per la prima volta Pereira non si vergogna di ammettere: "È un bell'articolo, scritto col cuore". Il giorno seguente tre poliziotti, in borghese e senza mandato di perquisizione,[215] entrano in casa di Pereira, maltrattano lui e torturano Monteiro fino a ucciderlo; poi scappano, dopo aver minacciato il vecchio redattore della pagina culturale del *Lisboa*. Pereira allora si mette alla macchina da scrivere[216] e compone il necrologio di Monteiro Rossi, celebrandone la visione politica e denunciando, con nomi e altri dettagli, i tre poliziotti. Poi porta l'articolo in tipografia, dove con un trucco convince il proto[217] di aver ricevuto l'autorizzazione della censura a pubblicarlo direttamente in prima pagina.

© *Giorgio Fedi*

Nell'ultima scena vediamo Pereira senza giacca e senza bastone che cammina di buon passo per le strade di Lisbona nella prima luce del mattino. Sorride, e porta in spalla lo zaino di Monteiro, nella tasca un passaporto falso per passare la frontiera. Un bambino sta vendendo il *Lisboa* ai passanti, e annuncia ad alta voce la notizia del giorno: "Giovane giornalista assassinato barbaramente". La voce fuori campo dice: "Sostiene Pereira che mentre si allontanava tra la folla, aveva la sensazione che la sua età non gli pesasse[218] più, come se fosse tornato un ragazzo, agile, svelto, con una gran voglia di vivere...".

Attività

A. Elencate le differenze tra il film di Faenza e il libro di Tabucchi nella scena del primo incontro di Pereira con Monteiro Rossi.

B. Descrivete l'evoluzione psicologica del personaggio di Pereira, e spiegate come arriva a compiere il suo clamoroso gesto di protesta contro il regime di Salazar.

C. Spiegate che cosa fareste voi al posto di Pereira, se vi trovaste a vivere in un simile contesto politico e sociale.

GENERAZIONE E

Socrates è un programma europeo per l'istruzione, che coordina iniziative e progetti a livello di scuola superiore (Comenius), università (Erasmus), formazione professionale fino all'età di ventotto anni (Leonardo). Il Progetto Erasmus (EuRopean

Action Scheme for the Mobility of University Students) ha lo scopo di promuovere la cooperazione transnazionale, attraverso lo scambio di migliaia di studenti fra i Paesi membri dell'Unione ed altri Stati convenzionati.[219] Il successo del Progetto Erasmus e la sua notorietà sono tali che il regista francese Cédric Klapisch ne ha fatto il tema di un film, *L'appartamento spagnolo* (uscito nelle sale[220] italiane nel 2003). Il protagonista è uno studente di economia francese che passa un anno a Barcellona in un appartamento abitato da altri studenti Erasmus: una giovane inglese col pallino della pulizia,[221] un danese che sta con una ragazza spagnola, un tedesco molto serio, una belga con problemi di cuore, e un ragazzo italiano che fuma troppi spinelli.[222]

Abbiamo raccolto su vari newsgroup le esperienze di giovani italiani appartenenti alla cosiddetta "Generazione E", dove la E sta per Europa. Giovani per i quali è normale spostarsi dall'Italia alla Svezia o al Portogallo per un periodo di studio o di formazione professionale.

From: leila@student.gelso.unitn.it
Subject: Erasmus
Newsgroups: it.discussioni.universita
Date: 2000–01–14 09:29:35 PST
Qui all'università di Trento partono con l'Erasmus un sacco di studenti. Vanno in tutta Europa, si divertono, conoscono gente nuova e superano qualche esame. Non ho mai sentito di esperienze negative.

From: Ale (alib@supereva.it)
Subject: Re: Erasmus: che ne dite?
Newsgroups: it.istruzione.universita
Date: 2000–01–29 18:11:23 PST
Io ho intenzione di partecipare al progetto Erasmus che la mia facoltà (giurisprudenza) ha organizzato in Portogallo, a Lisbona. Per voi la lingua è stato un grosso problema? tra italiani e portoghesi non deve essere così difficile capirsi, ma non è che[223] agli esami uno possa esprimersi a gesti...

From: Leo (tragua@ftbcc.it)
Subject: Re: Studiare con Erasmus
Newsgroups: it.istruzione.universita
Date: 2000–01–30 07:15:10 PST
Da noi alla facoltà di Giurisprudenza di Firenze per fare l'Erasmus devi essere al terzo anno di corso, aver dato metà degli esami e avere una buona media. La graduatoria[224] viene decisa in primo luogo sulla base della media; a parità di media[225] conta molto la conoscenza della lingua straniera.

From: L.T. (dreamtheat@hi-net.it)
Subject: R: Erasmus a Lisbona
Newsgroups: it.discussioni.universita.esami
Date: 2000–02–23 21:48:51 PST

© *Giorgio Fedi*

Io a Lisbona ci sono stato nel '97; è una città straordinaria. Per l'alloggio non è facilissimo, ma se non hai problemi economici puoi trovare buone sistemazioni in famiglie della zona dell'Istituto Tecnico. La lingua è affascinante: all'inizio non capirai quasi nulla... poi comincerai a credere di capire... alla fine quando capirai veramente qualcosa, ti renderai conto che prima capivi zero! Meglio sarebbe fare un piccolo corso prima di partire. Comprati una buona guida della città, un dizionario tascabile e una grammatichetta. A Lisbona si mangia molto bene. I dolci sono incredibilmente buoni e grandi. Si beve birra a fiumi: una cerveja è una birra in bottiglia; una imperial è un bicchiere alla spina. Specialità particolari: carne de porco alentejana; bife de atum: bistecca di tonno! Salmao grelhado: salmone alla griglia! Potrei continuare per ore... Il quartiere dei giovani è il Bairro Alto. Lì troverai tutti gli Erasmus: il venerdì è il giorno più bello.

From: Benedetto Salvi (ben.sal@tiscalinet.it)
Subject: Re: la Svezia[226]
Newsgroups: it.discussioni.universita.esami
Date: 2000—03—29 14:02:26 PST

Ciao, mi chiamo Andrea e faccio Ingegneria Meccanica a Cagliari. Sono appena tornato da un anno e mezzo in Svezia, dove ho fatto l'Erasmus prima e poi la tesi (col programma Leonardo). Forse sono stato fortunato, ma la mia esperienza è stata positivissima. Oltre al fatto di imparare due lingue (inglese e svedese), sono riuscito a dare sei esami e a fare una tesi "come volevo io". Le differenze rispetto all'Italia sono indescrivibili: meno teoria, molta pratica, tantissimi laboratori.

Quanto alla borsa di studio dell'UE, è piuttosto magrina, per la verità. Comunque puoi sempre trovare qualche lavoretto in loco (io ad esempio ho lavorato al pub studentesco).

In bocca al lupo[227] e non farti scappare questa occasione! :-) Giuro[228] che mi veniva da piangere al mio rientro a Cagliari.

Attività

A. Avete mai studiato all'estero? Immaginate di dover dare consigli accademici e pratici a qualcuno che si reca in un paese europeo per studiare.

B. Compilate una lista di domande da fare e di informazioni da raccogliere prima di andare in un paese europeo per un periodo di studio.

UN MIO 14 LUGLIO...

Edoardo Sanguineti

Edoardo Sanguineti (Genova, 1930–) è poeta, romanziere, traduttore, docente universitario di Letteratura italiana e critico militante (fu fondamentale la sua partecipazione al movimento neoavanguardista del Gruppo 63, a cui aderirono pure Umberto Eco, Nanni Balestrini, Renato Barilli, Alfredo Giuliani, Angelo Guglielmi e Elio Pagliarani). Come critico e storico della letteratura ha scritto saggi memorabili sull'*Inferno* dantesco, su Boccaccio, su Gian Pietro Lucini, sui Crepuscolari e i Futuristi, su Alberto Moravia e su altri scrittori contemporanei, non necessariamente i "maggiori". Ha collaborato con Luciano Berio (il maggiore compositore italiano di musica classico-contemporanea) in varie occasioni. Memorabile la suite musicale-poetica *Laborintus II*, in cui lo stesso Sanguineti recita brani danteschi e propri su musiche del maestro Berio.

Fin dall'inizio (con *Laborintus*, 1956) Sanguineti ha scelto la via stilistica del plurilinguismo, della mescolanza di lingue vive (preferibilmente le romanze, e il tedesco) e morte (latino, greco antico). *Laborintus* combina questa scelta plurilinguistica (con Dante modello supremo) con una metrica libera che richiama direttamente i *Cantos* di Ezra Pound (quelli più dissonanti ed aspri del poeta americano). La "critica del linguaggio" era, nella vicenda avanguardistica degli anni '60 (in cui marxismo, situazionismo e altre narrative antagoniste si intersecavano), uno strumento per scardinare l'ideologia borghese che quel linguaggio esprimeva. Perciò, per il

© *Giorgio Fedi*

Sanguineti della prima ora, il non-senso verbale, o il senso disturbato, erano lo specchio della deformazione che l'ordine capitalistico impone alla comunicazione interpersonale.

Col passare degli anni, Sanguineti, secondo quella che è sembrata essere la norma per i grandi poeti italiani del secondo Novecento (da Eugenio Montale a Mario Luzi, a certo Andrea Zanzotto), ha trovato una vena espressiva stilisticamente apparentabile[229] al parlato, più discorsiva, ma non necessariamente "facile"; questa tendenza si era già vista in passato, in poesie domestiche come quelle della raccolta *Erotopaegnia:* componimenti dedicati alla compagna e alla nascita di un figlio, pubblicati nel 1960. Tra le altre opere, sono da segnalare: *Opus metricum* (1960), *Wirrwarr* (1972), *Postkarten* (1978), *Stracciafoglio* (1980), *Segnalibro. Poesie 1981* (1982), *Alfabeto apocalittico* (1984), *Quintine* (1985), *Novissimum Testamento* (1986), *Senzatitolo* (1992), *Corollario* (1997), *Cose* (1999); e le sue opere narrative: *Capriccio italiano* (1963), *Il gioco dell'oca* (1967) e *Il gioco del Satyricon* (1970).

Sanguineti è stato anche parlamentare per il Partito Comunista Italiano, oltreché *testimonial* per una marca di jeans e "presentatore" ospite al Festival della canzone italiana di Sanremo nel 1999 (vera operazione di tipo situazionista).[230]

Edoardo Sanguineti, "Un mio 14 luglio, bene o male"
(*Cose;* Napoli: Tullio Pironti, 1999)

9.
un mio 14 luglio, bene o male, me lo sono celebrato, il 14 settembre, alla Courneuve
(cioè alla festa dell'Huma),[231] tra gente assai sympa,[232] con un coro di bordolesi ingordi,[233]
che ritmavano, quasi furiosi, in diverse favelle,[234] non so perché, molti viva la Spagna
(e viva, e viva):
              sono tornato afono e affaticato, adesso a bermi un mezzo Lussac,[235]
qui a cena, in rue du Bac, pur sapendo che tutto è mutamento: (e l'art nouveau,
ti dirò, non mi dona):[236] e la ragazza (è domenica) non c'era, questa volta, nemmeno:
                                                                      (ma,
con Jean, nel pomeriggio, ho ridiscusso, in lungo e in largo, tutte le idee della sua vita):
(e della mia): (e fu, commosso e caldo, un congedo,[237] come da quelle, anche da questa, certo):

UNA UNIONE DI MINORANZE

Romano Prodi

Romano Prodi nasce a Scandiano (Reggio Emilia) nel 1939, in una famiglia molto numerosa (è ottavo di nove figli). Si laurea all'Università Cattolica del Sacro Cuore di Milano e si perfeziona alla London School of Economics. Nel 1963 inizia l'attività universitaria nel campo degli studi economici all'Università di Bologna, dove, con un breve intervallo a Trento e passaggi come ricercatore o Visiting Professor in istituzioni quali Stanford e Harvard, continuerà per il resto della carriera.

Prodi entra in politica, come Ministro dell'Economia, nel 1978. Nel 1982 viene chiamato alla presidenza dell'IRI (Istituto per la Ricostruzione Industriale), un conglomerato di banche e aziende pubbliche fondato nell'era fascista, che si trovava in uno stato di enorme dissesto finanziario.[238] Lottando contro gli interessi di molte personalità politiche, Prodi riesce a risanare[239] il colosso economico, che torna in attivo.[240] Finita l'opera di risanamento, Prodi torna, nel 1989, alla docenza universitaria, ma il governo italiano lo chiamerà di nuovo alla presidenza dell'IRI nel 1993. Questa volta la situazione finanziaria del gruppo è ancora più malandata,[241] e Prodi avvia una lunga campagna di dismissioni e privatizzazioni che creerà le basi dell'economia italiana di oggi.

Nel 1995 la coalizione di centro-sinistra "L'Ulivo" sceglie Prodi come suo leader nella battaglia politica contro il "Polo delle Libertà" guidato da Silvio Berlusconi. L'anno successivo, e dopo un lungo tour in autobus che lo porta a visitare ogni angolo d'Italia, L'Ulivo vince le elezioni e Prodi viene nominato Presidente del Consiglio dei Ministri. Da premier, Prodi ottiene importanti risultati politici, tra cui l'ingresso dell'Italia tra i paesi che adottano la moneta unica europea. Egli resterà a Palazzo Chigi[242] fino al 1998, quando l'uscita del Partito della Rifondazione Comunista dalla coalizione lo costringe alle dimissioni. Nel 1999 viene nominato Presidente della Commissione Europea, e anche qui il compito che gli si presenta è arduo: riformare e snellire[243] una delle più grandi burocrazie al mondo, e solidificare la cooperazione tra gli stati membri in vista dell'allargamento ai paesi dell'ex blocco comunista.

Discorso del Prof. Romano Prodi, Presidente della Commissione Europea

Sessione inaugurale della Convenzione sull'avvenire dell'Europa
Parlamento Europeo
Bruxelles, 28 febbraio 2002
Signor Presidente della Convenzione,
Onorevoli membri della Convenzione,
Signor Presidente del Parlamento Europeo,
Signor Presidente del Consiglio,

Vi sono momenti nei quali i popoli sono chiamati a affermare e a definire le ragioni del loro stare insieme.

Per i popoli della nostra Europa questo momento è arrivato.

Voi, rappresentanti degli Stati, delle istituzioni e dei popoli europei siete qui oggi riuniti in questa Convenzione, perché l'integrazione ha avuto successo, un successo che è andato al di là di ogni speranza.

Voi siete qui riuniti perché un continente tutto intero si interroga sul proprio futuro.

Spetta a voi trovare le risposte. Risposte all'altezza della posta in gioco.[244]

La questione centrale alla quale siete chiamati a rispondere non è di natura tecnica.

Essa va ben al di là dei semplici meccanismi, delle regole e delle architetture istituzionali.

Perché l'Europa è molto più di questo.

Cinquant'anni fa, uomini lucidi,[245] coraggiosi e capaci di guardare lontano seppero aprire una strada del tutto nuova.

Quegli uomini scelsero la riconciliazione invece della guerra, la pace fondata sull'interdipendenza invece della reciproca distruzione, il diritto invece della legge del più forte. Essi gettarono le basi per la costruzione di una Comunità di popoli e di Stati.

Istituzioni sopranazionali originali furono edificate e, col tempo, consolidate.

Con gli Stati membri riuniti nel Consiglio collaborano una Commissione garante dell'interesse generale europeo, un Parlamento eletto a suffragio universale a rappresentare l'intero popolo europeo e una Corte di Giustizia che assicura il prevalere della legge.

Questa collaborazione ha generato una nuova identità europea.

Ha incoraggiato scambi di una ampiezza mai prima conosciuta.

Ha permesso e prodotto stabilità e sviluppo.

Ha portato, infine, alla nascita dell'euro, che gli europei hanno accolto con diffuso entusiasmo.

Tredici anni or sono, i popoli dell'Europa centro-orientale, sino a quel momento privati della libertà, hanno ripreso il futuro nelle loro mani e hanno scelto la strada della democrazia.

Oggi, quei popoli—di cui saluto i rappresentanti con commozione e con amicizia—chiedono di unirsi a noi.

A questa richiesta dobbiamo dare una risposta forte e positiva, rinnovando ed estendendo il patto politico europeo...

Il successo dell'Unione Europea allargata, il successo della grande Europa è possibile.

Noi abbiamo le capacità per realizzarlo.

Ma quale progetto per il futuro dell'Europa?

Io credo che questo significhi affrontare queste quattro sfide.[246]

Innanzitutto, dobbiamo assumerci, come europei, la nostra responsabilità su scala mondiale, al servizio della pace e dello sviluppo.

Sono infatti in gioco il futuro del mondo, la vita di milioni di essere umani ridotti in condizioni di indicibile[247] povertà, la sorte degli innocenti che pagano il prezzo più alto per guerre insensate.[248]

E nessuno dei nostri Stati è in grado di arrivare a tanto agendo da solo.

Dobbiamo poi, in quanto europei, difendere un modello di società equilibrato, capace di conciliare benessere economico e solidarietà.

Il nostro benessere e il nostro stesso stile di vita sono, infatti, strettamente legati all'equilibrio tra crescita, giustizia sociale e difesa dell'ambiente.

E le nostre capacità di creare sviluppo e occupazione dipendono dalla moneta unica e dal mercato unico, a loro volta basati su un sistema comune di regole.

In quanto europei dobbiamo, inoltre, garantire la libertà nel pieno rispetto dei principi di sicurezza.

La nostra storia e la nostra cultura ci impongono di non separare sicurezza, giustizia e libertà.

A fronte del terrorismo e della criminalità senza frontiere, a fronte dei grandi fenomeni migratori, la nostra azione non può che essere su scala europea.

Infine, noi europei, dobbiamo scommettere sul futuro per fare dell'Europa un polo di influenza intellettuale, scientifico e di innovazione.

Perché nel campo dell'intelligenza l'Europa non può permettersi di restare indietro.

Una volta definito il progetto per l'Europa del futuro, allora, e solo allora, onorevoli membri della Convenzione, sarà il momento di affrontare i problemi più specificamente istituzionali.

Permettetemi, a questo riguardo, di esporvi alcune brevi riflessioni.

Noi dobbiamo darci una Costituzione che segni la nascita dell'Europa politica.

Non dobbiamo, tuttavia, perdere di vista l'originalità dell'integrazione europea.

L'originalità sta nel fatto che l'Unione Europea è una unione di popoli e di stati.

L'ambizione vera non è quella di costruire un super Stato. Che senso avrebbe proprio nel momento in cui i modelli statali classici sono sempre più inadatti a gestire la globalizzazione? L'ambizione vera, fatta di realismo e visione, sta nello sviluppare ulteriormente questa costruzione originale verso una democrazia sovranazionale sempre più avanzata.

Una democrazia europea che si fonda sui popoli e sugli Stati d'Europa.

Per questo, noi dobbiamo adattare a questa costruzione originale europea i grandi principi delle nostre tradizioni democratiche nazionali, e cioè:

—la separazione dei poteri;

—il voto a maggioranza;

—il dibattito pubblico e il voto, da parte degli eletti del popolo, di tutti i testi di legge;

—l'approvazione delle imposte da parte del Parlamento.

Il sistema decisionale dell'Unione deve essere rivisto.

Nuove, più semplici e trasparenti procedure di decisione e di esecuzione sono necessarie...

Riconoscendo e rispettando le grandi tradizioni culturali e spirituali che dell'Europa sono l'anima, dobbiamo lavorare per una vera riforma dell'Unione.

Una riforma che sia al medesimo tempo profonda e fedele ai grandi principi che sono stati alla base del nostro successo.

Dobbiamo continuare a tendere a una "Unione sempre più stretta tra i popoli d'Europa" perché i giovani europei non si riconosceranno in un progetto ristretto e senza respiro.[249]

Dobbiamo condividere la sovranità per esercitarla in modo reale (come abbiamo fatto per la moneta).

Dobbiamo riconoscere la necessità di istituzioni responsabili dell'interesse comune.

Dobbiamo garantire l'eguaglianza di trattamento di tutti gli Stati.

Onorevoli membri della Convenzione,

L'Europa non è un'alleanza. Essa è la casa comune dei cittadini europei. È il nuovo protagonista del secolo che si apre.

Per questo essa non può essere fondata sulla legge di pochi perché sono più grandi, più forti o membri più antichi del club europeo.

Processione del Venerdì
Santo a Casalguidi.
© *Giorgio Fedi*

L'Unione Europea è una "unione di minoranze" nella quale nessuno stato deve avere la possibilità di prevaricare sugli altri.

Essa non può accontentarsi di un debole coordinamento incapace di resistere a forti tensioni.

Cinquant'anni fa, Jean Monnet promosse l'Alta Autorità del carbone e dell'acciaio persuaso che una istituzione incaricata di difendere l'interesse superiore dovesse vegliare[250] affinché ciascuno rispettasse gli impegni presi.

In base a questa medesima persuasione voi, onorevoli membri della Convenzione, dovrete promuovere istituzioni solide.

L'Unione non è e non deve diventare una nuova Società delle Nazioni, ridotta all'impotenza dagli egoismi e dai diritti di veto.

L'Unione Europea offre un modello armonioso di democrazia sopranazionale.

Essa è l'unico tentativo concreto di costruire una globalizzazione democratica, capace di offrire diritto e sviluppo.

Per questo essa può giocare un ruolo del tutto speciale nel mondo di oggi e di domani.

Io sono fiducioso[251] che voi saprete dare al nostro continente le istituzioni necessarie alle sue peculiarità, istituzioni all'altezza del suo passato, istituzioni adeguate alle sfide del mondo di domani.

Attività

A. Immaginate di dover fare una serie di obiezioni, in un pubblico dibattito, al discorso di Romano Prodi. Utilizzate questa formula iniziale: "Signor Prodi, lei ha detto che..."; proseguite con una critica sotto forma di domanda o di frase.

UN FUTURO COMUNE

La Costituzione Europea e il dibattito sulle radici cristiane dell'Europa

Il 28 giugno 2003 papa Giovanni Paolo II ha diffuso l'esortazione apostolica *Ecclesia in Europa* (La Chiesa in Europa). Il documento del pontefice, continuando la riflessione iniziata nel secondo Sinodo dei Vescovi europei, nota che "è andata sempre più maturando la consapevolezza dell'unità che, senza rinnegare le differenze derivanti dalle vicende storiche, collega le varie parti dell'Europa. È un'unità che, affondando le sue radici nella comune ispirazione cristiana, sa comporre[252] le diverse tradizioni culturali". Tuttavia ciò che preoccupa la Chiesa cattolica è che i legislatori europei, nel dar vita ai documenti fondanti dell'Unione (la Costituzione e la Carta dei diritti fondamentali), non hanno concesso spazio all'eredità[253] religiosa e alla memoria storica del Cristianesimo. "Una nuova cultura, in larga parte influenzata dai mass media" favorisce la creazione di una visione secolare, pragmatica e relativista, che intende separare la società europea dalla "tradizione umanistica e cristiana" che "ha segnato il suo sviluppo storico" e ha garantito "il primato dei valori etici e spirituali".

La Chiesa riconosce "con gioia la crescente apertura dei popoli... la riconciliazione tra nazioni per lungo tempo ostili e nemiche, l'allargamento progressivo del processo unitario ai Paesi dell'Est europeo". E registra come positivo lo sviluppo di una "coscienza europea", soprattutto presso i giovani, basata su valori come "il sentimento della fraternità e la volontà della condivisione". Riprendendo le parole della Lettera Apostolica *Spes aedificandi*, del 1999, il Papa ribadisce che nella storia dell'Europa il cristianesimo rappresenta "un elemento centrale e qualificante, consolidato sul saldo fondamento dell'eredità classica e dei molteplici contributi arrecati dagli svariati flussi etnico-culturali che si sono succeduti nei secoli".

Ai pubblici poteri "la Chiesa non domanda un ritorno a forme di Stato confessionale. Allo stesso tempo, essa deplora ogni tipo di laicismo ideologico o di separazione ostile tra le istituzioni civili e le confessioni religiose". Nella conclusione di *Ecclesia in Europa*, Giovanni Paolo II si rivolge "ai redattori del futuro trattato costituzionale europeo, affinché in esso figuri un riferimento al patrimonio religioso e specialmente cristiano dell'Europa".

Già alla fine di maggio del 2003, pesanti critiche erano state rivolte alla bozza[254] della Costituzione redatta dalla Convenzione Europea, il comitato diretto dall'ex presidente francese Valéry Giscard d'Estaing. "Nella bozza del preambolo c'è uno squilibrio evidente: vengono citate le 'correnti filosofiche dei Lumi' e non si nomina il Cristianesimo!" aveva dichiarato al *Corriere della Sera* l'arcivescovo Jean-Louis Tauran, responsabile in Vaticano dei rapporti con gli Stati. A chi obietta che "la citazione del Cristianesimo avrebbe costretto gli estensori[255] del preambolo a citare tutte le religioni", Tauran risponde: "è vero che si dovrebbero citare l'Ebraismo e l'Islam accanto al Cristianesimo, ma nella storia la dominante cristiana è più che evidente!".

Anche la stampa americana, nel dibattito prodotto dalle prime bozze della Costituzione Europea, si è spesso schierata contro la linea ultralaica della Convenzione e di Giscard d'Estaing. "An Oxymoron: Europe without Christianity" è il titolo di un editoriale pubblicato sul *New York Times* il 14 giugno 2003. Kenneth L. Woodward, il suo autore, dichiara senza mezzi termini:[256] "the eliding of the Christian foundations of Western culture is morally and intellectually dishonest". Dopo aver ricordato che "culture" e "cult" hanno la stessa etimologia, Woodward riassume così l'importanza storica dell'umanesimo cristiano: "It was Christianity that made the human person, as a child of God, central to European values. And it was the canon law of the Catholic Church, the oldest legal system in the West, that nurtured respect for law long before the rise of Europe's nation-states".

Paradossalmente, la bandiera europea adottata l'otto dicembre 1955 e confermata dalla Costituzione odierna—dodici stelle dorate disposte a cerchio sul fondo azzurro—è carica di simbolismo cristiano. L'ideatore della bandiera, Arsène Heitz, era particolarmente devoto alla Madonna e alla popolarissima immagine della visione dell'*Apocalisse*: "Nel cielo apparve un segno grandioso: una donna vestita di sole con la luna sotto i suoi piedi e sul suo capo una corona di dodici stelle". Come ha spiegato Vittorio Messori sul *Corriere della Sera*, gli Stati membri del Consiglio d'Europa allora erano soltanto sei. Perché dunque un numero doppio di stelle? Heitz "riuscì a convincere i responsabili del Consiglio: pur non rivelando la fonte religiosa della sua ispirazione per non creare contrasti, sostenne che il dodici era, per la sapienza antica, 'un simbolo di pienezza' e non doveva essere mutato neanche se i membri avessero superato quel numero".

Al momento in cui scriviamo, nel luglio 2003, una piccola vittoria i cristiani europei l'hanno ottenuta. Nel più recente abbozzo della futura Costituzione Europea, di cui riportiamo qui sotto il preambolo e alcuni articoli fondamentali, sono scomparsi i riferimenti diretti al mondo greco-romano e all'Illuminismo: perché includere quei momenti storici, e passare sotto silenzio invece la civiltà medievale? Al loro posto, come leggerete, è stata introdotto un generico richiamo ai "retaggi culturali, religiosi e umanistici dell'Europa" che hanno esaltato il "ruolo centrale della persona umana".

La Costituzione che presentiamo qui è ancora una proposta. La nota che accompagna il documento lo definisce "il testo finale del progetto di trattato che istituisce una Costituzione per l'Europa, quale verrà consegnato al Presidente del Consiglio Europeo il 18 luglio 2003 a Roma". Questo progetto dovrà ricevere l'approvazione dei

© *Giorgio Fedi*

singoli governi e dei Parlamenti degli Stati membri, alcuni dei quali (ad esempio, Irlanda e Danimarca) devono per legge sottoporre la decisione a un referendum popolare.[257]

Progetto di trattato che istituisce una Costituzione per l'Europa

Preambolo

"La nostra Costituzione... si chiama democrazia perché il potere
non è nelle mani di pochi, ma dei più"—Tucidide II, 37

Consapevoli che l'Europa è un continente portatore di civiltà; che i suoi abitanti, giunti in ondate successive fin dagli albori dell'umanità, vi hanno progressivamente sviluppato i valori che sono alla base dell'umanesimo: uguaglianza degli esseri umani, libertà, rispetto della ragione;

Ispirandosi alle eredità culturali, religiose e umanistiche dell'Europa, i cui valori, sempre presenti nel suo patrimonio, hanno ancorato nella vita della società il ruolo centrale della persona, dei suoi diritti[258] inviolabili e inalienabili e il rispetto del diritto;

Convinti che l'Europa, ormai riunificata, intende proseguire questo percorso di civiltà, di progresso e di prosperità per il bene di tutti i suoi abitanti, compresi i più deboli e bisognosi; che vuole restare un continente aperto alla cultura, al sapere e al progresso sociale; che desidera approfondire il carattere democratico e trasparente della vita pubblica e operare a favore della pace, della giustizia e della solidarietà nel mondo;

Persuasi che i popoli dell'Europa, pur restando fieri della loro identità e della loro storia nazionale, sono decisi a superare le antiche divisioni e, uniti in modo sempre più stretto, a forgiare il loro comune destino;

Certi che, "unita nella diversità", l'Europa offre loro le migliori possibilità di proseguire, nel rispetto dei diritti di ciascuno e nella consapevolezza delle loro responsabilità nei confronti delle generazioni future e della Terra, la grande avventura che fa di essa uno spazio privilegiato della speranza umana;

Riconoscenti ai membri della Convenzione Europea di aver elaborato la presente Costituzione a nome dei cittadini e degli Stati d'Europa,

[I quali, dopo avere scambiato i loro pieni poteri, riconosciuti in buona e debita forma, hanno convenuto le disposizioni che seguono:]

PARTE I

Titolo I: Definizione e Obiettivi dell'Unione

Articolo 1: Istituzione dell'Unione

1. Ispirata dalla volontà dei cittadini e degli Stati d'Europa di costruire un futuro comune, la presente Costituzione istituisce l'Unione Europea, alla quale gli Stati membri conferiscono competenze per conseguire obiettivi comuni. L'Unione coordina le politiche degli Stati membri dirette al conseguimento di tali obiettivi ed esercita sul modello comunitario le competenze che essi le trasferiscono.

2. L'Unione è aperta a tutti gli Stati europei che rispettano i suoi valori e si impegnano a promuoverli congiuntamente.

Articolo 2: Valori dell'Unione

L'Unione si fonda sui valori della dignità umana, della libertà, della democrazia, dell'uguaglianza, dello stato di diritto e del rispetto dei diritti umani. Questi valori sono comuni agli Stati membri in una società fondata sul pluralismo, sulla tolleranza, sulla giustizia, sulla solidarietà e sulla non discriminazione.

Articolo 3: Obiettivi dell'Unione

1. L'Unione si prefigge di promuovere la pace, i suoi valori e il benessere dei suoi popoli.

2. L'Unione offre ai suoi cittadini uno spazio di libertà, sicurezza e giustizia senza frontiere interne e un mercato unico nel quale la concorrenza[259] è libera e non distorta.

3. L'Unione si adopera per lo sviluppo sostenibile dell'Europa, basato su una crescita economica equilibrata, un'economia sociale di mercato fortemente competitiva che mira alla piena occupazione e al progresso sociale, e un elevato livello di tutela e di miglioramento della qualità dell'ambiente. L'Unione promuove il progresso scientifico e tecnico. Combatte l'esclusione sociale e le discriminazioni e promuove la

© Giorgio Fedi

giustizia e la protezione sociali, la parità tra donne e uomini, la solidarietà tra le generazioni e la tutela dei diritti dei minori. Promuove la coesione economica, sociale e territoriale, e la solidarietà tra gli Stati membri. Rispetta la ricchezza della sua diversità culturale e linguistica e vigila alla salvaguardia e allo sviluppo del patrimonio culturale europeo.

4. Nelle relazioni con il resto del mondo l'Unione afferma e promuove i suoi valori e interessi. Contribuisce alla pace, alla sicurezza, allo sviluppo sostenibile della Terra, alla solidarietà e al rispetto reciproco tra i popoli, al commercio libero ed equo, all'eliminazione della povertà e alla tutela dei diritti umani, in particolare dei diritti dei minori, e alla rigorosa osservanza e allo sviluppo del diritto internazionale, in particolare al rispetto dei principi della Carta delle Nazioni Unite...

Articolo 5: Relazioni tra l'Unione e gli Stati membri

1. L'Unione rispetta l'identità nazionale degli Stati membri legata alla loro struttura fondamentale, politica e costituzionale, compreso il sistema delle autonomie regionali e locali. Rispetta le funzioni essenziali dello Stato, in particolare le funzioni di salvaguardia dell'integrità territoriale, di mantenimento dell'ordine pubblico e di tutela della sicurezza interna.

PARTE IV

Disposizioni Generali e Finali

Articolo IV–1

I simboli dell'Unione

La bandiera dell'Unione rappresenta un cerchio di dodici stelle dorate su sfondo blu.

L'inno dell'Unione è tratto dall'Inno alla gioia della Nona sinfonia di Ludwig van Beethoven.

Il motto dell'Unione è: Unita nella diversità.

La moneta dell'Unione è l'euro.

Il 9 maggio è celebrato in tutta l'Unione come giornata dell'Europa.

Attività

A. Descrivete in uno stile meno formale e più divulgativo le istituzioni dell'Unione Europea e le funzioni di ciascuna.

B. Indicate alcune differenze tra la costituzione del vostro paese e la Costituzione Europea.

C. Usando come modello lo stile dei documenti di questo capitolo, inventate alcuni articoli di una costituzione di vostra fantasia.

TISCALI EUROPA

Tiscali, il gioiello del suo impero telematico, opera in quindici paesi europei. I frequentatori abituali dei suoi siti Web sono quasi 10 milioni. Ciò che fa di Renato Soru qualcosa di più di un Bill Gates italiano o di un sopravvissuto della new economy è la sua fiducia nell'Europa, la sua visione di un network europeo. Del resto, al tempo in cui la sua attività economica era ancora incentrata sui centri commerciali e sui supermercati (GS, dalle iniziali della madre, Gigetta Spada), Soru fece il suo timido ingresso nel mondo dell'Internet acquistando dalla sarda Video Online (pioniere in Italia per quel tipo di servizi) la licenza per la Repubblica Ceca. Investì 300 milioni di vecchie lire, praticamente un nulla, per fondare la Czech on line. Quando diventò il maggiore Internet Service Provider (ISP) ceco, la rivendette a un gruppo tedesco per una piccola fortuna, abbastanza da comprare il 10% della Tiscali, che allora era una "cenerentola semisconosciuta", ha scritto Marcella Andreoli su *Panorama* del 31 marzo 2000. "Un anno dopo, il 27 ottobre 1999, la Tiscali veniva quotata in borsa:[260] quasi 2 milioni di azioni[261] passate di mano in un solo giorno, titolo chiuso a 71,30 euro rispetto ai 46 del collocamento, con un balzo di oltre il 60 per cento. In 24 ore il Signor Soru si trasforma in Mister Tiscali".

All'apice del successo, nel 2000, le sue società avevano un capitale di "più di

30mila miliardi, quanto la Fiat". Oggi il suo patrimonio personale è una frazione di quello di allora, ma aver perso posizioni nella classifica dei miliardari di *Forbes* non lo preoccupa troppo. "A me bastano e avanzano 10 miliardi per campare"[262] disse qualche anno fa al suo socio d'affari Elserino Piol, il quale gli raccomandava di diversificare gli investimenti. Non a caso il suo libro preferito, come riferisce la Andreoli, è "*The Gospel of Wealth* di Andrew Carnegie, la cui tesi si racchiude in un detto: non c'è di meglio per un ricco che morire povero".

A dispetto del suo primato in Europa (per numero di clienti), Soru e la sua Tiscali nascono da una realtà del tutto marginale rispetto al mondo dell'imprenditoria digitale. "From Sardinia, of all places, Renato Soru aims to rule the Internet in Europe", scriveva Karen Lowry Miller su *Newsweek,* nel 2001. Il nome stesso, Tiscali, è quello di un nuraghe[263] sardo vecchio di 2.500 anni, situato in un luogo che si può raggiungere solo a piedi. E Soru vive tra Cagliari e Sanluri, il paese del Campidano, a 40 chilometri dal capoluogo, dove vivevano i suoi genitori, piccoli commercianti. Il suo attaccamento alla Sardegna, la sua "sardità", gli hanno fornito l'orgoglio con cui ha scalato il mondo dell'imprenditoria. Come ha dichiarato nel 2001 a Simonetta Fiori di *Repubblica,* "Se vado in America e parlo come Fonzie di *Happy days*, difficile che mi ascoltino. Se racconto la mia storia, mi stanno a sentire. Ho imparato a non vergognarmi delle mie radici.[264] Ho iniziato a fare Internet che è quanto di più globale e impalpabile possa esistere: senza luogo, senza tempo, senza nulla. L'unica cosa che puoi portarvi è la tua identità".

Soru è convinto che ci sia una coincidenza perfetta tra l'avvento dell'Internet e la realizzazione dell'Europa unita. Mario Mariani, responsabile dei servizi consumer di Tiscali Europa, ha spiegato il piano di azione a *MediaMente,* la trasmissione televisiva di RaiEducational: "Abbiamo creato un *back bone,* una dorsale in fibra ottica, e quello che stiamo creando è un sistema che faciliti la connessione di tutte le varie Tiscali nazionali (Tiscali Francia, Tiscali Italia, Tiscali Germania, ecc.) per far sì che all'interno del nostro network ci sia una capacità trasmissiva praticamente infinita. Stiamo anche agendo sul fronte della connessione Internet per permettere all'utente finale di accedere a Internet in varie modalità (*narrow band, dial up* tradizionale, la DSL). In Danimarca, per esempio, stiamo aggiungendo altre modalità di accesso ai contenuti Internet come il portale vocale, che in Italia abbiamo chiamato VoceViva". A sorreggere[265] la crescita della domanda resta la strategia originale di Tiscali, tra i primi ISP in Europa ad offrire l'accesso gratuito a Internet. A sostenere l'unificazione della nuova rete europea, con i suoi 12.000 chilometri di fibre ottiche che collegano le trenta città più importanti, c'è il portale Tiscali Europa, disponibile in varie versioni e in varie lingue (europa.tiscali.it, europe.tiscali.fr, europe.tiscali.de, europe.tiscali .co.uk, ecc.).

Il futuro dell'Europa è chiaro. Così come quello di Renato Soru, appena eletto (giugno 2004) Presidente della regione sarda: "se penso al riposo, lo penso nel mio paese. Se penso alla vecchiaia, la penso qui. Posso vivere in ogni luogo, ma posso invecchiare solo a Sanluri".

© *Giorgio Fedi*

Attività

A. Paragonate Bill Gates e Renato Soru.

B. Visitate il portale italiano di Tiscali (www.tiscali.it) o i portali di Tiscali Europa; descrivete i contenuti e la struttura. Spiegate le differenze tra i maggiori portali americani e quelli europei.

C. Componente la biografia immaginaria di un "Renato Soru" del vostro paese.

CRUCIVERBA

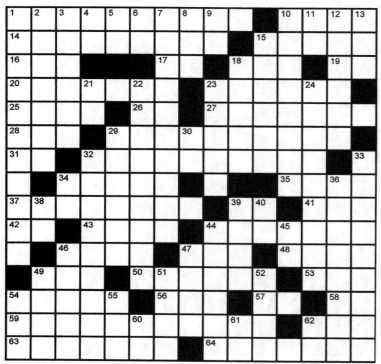

3 Interruzione di gravidanza
4 Come diceva il famoso slogan del caffè Lavazza, "Più lo mandi giù, e più ti tira..."
5 Turbodiesel (sigla)
6 Sigla della rivista *Ricerche Storiche*
7 Ridotto in miseria
8 Secondo il proverbio, quello che abbaia non morde
9 Sconfisse la flotta di Napoleone a Trafalgar (iniziali)
10 Breve visita
11 Al centro della tela
12 Compariva nel vecchio nome del Ministero del Welfare
13 Caldo soffocante
15 Ricco di pori
18 Il condono sana quelli edilizi
21 Sigla che indica le Organizzazioni Sindacali: ... SS
22 Lo è Stefano Bartezzaghi
23 Avvii, fasi iniziali
24 Grande contenitore di vetro per olio o vino
29 Il primo Papa
30 In fondo alla cantina
32 Regime di mercato in cui un solo operatore ha il controllo assoluto su un prodotto: il governo italiano lo ha sui tabacchi
33 Il nome della caserma di Genova dove nel 2001

sono stati detenuti i no global che protestavano contro il G8
34 Metà del pepe
36 Intolleranza per le altre razze
38 Preposizione che introduce l'agente in una frase passiva
39 Cantano in gruppo
40 Le iniziali di Renzo Piano architetto
44 Espressione latina che indica chi è al di sopra delle parti: *super...*
45 "Gli" in romanesco
46 Liquidazioni, svendite[270]
47 Secondo zodiaco, lo sono i nati fra aprile e maggio
49 "Adesso" in latino, ancora usato in italiano nell'espressione *hic et nunc*
51 Strada lastricata, selciato[271] (è famoso quello delle gare ciclistiche di un tempo)
52 La parte più popolare dell'opera lirica tradizionale
54 Nuclei Anti Sofisticazione (sigla)
55 A Responsabilità Limitata (sigla)
60 Italiano (abbreviazione)
61 Nobiluomo (sigla di derivazione latina, da *Nobilis Homo*)
62 Gran Premio (sigla)

ORIZZONTALI

1 Cittadina olandese dove è stato firmato il trattato sull'adozione della moneta unica europea
10 Se c'è vento, fa andare avanti la barca
14 Il mediatore europeo: accoglie le denunce dei cittadini dell'Unione
15 Un tipo di riso
16 Il prefisso di "neolaureato", "neologismo", "neonato", ecc.
17 Targa automobilistica di Pordenone
18 Associazione Olimpica Svizzera (sigla)
19 Targa automobilistica di Varese
20 Sbagliato, fondato sull'errore
23 Deriva dall'unione di elementi diversi
25 Il dittatore della Jugoslavia comunista
26 Non Vedenti (sigla)
27 Muoversi in acqua
28 Ce l'hanno la siringa, la bilancia,[266] la bussola,[267] ma non andate a cercarlo in un pagliaio[268]
29 Molto affollato[269]
31 Unità Operativa (sigla)
32 Trasferimenti di masse da un paese a un altro
34 Componimenti poetici
35 Campagna: c'è quello Romano, quello Pontino, ecc.
37 L'insieme delle caratteristiche e dei valori di una cultura o di una persona
39 Targa automobilistica di Cremona
41 La sigla dell'Istituto Addestramento Lavoratori, il più grande ente di formazione professionale in Italia
42 Targa automobilistica di Cagliari
43 Moretti ha vinto quello d'argento a Berlino
44 Genere musicale che unisce pop e jazz
46 Segmenti pubblicitari televisivi
47 Tribunale Amministrativo Regionale (sigla)

48 Il nome della Negroni, la regista del film *Jack Frusciante è uscito dal gruppo*
49 North Atlantic Oscillation (sigla): influenza il clima di tutta l'Europa
50 Difficoltà logica: è un termine della filosofia
53 Associazione Italiana Nucleare (sigla)
54 Niente
56 Articolo (abbreviazione)
57 Targa automobilistica di Roma
58 In fondo al mese
59 Andare e venire in continuazione
62 La sigla internazionale che indica l'ora del meridiano di Greenwich
63 Non legate
64 Sapone per capelli

VERTICALI

1 Il punto più importante del Trattato di Maastricht
2 Il prozio di Guccini che è emigrato in America

LA SOLUZIONE

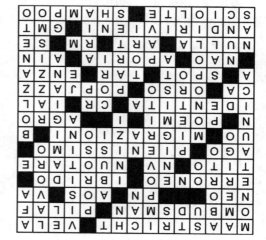

7 ustica

*Marco Paolini
sulla scena
de* I-TIGI.
© *Marco Caselli*

Q uando consideriamo gli eventi e i temi, le memorie e il linguaggio in cui gli italiani si riconoscono e si ritrovano, il nome di Ustica resta cruciale, inevitabile. Al largo dell'isola di Ustica, all'inizio dell'estate del 1980, il volo Itavia 870 proveniente da Bologna si inabissò in circostanze misteriose.

Nella cronaca dei nostri tempi, purtroppo, i disastri aerei hanno assunto la natura di eventi periodici e abituali. I mezzi di informazione ne parlano per giorni e giorni, si fanno ipotesi sulle cause, si piangono i morti, si compiangono i familiari.[1] Poi le indagini si concludono e il ricordo svanisce negli individui, diventa dato d'archivio e riemerge solo nelle statistiche o in occasione dell'incidente successivo. In altri terribili casi, come per gli avvenimenti dell'11 settembre 2001, la tragedia è stata di proporzioni tali da rientrare nel dominio[2] della Storia maggiore, da porsi a cesura epocale,[3] mutando il destino di popoli e stati, economie ed eserciti.

Il caso di Ustica, a metà tra cronaca e storia, ha eluso[4] finora ogni possibile categorizzazione, e non si è ancora arrivati a quella certezza giudiziaria o storica che può se non altro[5] dare tranquillità al dolore, serenità al ricordo, fermezza ai sentimenti. In Italia, ormai da più di vent'anni, il disastro del Dc9 Itavia è diventato un sottile ma inamovibile[6] chiodo fisso[7] che ha generato angoscia, sfiducia nella politica nazionale e internazionale, talvolta paranoia e ossessione del complotto. Parecchi elementi hanno contribuito a questo: il recupero del relitto ha richiesto anni, e molti corpi non sono mai stati ritrovati; esperti veri o sedicenti[8] hanno prodotto ipotesi e teorie contraddittorie, alcune forse manipolate; prove e documenti essenziali sono spariti, alcuni testimoni-chiave sono rimasti uccisi. I personaggi del dramma rappresentano un campione[9] ideale della società italiana per età, provenienza geografica, occupazione, classe, ideologia. Gli anni in cui si sono svolte le inchieste giudiziarie e parlamentari erano quelli della fine della guerra fredda, del tramonto della prima Repubblica e del mutamento del ruolo dell'Italia nel Mediterraneo.

La distruzione delle prove materiali, come i tracciati radar, i registri delle presenze dei militari, i nastri magnetici, e la reticenza o menzogna di chi sapeva qualcosa hanno prodotto un vuoto che è stato colmato da discorsi fuorvianti,[10] ricostruzioni parziali, ipotesi non verificabili. È una gamma[11] che va dal depistaggio alle fantasie degli ufologi. Chi seriamente cercava la verità s'è trovato a opporre a tale vuoto una moltitudine di narrative, di intuizioni, di espressioni creative. Il giudice Rosario Priore[12] ha condotto a termine la più lunga istruttoria della storia giudiziaria italiana, riempiendo decine di migliaia di pagine. Daria Bonfietti, sorella di una delle vittime e Presidente dell'Associazione dei Parenti delle Vittime della Strage di Ustica, ha portato la battaglia in Senato.

La storia di Ustica si è riversata in lingue e codici diversi: giornalismo, satira, musica, teatro, letteratura, cinema. La ritroviamo espressa nei registri più vari: dalla lingua formale e burocratica al parlato quotidiano, dalla prosa alta a quella informativa e tecnica, nella musica folk e in quella contemporanea. Molti italiani ormai associano "Ustica" prima alla tragedia e poi all'isoletta del Tirreno: addirittura è nato il gergale "ustico", che gioca sulla sovrapposizione[13] con "ostico" per generare il significato di "misterioso, indecifrabile".

Come ha osservato Marco Paolini (autore con Daniele Del Giudice de *I-TIGI Canto per Ustica*), quello di Ustica è un "cielo a prestito.[14] Ha un immediato significato per una generazione, e forse nessun tipo di senso per chi non conosce quella storia. Alimenta[15] una specie di autismo generazionale, lascia un pericoloso vuoto alle spalle".[16]

LESSICO

L'aeroplano e le sue parti

velivolo *aircraft*

caccia *fighter plane*

cabina di pilotaggio *cockpit*

carlinga / fusoliera *fuselage*

ali *wings*

prua *head / nose*

coda *tail*

timone *rudder*

pinna / aletta *fin*

alettone *aileron*

portello *door / hatch*

carrello *landing gear*

motore / reattore *engine*

carburante *fuel*

serbatoio *fuel tank*

intercapedine *interspace*

paratie *bulkheads*

vano bagagli *cargo bay*

lamiera *metal sheet*

rivestimento *skin*

sistema idraulico *hydraulic system*

altimetro *altimeter*

dotazione *equipment*

cappelliera / comparto portaoggetti
   overhead bin

cinture di sicurezza *seat belts*

mascherina (dell'ossigeno) *oxygen mask*

(giubbetto / giubbotto) salvagente
   life vest

Il volo

rullaggio *taxiing*

decollo *take-off*

quota *altitude*

velocità di crociera *cruising speed*

rotta *course / route*

radiofaro *radio beacon*

tracciato (radar) *(radar) track*

atterraggio *landing*

Il disastro dell'IH870

cedimento strutturale *structural failure*

precipitare *to plunge, to crash*

inabissarsi *to plunge into the sea*

salvarsi *to survive*

colpire *to hit*

abbattere *to shut down*

bersaglio *target*

rottami *debris*

sbriciolarsi *to crumble*

relitto *wreckage*

spezzone / scheggia *splinter*

fondale *seabed*

lutto *loss / mourning*

L'inchiesta e il processo

complotto *conspiracy*

occultamento *concealment*

depistaggio *sidetracking*

depistatore *perpetrator of sidetracking*

insabbiare *to shelve / to cover up*

menzogna *lie*

giudice *judge*

istruttoria *judicial inquiry*

comunicazione giudiziaria *warrant*

udienza *hearing*

imputato *defendant*

mandante *instigator (of crime)*

avvocato *lawyer / attorney*

testimone *witness*

perito *technician / expert*

perito di parte *expert named by the judge, the prosecutor, or the defense attorney*

collegio (di esperti) *panel (of experts)*

colpevole *guilty (party)*

assolvere *acquit*

assoluzione *acquittal*

movente *(crime's) motive*

reperto *finding / exhibit*

indizio *clue*

archiviare un processo *to dismiss a case*

Corte dei Conti *court of auditors*

Stato Maggiore *(general) staff*

vertici *top levels / top brass*

graduato *noncommissioned officer*

alto tradimento *high treason*

strage *massacre*

uccisione *assassination*

USTICA: LA CRONACA

Aviation Safety Network—Accident Description

[Dal *database* dell'Aviation Safety Network, che registra i maggiori incidenti aerei nel mondo, abbiamo tratto la scheda riguardante Ustica]

Date: 27.06.1980

Time: 20.59

Type: McDonnell Douglas DC-9–15

Operator: Itavia

Registration: I-TIGI

C/n: 457 $^{24}/_{22}$

Year built: 1966

Total airframe hrs: 29544 hours

Cycles: 45032 cycles

Crew: 4 fatalities / 4 on board

Passengers: 77 fatalities / 77 on board

Total: 81 fatalities / 81 on board

Location: Ustica; off (Italy)

Phase: Cruise

Nature: Scheduled Passenger

Flight: Bologna, Borgo Panigale–Palermo, Punta Raisi (Flightnumber 870)

Remarks:

On 27 June 1980 a DC-9 aircraft owned by Itavia crashed into the Tyrrhenian Sea off the coast of Italy and near the island of Ustica at approximately 1900 hrs GMT while flying from Bologna to Palermo. Most of the wreckage sank to a depth of some 3500 meters—all 81 on board died. Many theories claim that there was some sort of involvement of Italian and Libyan fighter aircrafts, flying in the area at the time of the accident.[17]

Cronologia degli eventi principali del caso Ustica

27 giugno 1980 Il Dc9 dell'Itavia in volo da Bologna a Palermo precipita nel Mar Tirreno, tra Ponza e Ustica. Muoiono tutti i settantasette passeggeri e i quattro membri dell'equipaggio. La prima ipotesi è quella di un cedimento strutturale.

18 luglio 1980 Sulla Sila (Calabria) viene trovato il relitto di un caccia libico.[18] Secondo le informazioni ufficiali, l'incidente sarebbe avvenuto poco prima; ma poi si saprà che il corpo del pilota mostrava segni di decomposizione troppo avanzata per un decesso recente.

17 dicembre 1980 Il presidente dell'Itavia sostiene che l'aereo è stato abbattuto da un missile aria-aria. Nonostante questa dichiarazione la compagnia aerea, ormai considerata insicura e inaffidabile,[19] fallirà.[20]

16 marzo 1982 Una commissione ministeriale esclude la teoria del cedimento strutturale, ma lascia aperta, oltre all'ipotesi del missile, quella di una bomba a bordo.

giugno 1987–maggio 1988 Una ditta francese recupera una parte del relitto del Dc9. In seguito si scoprirà che essa era legata ai[21] servizi segreti francesi.

16 marzo 1989 Un collegio di cinque periti nominati dai giudici conferma l'ipotesi del missile.

10 maggio 1989 Gli esperti del governo non escludono l'ipotesi della bomba.

27 maggio 1990 Due dei cinque periti nominati dai giudici cambiano opinione e ripropongono l'ipotesi della bomba.

23 luglio 1990 Il giudice Rosario Priore prende in mano[22] l'inchiesta e nomina un nuovo collegio di periti.

19 luglio 1991 Una società inglese recupera la scatola nera e altre parti dell'aereo.

15 gennaio 1992 Il giudice Priore invia comunicazioni giudiziarie a ufficiali dell'Aeronautica Militare Italiana.

14 aprile 1994 Una commissione del Parlamento italiano accusa politici e militari di aver distrutto prove e di avere mentito.

23 luglio 1994 Il collegio di periti nominato da Priore sostiene l'ipotesi di una bomba nella toilette dell'aereo, ma due periti non escludono il missile.

17 giugno 1997 Secondo altri esperti, l'esame dei tracciati radar della sera del disastro mostra la presenza sul Tirreno di diversi aerei militari.

28 settembre 2000 Inizia il processo contro alcuni ufficiali italiani. Tra loro ci sono quattro generali accusati di alto tradimento. I reati contestati sono relativi agli atti di depistaggio, mentre restano ignoti i responsabili della tragedia.

© *Cuore*

24 gennaio 2002 La Corte dei Conti chiede agli imputati civili e militari di pagare 27 miliardi di lire per rimborsare il costo del recupero[23] dei resti del Dc9.

gennaio 2003 Continua l'interrogatorio di imputati, testimoni e periti di parte.

30 aprile 2004 La Corte di Assise di Roma assolve gli alti ufficiali dell'Aeronautica italiana, "per non aver commesso il fatto", o "perché il fatto non costituisce reato", o "per intervenuta prescrizione".[24] Questo è stato il commento di Daria Bonfietti: "La sentenza torna a dare a tutti nuove responsabilità e rende evidente che la Magistratura non può da sola rispondere alla esigenza di verità che questa vicenda ancora impone".

Attività

A. Utilizzando i dati e le informazioni forniti fin qui, componi in italiano una scheda informativa, riportando gli elementi essenziali e oggettivi dell'incidente. Questa scheda deve contenere dati e fatti accertati (date, orari, ecc.), ma non interpretazioni e ipotesi.

B. Rileggi la cronologia, seleziona cinque eventi e scrivi per ciascuno un titolo giornalistico completo di sottotitolo. Ricorda che un titolo deve richiamare l'attenzione del lettore, aiutare a ricordare il contenuto dell'articolo e facilitarne la comprensione.

IL MURO DI GOMMA

Il cinema di Marco Risi

Marco Risi nasce a Milano nel 1951 da una famiglia di cineasti: suo padre, Dino, è uno dei maestri della commedia all'italiana, e regista, oltreché poeta, è suo zio Nelo, con cui Marco comincia a lavorare nel mondo del cinema come assistente. I film che Risi jr. ha realizzato (dopo gli esordi nel genere della commedia leggera e sentimentale) sono spesso segnati dall'impegno civile e politico, secondo la tradizione italiana del cinema "di denuncia" di Elio Petri e Francesco Rosi. Ricordiamo *Mery per sempre* (1987) e il suo seguito *Ragazzi fuori* (1990), sul mondo delle carceri minorili, *Nel continente nero* (1992), i cui protagonisti sono spregiudicati imprenditori italiani in affari nel Terzo Mondo, e *Il branco* (1994, da un romanzo di Andrea Carraro), sul tema dello stupro collettivo.[25] Più di recente Risi si è cimentato con il *noir* grottesco in *L'ultimo capodanno* (1998, da un racconto di Niccolò Ammaniti) e con la commedia più tradizionale (*Tre mogli,* 2001). Attualmente sta lavorando a un film sulla vicenda di Giancarlo Siani, cronista del "Mattino" di Napoli, assassinato dalla camorra nel 1985.

Ispirato alle inchieste di Andrea Purgatori pubblicate sul *Corriere della Sera,* e sceneggiato dallo stesso giornalista con Stefano Rulli e Sandro Petraglia, *Il muro di gomma* è stato il primo film dedicato al caso Ustica (il secondo, di minor pregio e di minor fortuna, è *Ustica, una spina nel cuore* di Romano Scavolini, del 2001). Quella che segue è la sinossi della seconda metà film, in cui il protagonista si avvicina alla soluzione del mistero.

Il muro di gomma (regia di Marco Risi, 1991)

L'attore Corso Donati è Rocco Ferrante, un giornalista del *Corriere della Sera,* che conduce da anni un'inchiesta sul caso Ustica. Un giorno, in redazione,[26] mentre rimette a posto le sue carte e libera la scrivania da montagne di scartoffie[27] relative a vecchi articoli, Ferrante ritrova un numero della *Rivista Italiana Difesa* in cui si descrive lo spiegamento[28] di forze impegnate in un'esercitazione militare il 18 luglio 1980. Più o meno in quella zona e in quello stesso giorno, secondo la versione ufficiale dei fatti, sarebbe precipitato un caccia libico, senza essere intercettato o avvistato da nessuna delle navi e degli aerei NATO lì operanti.

Rocco, allora, si reca in Calabria per parlare con il medico che ha firmato l'autopsia del cadavere del pilota libico. In una scena girata nel cimitero di un piccolo paese il dottore ammette che la vera data della morte del pilota doveva essere di molto anteriore al 18 luglio, e confessa di aver ceduto alle pressioni delle autorità locali e di un misterioso ufficiale, forse dei servizi segreti, venuto appositamente[29] da Roma.

A colloquio con il comandante dei carabinieri del posto, Ferrante si scontra con il solito muro di omertà che ha sperimentato nel corso degli anni. Le uniche risposte che riesce ad ottenere sono dichiarazioni ufficiali, educate e prive di valore, espresse nel linguaggio freddo e formulare tipico della burocrazia.

Ferrante: "E così secondo lei due primari[30] d'ospedale, due persone stimate da tutti, si sarebbero inventate la storia dell'ufficiale venuto da Roma?"

Comandante: "Io, dottore, non dico niente. Prendo atto[31] delle loro affermazioni..."

Ferrante: "Ma che vuol dire 'prendo atto'? Le conferma o le contesta? È vero o no che è venuto qui in questa stanza un ufficiale da Roma con una foto Polaroid?"

Comandante: "Non ho memoria del fatto".

Con un fuoristrada[32] della Guardia Forestale,[33] Rocco va sulle montagne della Sila per intervistare testimoni che hanno visto cadere il caccia libico: una contadina, un pastore[34] e il gestore di un autolavaggio. I tre confermano che l'aereo è precipitato alla fine di giugno e che un altro velivolo, più avanti, ha sorvolato la zona e ha sganciato[35] una bomba per richiamare l'attenzione e far scoprire il caccia libico.

Di ritorno alla redazione del giornale, Ferrante ha un'accesa[36] discussione con il caporedattore,[37] che rifiuta di pubblicare il suo servizio perché non ci sono prove sufficienti a confermare la sua teoria.

Caporedattore: "Tieni, te la puoi riprendere, io non la passo questa roba..."

Ferrante: "Ma hai letto bene?"

Caporedattore: "Ho letto e riletto".

Ferrante: "Ci sono le testimonianze".

Caporedattore: "Quali testimonianze? Sono una diversa dall'altra. Non ce n'è una, dico una che confermi l'altra. Il 27 giugno ci sarebbe stato un duello aereo fra aerei della NATO e aerei libici. Perché? Non si sa. Ci va di mezzo il Dc9, però un aereo libico viene colpito e si dirige verso l'Italia. Perché? Non si sa. E siccome rimane senza carburante, va a sbattere contro la Sila. Resta lì ventuno giorni. Poi il 18 luglio, durante un'esercitazione della NATO, un caccia esce di formazione, si dirige verso la Sila, sgancia qualcosa per far sentire un bel botto,[38] così polizia e carabinieri accorrono, scoprono l'aereo e il cadavere del pilota... Ma siamo matti? Per che cosa hai scambiato il giornale?"

Ferrante: "Sì, vabbe', ho capito. Tanto lo sapevo..."

Caporedattore: "Cosa sapevi?"

Ferrante: "Niente, niente".

Caporedattore: "No, di' pure quello che devi dire, dài, dillo!"

Ferrante: "Insomma questa storia, meno se ne parla e più tutti son contenti, anche te. Solo che se in questo paese anche noi ci mettiamo a coprire..."

Incerto e deluso per l'andamento del suo lavoro e della sua vita privata, durante una cena in trattoria Rocco cerca di dimostrare ai colleghi che si occupano del caso Ustica che su quella storia li hanno proprio "fregati":[39] l'Italia è un paese libero, dice Rocco ai colleghi, e ognuno può dire quello che vuole, però "il problema è che nessuno ti sta a sentire".

Alla fine del 1986, mentre è a Parigi per coprire altri fatti di cronaca (la "guerra tra spumante e champagne"), Rocco scopre che la compagnia che si occuperà del recupero dei resti dell'aereo di Ustica ha lavorato in passato per i servizi segreti francesi, e dunque potrebbe far sparire indizi importanti per compiacere il suo partner d'affari.

© *Cuore*

Un suo informatore dei servizi segreti italiani dichiara a Rocco che la verità non verrà mai a galla:[40] "La gente non deve sapere. E a che servirebbe dire la verità? Solo a creare confusione e ad aumentare sfiducia nelle istituzioni".

Nell'autunno del 1988, sotto la tettoia[41] di una stazione ferroviaria, Rocco si incontra con uno dei periti, il quale gli consegna in anteprima[42] una copia delle conclusioni della perizia, che attribuiscono la distruzione dell'aereo a un missile. Subito dopo, in occasione della cerimonia di giuramento degli allievi ufficiali[43] dell'Aeronautica italiana, Ferrante e altri giornalisti bersagliano di domande[44] il Ministro della Difesa e gli alti ufficiali dello Stato Maggiore, che si ostinano a negare[45] le loro responsabilità, rifiutandosi di fare chiarezza sulla vicenda. Durante il banchetto che segue, il giornalista ha un diverbio[46] con il portavoce dello Stato Maggiore.

Finalmente un giorno, alla redazione del *Corriere della Sera*, Franco, un collega di Rocco, legge sul terminale la notizia che la procura[47] ha incriminato ventitré militari dell'Aeronautica, in servizio nei centri radar la sera del 27 giugno 1980. Il Parlamento inoltre ha dato mandato alla commissione di inchiesta sulle stragi di indagare sulla sciagura del Dc9.

La trama del film segue poi lo svolgersi degli interrogatori preliminari, nell'estate del 1989, alla presenza dei magistrati e degli avvocati di parte civile. Uno dei mare-

© *Cuore*

scialli di Marsala confessa al giudice di ricordare chiaramente le tracce radar di due
aerei, di cui uno era il volo Itavia IH870. In corridoio, fuori dalla sala dell'interrogatorio, un altro sottufficiale ammette di fronte a Rocco che quella sera i militari stavano seguendo la rotta di un altro aeromobile, in volo da Tripoli a Varsavia
(l'aereo di Mohammar Gheddafi?).

Il film si conclude con le udienze pubbliche della commissione stragi. Continuano
i tentativi di depistaggio e il consueto sbarramento[48] di omissioni e bugie. Un alto
ammiraglio cerca di giustificarsi parlando di semplici equivoci, di fraintendimenti, e
accusa la stampa di diffondere menzogne. Il capo dei servizi segreti dichiara ai
membri di quella commissione: "per me, la verità sta ancora in fondo al mare".

Nella scena finale, mentre piove a dirotto, Rocco, dentro una cabina telefonica sotto
Palazzo San Macuto (sede di diverse commissioni parlamentari), detta alla redazione
un articolo adirato e struggente[49] sulle vittime della strage di Ustica e sui responsabili
dell'occultamento delle prove. Il pezzo si chiude con una sola parola: "Perché?"

Attività

A. In italiano il condizionale è usato per riportare opinioni altrui, ipotesi e ricostru-
    zioni di eventi senza necessariamente confermarle o condividerle. Ad es., nel

brano precedente il caporedattore, per niente convinto dalla versione dei fatti proposta da Rocco, così la riferisce: "Il 27 giugno *ci sarebbe stato* un duello aereo fra aerei della NATO e aerei libici". Scrivete alcune frasi usando il condizionale in questa funzione. Ad es.:

Secondo alcuni giornali, Hillary Clinton avrebbe deciso di candidarsi alla presidenza.

Per l'avvocato della difesa, testimoni credibili avrebbero visto l'imputato in un altro luogo all'ora del delitto.

Nelle istruzioni di montaggio c'è scritto che questo pezzo dovrebbe andare qui.

"Ustica, al via il processo contro i militari"
(*CNNItalia,* 27 settembre 2000)

ROMA—Era il 27 giugno del 1980 quando il Dc9 Itavia in volo da Bologna a Palermo scomparve nel mare al largo di Ustica. A bordo c'erano 81 persone: nessuna si salvò... Negli anni, diverse ipotesi si sono susseguite[50] sulle cause della vicenda: dapprima si parlò di un cedimento strutturale, poi di un missile lanciato da un aereo o da una nave, e di una bomba a bordo del velivolo. A contribuire alla confusione, il continuo e sistematico occultamento delle prove e del materiale connesso a quella notte di cui dovranno rispondere gli ufficiali dell'Aeronautica e dei servizi segreti. Solo alla fine degli anni '80, faticosamente, l'ipotesi che l'aereo sia rimasto vittima di una battaglia nei cieli si è fatta strada.[51] A complicare la ricerca della verità, il fatto che alcuni personaggi coinvolti—o presunti tali—nella vicenda sono morti in circostanze misteriose: suicidi, incidenti stradali, uccisioni da parte di terroristi.

DISEGNI RIEMERSI DAL MARE

La rivista satirica *Cuore* nel 1994 ha dedicato a Ustica una serie di testi e vignette[52] umoristiche sotto il titolo *Com'è profondo il mare. La strage di Ustica e la satira: moralità della risata e immoralità della vergogna.* Nei brani che seguono lo scrittore Michele Serra, direttore di *Cuore,* e Daria Bonfietti, Senatore e Presidente dell'Associazione dei Parenti delle Vittime della Strage di Ustica, spiegano le ragioni e il valore politico e civile dell'iniziativa.

Michele Serra, "Ma con che coraggio ridete delle tragedie?"

Nella ricca casistica dell'antico e mai sopito[53] dibattito sui "limiti della satira", questa è una delle domande ricorrenti. Ma anche una delle meno insidiose. Che le tragedie "facciano anche ridere", intanto, è ampiamente assodato.[54] Come ogni evento umano iperbolico, estremo, esagerato, provocano lo spaesamento[55] ideale per alterare l'umore in un senso, il pianto, o nell'altro, il riso. Stati febbrili[56] della sensibilità la cui parentela è sottolineata da tonnellate di letteratura, drammaturgia, cinematografia. Niente di più spiegabile di un *fou-rire*[57] a un funerale, o della fisica,

© Cuore

irrefrenabile commozione[58] che accompagna le gioie più intense della vita. Nell'uno e nell'altro caso, il riso e il pianto sono forme di una compensazione non stridente, di un pudore[59] non frustrante. Al famoso "si ride per non piangere" che accompagna la percezione del tragico corrisponde il "si piange per non ridere" dei momenti di felicità straripante.[60] Sono due manifestazioni umane ugualmente irreparabili (il singhiozzo[61] e la risata), le sole veramente all'altezza delle[62] situazioni irreparabili. Solo l'indifferenza, in quei casi, appare davvero deplorevole e in fin dei conti immorale, perché inumana.

Un mio amico troppo poco frequentato e conosciuto fece eseguire, ai suoi funerali, "È morto un bischero".[63] I presenti mi raccontarono che si rideva e si piangeva insieme. E che quel cocktail era la perfetta descrizione della formidabile vita del morto.

Si sa che il comico—come linguaggio alto, universale—è ancora sottovalutato, spesso frainteso.[64] Viene interpretato come "leggerezza" (come se la leggerezza, tra l'altro, fosse indizio di superficialità) e come fuga dalla responsabilità. "Che c'è da ridere?". Dovrebbe far riflettere il fatto che il più strepitoso[65] umorismo contemporaneo è imputabile al più perseguitato e massacrato dei popoli, gli ebrei.

Credo che questo dossier sulla tragedia di Ustica, raccontata attraverso le vignette sul tema pubblicate su *Cuore*, dimostri meglio di ogni discorso quanto la satira sia un linguaggio adeguato alle più fosche e disperanti tra le ingiurie[66] che gli uomini devono subire. È stata realizzata per volontà dell'Associazione Parenti delle Vittime. La nostra collaborazione è stata convinta e solidale,[67] ben sapendo che i nostri passati schiamazzi[68] attorno a quel lutto spaventoso, e vergognoso per il paese, erano perfettamente dimensionati alla grandezza della tragedia. Penso che per i nostri concittadini che hanno perduto, quel giorno, persone in carne e ossa, queste vignette abbiano, ancora oggi, il valore di un omaggio inconsueto[69] e fraterno ai loro morti e alla verità. Alcuni di questi disegni avrebbero potuto benissimo riemergere dal mare di Ustica, quel 27 giugno, come ultima testimonianza di vita e di intelligenza degli 81 italiani perduti per sempre.

Daria Bonfietti, "Disegni riemersi dal mare"

Caro *Cuore*,

adesso le ho tutte davanti a me, le tue vignette dedicate a Ustica. Ho in mente molte idee, mi sento dentro molte sensazioni.

Da un lato vedo i tuoi aerei così incredibilmente fantasiosi,[70] e dall'altro ho negli occhi le immagini dell'hangar di Pratica di Mare con il Dc9 ricostruito dopo il recupero.

E poi, il ricordo dei nostri cari che non ci sono più.

E mi chiedo dov'è il vero ricordo?

Nelle lacrime, nei disegni, nel relitto?

Forse in tutte queste cose insieme.

Perché in questa storia di Ustica i "confini" si sono dilatati, il ricordo e il dolore sono dentro di noi, ma tutti i giorni viviamo tra il ridicolo di questa eterna ricerca del saputo e indicibile[71] e la durezza della menzogna.

E siamo veramente costretti a ricordare ridendo e piangendo insieme.

Non so proprio se sono più ridicoli i tuoi "generaloni"[72] o quelli veri, che hanno balbettato[73] i loro "non so" davanti alle competenti commissioni e adesso battono le piazze tronfi,[74] spandendo[75] interessate certezze.

Fanno ridere i tuoi omini come fanno ridere quei graduati che giurano e rigiurano di aver vigilato per una notte intera con solerzia[76] e spirito democratico, scrutando un cielo sereno nel quale non è assolutamente successo nulla, proprio nulla.[77]

Poi ci ripensano e si ricordano che quella sera erano gravemente sofferenti e non assolutamente in servizio o meglio ancora, per loro, erano tranquilli in ferie.[78]

Sempre, s'intende, con lo stesso spirito democratico.

Guardo i disegni, scorro[79] gli articoli, cerco quella filastrocca[80] di una bomba piccina piccina che correva dentro un aereo: prima nella quarta fila, proprio là davanti vicino ai piloti, era forse curiosa, poi nel bel mezzo della carlinga, su una cappelliera spalancata,[81] per vedere meglio i passeggeri.

Ma nei viaggi tutti hanno qualche problemino e anche la bomba è andata alla toilette, si è lavata, soffermandosi nel lavabo,[82] poi si è avvicinata proprio al water,[83]

© Cuore

anzi per un attimo è proprio scivolata dentro lo scarico,[84] per asciugarsi si è appoggiata[85] lì, nell'intercapedine, un po' dentro e un po' fuori.

Non ridere: questa è la verità che ci vogliono propinare.[86]

Ridere, non ridere.

Piangere, non piangere.

Vivere con rabbia ridendo e piangendo: questo abbiamo fatto, noi parenti, in questi anni.

E tu *Cuore* ci sei stato vicino, scrivendo con la tua satira un pezzo proprio "vero" di questa storia, aiutandoci a "sopravvivere".

Grazie di cuore.

Daria Bonfietti

Attività

A. Rileggi l'introduzione e i testi e rispondi alle seguenti domande.

1) Che cosa è successo a Ustica il 27 giugno 1980?

2) Perché il caso Ustica è tristemente famoso in Italia?

3) Perché sono passati vent'anni dall'incidente al processo?

4) Quali sono state le ipotesi principali sulle cause dell'incidente?

5) Perché *Cuore* ha pubblicato vignette satiriche su Ustica?

B. Scegli una delle vignette su Ustica, descrivi la scena, e spiega la connessione tra gli elementi umoristici e la realtà.

Esempio:

Descrizione—Nella vignetta c'è un aereo grande, mostruoso, che non assomiglia a nessun modello esistente, ma è fatto con le parti di aerei civili e militari di varie epoche, di un elicottero ed altri oggetti. Il testo dice: "Dopo 11 anni continuano a trovare pezzi dell'aereo. Ma quanto era grande? E come caspita[87] era fatto?".

Connessione umoristica—La sera dell'incidente, nel cielo di Ustica, c'erano numerosi aerei, anche militari, e forse è avvenuta una battaglia aerea. La ricostruzione fantastica del relitto allude al tentativo di negare la presenza di altri aerei coinvolti nell'incidente, perché i pezzi dei vari aerei vengono attaccati tutti al corpo del Dc9.

C. Rileggi i brani precedenti e individua tutti i vocaboli che appartengono ad uno dei seguenti codici:

1. Codice legale (ad es.: istruttoria; processo; giudice).

2. Terminologia aeronautica (ad es.: velivolo; tracciato radar; hangar).

3. Termini ed espressioni della politica (ad es.: spirito democratico; Senato; governo).

4. Termini ed espressioni relativi alla morale e ai sentimenti (ad es.: pudore; indifferenza; menzogna).

D. Nei brani di questo capitolo si trovano numerosi esempi di tempi verbali al passato (imperfetto, passato prossimo, passato remoto e trapassato): ad es., "*Era* il 27 giugno del 1980 quando il Dc9 Itavia in volo da Bologna a Palermo *scomparve* nel mare al largo di Ustica. A bordo *c'erano* ottantuno persone: nessuna *si salvò*... Negli anni, diverse ipotesi *si sono susseguite* sulle cause della vicenda"; "*rientrava* da Urbino ove *aveva assistito* alla laurea del proprio fratello". Osservando l'uso e il contesto di questi esempi, racconta un fatto di cronaca utilizzando e combinando vari tempi passati.

E. Una commissione parlamentare sul disastro invita questi personaggi a tenere un intervento. Scegli un personaggio e prepara un breve discorso secondo le sue competenze e il suo punto di vista. Personaggi: 1) Familiare di una vittima; 2) Perito tecnico; 3) Parlamentare; 4) Militare.

Dalle carte del giudice Priore...

Dalle carte del giudice Priore ecco l'elenco delle vittime del Dc9 Itavia (alcuni dettagli sono stati omessi).

Erano a bordo dell'aereo quattro membri dell'equipaggio e settantasette passeggeri:

A. Luigi medico dentista, in viaggio per partecipare al matrimonio della sorella di un amico.

B. Cinzia laureanda in lingue[88] presso l'Università di Padova—in viaggio con il proprio coniuge.

B. Francesco commerciante di carni—in viaggio per motivi di lavoro connessi alla propria attività.[89]

B. Paola socio[90] amministratore della Società Emir—in viaggio per raggiungere il padre, direttore di una clinica medica, impegnato in un congresso a Palermo.

B. Alberto insegnante di scuola media—in viaggio per festeggiare il compleanno della figlia Silvia in vacanza in Sicilia insieme con la madre.

B. Alberto si occupava di macchinari per l'estrazione del marmo[91]—rientrava in famiglia dopo un viaggio di lavoro.

C. Maria Vincenza casalinga—in viaggio dopo essersi sottoposta[92] a visita medica di controllo presso l'ospedale di Bologna.

C. Giuseppe carabiniere in permesso[93]—in viaggio per assistere ad un matrimonio.

C. Arnaldo operaio presso la ditta[94] FMC di Parma costruttrice di macchinari per l'industria alimentare—diretto a Palermo per manutenzione di macchinari presso la ditta Coalma di Palermo.

C. Antonella avvocato presso il foro[95] di Bologna—diretta a Palermo, in compagnia di Guelfo G. a cui era legata sentimentalmente, per partecipare ad una riunione del comitato ristretto degli agenti di cambio.[96]

C. Antonio impiegato presso il Ministero delle Finanze—rientrava in famiglia per un periodo di ferie.

C. Giovanni ingegnere presso lo stabilimento petrolchimico[97] ANIC di Gela.

C. Maria Grazia coniugata[98] con D'A. Salvatore—casalinga—in viaggio con la famiglia.

D'A. Francesca minore—figlia di D'A. Salvatore e C. Maria Grazia.

D'A. Salvatore magistrato presso la Pretura[99] di Venezia—in viaggio per ferie.

D'A. Sebastiano minore—figlio di D'A. Salvatore e C. Maria Grazia.

D. Michele rappresentante[100] di diverse ditte dolciarie[101] e fitofarmaci[102]—rientrava a Palermo dopo una riunione di lavoro.

D. C. Giuseppe Calogero macellaio—in viaggio per motivi di lavoro.

D. D. Rosa hostess e componente dell'equipaggio del Dc9.

D. L. Elvira laureata in ingegneria nucleare—rientrava da Urbino ove aveva assistito alla laurea[103] del proprio fratello.

D. N. Francesco minore—figlio di V. Daniela—in viaggio con la propria madre.

D. Antonella minore—figlia di L. Francesca—in viaggio per visita a parenti.

D. Giuseppe minore—figlio di L. Francesca—in viaggio per visita a parenti.

D. Vincenzo minore—figlio di L. Francesca—in viaggio per visita a parenti.

F. Giacomo titolare[104] responsabile legale della ditta Filippi e Leonelli, nonché gestore[105] del laboratorio di produzione surgelati[106] Nevada—in viaggio per motivi di lavoro.

F. Enzo primo ufficiale, componente dell'equipaggio del Dc9.

F. Vito commerciante—insieme con i propri congiunti[107] P. Francesca e P. Carlo, rientrava da Padova, ove si era sottoposto a controlli sanitari specialistici.

F. Carmela minore—figlia di F. Rosario e V. Maria.

F. Rosario impiegato presso l'ufficio amministrativo dell'ospedale militare di Palermo—rientrava a Palermo dopo aver accompagnato la consorte[108] all'ospedale di Pisa per visita di controllo periodica.

G. Vito macellaio—rientrava dopo un viaggio per motivi di lavoro.

G. Domenico comandante del Dc9 Itavia.

G. Guelfo agente di cambio—viaggiava in compagnia di C. Antonietta.

G. Antonino agente di Pubblica Sicurezza,[109] diretto a Palermo dai propri familiari, in congedo straordinario per malattia.[110]

G. Martha impiegata presso l'Hotel delle Palme di Palermo—rientrava da Bologna dopo aver fatto visita ai figli.

G. Andrea si occupava di macchinari per l'estrazione del marmo—rientrava dopo un viaggio di lavoro.

G. Vincenzo piastrellista[111]—in viaggio per visita a parenti.

G. Giacomo carabiniere in permesso.

G. Grazia bracciante agricola[112] e baby-sitter della famiglia D. L.

G. Rita dipendente[113] del Ministero delle Finanze in servizio presso gli uffici di Suzzara (MN)—rientrava in famiglia per un periodo di ferie.

L. C. Giuseppe fotografo ambulante[114]—in viaggio per visita a parenti.

L. R. Gaetano assicuratore presso la compagnia assicuratrice Universo—rientrava da Bologna ove si era recato per lavoro.

L. Paolo maresciallo in pensione della Guardia di Finanza[115]—si era recato a Mantova per prelevare[116] le nipoti M. Daniela e M. Tiziana.

L. Maria Rosaria impiegata come borsista[117] presso l'Università di Palermo, facoltà di Matematica—rientrava a Palermo dopo essere stata a Padova per motivi di lavoro.

L. Francesca minore—in viaggio per visita a parenti.

L. Giovanna casalinga—in viaggio per visita a parenti.

M. Giuseppe imprenditore edile[118]—rientrava a Palermo dopo essersi recato a Padova per definire la pratica[119] della vendita di due immobili[120] ereditati dalla moglie.

M. Claudio studente universitario—rientrava a Palermo dopo una vacanza a Bologna.

M. Daniela minore—nipote dei coniugi L.

M. Tiziana minore—nipote dei coniugi L.

M. E. Dora Erica albergatrice[121]—in viaggio per motivi turistici.

M. Rita casalinga—in viaggio per motivi turistici.

M. Maria Assunta commessa[122] presso una farmacia—diretta ad Ustica per motivi turistici.

M. Annino ragioniere,[123] direttore amministrativo della Società Italkali produttrice di sali minerali—in viaggio per motivi di lavoro.

M. Paolo assistente di volo—equipaggio Dc9.

N. Guglielmo impiegato—rientrava dopo aver fatto visita al fratello ricoverato in ospedale.[124]

O. Lorenzo geometra presso l'azienda metalmeccanica Belleli di Mantova—in viaggio per lavoro.

P. Paola impiegata presso la ditta dolciaria Bauli di Verona—in viaggio per visita alla figlia.

P. Alessandra minore, figlia di D. L. Elvira.

P. Carlo bracciante agricolo—rientrava da Padova ove si era sottoposto a controlli sanitari specialistici.

P. Francesca casalinga—rientrava da Padova ove si era sottoposta a visita medica.

P. Anna Paola casalinga—in viaggio per visita ad amici.

P. Antonella studentessa universitaria—rientrava a Palermo dopo aver visitato a Bologna la propria madre ricoverata in un ospedale di quella città.

P. Giovanni studente—rientrava a Palermo dopo aver visitato a Bologna la propria madre ricoverata in un ospedale di quella città.

P. Gaetano ingegnere presso la Italkali di Palermo—rientrava da Mantova dove si era recato per motivi di lavoro.

R. Giulia coniugata con L. C. Giuseppe—pensionata—in viaggio per visita a parenti.

R. Andrea manovale edile[125]—in viaggio per visita a parenti.

R. Costanzo perito metalmeccanico della Snamprogetti di Fano (PS)—diretto a Gela per motivi di lavoro.

S. Marianna pensionata, coniugata con L. Paolo—si era recata a Mantova per prelevare le nipoti.

S. Maria Elena casalinga—rientrava a Palermo da Parma dove si era recata per una visita medica oculistica.

S. Giuliana minore non accompagnata.

T. Pierantonio commerciante di tessuti e abbigliamento[126]—viaggiava insieme ai coniugi A.

T. Giulia Maria Concetta assistente[127] ordinario[128] di analisi matematica, nonché incaricato[129] di matematiche complementari presso l'Università di Modena—rientrava a Palermo da Modena dove si era recata per delle pratiche burocratiche.

U. Pier Paolo tecnico presso la società Snamprogetti—in viaggio per motivi di lavoro.

V. Daniela diretta a Palermo per far visita al proprio coniuge.

V. Giuseppe agente di commercio[130] presso la ditta Marzotto—rientrava a Palermo dopo essere stato a Vicenza per motivi di lavoro.

V. Massimo impiegato presso il Credito Romagnolo—in viaggio diretto ad Ustica per motivi turistici.

V. Marco tecnico della Snamprogetti di Pesaro—in viaggio per motivi di lavoro.

Marco Paolini
sulla scena
de I-TIGI.
© *Marco Caselli*

V. Maria pensionata—rientrava a Palermo dopo essersi sottoposta a visita medica specialistica a Bologna.

Z. Alessandro minore, figlio di Z. Emanuele.

Z. Emanuele capo ufficio estero[131] presso la sede centrale di Padova della Banca Cattolica del Veneto—in viaggio per Palermo per visita a parenti.

Z. Nicola minore, figlio di Z. Emanuele.

USTICA: DALLA CRONACA ALLA LETTERATURA E AL TEATRO

Marco Paolini

Marco Paolini (Belluno, 1956–), attore, scrittore e regista, ha fatto parte di diverse compagnie e gruppi teatrali e si è dedicato anche al cinema e a messe in scena per la televisione. Con il *Racconto del Vajont*,[132] scritto nel 1993 con Gabriele Vacis, Paolini inaugura un genere drammaturgico che egli denomina "orazione civile".[133] Per "orazione civile" l'autore intende un discorso fatto di dati di cronaca, frammenti di vita quotidiana, ironica rilettura della storia ufficiale, con cui mira a riportare alla luce tragedie italiane avviate all'oblio,[134] a causa dei tentativi di insabbiamento[135] o della troppo facile assoluzione dei presunti[136] colpevoli.

Successivamente Paolini ha prodotto, tra gli altri spettacoli, *Il Milione* (1997), *Bestiario veneto* (1998) e *Bestiario italiano* (uscito anche in video con il volume *I cani del gas* nel 1999), *Stazioni di transito* (1999). Nel 2000, per il ventesimo anniversario della strage, Paolini ha composto, con Daniele Del Giudice, *I-TIGI Canto per Ustica* (hanno collaborato Corrado Sannucci e Giovanna Marini); lo spettacolo, messo in scena a Bologna, è stato registrato e poi è uscito in video (insieme al testo) nel 2002. *Canto per Ustica* è di nuovo un'orazione civile in cui Paolini, solo o affiancato da Giovanna Marini e dal suo quartetto vocale, ripercorre gli eventi di quel 27 giugno, alternando la narrazione a brani di dialogo, documenti ufficiali, ricordi delle vittime.

Sul suo sito web (www.marcopaolini.it) Paolini ha scritto: "dopo *Vajont* sono diventato narratore civile, continuamente mi vien chiesto di raccontare questa o quella storia italiana. Ho cercato di ribellarmi al ruolo, ho provato altre strade, altre chiavi di racconto, altri soggetti, ma dentro di me il ruolo vive". E infatti tra il 2002 e il 2003 ha portato in tournée lo spettacolo *Parlamento chimico: storie di plastica*, sulla storia oscuro del polo petrolchimico e industriale di Porto Marghera (Venezia).

Giovanna Marini

Giovanna Marini (Roma, 1937–) è una delle figure più importanti in Italia nel campo dello studio, della composizione e dell'esecuzione di materiale folklorico e etnomusicale. Da anni si è trasferita in Francia, dove ha anche tenuto corsi universitari. Marini ha musicato brani di Pier Paolo Pasolini e Italo Calvino, e ha collaborato con Dario Fo. Nel 2002 ha pubblicato, con Francesco De Gregori, l'album *Il fischio del vapore*.

I-TIGI

Il brano che segue è un quadro scenico tratto da *I-TIGI*. Giovanna e Marco elencano le vittime del disastro aereo,[137] citando le loro occupazioni con il linguaggio tecnico delle carte del processo. Sulla scena, l'adozione della terminologia burocratica amplifica l'impossibilità di archiviare e classificare adeguatamente la perdita di vite umane e la conseguente cancellazione del futuro, delle speranze e delle consuetudini[138] giornaliere. Il linguaggio più ordinario, per contrasto, suggerisce l'immensità della tragedia. La battuta finale, che assimila l'aereo al treno, sottrae all'esperienza del volo ogni connotato elitario o esotico, e la colloca nel cuore del quotidiano della società di massa.[139]

Marco Paolini e Daniele Del Giudice, *I-TIGI Canto per Ustica*
(Torino: Einaudi, 2001)

Giovanna ...insomma ci sono a bordo un dentista, un commerciante di carni, una
    laureanda in Lingue all'Università di Padova, un insegnante di scuola media, un
    carabiniere in licenza, un operaio, una avvocatessa, un bracciante agricolo...

*Marco Paolini sulla scena
di* Stazioni di transito.
© *Giorgio Fedi*

Marco ...due impiegati del ministero delle Finanze, un ingegnere, alcune casalinghe,
   un giornalista di Lotta continua, un rappresentante di ditte dolciarie e
   fitofarmaci, un fotografo ambulante, il gestore dei laboratori di produzione dei
   gelati Nevada...

Giovanna ...un impiegato dell'ospedale militare di Palermo, un macellaio, una
   laureata in Ingegneria nucleare, un agente di cambio, un agente di commercio,
   un agente di Pubblica sicurezza, un'impiegata dell'Hotel des Palmes...

Marco ...un piastrellista, una bracciante agricola temporaneamente baby-sitter, un
   altro carabiniere in permesso, un assicuratore, un imprenditore edile e un
   manovale edile, un'albergatrice, alcuni studenti universitari, una commessa di
   farmacia, un ragioniere, un geometra, ancora un bracciante agricolo, un perito
   metalmeccanico, alcune pensionate...

Giovanna ...un commerciante di tessuti, una professoressa di Analisi matematica,
   una borsista anch'essa di Matematica, due tecnici della Snamprogetti...

Marco ...un agente di commercio...

Giovanna ...un impiegato e un capoufficio di banca...

Marco ...un maresciallo della Guardia di finanza in pensione...

Giovanna ...quattordici minori, di cui due infanti (chissà quale occupazione avrebbero trovato nella vita)...

Marco ...una hostess...

Giovanna ...un assistente di volo...

Marco ...un comandante pilota...

Giovanna ...un primo ufficiale pilota, al loro posto di lavoro...

Mi sembra un treno questo Dc9.

OFF TOPIC

Re: [OT] I-tigi

I fan di un newsgroup italiano dedicato alla serie televisiva americana "ER" (it.fan .tv.er) vanno Off Topic per commentare la prima televisiva dello spettacolo *I-TIGI Canto per Ustica*.

From: Eli (elisacont@SoftHome.net)
Subject: Re: [OT] I-tigi
Date: 2000–07–07 10:18:46 PST
Un piccolo grazie per quello sconosciuto responsabile della Rai che ci ha fatto vedere ieri sera l'ottimo spettacolo di Marco Paolini. Alla Rai non tutti sono venduti,[140] forse.
Elisabetta

From: drcarter (drcrtr1@tiscalinet.it)
Subject: Re: [OT] I-tigi
Date: 2000–07–07 10:27:32 PST
Mi associo. Marco Paolini è veramente grande. Peccato che non l'ho visto dall'inizio. :(
ciao
Beppe

From: Luisa (lulublu@hotHOTmail.com)
Subject: Re: [OT] I-tigi
Date: 2000–07–07 12:40:05 PST
Non l'ho visto... qualcuno per caso l'ha registrato?
Ciao
Luisa

From: Puposso (poss99NOSPAM@piq.cjb.net)
Subject: Re: [OT] I-tigi
Date: 2000–07–07 16:07:20 PST
Io vado a vederlo questa sera allo Spasimo, che è uno dei posti più suggestivi di Palermo![141] Poi vi racconto com'è dal vivo!
ciaociao :-)

From: arianna (totacepro@tin.it)

Subject: Re: [OT] I-tigi

Date: 2000–07–08 10:47:10 PST

Io l'ho registrato, perché la sera in cui è andato in onda ero al lavoro. Mio marito mi
ha raccontato di avere pianto a vederlo.

arianna

From: Fabrizio C* (cocovis@libero.it)

Subject: Re: [OT] I-tigi

Date: 2000–07–08 11:12:36 PST

Io l'ho visto per caso facendo zapping, la ricostruzione era verso la fine. Ho la cassetta
del Vajont ed è stupenda!

From: Katia (KatMon@libero.it)

Subject: Re: [OT] I-tigi

Date: 2000–07–10 14:55:11 PST

Davvero bello e inquietante. Mi ha ispirato una certa sfiducia nelle istituzioni.

Katia

From: Massimo (maxgatt6@libero.it)

Subject: Re: [OT] I-tigi

Date: 2000–07–10 17:01:29 PST

Una piccola domanda (vi prego non rotflate[142] se è stupida): perché tigi??? Me lo
sono chiesto per tutto lo spettacolo.

Massimo

From: Zar (enzarct@libero.it)

Subject: Re: [OT] I-tigi

Date: 2000–07–10 21:56:22 PST

I-TIGI è il codice dell'aeroplano. Il codice del volo è poi diventato IH870. Lo so
bene perché avrò visto una decina di volte "Il muro di gomma" di Risi. La sequenza iniziale (riportata anche da Paolini) ti entra in testa: India Hotel 8 7 0,
rispondete...

"DO YOU READ?"

Daniele Del Giudice

Scrittore di successo europeo, Daniele Del Giudice è nato a Roma nel 1949 e vive a
Venezia. Ha esordito[143] nella narrativa con *Lo stadio di Wimbledon* (1983), presentato
da Italo Calvino. Sono seguiti *Atlante occidentale* (1985), *Nel museo di Reims* (1988),
Staccando[144] *l'ombra da terra* (1994), *Mania* (1997). Appassionato di volo e viaggi, Del
Giudice ha pubblicato su *Corriere della Sera* e *Frankfurter Allgemeine* il diario di una

spedizione in Patagonia, Terra del Fuoco e Antartide. Ha scritto inoltre saggi su Robert Louis Stevenson, Italo Svevo e Primo Levi. Ha ideato "Fondamenta. Venezia, città dei lettori", una manifestazione[145] internazionale promossa dal Comune di Venezia alla quale partecipano ogni anno politici, economisti, storici, scienziati, letterati.

Staccando l'ombra da terra

Con *Staccando l'ombra da terra* Del Giudice ha vinto numerosi premi letterari (Premio Bagutta, Premio Internazionale Flaiano e Premio Selezione Campiello).[146] Il libro può essere letto come romanzo o come raccolta di racconti, ed è composto di otto parti dedicate al tema del volo. Alcuni capitoli raccontano le esperienze di un personaggio autobiografico (Del Giudice ha un brevetto di volo)[147] e del suo istruttore Bruno, modello etico e tecnico al tempo stesso, addestratore[148] e maestro. Oltre a Ustica, le pagine di Del Giudice rievocano imprese di volo del passato, come le missioni di Antoine de Saint-Exupéry (l'autore del *Piccolo Principe*), e la vita dannata dei piloti di aerosiluranti[149] italiani durante la seconda guerra mondiale.

L'avventura del volo è talvolta raccontata in comunione con la macchina, nello sforzo di approssimarsi all'identità che il narratore si dà con l'aereo: "mi sentivo un aeroplano: non un pilota, insisto, un aeroplano". L'esperienza del volo si estende alla percezione e al sentimento dello stesso corpo meccanico. Come spesso accade in Del Giudice, la lingua gradualmente si schiarisce, diventa più precisa, si appropria del mondo oggettivo nelle sue microscopiche partizioni, in segmenti dove cose e voci si ridiscutono e trovano determinazioni nuove: si vedano le virtuosistiche descrizioni delle nubi in questo libro o dei fuochi d'artificio[150] in *Atlante occidentale*.

"Unreported inbound Palermo" è una partitura[151] complessa per voci e oggetti: i dialoghi tra i centri di controllo e l'aereo si intrecciano alla vicenda materiale,[152] ma sensibile e senziente, della macchina di metallo lacerata in frammenti, i "Tigi" appunto (personificazione mitica del codice dell'aeromobile, "I-TIGI"). I frammenti, come i resti di un antico popolo, aspettano di essere localizzati, ripescati, ricomposti, riletti per tornare ad avere un senso: la macchina si va ricostruendo,[153] la sua storia catastrofica sta per svelarsi, ma c'è un'interferenza, un rumore che lo impedisce. La comunicazione tra controllori e piloti si sovrappone all'opera di ricomposizione del corpo-aereo-testo; la interrompe con la domanda ripetuta e senza risposta "Do you read?". I pezzi del velivolo saranno pure riassemblati in un hangar, al termine della fase di recupero; ma quel dialogo interrotto ci ricorda che la lacerazione di Ustica è ancora aperta e dolorosa.

Da "Unreported inbound Palermo" Del Giudice ha anche tratto il libretto per un'opera dello stesso titolo del compositore Alessandro Melchiorre, presentata per la prima volta in un hangar dell'aeroporto Fürth di Norimberga nel febbraio 1997.

Daniele Del Giudice, "Unreported inbound Palermo"
(*Staccando l'ombra da terra;* Torino: Einaudi, 1994)

(Se qui ci fosse un capitolo su Ustica, dovrebbe essere la storia dell'aereo. Sarebbe la storia di un aeroplano finito in fondo al mare e riemerso dalle acque, una creatura di metallo inabissata e risorta,[154] come in un racconto mitico, qualcosa fatto per l'aria e che finisce in acqua, l'acqua sarebbe peggio di ogni altra cosa, peggio che la terra o una montagna, stridente per contrasto, l'acqua fa più paura, tremila metri sotto il livello del mare, tremilasettecento, e poi dal mare risalito pezzo a pezzo, e ogni pezzo rimontato con cura attorno al simulacro, com'è chiamato il finto scheletro nell'hangar, l'ossatura di servizio[155] cui ogni pezzo venne fatto aderire ricalcando[156] la forma dell'aereo. Sarebbe una storia da intitolare *I Tigi*, come fossero un popolo antico o degli alberi secolari, e non dei pezzi di metallo sbriciolati e ricomposti. In aria, sul fondo del mare, infine a terra. E quando si riparte? "Bologna Ground, pronto per la messa in moto",[157] "Itavia 870 autorizzato, temperatura 24, stop orario sull'ora. Avete l'ultimo bollettino?",[158] e nel silenzio dell'hangar, la notte, si potrebbe ascoltare un lento gocciolio,[159] come se il mare che per anni ha premuto le molecole di metallo, una volta a terra e all'asciutto,[160] continuasse a uscirne, gocciolando, e l'aereo non smettesse mai di liberarsene. "Itavia 870, autorizzato a Palermo via Firenze, *Ambra* 13, salga e mantenga livello di volo 190. Ripeta e chiami pronto al decollo", I-TIGI, India Tango India Golf India, sarebbe il racconto in prima persona fatto dal metallo stesso, qualcosa che prima era un aereo, poi finì in fondo al mare e ne risorse, e fu di nuovo, dopo, un aereo, creatura metallica ricomposta; ma tra il suo essere aereo prima e aereo dopo non tutto torna,[161] vengono meno[162] un'ottantina di persone, tra passeggeri ed equipaggio. "Itavia 870, il decollo agli 8, cambi con Padova Informazioni", "Con Padova fin d'ora la 870, arrivederci Bologna", un evento che torna indietro riavvolgendo[163] se stesso, quei filmati dove una bottiglia di latte esplode in mille pezzi schizzando il liquido denso e poi ogni scheggia ripercorre lo spazio e il tempo in senso inverso e riprende il suo posto, ricostruendosi, e anche il liquido, goccia a goccia, rifluisce[164] nella bottiglia. Ma nel disfarsi e rifarsi dell'evento manca qualcosa, e mancherà per sempre. "Padova buonasera, è la 870", "Itavia 870, prosegua come autorizzato, richiami Firenze". A strascico,[165] sul fondale, la telecamera sottomarina[166] intuì cinque lettere dell'alfabeto, I-TIGI, dipinte in vernice nera sul ventre dell'ala sinistra,[167] e non ci fu più dubbio, i Tigi erano lì, la coda quattro chilometri più avanti della cabina di pilotaggio. "Buonasera Roma, è l'Itavia 870", "Buonasera anche a lei, 870. Avanti", "La 870 è su Firenze, livello 160 in salita per 190. Stima Bolsena ai 34", "Itavia 870, ricevuto. Inserisca 1236 sul transponder. Autorizzato a Palermo via Bolsena, Puma, Latina, Ponza, *Ambra* 13", "1236 arriva. Pronto per ulteriore salita la 870". "Itavia 870, contatto radar. Salga inizialmente al livello 230. Altro traffico di compagnia la precede, 6 miglia avanti, livello 250", "Roma, il traffico è in vista". I Tigi riposavano lì, poco distante da una nave romana carica di vetri, da un vascello[168] con cannoni del diciassettesimo secolo, da un caccia Messerschmitt della seconda guerra mondiale, memorie della storia del trasporto, museo involontario in fondo al mare. "Itavia 870, accosti a destra, prua 170.[169] Con traffico in vista autorizzato al livello di volo 290. Riassuma navigazione normale per Bolsena attraversando 260", "La 870 su per 290, lascia 190". Da principio l'eco del sonar disegnava sui plotter il contorno di masse magnetiche incerte, astratte, la cui probabilità veniva immaginata in alta media e bassa, probabilità che si trattasse di un oggetto di fabbricazione umana[170] e non geologico; poi nella visione delle telecamere ogni pezzo divenne un obbiettivo numerato, e nell'istante, infine, in cui le gru[171] lo deposero, colante[172] acqua, sul ponte, la sua natura si stabilizzò in reperto. "Roma, la 870 attraversa 245 con traffico in vista, possiamo riaccostare a sinistra?" "Affermativo, Itavia 870. Prosegua per Bolsena". Ad est della rotta, poiché l'aereo si scompose di colpo verso est[173] e così cadde in mare (non si crederebbe che anche in fondo al mare ci siano i riferimenti cardinali), vennero trovati i due motori, un quarto di miglio uno dall'altro, più ad est, un miglio, le ali e la fusoliera, ancora più in là, un miglio e mezzo, il timone di coda, due miglia più ad est la parte posteriore della fusoliera e uno spezzone dell'ala sinistra, staccatosi non nell'impatto ma per la fortissima accelerazione durante la caduta, ancora più a est un serbatoio arrivato da chissà dove, e poi, all'estremo, il terminale della fusoliera, gli ultimi sei finestrini di destra, gli ultimi sei di sinistra. "È la 870, buonasera Roma", "870 calling?", "Yes, good evening, this is 870 maintaining 290 over Puma", "Roger, 870, proceed Latina-Ponza". Tutto ciò che era indietro sarebbe finito avanti e viceversa, qualunque cosa li avesse precipitati in mare, i Tigi s'erano depositati sul fondo in ordine inverso a quello con cui volavano al momento, lungo un corridoio di quasi dieci chilometri di rottami. Ogni piccolo particolare era una deduzione, gli strumenti di bordo come i tappetini[174] e la moquette, tranciata di netto[175] all'altezza della quarta fila di sedili. Che ne sanno gli oggetti delle trame e delle azioni? Che ne sanno dei mandanti e degli esecutori, gli oggetti sono lì. Sarebbe la storia dell'aereo, perché l'aereo conosce la sua storia, quanti la conoscono al mondo?, in mancanza di parole sarebbe una storia di cose, storia di metallo, metallo offendente e metallo offeso, la fusoliera sa che cosa ha prodotto una frantumazione diseguale poco prima della coda, la pinna sinistra dello stabilizzatore di coda sa che cosa gli ha aperto un taglio a croce[176] sul bordo, così come il ventre del flap destro conosce certamente che cosa lo ha perforato e la natura delle piccole biglie di ferro[177] trovate dentro le lamiere scatolate,[178] il portello laterale sa che cosa gli ha arricciato[179] il rivestimento esterno (*skin*, in inglese nella classificazione dei reperti, "pelle") verso il fuori, le rivettature strappate[180] sanno se a strapparle è stata la velocità della caduta o la depressione di un boato.[181] "È la 870, buonasera Roma", "Buonasera 870, mantenga livello 290, richiamerà sull'*Ambra* 13 Alpha", "Sì, senta, neanche Ponza funziona?", "Prego?", "Abbiamo trovato un cimitero stasera, da Firenze in poi praticamente non c'era un radiofaro funzionante", "In effetti è un po' tutto fuori, compreso Ponza. Lei quanto ha in prua ora?",[182] "Manteniamo 195", "Va bene, mantenga, andrà un po' più giù di Ponza di qualche miglio", "Bene, grazie", "Comunque 195 potrà mantenerlo ancora una ventina di miglia e non di più, c'è molto vento da ovest, al suo livello dovrebbe essere di circa 100–120 nodi", "Sì, in effetti abbiamo fatto qualche calcolo, dovrebbe essere qualcosa del genere". La cornice[183] della porta della toilette sa che cosa l'ha appiattita[184] a quel modo, se un'onda d'urto[185] quando l'aereo era ancora in volo o il timone di coda penetrando nella fusoliera al momento dell'impatto in mare e schiacciando[186] tutto ciò che incontrava, il tappetino numero cinque sa che cosa lo ha strappato, ogni pezzo di metallo o plastica o tessuto sa quale altro oggetto, quale scheggia, e di che cosa, l'ha ridotto così. "È la 870, è possibile avere... 250 di livello?", "Affermativo, può scendere anche adesso", "Grazie, lasciamo 290". I Tigi non tornarono su tutti insieme ma in più riprese[187] a distanza d'anni (nel frattempo i pezzi rimasti laggiù si saranno sentiti abbandonati?), prima la cabina di pilotaggio fusa[188] col carrello anteriore, l'ala destra, il reattore sinistro,[189] elementi della fusoliera, il portellone di servizio anteriore, alcune paratie del vano bagagli, il *voice recorder*, sedili, salvagenti, frammenti minuti e piccolissimi. Così l'aereo nell'hangar si ricreò nel tempo, si aprivano le casse a mano a mano che arrivavano, si disponevano i pezzi sul cemento, si procedeva al riconoscimento[190] dei reperti, si montava il grosso tronco di coda[191] sui ponteggi,[192] per la fusoliera si cominciava con le ordinate[193] e i correntini[194] della struttura, come la prima volta in fabbrica, "L'Itavia 870 diciamo che ha lasciato Ponza tre miglia sulla destra, quindi, quasi quasi, per Palermo va bene così", "Molto gentile, grazie, siamo prossimi a 250", "Perfetto 870, in ogni caso avverta appena riceve Palermo VOR",[195] "Sì, Papa Alfa Lima lo abbiamo già inserito e va bene. E abbiamo il DME[196] di Ponza", "Perfetto, allora normale navigazione per Palermo. Mantenga 250, richiamerà sull'Alfa". Chissà quali emozioni avranno dovuto trattenere[197] quelli che facevano quel lavoro (e quale modesto conforto sarà stato il pensare che il lavoro è lavoro, o che in qualche modo lavoravano 'per la verità'), ogni reperto aveva un cartellino,[198] i manuali di manutenzione e i piani di costruzione[199] aiutavano a ricollocarlo[200] dove avrebbe dovuto essere, e con quel cartellino, all'inizio, ogni pezzo pendeva dall'intelaiatura[201] accanto ai vuoti di quelli che mancavano, e a mano a mano che l'aereo riprendeva corpo si vedeva cosa mancava e cosa c'era, e dove era più distrutto e dove meno, l'aereo cominciava a farsi leggere come un testo frammentario, ogni pezzo si offriva al racconto di una possibilità dell'accaduto, la fiancata destra molto più sofferente della sinistra, il metallo non era arrugginito[202] nemmeno nelle fratture, i colori di compagnia sembravano freschi, c'erano ancora le macchie nere degli scarichi dei motori;[203] solo che ogni pezzo non combaciava[204] più con gli altri, proprio perché manteneva la propria storia ossia la propria deformazione. "È sull'Alpha la 870", "Affermativo, leggermente spostato sulla destra, diciamo... quattro miglia. Comunque il servizio radar termina qui. Chiamate Roma Aerovie sulla 128.8 per ulteriori", "Grazie di tutto, buonasera", "Buonasera a lei, 870". E al ricombaciare dei pezzi, al loro ritrovarsi dopo anni e miglia di distanza e di separatezza, il colpo d'occhio[205] non restituiva immediatamente l'accaduto, anche se ogni parte ne conservava la memoria, perché l'aereo così com'era adesso non è com'era in fondo al mare, e su quel disporsi,[206] sulla mappa dei relitti in mare, cominciava la lettura e l'interpretazione, l'aereo s'era spezzato in volo, e ogni pezzo aveva proseguito la propria personale parabola da venticinquemila piedi a zero, oppure era sceso a motori spenti lacerandosi all'impatto, ed era l'impatto e solo quello ad aver prodotto ogni specifica ferita, e le correnti in aria e le correnti in mare ad aver prodotto la deriva.[207] "Roma, buonasera, è l'Itavia 870", "Buonasera Itavia 870, avanti", "Centoquindici miglia per Papa Romeo Sierra, mantiene 250", "Ricevuto Itavia 870, può darci uno stimato per Raisi?", "Raisi lo stimiamo intorno ai 13", "870 ricevuto, autorizzati a Raisi VOR, nessun ritardo è previsto. Ci richiami per la discesa", "Per Raisi nessun ritardo, richiameremo alla discesa", "È corretto". Forse per una questione di rispetto i sedili non vennero mai rimontati,[208] l'interno dell'aereo era un tavolato[209] disposto sull'intelaiatura del pavimento originale, per quanto s'era potuto ricostruire, sul quale era appoggiata la moquette, e sopra il tutto un tunnel costituito dalla fusoliera, sfondata all'aperto davanti e dietro. "Itavia 870, quando pronti, autorizzati a 110. Richiamate lasciando 250 e attraversando 150... Itavia 870?". Ogni tanto, nell'hangar, i parenti si riunivano attorno ai Tigi per testimoniare il loro dolore o per testimoniare le azioni intraprese[210] per ottenere giustizia e conoscenza della verità, e in quelle occasioni i Tigi, dopo essere stati un volo di linea, dopo essersi dispersi come relitti, poi ripescati e rimontati in forma d'aereo, diventavano un monumento funebre; per chi avesse osservato senza conoscere la storia, per chi avesse visto quelle povere persone raccolte in un hangar attorno a un aeroplano in pezzi, sarebbe stata un'immagine così dolorosa, così incomprensibile, e in quelle occasioni dentro l'aereo, a camminare sul tavolato, c'erano non più i periti, ma carabinieri, autorità e qualche fotografo. "Itavia 870, ricevete?...".[211] Col tempo arrivarono anche gli ultimi pezzi, l'ultimo frammento di correntino, l'ultimo pezzo *stringer*, l'ultimo brano di rivestimento rivettato, i Tigi furono quasi completamente riuniti, quasi. E quando si riparte? "Itavia 870, qui è Roma, ricevete?..." Venne alla luce il *flight recorder*, e l'ultimo dei giubbetti salvagente, e l'ultima delle mascherine dell'ossigeno, e il telaio[212] della porta anteriore con un finestrino della cabina piloti, e una pompa carburante, e un longherone[213] con rivestimento e rivetti,[214] e un seggiolino, e un portello con maniglia circolare,[215] "Itavia 870, Roma...? Itavia 870, qui è Roma, ricevete?...", e una scatola elettrica, e tre tubi oleodinamici, e una condotta schiacciata, un elemento di strumentazione, un martinetto[216] con molla,[217] un seggiolino con cintura, "Itavia 870, ricevete?... Itavia 870, qui è Roma, ricevete?...", un pezzo di lamiera celeste con strumento, e un pezzo d'ala con valvole e tubi, e una scatola nera elettrica/elettronica, un oblò[218] di plexiglas, un pezzo di struttura della fusoliera con targhetta[219] 'Douglas', e uno scatolato nero con attacco di condotta,[220] e un contenitore grigio verde con attacchi elettrici,[221] "Air Malta 758, this is Rome control", "Rome go ahead", "Air Malta 758, please, try to call for us, try to call for us Itavia 870, please", "Roger, sir... Itavia 870... Itavia 870, this is Air Malta charter 758, do you read?... Itavia 870... Itavia 870, this is Air Malta charter 758, do you read?... do you read?... Rome, negative contact with Itavia 870", altri due finestrini con l'apertura del portello d'emergenza, la targhetta dell'insegna luminosa[222] 'emergency exit', un ultimo pezzetto di fusoliera con pittura[223] rossa, un'altra parte di fusoliera bianca con l'interno celeste ripiegato sulla parte esterna bianca, un trasformatore bruciato con cavo,[224] un frammento della *deicing line*, alcuni fogli del manuale operativo, un pezzo del rivestimento esterno abraso[225] per frizione, uno strumento senza più il quadrante,[226] "Itavia 870, Itavia 870 this is Rome control, do you read?... Itavia 870,

© *Cuore*

Itavia 870, Rome control, do you read?...", un elevatore con scaricatore statico,[227] un pezzo di condotta di ventilazione ad Y, un finestrino della fusoliera, un telaio per supporto carrucole,[228] la scaletta[229] posteriore, parte terminale dell'ala sinistra, un pannello divisorio bianco, una cassetta elettrica con sportellino, ordinate e correntini, il *galley*, cioè il cucinino, un frammento di fusoliera con valvola di scarico per WC, un 'toilette seat', "Air Malta, this is Rome", "Rome go ahead, this is Air Malta", "Ok, sir, we have Itavia 870 unreported inbound Palermo, please, please try to call for us Itavia 870, try to call for us Itavia 870", "Alitalia 870?", "Itavia, sir, Itavia, Itavia 870", "Roger... Itavia 870, Itavia 870 this is Air Malta. Do you read?... Itavia 870, do you read?... do you read?...")

Do you read?

Attività

A. Nel testo di Del Giudice si possono riconoscere tre tipi di discorso:
  1. Il dialogo tra controllori e piloti.
  2. La descrizione-racconto della caduta, dispersione e ricostruzione dei pezzi (i "Tigi").
  3. Le considerazioni, similitudini e speculazioni del narratore.

Identifica alcune sequenze di parole o frasi appartenenti a ciascun tipo di discorso.

B. Analisi del testo:

1) I-TIGI è semplicemente il codice che identificava il Dc9 dell'Itavia caduto a Ustica. Nel testo di Del Giudice "I-TIGI" diventa il nome plurale "i Tigi" e indica i frammenti dell'aereo come se fossero membra di un corpo vivo, evoca immagini fantastiche (un popolo antico...). Identifica e raggruppa per categorie alcuni passi in cui queste trasformazioni avvengono.

2) "Do you read?" appartiene al gergo aeronautico internazionale e significa "mi ricevi?". Nel testo di Del Giudice questa domanda assume un significato più ampio e universale. Nota inoltre che tutto il testo è racchiuso tra due parentesi. Solo l'ultimo *Do you read?* si trova fuori. Analizza la parte finale del brano e descrivi le tue impressioni.

PRONTO?

Tra le migliaia di carte processuali[230] abbiamo scelto la trascrizione di una curiosa telefonata avvenuta la sera del disastro. Gli interlocutori sono un tenente del Centro R.C.C.[231] di Martina Franca e un maresciallo del C.O.P.[232] di Roma.

Nastro[233] B. Martina Franca. Ore 20.25: Conversazione tra S.*** (*S.*) e maresciallo B.*** (*B.*)

B.: pronto?

S.: tenente S. da Martina Soccorso, con chi parlo?

B.: maresciallo B.

S.: salve maresciallo, ci sta l'ufficiale?

B.: eh, guardi dica a me per cortesia, non cerchiamo sempre l'ufficiale.

S.: cioè no, perché è una cosa abbastanza seria.

B.: e perché io mica mi metto a ridere quando mi dite...

S.: benissimo, è caduto un Dc9... pronto?

B.: sì, dica, dica.

S.: è caduto un Dc9 lungo la rotta che porta da Bologna a Palermo.

B.: sì, noi già stavamo in allerta per questo qui.

S.: ultimo punto noto sembra che sia 40,00 Nord 13 e 20 Est.

B.: prego?

S.: ultimo punto noto...

B.: un attimo che chiamano da 700 posti, un attimo, eh...

S.: sì.

B.: allora chiedo scusa.

S.:: sì.

Marco Paolini
sulla scena
de I-TIGI.
© Marco Caselli

B.: (*verso l'interno:*[234] ti richiamo io Ciampino, scusa un attimo... Ciampino richiamo io, scusa).

S.: pronto?

B.: allora dica, caduto, chi gliel'ha detto che è caduto?

S.: pronto?... Punto... punto stimato 40,00 Nord 13 e 20 Est...

B.: 40 Nord 13 e 00 Est?

S.: 13 e 20 Est...

B.: 13 e 20... questo il punto dove è caduto?

S.: sì... cioè no il punto[235] dove è caduto, l'ultimo punto noto.

B.: eh, a lei chi gliel'ha detto che è caduto?

S.: guardi questo qui doveva atterrare già alle 9 e 13 su Palermo.

B.: sì, queste notizie io ce l'ho tutte quante, lei mi ha detto che è caduto, chi gliel'ha detto?

S.: e io penso che sia caduto...

B.: ah, ecco pensa...

S.: no, ma le mie supposizioni sono... sono abbastanza serie, non sono...

B.: pure le nostre purtroppo, uno cerca sempre di sperare che non sia così, se lei mi dice, io devo fare delle comunicazioni, se lei mi dice che è caduto io devo dire che è caduto...

S.: guardi, questo qui l'ultimo contatto l'ha dato alle 20,56...

B.: sì.

S.: poi non sì è visto più.

B.: sì, sì.

S.: quindi se non è caduto io non lo so cosa abbia fatto questo.

B.: sì questo... perché siccome noi dobbiamo fare delle telefonate, un sacco di telefonate.

S.: sì.

B.: se non siamo sicuri...

S.: benissimo, un'altra cosa...

B.: sì.

S.: l'ufficiale dell'ACC[236] di Roma...

B.: eh!

S.: mi ha detto che in zona c'era del traffico militare americano... ora io vorrei sapere se c'è qualche portaerei[237]... perché in tal caso...

B.: se c'è la portaerei deve saperlo Martina Franca.

S.: cioè perché se così è... noi mandiamo, chiediamo l'intervento degli americani.

B.: ho capito, dicevo se c'è la portaerei in zona...

S.: eh!

B.: deve saperlo Martina Franca perché c'ha i radar nella zona.

S.: Martina Franca non lo sa se c'è la portaerei in zona (*verso l'interno*: lo sai tu?).

B.: e figuriamoci[238] se lo sa lo Stato Maggiore![239]

S.: eh?

B.: e più di loro non lo sa nessuno.

S.: guardi (*verso l'interno*: un attimo [Pietro])... senti qui non... non c'è... noi non lo sappiamo se c'è, ce l'ha detto l'ACC di Bri... di Roma.

B.: no lei, la sala operativa del SOC[240] di Martina.

S.: non lo sa, non lo sa, non ha controllato niente.

B.: perché deve sapere se c'è la portaerei in zona.

S.: qui non lo sanno (*verso l'interno*: eh, [incomprensibile] sai se c'è la portaerei in quella zona?)... no, non sa niente.

B.: e nemmeno noi.

S.: voi non lo sapete?

B.: come facciamo a sapere se c'è la portaerei lì?

S.: vabbe', che ne so, voi siete lo Stato Maggiore, centro operativo...

B.: eh...

S.: vabbe', non lo sapete...?!

B.: no.

S.: vabbe', allora io vi ho informato soltanto di questo, adesso faccio altre telefonate, arrivederci.

B.: eh, pronto?

S.: sì.

B.: io volevo sapere lei mi ha detto è caduto, è caduto o no?... Se è caduto mi deve dire chi le ha dato l'informazione.

S.: guardi queste sono... supposizioni che io sto facendo, miliardi di...

B.: e vabbe', ma la supposizione teniamocela da parte.[241]

S.: va bene, senta, allora io adesso agisco come pe... come meglio penso io e mi

© *Cuore*

accollo[242] tutte le responsabilità... perché non è che posso andare sul posto a vedere se ci sono i cadaveri e poi dire effettivamente è caduto, va bene?... pronto?

B.: sì, sì, pronto.

S.: quindi io agisco adesso e mi assumo tutte le responsabilità del mio comportamento. E perché non posso a questo punto dopo un'ora che... non dà più notizie, un'ora e mezza dire che non... darvi... il fatto...

B.: sì, lo sappiamo anche noi questo qui.

S.: ecco.

B.: però voglio dire chi ve l'ha detto, che (incomprensibile)...

S.: marescia'... maresciallo io adesso devo fare altre telefonate, vi ho informato del fatto come dice la circolare.[243]

B.: e va bene.

S.: arrivederla.

B.: arrivederci.

Un "dialogo tra sordi"

La trascrizione della telefonata che avete appena letto mostra evidenti difficoltà di comunicazione tra i due militari; infatti nell'istruttoria il giudice Priore la definisce un "dialogo tra sordi". L'incomprensione che divide i parlanti non nasce dalla mancata identificazione dei referenti (l'incidente aereo e la presenza in zona di navi e aerei alleati). Il dialogo manifesta lo scontro tra due esigenze diverse: *S.* è preoccupato per il mancato arrivo a Palermo del Dc9 Itavia 870, e cerca di mettere in atto un piano d'azione (ad esempio, far intervenire gli americani). *B.*, più che al contenuto del messaggio e alle sue implicazioni pratiche, è interessato alle convenzioni burocratiche e gerarchiche che governano la struttura militare: vuole stabilire se la notizia dell'incidente è sanzionata da un'autorità competente ("chi gliel'ha detto che è caduto?"), e dunque se la situazione comunicativa è formalmente legittima.

L'involontaria comicità che traspare da questa conversazione è provocata dalla sproporzione tra la quantità di frasi scambiate e l'esiguità dei risultati conseguiti, così come dalla natura paradossale della reazione di *B.* Come afferma Freud, nel saggio sul *Motto di spirito*, "ridiamo di un dispendio troppo grande".

Attività

A. L'espressione "è caduto" ricorre in molte battute del dialogo tra i militari: osserva i vari contesti e i diversi modi in cui l'espressione è presentata e enfatizzata; confronta le risposte e le reazioni dei parlanti.

B. Scrivi un dialogo umoristico in cui lo *humor* nasce da un problema di comunicazione. Ad es.: un turista americano/una turista americana è in vacanza in Italia e la sua auto si guasta; non conosce bene l'italiano e deve chiedere aiuto per telefono. La persona con cui parla non conosce l'inglese.

C. Argomenti per la conversazione:
   1. la paura di volare;
   2. episodi oscuri della storia recente (ad es., l'uccisione di John F. Kennedy, il volo TWA 800);
   3. la manipolazione degli eventi da parte dei mass media e dei politici.

VENT'ANNI DOPO

Vent'anni dopo la sciagura di Ustica si è aperto il processo a carico dei[244] militari accusati di aver ostacolato le indagini e di aver coperto la verità. I responsabili della distruzione dell'aereo restano ancora ignoti.[245] Per questo il giornalista Giovanni Maria Bellu paragona il ruolo dei militari a quello di uno sceriffo che ha aiutato un criminale a farla franca.[246]

Giovanni Maria Bellu, "Ustica, alla sbarra[247] i depistatori"
(*La Repubblica,* 28 settembre 2000)
È un processo allo sceriffo. Allo sceriffo fellone che si è alleato col killer: l'ha nascosto, l'ha coperto, ha distrutto le prove. E l'ha fatto così bene che il killer, nonostante vent'anni di indagini, non è stato ancora scoperto. Ma lo sceriffo sì e ora dovrà

spiegare perché lui, uomo di legge, ha tradito la legge. È tutto qua il processo per la strage di Ustica (27 giugno 1980, 81 morti) che comincia oggi a Roma nell'aula bunker di Rebibbia: nella parte dello sceriffo, i vertici dell'Aeronautica militare al tempo della tragedia; nella parte del killer che fece precipitare nel Tirreno il Dc-9 della compagnia Itavia, un aereo militare di un paese non identificato... Gli imputati principali sono quattro generali accusati di attentato agli organi costituzionali[248] con l'aggravante[249] dell'alto tradimento.

"Cedimento strutturale". La versione ufficiale e falsa—che tra l'altro determinò il fallimento dell'Itavia—non fu fornita solo alla stampa ma alle stesse autorità politiche: presidente del Consiglio (era Francesco Cossiga) e ministro della Difesa (Lelio Lagorio). Questo comportamento, che è alla base dell'accusa di alto tradimento, è anche un indizio molto importante per la risoluzione del mistero che ancora sopravvive: l'identità del killer. Perché solo un killer molto autorevole, molto potente, può indurre uno sceriffo a violare la legge.

Quanto al movente del delitto, quasi certamente l'obiettivo non era il Dc-9 dell'Itavia, che ebbe solo la sfortuna di trovarsi nel posto sbagliato nel momento sbagliato. Proprio come una diligenza[250] capitata nel mezzo di una battaglia tra indiani e cow boys. Accadde qualcosa (un missile? un contatto? anche su questo non c'è una risposta) e l'aereo civile cadde. Ma il movente non è chiaro: va cercato nella situazione politica internazionale di quei giorni e le ipotesi plausibili sono molte...

DESTINAZIONE FINALE

A causa anche dell'eco suscitata nei media dalle tragedie aeree, la paura di volare colpisce molti passeggeri. Una compagnia aerea americana ha studiato il problema e ha fornito ai propri piloti un manuale di retorica che insegna a usare formule rassicuranti e ad evitare termini potenzialmente ansiogeni, come "finale" o "turbolenza".

"I trucchi[251] dei piloti per calmare i passeggeri"

(www.repubblica.it, 27 settembre 2000)

WASHINGTON—Della maniera di[252] essere un perfetto pilota. Che non significa solo saper usare i comandi, gli strumenti del volo, ma anche possedere un vocabolario all' "altezza" del posto che si occupa: un pilota non deve mai usare parole che siano direttamente allarmanti come "turbolenza". Ma neanche vocaboli che l'allarme possano suscitarlo[253] anche solo allusivamente, come "destinazione finale". Quel "finale" va dunque cassato:[254] in un soggetto a rischio paura[255] susciterebbe scenari apocalittici.

Non solo, come detto, durante un volo vanno eliminati sostantivi come "turbolenza" o aggettivi come "finale", ma anche vocaboli apparentemente neutri come "nebbia", "ritardo", "terminal" sono caldamente sconsigliati.[256] Se l'aereo si attarda sulla pista[257] per problemi di vario genere, il manuale del perfetto pilota vieta di impugnare[258] il microfono e annunciare ai passeggeri un "decollo abortito"...

Dunque, al posto di "turbolenza", "aria incostante". Invece di "tempesta", "pioggia". "Partiremo con 25 minuti di ritardo" è una sciocca e pericolosa leggerezza.[259] Meglio un più rassicurante e ottimistico "partiremo tra 25 minuti". "L'atmosfera di un aereo è un terreno fertile per ansietà e angoscia—nota Stephen Luckey, un esperto pilota della Northwest.—Espressioni come 'la vostra destinazione finale' possono evocare paure latenti di morte: meglio usare solo 'destinazione' ".

La US Airways consiglia ai suoi piloti di dare gli annunci, quando possibile, con i risultati sportivi: sono, pare, quelli più graditi anche ai passeggeri più scettici. *Vade retro*[260] battute di spirito: se un passeggero confessa al pilota di "avere paura di volare" è una cattiva idea rispondere "anch'io". L'ironia non è un sollievo e non solleva,[261] a queste altitudini.

Attività

A. Anche la lingua di uso quotidiano abbonda di eufemismi, soprattutto in relazione a realtà scabrose come la malattia, la morte, il sesso, la violenza, o in relazione a funzioni e parti del corpo che il consenso sociale del momento ritiene non pronunciabili in pubblico. L'eufemismo può essere prodotto in vari modi: per sostituzione ("passare a miglior vita" per "morire", "andare a lavarsi le mani" per "andare al bagno", "lucciola"[262] per "prostituta", "pulizia etnica"[263] per "genocidio" e/o "deportazione di massa"), o per attenuazione ("di una certa età" o "non più giovane" per "vecchio"). Trova o inventa altre espressioni eufemistiche e inseriscile in frasi di senso compiuto.

CRUCIVERBA

ORIZZONTALI

1 Città da cui partì il volo IH870 caduto ad Ustica
7 Iniziali del tenore Salvatore Licitra
9 Vi si vende all'incanto[264]
12 È "vostro" nel tribunale di Perry Mason
13 Superficie di metallo laminato, usata anche per le carlinghe degli aerei
16 Iniziali di Enrico Caruso
18 Nerio banchiere "rosso"
19 Relativi alla civiltà greca antica
20 Targa automobilistica di Rovigo
21 Frutto rosso, carnoso e dolce, buono con la panna[265]
22 Pronome partitivo
23 Sostituisce la lettera H nell'alfabeto della comunicazione aerea (Alfa, Bravo, ecc.)
25 Animale che "ride"
26 Arrossamenti della pelle
28 Italia on Line (sigla), uno dei primi Internet Provider italiani
29 Iniziali di "nescio nomen" (usato un tempo nei certificati di nascita, per indicare paternità sconosciuta)
30 TeleGiornale (sigla)
31 Istituto Tecnico Industriale Superiore (sigla)
32 Città capoluogo della Valle d'Aosta
34 Fiori amorosi
35 Centro Universitario Sportivo (sigla)
37 Consonanti di tela
39 Dolci da tagliare a fette
41 Uccisioni di molte persone, come nel caso di Ustica
43 Il fegato[266] degli antichi romani
46 Unione Europea (sigla inglese)
47 Nasce dalla mucca
48 Forma uno stato con la Nuova Guinea
50 Accettati come veri e buoni
51 Prefisso che vuol dire "brutto", "cattivo", usato in parole come "malaffare", "malnutrito",[267] ecc.
52 Delitti, gravi atti illegali
55 Targa automobilistica di Caserta
56 Prefisso molto comune, usato in parole come "anagramma", "anamnesi", ecc.
57 Città medievali indipendenti
58 Anagrafe degli Italiani Residenti all'Estero (sigla)
60 Radio Televisione (sigla)
61 Asino,[268] persona ignorante
62 L'isola del Mar Tirreno che ha dato il nome all'incidente dell'IH870
64 Mitico re dei venti
65 Ci abboccano i pesci
66 Musica basata su una frase semplice e orecchiabile[269]

VERTICALI

1 Daria, Presidente dell'Associazione dei Parenti delle Vittime della Strage di Ustica
2 Spesa, tributo
3 Città della svizzera francese
4 Erba aromatica usata in cucina
5 Targa automobilistica di Genova
6 Estendere, ampliare
7 Contraddire, ritrattare la versione dei fatti
8 Ce ne sono anche di aeree
9 Disegnano edifici
10 Lo indossa il frate[270]
11 Il mezzo di trasporto precipitato nel mare di Ustica
14 Targa automobilistica di Alessandria
15 Esercito Italiano
17 Scontro tra corpi in movimento
19 Scelto dai votanti[271]
24 Internet Provider e compagnia di telecomunicazioni fondati da Renato Soru
27 Forse uno di questi, lanciato da un aereo, ha colpito il volo IH870
33 L'atto di togliere il trucco[272]
36 Unione Generale del Lavoro (sigla)
38 Un'importante battaglia navale del 1571, tra Turchi e Cristiani
40 Pronome soggetto di seconda persona singolare
42 Entrata, guadagno
44 Insenatura poco profonda, baia
45 United Press (sigla)
47 Locali di un appartamento
49 Profumo, o sostanza che emana un profumo
50 Bacco era il dio del...
51 Il volo IH870 precipitò in quello di Ustica
53 Nel mondo islamico, titolo di eccellenza o di sovranità
54 È di gomma quello del film di Risi su Ustica
55 Legumi
58 Azienda Sanitaria Locale (sigla)
59 Rivista Italiana Difesa
61 Targa automobilistica di Sondrio
62 Le vocali della luce
63 Alcolisti Anonimi (sigla)

LA SOLUZIONE

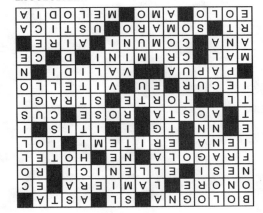

NOTES

1 biciclette

1. *ratings*
2. *of the audience*
3. *live*
4. *except*
5. *jackpot*
6. *fans*
7. *palmarès*
8. *narrow dirt roads*
9. *hail*
10. *Dino Buzzati al Giro d'Italia* (1981).
11. *apparatus*
12. Gianni Brera, "Ritratto breve di Fausto Coppi", *La Gazzetta dello Sport* (27 luglio 1949).
13. Gianni Brera, *Incontri e invettive* (1974).
14. Roland Barthes, "Le Tour de France comme Épopée", *Mythologies* (1957).
15. Il Monte Ventoso (Mont Ventoux) è uno dei tratti più difficili del Tour de France. Nel 1967 ci morì il grande ciclista britannico Tom Simpson, ucciso dal caldo, dalla fatica e dalle anfetamine. È la stessa montagna su cui salì Petrarca nel 1336, come racconta in una lettera a Dionigi di Borgo San Sepolcro.
16. *chivalric heroes*
17. Pentito, nel lessico giudiziario, è un criminale o un terrorista che collabora con la giustizia.
18. *to support*
19. *food, hygiene, and health teams*
20. *notification of investigation*
21. *don't give up.* L'affetto dei tifosi non è venuto a mancare neanche dopo la tragica morte di Pantani, per sospetta overdose, nel febbraio 2004. Ai suoi funerali hanno partecipato decine di migliaia di persone, e quattro mesi più tardi il suo sito (www.pantani.it) continuava a ricevere una media di 150 messaggi la settimana. A giugno di quell'anno è uscita la canzone "Senza un vincitore", dedicata alla vicenda umana e sportiva di Pantani.
22. *Bribesville*
23. *Clean Hands*
24. *malfeasance*
25. *auteur*
26. *conference*
27. *paper*
28. *starting with*
29. *variety shows*
30. *Fragments*
31. *After hours*
32. *broadcast at night*
33. *daily*
34. *public menace*
35. *wanted (by the police)*
36. *hyena*
37. Del resto, già il celebre criminologo Cesare Lombroso, nel suo articolo "Il ciclismo nel delitto", pubblicato sulla *Nuova Antologia* nel 1900, aveva denunciato che la bicicletta o "biciclo" (come era chiamata spesso allora) avrebbe generato un aumento di delinquenza, facilitando le fughe e la fabbricazione di alibi falsi. Il "biciclista" dotato di scarso senso morale si ritrovava quindi a disposizione un vero e proprio strumento del male, che moltiplicava le occasioni e le opportunità del crimine.
38. *was extradited*
39. *pardon*
40. *good behavior* (nel 1941 Sante aveva salvato la vita di una guardia carceraria)
41. *from (the time) before the engine*
42. *in the midst of the crowd*
43. *tipped off the police*
44. *is related*
45. *emancipation from poverty*
46. *carefree*
47. Nel 1997 Gino Bartali fu portato a un concerto di Paolo Conte vicino a Firenze. Durante l'intervallo Conte e Bartali si incontrarono e il campione disse che la canzone su di lui gli piaceva, ma aggiunse con la sua sincerità disarmante: "cos'è questa storia del naso triste come una salita? Io a naso non sto male, ma te, ti sei visto che nappa ti ritrovi?" (*As noses go, mine ain't exactly puny, but you, have you seen what a schnozz you have yourself?*).
48. *on a trip*
49. *sketched*
50. Ai tempi leggendari del ciclismo Paolo Conte ha dedicato un'altra canzone famosa, intitolata "Diavolo rosso", che era il soprannome di Giovanni Gerbi, campione piemontese della Belle Époque.
51. *ha costruito il suo successo con il disciplinato e costante esercizio fisico*
52. *is found*
53. *superhuman*
54. *no matter what*
55. *the perennial runner-up*

56. *in the face of defeat*

57. *weaknesses*

58. *make a hole*

59. *saw*

60. *hard to label*

61. *distinguished themselves*

62. *wild*

63. *given*

64. *rhyming couplets*

65. Una rima è imperfetta se le vocali accentate sono diverse, ma le consonanti sono uguali. Nella canzone moderna il ricorso alla rima imperfetta o all'assonanza è una pratica di uso comune. Nell'esempio citato di Grechi e De Gregori si trovano questi casi: *cresce / capisce, sfugge / Legge.* Nella canzone degli Yo Yo Mundi compare *folle / spalle.*

66. *stanzas*

67. *publishing house*

68. *Jack Frusciante Has Left the Band* è il titolo della versione inglese, ad opera di Stash Luczkiw (New York: Grove, 1997). Da questa versione sono state tratte alcune delle traduzioni riportate nelle note al brano.

69. "Jack" invece che "John", perché l'editore aveva paura che il chitarrista newyorkese sporgesse querela.

70. *"old" Alex*

71. *sought*

72. Diminutivo di Adelaide (Alex è il diminutivo di Alessandro).

73. *high school student*

74. *even*

75. "Romanzo di formazione" (ted.), che segue cioè la crescita e l'evoluzione di un personaggio fino alla maturità. Esempi classici sono *Wilhelm Meister* di Johann Wolfgang von Goethe e *Great Expectations* di Charles Dickens.

76. *peers*

77. *comic strips*

78. *Chancellor.* Come "mutter", anche "Cancelliere" rimanda alla Germania (dove il termine indica il capo dell'esecutivo), e fa leva sullo stereotipo che associa i tedeschi all'idea di ordine e autorità.

79. *to give a furtive glance*

80. *pocket-money-burning funky dinner*

81. *staple*

82. *shorter and grungier*

83. *latish*

84. Aidi andrà a passare un anno in America, per studiare in una *high school* della Pennsylvania.

85. *to dash*

86. *had run out of breath all of a sudden*

87. *gate*

88. *pitch dark*

89. *locked*

90. *was slipping out of his hands*

91. *the space in front of Aidi's house*

92. *sped away like a bullet*

93. *turned right*

94. *ice cream stand*

95. *shooting in like nobody (else)*

96. *passersby*

97. *long stride*

98. *the hill became too steep*

99. *put a foot on the ground*

100. *at the first "no stopping" sign*

101. *moved the gear lever with his thumb*

102. *his legs were pumping again*

103. *curb*

104. *every inch*

105. *caught sight of*

106. *forearms tensed*

107. *palms sweating*

108. *articulated*

109. *compact (cars)*

110. *leaning forward*

111. *the sweat was dripping*

112. *the two stone lions with their lifeless eyes*

113. *half-asleep*

114. *was hinged*

115. *totally indifferent*

116. *flew past it*

117. *should not fool himself*

118. *slowed down to catch his breath*

119. *the winding, paved path*

120. *bent to the right*

121. *took the steep straightaway*

122. *shifted his shoulders*

123. *a short piece of road*

124. *thighs of iron and Nietzschean will*

125. *in the thick of the woods*

126. *to speed along*

127. *a sibyl or a fairy*

128. *traffic circle*

129. *(highway) tollbooth*

130. *survey*

131. *from yesteryear*

132. *of the postwar era*

133. *104° F in the shade*

134. *mumbled*

135. *emblem*

136. Associazione cattolica creata nel 1867, che è presente

ancora oggi in tutta Italia. All'epoca di Bartali contava quasi 3 milioni di iscritti.

137. *prime minister*

138. *family breaker*

139. *polarized alternatives*

140. *private enterprise*

141. *split*

142. *victories*: acuto (*high note*) è una metafora musicale.

143. *unmistakable*

144. *grumbling*

145. *it's all wrong, should be redone from scratch*: "gli" in questa frase è un pronome soggetto neutro, in uso nelle parlate popolari toscane.

146. *refrain*

147. *challenges*

148. *dusty*

149. *the pious* (franc.)

150. *wing*

151. *determination*

152. *one more drop*

153. *yanked to the side of the red flags (that is, the communists)*

154. Noti personaggi di una serie di film del dopoguerra, ispirati ai racconti di Giovanni Guareschi. Negli anni della guerra fredda, Don Camillo, parroco di un piccolo paese in provincia di Reggio Emilia, e Peppone, segretario della sezione locale del partito comunista, litigano, si combattono, ma sono legati da affetto e lunga consuetudine.

155. dell'Irpinia

156. Partito Comunista Italiano

157. *Christian Democrat*

158. Al Tour de France il leader della gara indossa la maglia gialla.

159. Montagna al confine tra la Francia e l'Italia.

160. *leaves the French with their mouths open*

161. L'espressione tra virgolette è tratta dalla canzone che Paolo Conte ha dedicato a Bartali. La rabbia dei francesi è dovuta al fatto che quel giorno Bartali riprese i 20 minuti che lo separavano dal primo in classifica, il francese Bobet. E alla fine, il 25 luglio, il vincitore del Tour fu proprio Bartali.

162. *demonstrations*

163. *festive parades*

164. *a large loan*

165. *chamber of deputies*

166. *in the back of the neck*

167. *general strikes*

168. *recovered*

169. *before losing consciousness had whispered to his people*

170. L'uso dell'articolo determinativo con i nomi di bat-

tesimo è tipico del Nord e, per i soli nomi femminili, della Toscana.

171. *substitute teacher*

172. *job interview*

173. *in front of*

174. *he was fiddling around*

175. *in big block letters*

176. *however*

177. *unexpectedly*

178. *suntan*

179. *stifling heat*

180. *cuff*

181. *lights up*

182. *I meant*

183. *routes*

184. *I go*

185. *do you know*

186. *stuff like that* (dial.)

187. *(boarding) school*

188. *makes false claims* (termine tecnico)

189. *who brags* (gerg., "bullarsi" deriva da "bullo")

190. *I swear to you*

191. *big liar who should be despised*: "fregnacciaro" è termine romanesco.

192. *as long as I live*

193. *more gladly*

194. *to the top of the hill*

195. *steep*

196. *people with aerodynamic helmets and bicycles more expensive than my (Nissan) Micra*

197. *joker*

198. *getting crazy!!!*

199. *so*

200. *one (million) and nine (hundred thousand liras), net (pay)*

201. *(holy) shit!* ("minchia" è voce dialettale di origine latina, usata volgarmente per indicare l'organo sessuale maschile)

202. *really*

203. *unbelievable*

204. *there is a bit of time (before you begin)*

205. *we will hold out*

206. *bang their heads (and thus lose their reason)* (gerg.)

207. *they dress as priests and sneak into a confessional*

208. Il personaggio di Rowan Atkinson è molto popolare in Italia.

209. *Scherzi a parte* è una trasmissione televisiva in cui una persona (di solito un vip) è la vittima di scherzi molto elaborati e talvolta crudeli.

210. *should have alerted you*

211. *archdiocesan (boarding) school*

212. Giuseppe Mazzini, eroe del Risorgimento italiano, era anticlericale.

213. *come on!*

214. *environment*

215. *toward the future*

216. *pollution*

217. *frequency of use*

218. Forma breve per ettaro (*hectare*). Un ettaro corrisponde a due acri e mezzo.

219. *pedestrian-only area*

220. *network of bicycle lanes*

221. *major thoroughfares*

222. *have the right of way*

223. *one-way streets*

224. *small and medium-size companies*

225. *skilled labor*

226. *shopkeepers*

227. *trend reversal*

228. *streetcar*

229. *survey*

230. *is a thing of the past*

231. *lanes*

232. *sidewalks*

233. *on average*

234. *to report / to press charges*

235. *form*

236. Notate l'uso dell'imperfetto narrativo o cronistico, invece dell'usuale passato prossimo.

237. *make*

238. *lock*

239. Securmark utilizza un numero inciso sul telaio della bicicletta. Nel caso di Bikeguard, invece, un microchip è inserito all'interno del telaio della bicicletta. Entrambi i sistemi sono associati a un archivio nazionale, una sorta di "pubblico registro delle bici" (www.comune.fe.it).

240. *often*

241. *tax cuts*

242. *companies*

243. *employees*

244. *stopping*

245. *plunging*

246. *I happened to see*

247. *had competed*

248. *monthly sports magazine*

249. *troublesome ally*

250. Campione degli anni '60.

251. *headstrong*

252. *went down in history for complaining constantly*

253. *born climber*

254. *union leaders*

255. *single currency*

256. *demanding*

257. *Mud*

258. *What a Night!*

259. *sharing a common passion*

260. *a more complex and well-structured storyline*

261. *on paper*

262. *runs around*

263. *searing hot, dry countryside*

264. *cannot bear the heat*

265. *a dare*

266. *in a hole in the ground*

267. *unrecognizable and like dead, practically insane*

268. *affluence*

269. *kidnapped*

270. *grownups*

271. *have something to do with the kidnapping:* "sequestro di persona" è un'espressione che appartiene al linguaggio giuridico.

272. *is set*

273. "Austerity" fu il nome dato a una serie di provvedimenti del governo italiano che miravano a risanare (*heal*) l'economia con una serie di tagli (*cuts*) alla spesa pubblica e ai consumi privati: per esempio, per risparmiare benzina in certi giorni del mese fu imposta la circolazione delle auto a targhe alterne (*traffic was restricted to cars with license plates ending in odd or even numbers*).

274. *background*

275. *campaign of terrorist bombings*

276. *backed up by members of the secret service*

277. *widespread*

278. *very prominent Christian Democrat politician*

279. *were rampant*

280. *burned*

281. *resembled the horns of a bull*

282. *knobs*

283. *silverplated / chromed*

284. *sales clerk*

285. *gray apron*

286. *it's a bargain*

287. *why don't you make your parents give it to you as a gift?*

288. *had twisted his nose*

289. Scassona è il nomignolo della bicicletta di Michele; deriva dal verbo "scassare" (*to wreck*).

290. *propped against the lamppost*

291. *you would look much better with a jewel like this*

292. *it had not crossed my mind to ask him how much it cost*

293. *he shrugged his shoulders*

294. *do I know English now?*

295. *it bothered me*

296. Teschio (*Skull*) è il soprannome di un amico di Michele.

297. *gave him a slap on the back of his head*

298. *it will leave marks on the floor*

299. *he'll be careful*

300. *she threw them on the ground*

301. *pick up those glasses right now*

302. *she folded her arms*

303. *truck*

304. *a package with blue wrapping paper and a bow*

305. *put back on*

306. *tried to untie the knot*

307. *tore it with her teeth*

308. *undid*

309. *crown*

310. *a really tight, sleeveless dress of white satin*

311. *almost fainted*

312. *collapsed on me*

313. *the truck-bed cover*

314. *now you have enough gifts to last you for the next ten years*

315. Poverella è il nomignolo della vecchia bambola di Maria.

316. *she will be the maid (Barbie's maid)*

317. Michele sperava che il padre portasse a casa il bambino rapito, come se si trattasse dell'arrivo di un nuovo fratellino. Notate l'uso dell'indicativo ("pensavo che era") invece del congiuntivo ("pensavo che fosse"), colloquiale e comunque non insolito nel linguaggio di un bambino, come, nella battuta precedente, il raddoppiamento del pronome: "A te non ti è piaciuto".

318. *camera*

319. *four feet from the ground*

320. *wheat ears*

321. *spiders, ants, porcupines*

322. *get into the close-ups*

323. *croons a lullaby*

324. *A Midsummer Night's Dream* (act 2, scene 2): "You spotted snakes with double tongue, / Thorny hedgehogs, be not seen, / Newts, and blind-worms, do no wrong, / Come not near our fairy queen. / Philomele, with melody, / Sing in our sweet lullaby, / Lulla, lulla, lullaby, lulla, lulla, lullaby. / Never harm, nor spell, nor charm, / Come our lovely lady nigh. / So good-night, with lullaby. / Weaving spiders, come not here; / Hence, you long-legg'd spinners, hence! / Beetles black, approach not near; / Worm nor snail, do no offence."

325. *auditions*

326. *a screen test*

327. *grasshoppers*

328. *was not as happy*

329. *earthworms*

330. piccola speranza (napol.)

331. Le Dolomiti sono montagne che si trovano nel Nordest d'Italia (nel Trentino Alto Adige, nel Veneto e in Friuli).

332. *he could have ended (his career)*

333. *what a pity*

334. *poor*

335. *best wishes / all the best*

336. *fire point-blank*

337. *his mind is not there / he is not focused*

338. *looked awful, so skinny and haggard*

339. *up there (at the top of Coe Pass)*

340. *was carried away*

341. *might be good for something / might be producing some results*

342. *completely exhausted*

343. *works hard*

344. *two hours flat*

345. *a real climb (to be called "Mrs.," that is, to be treated with respect)*

346. *advertisements*

347. Questa misura (in centimetri) corrisponde alla lunghezza di uno dei tubi del telaio della bicicletta.

348. *components*

349. *metallic (dark) blue*

350. *scratch*

351. *lines*

352. *deliver*

353. *billposter*

354. *wheel hubs*

355. *chainwheel*

356. *carefully crafted / perfect*

357. mi devi ridare (roman.)

358. non sono mica un ladro (roman.)

359. domani (poetico)

360. *destination*

361. *magistrate in charge of preliminary investigation*

362. *advertisement*

2 case

1. Il Censis (Centro Studi Investimenti Sociali) è un importante istituto di ricerca socioeconomica. È stato fondato nel 1964.

2. Sottsass (1917–) è nato in Austria, nel Tirolo; ha studiato al Politecnico di Torino e ha lavorato a lungo per l'Olivetti. Nel 1980, a Milano, ha costituito lo studio Sottsass Associati, insieme a quattro giovanissimi professionisti. Nel 1981 è stato tra i fondatori del gruppo Memphis, dedicato al rinnovamento postmoderno del design e dell'arredamento. Sue realizzazioni sono esposte al MoMA di New York e al Centre Pompidou di Parigi. Sottsass ha scritto che per lui "il design è un modo di discutere la vita. È un modo di discutere la società, la politica, l'erotismo, il cibo e persino il design. Infine, è un modo di costruire una possibile utopia figurativa o di costruire una metafora della vita".

3. A rigore il verbo qui dovrebbe essere al singolare per concordare con il soggetto ("il 90%"), nome collettivo e dunque singolare (come "la gente", "buona parte di...", ecc.). Tuttavia a volte la concordanza si fa a senso, con la pluralità espressa dal complemento partitivo ("delle case americane").

4. *rots*

5. *rooting*

6. *fall down*

7. *furnishing*

8. Secondo dati Istat, nel 1961 metà delle famiglie italiane era composta da quattro o più persone; un settimo comprendeva sei o più membri. Nel 2000, invece, appena il 27,6% delle famiglie in Italia aveva più di tre persone, e solo l'1,6% aveva sei o più componenti.

9. Istituto nazionale di statistica.

10. L'Italia meridionale è chiamata anche Mezzogiorno.

11. *school cafeteria*

12. Già per gli antichi romani il pasto era un momento fondamentale della vita sociale. Cicerone stesso, nel suo dialogo sulla vecchiaia, osservava che i greci usavano termini come "bere insieme" ("simposio") o "mangiare insieme" per definire un banchetto tra amici e conoscenti, mentre i latini avevano preferito il termine "convivio", che richiama il piacere dello stare in compagnia e della conversazione (dello scambio di esperienze di vita), più importante della nutrizione stessa.

13. *first year of middle school*

14. *work shifts*

15. Molto comune l'omissione dell'articolo davanti a "mamma", "babbo", "papà", "nonno" e "nonna", quando si tratta dei genitori o progenitori del parlante o dell'interlocutore.

16. *daily life*

17. *marked*

18. *nursery (school)*

19. *clean the table*

20. *frozen junk*

21. *soft-crust pockets, stuffed with vegetables and cheese*

22. Un altro esempio dell'uso dell'indicativo al posto del congiuntivo ("sono" per "siano"), tipico del linguaggio colloquiale e di certe parlate regionali.

23. *five-on-a-side soccer*

24. *kites*

25. Telecom Italia è una delle più grandi compagnie italiane di telecomunicazioni. La Telecom è il risultato della privatizzazione della SIP, l'azienda statale che aveva il monopolio della telefonia in Italia.

26. *rush hour*

27. *freckles*

28. *a lot* (colloquiale)

29. *childproof*

30. *professorship*

31. Il termine girotondo (*ring around the rosy*) è stato applicato a questi movimenti di protesta, perché i manifestanti, tenendosi per mano, giravano attorno a edifici e luoghi simbolo del potere e delle istituzioni.

32. *prominent intellectuals*

33. *country taste*

34. *well-equipped*

35. *washer*

36. *growth*

37. Sono circa cento le città italiane capoluogo di provincia. Di queste, soltanto quarantadue hanno più di 100mila abitanti e solo quattro (Roma, Milano, Napoli e Torino) superano il milione. Quindi l'espressione "Italia delle cento città", già in uso nell'Ottocento, indica comunemente la realtà delle province e dei comuni medio-grandi, in opposizione alle metropoli.

38. *country-style*

39. *empty spaces*

40. *bare*

41. *embarrassment*

42. *hang*

43. *cleanness*

44. *lined up*

45. Jovanotti si pronuncia come "jazz" e "jet" (cioè come "giovane"), non come "Jacopo" o "Jugoslavia".

46. *he begins (his career)*

47. *unpretentious*

48. *change*

49. *thoroughly*

50. *residents*

51. *I play clumsily*

52. *from time to time*

53. *to make camp*

54. *restlessness*
55. *luggage*
56. *has lost the thread*
57. *hanging above my bed* (lett. *pillow*)
58. *night table*
59. *Canticle of the Creatures*
60. *Thumbelino*
61. *eyelids*
62. *bed*
63. *locks*
64. *customs*
65. *intersections*
66. *rooster*
67. *scathing*
68. "Buonista" e "buonismo" sono neologismi divenuti molto comuni, che qualificano l'atteggiamento di chi cerca la conciliazione e la pacificazione nei rapporti sociali e civili. Sono termini ironici con una connotazione negativa.
69. *marching band*
70. *small print-run*
71. *greedy*
72. *to recharge*
73. *bridal procession*
74. *pottery*
75. *saddened*
76. *time and time again*
77. *successful*
78. *hardships*
79. Fosco arriverà ad amputarsi il dito mignolo, secondo un rito tradizionale giapponese, per ottenere un trattamento migliore per i suoi.
80. *jail system*
81. *staging*
82. *pregnancy*
83. *prostitute*
84. *reviewers*
85. *it should not be omitted*
86. *TV hostess*
87. *professional workshop*
88. *lindens*
89. *doorwoman*
90. *ajar*
91. *unpunished*
92. *investigate*
93. *neighborhood*
94. *neighborhood market*
95. *detective*
96. *coming and going*
97. *beehive*

98. *cat lady*
99. *ground meat*
100. *stranger*
101. *interwoven*
102. *thorn*
103. *porter's lodge*
104. *lanky*
105. *gravel*
106. *pebbles*
107. *mossy stone*
108. *faucet*
109. *gloomy*
110. *small bouquets*
111. *eyed*
112. *bathed*
113. *neatly paired*
114. *bedlam*
115. *forensic team*
116. *seals*
117. *joints*
118. *cloth shoes*
119. *soft thud*
120. *smells stale*
121. *open the shutters wide*
122. *depresses them*
123. *croaking voices*
124. *whisper*
125. *frame*
126. *furtively*
127. *neighbor from across the landing*
128. *with a bob haircut*
129. *curled into a smile*
130. *protruding*
131. *to gnaw*
132. *freckled*
133. *to bother*
134. *shyness*
135. *leaps of daring and joy*
136. *watched over us*
137. *our own age*
138. *half-asleep*
139. *lock*
140. *the shutters were bolted*
141. *slam*
142. *dazed*
143. *accountant*
144. *installment*
145. *electric bill*
146. *overdue*

147. *deadline*

148. Questo tipo di lettere in italiano sono chiamate anche "catena di Sant'Antonio".

149. *wastebasket*

150. *blinks*

151. *tape*

152. *hiss*

153. *hesitant*

154. *I shove it into an envelope*

155. *housework*

156. *about it*

157. *mortgage*

158. *addition*

159. *monthly income*

160. *employer*

161. *years on the job*

162. *mayor*

163. *beams*

164. *lightning rods*

165. *rooms used for laundry*

166. *drying rooms*

167. *garage*

168. *plumbing*

169. *intercom*

170. *it is forbidden*

171. *foyer*

172. *parking*

173. *windowsills*

174. *signs*

175. *plaques*

176. *keeper*

177. *leash*

178. *muzzle*

179. *rugs*

180. *obnoxious fumes*

181. *fairies*

182. *winner of many prizes*

183. È l'ACEA Art Center, un singolare museo allestito nei locali della Centrale Termoelettrica Montemartini, fatta costruire dal Comune di Roma tra il 1911 e il 1913 lungo la via Ostiense. Al suo interno si vedono statue antiche esposte in mezzo ai macchinari, secondo la recente tendenza al riuso di spazi industriali dismessi, di cui gli esempi più noti sono probabilmente il Tate Modern di Londra (ex Bankside Power Station) e il MoMA QNS (ex fabbrica di cucitrici Swingline).

184. *manners*

185. *camera*

186. *in the background*

187. *glass walls*

188. *sober*

189. aste televisive

190. Il titolo è ispirato da quello di un imponente affresco dell'artista belga René Magritte.

191. *on the back*

192. *that I miss*

193. *always waiting*

194. *doorbells*

195. *apartment*

196. *quite a bit*

197. *you take the liberty to turn up*

198. *pities*

199. *widow*

200. *refugee*

201. *knocking*

202. *is in effect*

203. *welcome*

204. *mourning*

205. riferimento

206. *highway*

207. "Si affitta" (simile a "vendesi"). Al plurale "affittansi" (si affittano) e "vendonsi" (si vendono).

208. *solid wood*

209. *mattress and frames*

210. *bunk bed*

211. *drawer chest*

212. *walnut*

213. *doors*

214. *apportioned*

215. Fuorisede è lo studente che va a risiedere in una città diversa da quella d'origine per seguire i corsi universitari.

216. *shared*

217. *according*

218. Società

219. locatario

220. *notice*

221. *withdraw*

222. *registered*

223. subaffittare

224. *commodatum (loan)*

225. *rent*

226. *is agreed*

227. *amount*

228. *proxies*

229. *security deposit*

230. Codice di identità corrispondente, per fini legali e fiscali, al Social Security Number americano.

231. *fulfillments*

232. Nei documenti ufficiali italiani, da secoli, "li" precede la data.

233. Versione italiana del programma *Big Brother*.

234. *customers*

235. *hallway or Pullman kitchen*

236. *prerogative*

237. *anthology*

238. *series*

239. *published*

240. *breeding ground*

241. *sniper*

242. Balestrini è stato tra i primi in Italia a usare il computer per generare poesie in modo automatico.

243. Il liceo classico è la scuola superiore in cui si studiano soprattutto le lingue classiche e le materie umanistiche. Nel romanzo di Nove c'è un'ironia stridente tra la formazione del personaggio e la superficialità e l'inconsistenza dei suoi consumi culturali.

244. *security guard*

245. *unfinished solid pine*

246. profondità

247. *padding*

248. *duvet*

249. *chipboard*

250. Cassa di Risparmio delle Province Lombarde.

251. locale da ballo

252. *were colorful*

253. *delivery van*

254. *slit*

255. *coiffed*

256. *glass-door cabinet*

257. *drawer unit*

258. *wall cabinet*

259. *stool*

260. *bench*

261. *sofa*

262. *corner*

263. *slipcover*

264. *with removable slipcover*

265. *wooden slats*

266. *filled cushions*

267. *armrests*

268. *footstool*

269. *steel legs*

270. *beech*

271. *doors*

272. Sono le ante di legno.

273. *that fold out of way*

274. *roll-front*

275. *sliding*

276. *handles*

277. *shelves*

278. *adjustable*

279. *wall shelves*

280. *drawers*

281. *pull-out shelf*

282. *casters*

283. *stackable plastic box*

284. *bottle rack*

285. *(floor / table) lamp*

286. *accents / ornaments*

287. *candleholder*

288. *saucer (for flowerpots)*

289. *picture frame(s)*

290. *framed*

291. *finishes*

292. *beech veneer*

293. *oak*

294. *birch*

295. *white-lacquered finish*

296. *lacquered steel*

297. *gray metallic finish*

298. *(solid) pine*

299. *spruce*

300. *frosted*

301. *polyurethane (foam)*

302. *leather*

303. *fabric*

304. *feather*

305. *buyers*

306. *water polo*

307. Voce del verbo solere (essere solito).

308. *attribution*

309. *resilience*

310. *bonding agent*

311. Indica il margine anteriore irregolare della *pars optica* della retina.

312. *inmates*

313. *séance*

314. *packer*

315. *I am fed up*

316. *mover*

317. *closer to us (espressione storico-geografica)*

318. manuale

319. *implies*

320. *deprived of his authority*
321. *tray*
322. Da Vladimir Nabokov.
323. *bent*
324. *shuttle*

3 città

1. *one realizes*
2. *farms*
3. *Latifundia* (lat.) / *large estates*. Una campagna di colonizzazione dei latifondi era stata avviata in Sicilia già in età fascista.
4. Famiglia composta dai genitori e da una sola generazione di figli.
5. *single-parent family*
6. *balance*
7. *survey*
8. *ridge*
9. suddivisione dell'impero medievale
10. *segments*
11. *farce*
12. *rallies*
13. Il movimento (poi partito di governo) della Lega Nord, e altre formazioni affini, utilizzano nelle loro manifestazioni simboli, costumi e gadget ispirati alle storie e leggende della lotta dei Comuni medievali settentrionali contro gli imperatori germanici.
14. *gamut*
15. Il loro sito ufficiale (www.sudsoundsystem.com) è interamente in dialetto salentino.
16. Neo-global si usa in italiano per *new-global* (movimento di protesta contro la globalizzazione economica e culturale).
17. *claims*
18. *shot*
19. *crowd scenes*
20. È il più grande teatro di posa d'Europa, utilizzato anche di recente per grosse produzioni americane come ad esempio *Gangs of New York* di Martin Scorsese.
21. *postcard*
22. *backdrop*
23. *full-length film*
24. *is showing*
25. *politician's aid*
26. *cameraman*
27. Numerosi i premi che ha ricevuto questo film: tra gli altri, il Nastro d'Argento, il David di Donatello e il premio per la miglior regia al festival di Cannes.
28. *frame*

29. *passersby*
30. *off-screen*
31. *developments*
32. *fastened*
33. *location scouting*
34. *pastry chef*
35. *sweatsuits*
36. *stand*
37. *slippers*
38. *to reproach*
39. *uncontrollably*
40. *itch*
41. *surgically*
42. Le varie antologie curate da Tondelli, autentico *talent scout* di molti "giovani scrittori" degli anni '90, contribuirono a far conoscere autori quali Gabriele Romagnoli e Giuseppe Culicchia.
43. L'iguana del titolo è il cantante Iggy Pop.
44. "Burino", voce di origine romanesca ma usatissima ovunque, vuol dire cafone.
45. *indispensable*
46. *graceless*
47. Antonio il Porco. I soprannomi degli Antò non sono dispregiativi, ma segni di appartenenza a un gruppo, i punk, reietto e antagonista per scelta.
48. *student who has repeated a year or more*
49. Il corso di laurea "Discipline artistiche, musicali e dello spettacolo" fu istituito a Bologna nel 1971, in pieno clima post-sessantotto, per "rinnovare lo studio dei fenomeni artistici nel contesto universitario" (dal sito ufficiale del Dams, www.dams.unibo.it). Fu fondato da un gruppo di docenti tra i quali Benedetto Marzullo, Luciano Anceschi e Renato Barilli, cui poi si aggiunsero altri nomi di prestigio: Umberto Eco, Angelo Guglielmi, Gianni Celati, Furio Colombo. Protagonista delle rivolte del 1977, il Dams, grazie a nuovi insegnamenti e approcci metodologici, esercitò da subito un forte richiamo contribuendo all'ulteriore diversificazione del corpo studentesco dell'ateneo bolognese.
50. Zorru ricorda "zurre", parola presente in molti dialetti meridionali col significato di "becco" (caprone). Potrebbe voler dire cafone (come in certe voci abruzzesi simili: "zerre", "zurre"), e ovviamente echeggiare Zorro.
51. *intern*
52. Antonio lo Zombie
53. *(surrounding) area*
54. Antonio il Malato
55. *hospital orderly*
56. *students' prank*
57. *real estate speculator*

58. *apprentice bricklayer*
59. *scaffolding*
60. *discharged*
61. *melting pot*
62. *nonfulfillment (of a contract)*
63. *marijuana smokers*
64. *draft notice*
65. *orders*
66. *to find refuge*
67. *circle*
68. *financial straits*
69. *exploiter*
70. *deportation order*
71. A Pazienza (scomparso a trentadue anni nel 1988) e a Tondelli è dedicato *Jack Frusciante è uscito dal gruppo* di Enrico Brizzi.
72. *wannabe*
73. Nella raccolta *Senza gli orsi* appare un fumetto scritto da Ballestra e disegnato da Alberto Rebori.
74. *highs*
75. *joints*
76. *was flooding*
77. *below*
78. posti da "truzzi" (vedi la tabella lessicale)
79. *provincial capital*
80. *firemen*
81. *tinsmith*
82. loro (poetico-ironico)
83. sono (dial.)
84. *a faint diesel rattle*
85. *shaken by a long shiver*
86. *with an oriental pattern*
87. *is in full swing*
88. l'una (ipercorrettismo ironico)
89. Bologna (dal latino)
90. *show*
91. *mounds of snow*
92. *gray / dull gray*
93. frigo (ironico plurale ipercorrettivo)
94. bugiardo (ironico; lett. *counterfeiter*)
95. *cursing the Virgin Mary*
96. *muffled up*
97. *squinting eyelids*
98. *disturbances*
99. *would have got on*
100. dei numeri civici, cioè dei numeri delle abitazioni
101. *dwarfs* (Eolo è il nome di Sneezy, nella versione italiana di *Biancaneve e i sette nani*)
102. *hole*

103. ci (dial.)
104. *small door*
105. *a worn-out switch for the staircase light*
106. *anchored submarine*
107. *small dividing gate*
108. *before*
109. *mittens*
110. *former tool storeroom*
111. *refitted*
112. *guestrooms*
113. *rent*
114. lire (gerg.)
115. *head*
116. *whispers questioningly*
117. *taps*
118. *numb knuckles*
119. Fabio (dial.)
120. *corpse*
121. soggetto (franc., ironico)
122. *covered with wood*
123. La lampara è una barca di pescatori. San Benedetto del Tronto è un porto delle Marche.
124. un paio di nasse (*fish traps*)
125. *rope*
126. *helm*
127. *if she put out to sea*
128. *vessel*
129. *self-deprecatory*
130. *passed off*
131. Castelvetraio è paese inesistente, come il suo dialetto.
132. Gergo di contatto semplificato, formato da parole prese da parlate diverse e usato per scopi di comunicazione pratica e commerciale tra persone e gruppi linguisticamente non omogenei. Un pidgin può evolversi, arricchirsi strutturalmente e lessicalmente, e diventare lingua nativa (in questo caso si parla di creolo).
133. Linguaggio parlato da un solo individuo.
134. Parola ebraica (letteralmente "spiga di grano"): indica un modo di parlare (pronuncia, lessico) che identifica un individuo come membro di un gruppo esclusivo.
135. *gone bad*
136. *fence*
137. *advertising agents*
138. Alcuni dei termini di questa lista sono stati tratti dal Vocabolario del Centro di documentazione sulla lingua dei giovani, realizzato dal professor Michele Cortelazzo dell'Università di Padova.
139. *I feel like*
140. attaccante della Roma

141. *stickers*

142. *pendant*

143. *almost nothing*

144. *reviews*

145. *red-handed*

146. *foul*

147. *a lot*

148. Una catena di negozi di abbigliamento molto amati dai teenager. Appartiene a un gruppo francese specializzato nel *prêt-à-porter*.

149. *cut*

150. Una specie di focaccia, tipica della Romagna ma divenuta popolare in tutta Italia.

151. *the visor backward*

152. *background (music)*

153. *waves*

154. *bubbles*

155. *(chewing) gum*

156. *(shopping) carts*

157. *intersections*

158. *belt*

159. *sidewalk*

160. *wander*

161. *ponytails*

162. "Studiare ragioneria" (*accounting*) in questo caso vuol dire frequentare un istituto tecnico commerciale, cioè una scuola superiore.

163. *scooter*

164. La concordanza qui avviene con il primo elemento della lista, fenomeno comune nel parlato.

165. *clip / brooch*

166. ci baciamo (gerg.)

167. utilitaria della Renault

168. *clearing*

169. *landing (place)*

170. marchio di abbigliamento

171. *cage*

172. soldi (gerg.)

173. *lined*

174. *shaved*

175. *junkies*

176. Colui che sistema le cassette (*boxes*) di frutta e verdura consegnate prima dell'apertura del supermercato.

177. *to do drugs* (gerg.)

178. *joining*

179. *recognizes*

180. *ineradicable*

181. Questa volta Agrigento è chiamata con il suo nome.

182. *unequaled*

183. Il cognome del commissario, per quanto diffusissimo in Sicilia, nasce come omaggio allo scrittore e giallista catalano Manuel Vázquez Montalbán, molto conosciuto in Italia.

184. Vincenzo Consolo ha parlato di uso dialettale "folklorico di secondo grado", cioè di origine mediatica: "non esistono più i contesti dialettali, ma il lettore si diverte di fronte a questa buffoneria che già conosce per averla ascoltata nel cattivo cinema e nelle macchiette televisive".

185. *boorishness*

186. *alternating*

187. Non si può più esaminare l'evoluzione dell'italiano parlato secondo gli approcci prescrittivi o analitici che si sono alternati in secoli di Questione della lingua. Negli anni '60 Pasolini e Calvino individuavano (con rammarico il primo, con pragmatica presa d'atto il secondo) nel "linguaggio tecnologico" del Nord il modello che avrebbe rimpiazzato i dialetti e l'"italo-romanesco" della "civiltà neorealistica" (Pasolini). Tuttora i linguisti dibattono su quale standard di pronuncia o varietà lessicale sia al momento predominante, ma è ovvio che non ci si può più limitare a un'impostazione geografica di tipo tradizionale e statico, né scommettere sulla durevolezza, univocità e incisività dei fattori standardizzanti.

188. Così si indica comunemente in Italia il romanzo poliziesco, dal colore della copertina dei volumi della prima serie specializzata, che cominciò ad uscire nel 1929 da Mondadori.

189. *distinguished*

190. *suitable*

191. *deconstruct*

192. Per Camilleri comunque è motivante, nella scrittura del poliziesco, l'idea di Sciascia secondo cui il giallo costringe lo scrittore in una "gabbia" in cui deve giocare col lettore onestamente e senza vantaggio.

193. Il *noir,* che si richiama allo *hard-boiled* americano alla Dashiell Hammett, focalizza l'attenzione sul colpevole più che sull'investigatore. In anni recenti, questo genere ha partecipato del generale interesse di pubblico e critica per la letteratura *pulp* e *splatter*. Polemico nei confronti di queste tendenze è stato Camilleri: in un racconto degli *Arancini di Montalbano* ci presenta il commissario che, pirandelliana-mente, chiede all'autore di escluderlo dai suoi racconti perché disgustato da un mondo che non gli appartiene più, dove i criminali si cibano dei cadaveri delle vittime: una trasparentissima allusione ai "Cannibali" che avevano accusato Camilleri di "buonismo". Tra i protagonisti del nuovo giallo e *noir* italiano ricordiamo Massimo Carlotto, Giancarlo De Cataldo, Carlo Lucarelli, Loriano Macchiavelli, Giampiero Rigosi.

194. *unprecedented*
195. *separation*
196. *(who) is resigning*
197. *experience otherwise*
198. *mixed*
199. *agreed*
200. bambini (sicil.)
201. indugiando, girando senza un preciso scopo (sicil.)
202. comprare (sicil.)
203. affogate (sicil.)
204. ora (sicil.), come in "serata", "nottata"
205. si accendevano (sicil.)
206. si spegnevano (sicil.)
207. lo assalì (sicil.)
208. entrò (sicil.)
209. dimostrato (sicil.)
210. *not up to much*
211. mangiatosi (sicil.)
212. piacere (sicil.)
213. melanzane (sicil.)
214. si trovava (sicil.)
215. si alzò (sicil.)
216. La posizione del verbo dopo il nome, in casi come questo, è tipica del siciliano.
217. come me (sicil.)
218. nossignore (sicil.)
219. trentenne (sicil.)
220. appetito (sicil.)
221. si risedette (sicil.)
222. odore (sicil.)
223. anche (sicil.)
224. voglia (sicil.)
225. squadrava (sicil.), guardava
226. guardò (sicil.)
227. orologio (sicil.)
228. uscì (sicil.)
229. New York (sicil.)
230. presentato (sicil.)
231. caldo (sicil.)
232. salì (sicil.)
233. camera (sicil.)
234. *trouble*
235. scese (sicil.)
236. *street directory*
237. creata (sicil.): *living*
238. Per un dizionario completo dei sicilianismi di Camilleri, con circa 2.600 lemmi, si veda Gianni Bonfiglio, *Siciliano Italiano. Piccolo vocabolario ad uso e consumo dei lettori di Camilleri* (2003). Un glossario si trova pure nel sito www.geocities.com/commontalbano ("The Salvo Montalbano Site").
239. È comune nei dialetti meridionali la protesi di a-, talvolta con raddoppiamento della consonante iniziale, come nei verbi che seguono.
240. Deformazione di "gonorrea", malattia venerea di difficile cura.
241. *failed*
242. *shoes*
243. *funeral home*
244. Di Mario Martone, oltre ai due film già menzionati, va ricordato almeno *Morte di un matematico napoletano* (1993). Col gruppo teatrale "Falso movimento", Martone era stato tra gli esponenti di spicco del teatro italiano multimediale e *progressive* (tra il 1999 e il 2001, come direttore del Teatro di Roma, Martone allestisce cartelloni memorabili).
245. *disfigurement*
246. *stench*
247. *in dribs and drabs*
248. *wicker baskets*
249. *sandy shore*
250. *teased*
251. La Costa Smeralda, nel nord della Sardegna, è tra le mete turistiche più esclusive del Mediterraneo.
252. *popular*
253. *almond-flavored soft drink*
254. onomastici
255. *oxygen bottle*
256. ora (dial.)
257. Il Colle dei Camaldoli, altura vicino Napoli con area boschiva, così detta perché nel diciassettesimo secolo vi fu edificato un convento dell'ordine camaldolese (che prende a sua volta il nome da Camaldoli, vicino Arezzo, dove fu fondato all'inizio dell'undicesimo secolo da San Romualdo).
258. *hardly*
259. *magic wand*
260. *whinings*
261. territorio di Asti, in Piemonte
262. *keeping*
263. *will nourish*
264. *subordinate*
265. "buona novella" equivale a Vangelo
266. *remakes*
267. *kidnapped*
268. *ransom*
269. strade strette delle città liguri
270. *trenches*

271. *archaizing*

272. Secondo l'interpretazione più comune è il gatto, che salta come una lepre sui coppi (tegole) del tetto. Potrebbe tuttavia trattarsi di una lepre (*hare*) messa a frollare nel sottotetto, appunto sotto i coppi.

273. "Qui impropriamente tradotto mulattiera. In realtà la creuza è nel Genovese una strada suburbana che scorre fra due muri che solitamente determinano i confini di proprietà".

274. *doves*

275. *cutpurse*

276. *sea bass*

277. *fin*

278. *condom*

279. *carnations*

280. *mule path*

281. "in modo razionale, preordinato"

282. *splinters* (fig.)

283. *running water*

284. *cloth*

285. *drain*

286. Questa ricetta è scritta sul modello di quella che si trova su www.liguriafoods.it.

287. *butcher*

288. *veal*

289. *pouch*

290. *mince*

291. *sauté*

292. *celery*

293. *lukewarm*

294. *prick*

295. *toothpick*

296. *side dish*

297. Il successo del libro è stato tale che il diciottesimo volume del Grande Dizionario Battaglia, la maggiore opera lessicografica italiana, ha incluso la voce "sgarrupato" ("disordinato, disastrato, caotico, male in arnese"), introdotta nella lingua nazionale da un tema pubblicato da Marcello D'Orta. I lavori dei bambini di Arzano hanno fornito il materiale per rappresentazioni teatrali (a Roma, a Parigi) e per un film del 1992, diretto da Lina Wertmüller e interpretato da Paolo Villaggio, nella parte del maestro Marco Tullio Sperelli, trasferito per un errore burocratico dalla Liguria alla Campania. Il film, che nella versione italiana ha lo stesso titolo del libro, nella versione americana è stato intitolato *Ciao, Professore!*

298. *could not stand the sight of us*

299. *stinking*

300. *championship*

301. Il calcio visto e descritto dai bambini è l'argomento di un altro libretto curato da D'Orta pochi anni fa, intitolato *Maradona è meglio 'e Pelé*.

302. *bypass*

303. *one leaves the bypass*

304. Il Napoli è addirittura personificato, come nella frase successiva.

305. *were teasing him* (colloquiale, volgare)

306. *aveva* (dial.)

307. Vincesse: la sostituzione del congiuntivo con l'indicativo, in casi simili a questo, è comune in alcuni dialetti del Sud.

308. Si dice che quando il Napoli vinse lo scudetto, qualcuno scrisse sul muro del cimitero: "Che vi siete persi!".

309. vicolo (*lane*)

310. i botti (*the firecrackers*)

311. sedie

312. pappagallo

313. *crushed*

314. *to spell out*

315. *watershed*

316. *the fateful "I do"*

317. *Cinderella*

318. *has all the numbers*

319. *shipbuilder*

320. *(ship)yard*

321. *stage*

322. *nursery rhymes*

323. *counting-out rhymes*

324. *tongue-twisters*

325. Per verificare il testo delle conte e delle filastrocche qui riportate abbiamo utilizzato, oltre che la nostra memoria e quella di conoscenti ed amici, due siti: www.filastrocche.it e www.nenanet.it.

326. "Ponte", "ponente" e "Perugia", le poche parole identificabili in questa conta, sono in realtà come tutte le altre il prodotto dell'adattamento dei suoni dell'originale francese: "Pomme de reinette et pomme d'api, / Tapis tapis rouge, / Pomme de reinette et pomme d'api, / Tapis tapis gris". Questa conta si esegue così: i bambini si dispongono in cerchio tenendo i pugni chiusi davanti a loro, uno sopra l'altro; il bambino che fa la conta, mentre ripete le parole, batte il pugno destro su quello degli altri, seguendo il ritmo degli accenti tonici. È fuori chi viene toccato in corrispondenza con l'ultima sillaba. L'ultimo che rimane in gioco vince.

327. bigio, cioè grigio spento (*dull gray*)

328. castello

329. bello

330. "Veneziani, gran signori; / padovani, gran dottori; / vicentini, mangiagatti; / veronesi tutti matti".

331. *a few wrinkles*

332. *lean*

333. *bishop*

334. *(mortal) remains*

335. un tipo di pasta

336. *flood*

337. *hosts*

338. *sword*

339. *transept*

340. *storeroom*

341. *crusaders*

342. *on leave*

343. *live*

344. *socket*

345. *sleeping pill*

346. *limb*

347. *glacier*

348. *crow*

4 migrazioni

1. *sedentary*

2. *common era*

3. La frase si legge sulla facciata principale del "Palazzo della Civiltà del Lavoro", noto come "Colosseo Quadrato", edificato a Roma, all'EUR, tra il 1938 e il 1940 (su progetto degli architetti Guerrini, La Padula e Romano) per l'Esposizione Universale che si sarebbe dovuta tenere nel 1942, e che fu annullata per la guerra. La frase è ripresa (con l'aggiunta di "pensatori" e "scienziati"), dal discorso pronunciato da Mussolini il 2 ottobre 1935 per giustificare la guerra d'aggressione contro l'Etiopia.

4. *coerced*

5. *navy or merchant marine*

6. *patrons*

7. Si preferisce usare "Riforma Cattolica" anziché "Controriforma" (*Counter-Reformation*).

8. *skilled*

9. *transhumance*

10. Dibattito di lunga durata tra storici e intellettuali sulle ragioni dell'arretratezza economica e sociale del Mezzogiorno.

11. *pointed out*

12. *amount to*

13. *benefited*

14. *commuting*

15. *destination*

16. *children*

17. *exploitation*

18. *held back*

19. *to order*

20. *to set up house*

21. casa, domicilio (lat.)

22. *more plainly*

23. *wreck*

24. *rubber dinghy*

25. *hired*

26. *watermill*

27. *great-aunt*

28. *miners*

29. *(food) cans*

30. *glossy*

31. è ricca

32. *Fort Apache*

33. *sided with*

34. *Stagecoach*

35. *trumpet*

36. *waterboy*

37. *barley*

38. *shaved head*

39. *truss*

40. *holster*

41. Amerigo "giovane, non sposato, un po' socialista" non andava d'accordo con il padre: voleva usare il suo calessino "come un'auto sportiva" (Guccini, *Cròniche epafániche*).

42. Enrico Guccini, detto Nerìco o Merigo, partì per l'America da Le Havre e arrivò a New York nell'ottobre del 1912. A Ellis Island gli ufficiali americani registrarono che aveva con sé trenta dollari, aveva venticinque anni ed era alto "five feet and seven inches".

43. *Donald Duck*

44. *excrements*

45. *chestnut trees*

46. In *Cròniche epafániche* Guccini racconta che il prozio amava ripetere curiosi detti nel suo dialetto (il pavanese); per esempio, "A Pisburg t'va' fóra con al soli ch'l'è bianco, e t'artorni a ca' ch'lè nero", cioè "A Pittsburgh vai fuori con il sole che è bianco, e torni che è nero" (per il fumo delle fabbriche).

47. Guccini ricorda che Enrico-Amerigo talvolta usava "nomi certamente magici, Ilinoi, Tex, Senlui (a volte Sanluigi), mina [=*mine*, miniera], raif" (*Cròniche epafániche*).

48. *arrogant*

49. senza capirlo

50. *glass factory*

51. *saltworks*

52. *to exploit him*

53. *accordion*

54. indovinare

55. *evil pyramid* (probabilmente il simbolo massonico che compare sul dollaro)

56. *mestizos*

57. "La Bustina di Minerva" è il titolo della rubrica di Umberto Eco sul settimanale *L'espresso,* inclusa in ogni numero dal 1985 al 1998, e poi continuata con cadenza quindicinale. La rubrica, "come vuole il titolo, intendeva raccogliere quegli appunti occasionali e spesso extravaganti che talora si annotano nella parte interna di quelle bustine di fiammiferi che si chiamano appunto Minerva" (RaiLibro).

58. *conductor*

59. *whenever*

60. *under pressure*

61. Emilio Salgari (Verona 1862–Torino 1911) non riuscì a coronare il suo sogno di diventare capitano di marina, ma in compenso fece viaggiare con la fantasia generazioni di ragazzi italiani. Molti dei suoi ottanta romanzi sono diventati dei classici, ristampati e letti regolarmente ancor oggi: *I misteri della jungla nera, Le tigri di Mompracem, Sandokan alla riscossa, I pirati della Malesia, Jolanda, la figlia del Corsaro Nero.*

62. *on the cover*

63. *desirable*

64. *at the dawning*

65. *newscasters*

66. *program schedule*

67. *university teaching qualification*

68. *demolish*

69. della semiologia di Charles S. Peirce

70. *regret*

71. *prairie*

72. Più avanti nel suo saggio Eco ricorda che "la civiltà romana era una civiltà di meticci", in cui anche i galli, i sarmati o gli ebrei come San Paolo diventavano cittadini romani, e un africano poteva salire al soglio imperiale.

73. *suddenly*

74. *merged*

75. *stock*

76. *build*

77. *connoisseur*

78. *stamped*

79. *faintest*

80. *came up with*

81. "A volte penso di non essere argentino, dal momento che non ho sangue né cognome italiano".

82. "Un argentino è un italiano che parla spagnolo, pensa in francese, però gli piacerebbe essere inglese".

83. "Un argentino è un argentino, quello delle tre *d:* depresso, disilluso e disperato".

84. *rooted*

85. *glue (sticky pasta)*

86. Onorevole

87. *silence*

88. *anniversary*

89. Edmondo De Amicis (1846–1908) fu l'autore di *Cuore* (1886), un bestseller che già a quell'epoca riuscì a superare il milione di copie vendute. Il romanzo, fino a non molti anni fa lettura pressoché obbligata degli studenti elementari italiani (e che contribuì non poco al successo della nuova lingua nazionale), ruota intorno alle vite di un gruppo di giovani studenti e del loro maestro. Il costante paternalismo e l'eccesso di buoni sentimenti lo ha reso distante dal gusto del pubblico moderno. Tra le altre opere, *Sull'oceano* (1889) è uno dei primi testi a descrivere le condizioni di vita degli emigranti italiani.

90. Casa delle Libertà: è il nome del Polo che raccoglie i partiti di centro-destra.

91. *notorious*

92. Legge sull'immigrazione del 2002, che ha cercato di limitare il flusso migratorio clandestino. La Bossi-Fini ha aumentato le sanzioni per chi cerca di rientrare in Italia dopo una prima espulsione, e ha reso più difficile la regolarizzazione dei familiari entrati clandestinamente nel paese, anche in presenza di un membro della famiglia (perfino un genitore) munito di permesso di soggiorno e di lavoro.

93. *more than one hundred*

94. L'8 agosto 1956 scoppiò un incendio nelle gallerie della miniera Bois du Cazier di Marcinelle, in Belgio. Morirono 262 minatori, in maggioranza immigrati italiani. Per alleviare la crisi economica del dopoguerra, il governo italiano pagava le spese di trasferimento ai disoccupati che si recavano a lavorare nelle miniere di carbone del Belgio. Secondo dati dell'Osservatorio infortuni (www.infortunilavoro.it), tra il 1946 e il 1963 furono 867 gli italiani che perirono in quelle miniere.

95. *Risk* (il gioco da tavolo)

96. L'articolo 18 dello statuto dei lavoratori riguarda la riassunzione dei dipendenti licenziati.

97. *review*

98. *ballots*

99. *mouth (of a river)*

100. *reparation*

101. del fiume Po

102. *sold / marketed*

103. *commuters*

104. *one would fail to keep*

105. *follow*

106. *(military) draft*

107. Si riferisce a un precedente racconto della raccolta ("Un celebre occupatore di città"). Si tratta, verosimilmente, del ferrarese Italo Balbo, tra i fondatori dello squadrismo fascista (*Fascist action squads*), poi autore di imprese aviatorie. Nel 1922, nei mesi precedenti la Marcia su Roma di Mussolini, guidò l'occupazione di terre e città, usando violenza contro municipi e associazioni sindacali di contadini e braccianti (*farm laborers*).

108. Corpo dell'esercito con funzioni di polizia.

109. *to misunderstand each other*

110. *estrangement*

111. *dubbing*

112. *left in the custody*

113. *false*

114. *destitute*

115. *slums*

116. *transitory*

117. *convenient*

118. *glittering*

119. *hum*

120. *binges*

121. *directors*

122. *palm tree*

123. *lighters*

124. *packed*

125. *busy*

126. *huckster*

127. *lion tamer*

128. *wraps*

129. *shrugs his shoulders*

130. *gives*

131. *bows*

132. *script*

133. Il *wuluf* è la lingua del Senegal.

134. *dance hall*

135. *cram*

136. *movie camera*

137. *dark*

138. *attacked*

139. *hot and humid*

140. *(bus) stop*

141. *was protesting*

142. *assault*

143. *shoves*

144. *a commotion*

145. *rose*

146. Abitazione africana. Come dire: "Tornatene in Africa".

147. Benito Mussolini

148. *series*

149. *taken and thrown out*

150. *stamped*

151. *empty*

152. *shines*

153. *raised to the level*

154. *in bags or foam containers*

155. che sostiene la Lega

156. La Confederazione Generale Italiana del Lavoro è la più antica organizzazione sindacale italiana e anche la più grande, con oltre 5 milioni di iscritti.

157. Le Rappresentanze Sindacali Unitarie (Rsu) sono nate nel 1993 da un accordo tra i sindacati italiani più importanti (Cgil, Cisl e Uil) e le maggiori associazioni degli imprenditori (Confindustria, Intersind). Le Rsu, composte da rappresentanti dei lavoratori e dei sindacati, hanno il compito di negoziare il rinnovo dei contratti e le condizioni di lavoro.

158. *overtime*

159. una cosa da nulla

160. La sponsorizzazione dell'Atalanta da parte dell'Ortobell è cessata alla fine del campionato 2001–2. L'Atalanta è la squadra di calcio di Bergamo.

161. La Filcams è la Federazione Italiana Lavoratori Commercio Alberghi Mense Servizi.

162. *bonus (under the table)*

163. *routine*

164. *apply pressure on*

165. *hassles*

166. parola

167. *I concur*

168. *fired*

169. *squeezed*

170. *vacations*

171. *authorizations*

172. *negotiations*

173. Anche detto "western all'italiana", è un genere cinematografico che ebbe grande popolarità tra la fine degli anni '60 e i primi '70. Versione cattiva del western americano, si distingueva per l'ambientazione in villaggi cimiteriali, assolati sagrati di chiese, ranch dimenticati da Dio e sferzati da un vento polveroso (le *location* erano quasi sempre sugli alti-

piani spagnoli, più raramente in Italia); abbronzati e sudici erano spesso i protagonisti, taciturni e sanguinari. Sovente ironico negli scarni dialoghi, e spinto a un parossismo di violenza e truculenza che talvolta sfiorava la parodia dei modelli americani, lo "spaghetti western" ebbe il suo massimo regista in Sergio Leone (1926–89), autore di classici quali *Il buono, il brutto e il cattivo* (1966) e *C'era una volta il West* (1968), e l'attore-simbolo in Clint Eastwood, uno dei pochi americani veri in una miriade di interpreti spesso italianissimi, ma dal nome d'arte pseudo-yankee. Negli anni ultimi decenni, il "western all'italiana" è stato fortemente rivalutato, ed anche prodotti mediocri sono diventati oggetto di culto cinefilo.

174. *enjoying great favor*

175. *Leaden years:* si definisce così, dal titolo di un film del 1981 di Margarete von Trotta, la fase più acuta del terrorismo italiano di destra e di sinistra, nel periodo compreso tra le stragi del 1969 e i primi anni '80.

176. *decay*

177. *blinding*

178. *fell*

179. *gates*

180. *ferry*

181. *off-road*

182. *front*

183. *fraud*

184. *bogus*

185. *shot / executed*

186. *appear*

187. Personaggi famosi del mondo dello spettacolo.

188. certamente

189. *remembers*

190. *fire questions at Gino*

191. Bari e la costa pugliese sono i punti di approdo di molti immigrati clandestini.

192. *I train*

193. *fighting trim*

194. *tanks*

195. *jeep*

196. *speed up*

197. *paperwork*

198. *torn*

199. credeva (sicil.)

200. piccolo (sicil.)

201. febbre (sicil.)

202. so (sicil.)

203. sono (sicil.)

204. *small*

205. *cricket*

206. *latch*

5 america

1. I Black Bloc sono gruppi di ispirazione anarchica che spesso manifestano in forme violente.

2. *cans*

3. *grief*

4. *Mickey Mouse*

5. *to produce*

6. *nothing to object*

7. *windows*

8. *to ban*

9. Va da sé, alla luce della premessa, che questa lista non è esaustiva, né può riflettere i cambiamenti indotti dal mutare del gusto e delle mode.

10. La parola "jeans" deriva, tramite il francese, dalla città di Genova. "Research on this textile indicates that it was a fustian—a cotton, linen and/or wool blend—and that fustian from Genoa, Italy, was called jean" (www.levistrauss.com/about/history/denim.htm).

11. Con una certa frequenza si trova scritto erroneamente "Autority".

12. *(private) enterprise*

13. *zealous*

14. *test*

15. Il cognome di quest'ultimo professore, Bianca, è stato tradotto e trasferito ad inizio di frase.

16. "VA" nell'originale, cioè Varese.

17. *dubbed*

18. *safe*

19. *beauty pageant*

20. *catch*

21. *yuppie*

22. *stormy*

23. *busybody*

24. *about to*

25. *bachelor*

26. *perks*

27. Nel romanzo uno dei protagonisti, Horeau, progetta un enorme palazzo di vetro. Il vero Crystal Palace fu eretto da Sir Joseph Paxton e Charles Fox per la Great Exhibition di Londra del 1851, poi spostato e trasformato fino alla distruzione in un incendio nel 1936.

28. *performances*

29. *focalizations*

30. *crossing*

31. *inn*

32. *silkworm breeder*

33. *mold*

34. *stringing together*

35. *entails*

36. *production*

37. *Repertory Theater*

38. *drama*

39. Dal nome del protagonista di *The Catcher in the Rye* (1951) di J. D. Salinger.

40. *nautical chart*

41. *aiming*

42. *travels*

43. *releases*

44. *turns*

45. *step*

46. *was carrying on as if nothing happened*

47. *we did not feel like asking him*

48. *without interruptions*

49. *stunned me*

50. *keys*

51. *back pay*

52. *in order*

53. *balance the accounts*

54. *until you drop dead*

55. *trumpet*

56. *softly*

57. fare

58. *to find your way / to figure it out*

59. *doesn't let you go*

60. *fuck the war*

61. andava

62. *crew*

63. *engine room*

64. *box*

65. *semidarkness*

66. *he was going to blow up*

67. *dock*

68. *firework*

69. *curtain*

70. *placed*

71. *addressed*

72. *approaches*

73. Nel sito ufficiale di Baricco (www.abcity.it) si può trovare una scelta di pezzi di Ry Cooder che l'autore ascoltava durante la composizione del romanzo *City*.

74. L' "anima di Hegel" è un riferimento al pensiero del grande filosofo idealista tedesco (1770–1831) secondo cui la musica "deve elevare l'anima al di sopra di se stessa, deve farla librare (*fly, rise*) al di sopra del suo soggetto e creare una regione dove, libera da ogni affanno, possa rifugiarsi senza ostacoli nel puro sentimento di se stessa". Le "mucche del Wisconsin" richiamano invece uno studio della University of Wisconsin secondo cui le mucche cui viene fatta ascoltare musica sinfonica producono il 7,5% in più di latte.

75. *point blank*

76. *obscurity as an end in itself*

77. *learned*

78. *late Romantic*

79. *plates*

80. *illustrious*

81. *fight with no quarter / fight to the death*

82. *regretted*

83. *page / tablet*

84. *striking*

85. *dramatic turn of events*

86. *pill*

87. *never cared* (volgare)

88. *pebbly riverbank*

89. *gold nugget*

90. *pinched*

91. La storia originale, ideata e disegnata da Carl Barks, fu censurata nelle prime edizioni americane e italiane. Nelle tavole espunte il lettore veniva a sapere, tramite un flash-back, che Doretta Doremì aveva dato a Paperone un caffè con il sonnifero per derubarlo del suo oro.

92. *unraveled*

93. *slanting roofs*

94. *squeaky*

95. *scattered*

96. *How did she dupe him?*

97. *gold concession*

98. *dig*

99. *a cartload*

100. *vein*

101. *cabin*

102. *clumsy*

103. *top hat*

104. *dive*

105. *doesn't give up*

106. *Little Black Riding Hood*

107. *rifle*

108. *bony*

109. *torn clothes*

110. *fists*

111. *madman*

112. *dresser*

113. *beautiful enough to take your breath away*

114. *merciless*

115. *teapot*

116. *pierce*

117. *knows that she owes him*

118. *astounding*

119. *fencing*

120. *knocks*

121. *stiff*

122. *bill*

123. *opens up*

124. *beads of cold sweat form on his feathers*

125. *is stammering*

126. *glittering*

127. *rouses himself*

128. *shakes off*

129. *shouts*

130. *takes off*

131. *dried cod*

132. *to extract money*

133. *(gold) hunters*

134. *sly*

135. *is sneering*

136. *pickax*

137. *crack*

138. *glows*

139. *stunned*

140. *out of breath*

141. *surprised*

142. eufemismo

143. *with a long face*

144. *very well found*

145. *balloons*

146. *rhyming captions*

147. Tale era la popolarità del personaggio di Disney che quando nel 1936 uscì una piccola utilitaria Fiat, venne ribattezzata Topolino, e con quel nome è conosciuta ancora oggi, sebbene non fosse la denominazione ufficiale della vettura.

148. Nel 1935 Walt Disney e sua moglie si recarono a Roma. In loro onore fu organizzata una serata di gala al cinema-teatro Barberini, alla presenza di Galeazzo Ciano (da poco nominato Ministro per la Stampa e la Propaganda) e della moglie Edda, figlia di Mussolini. Scoppiata la guerra, per volere dello stesso Mussolini le strisce di *Topolino* non furono incluse subito nel bando che colpì i film di Hollywood e altri prodotti esteri, compresi i fumetti.

149. Come ricorda Castelli, lo stesso Federico Fellini scrisse diversi episodi di Flash Gordon durante il periodo bel-lico, quando il materiale originale americano cessò di arri-vare in Italia.

150. *strips*

151. Il nome del personaggio doveva essere Tex Killer, ma Tea Bonelli, moglie dell'editore, fece cambiare l'iniziale per evitare un riferimento troppo diretto alla violenza e al sangue.

152. *The Searchers*

153. *kiosks*

154. *columnist*

155. Dati relativi al periodo luglio 2002–giugno 2003, for-niti dall'ADS (Accertamento Diffusione Stampa).

156. *manage*

157. Come ha scritto Francesco Stajano, Lecturer presso il Dipartimento di ingegneria dell'Università di Cambridge e appassionato "filologo disneyano", "This important aspect, faithfully preserved in all the stories of the Italian school, probably also contributed to the very wide acceptance of *Topolino* in Italy: parents were happy to give the comic to their children because it was in some sense educational (expanding their vocabulary and exercising their grammar) without being pedantic or boring".

158. *squabbles*

159. Un piccolo suggerimento: non c'è bisogno di andare indietro nel tempo fino a Dante; si tratta di un'opera lirica del 1914, con le musiche di Riccardo Zandonai e il libretto di Gabriele D'Annunzio.

160. Così diventa il grido di battaglia di Bart Simpson, "Eat my shorts!"

161. *poor*

162. Le repliche, durante la stagione estiva, vanno in onda alle 14:30; rara è la programmazione in prima serata, riser-vata alle puntate nuove che ospitano voci italiane importanti.

163. Il personaggio di Ugo Fantozzi ha in comune con Homer molti tratti: la sfortuna nera, la povertà e l'indebita-mento costanti, i continui maltrattamenti sul posto di lavoro, l'ignoranza che gli fa storpiare le parole e la grammatica.

164. *exaggerated*

165. *strong*

166. *super rusty*

167. "Fe-mail-carrier" nell'originale.

168. pieno di soldi (*malloppo* equivale sia a *bundle* che a *booty*)

169. *RV (recreational vehicle)*

170. *speaker*

171. "Rub-a-dub-dub, thanks for the grub"

172. *preacher-healer*

173. Nell'originale, il pastore canta uno *spiritual:* "Mi-Michael row, row, rooow the boat...".

174. *mourning*

175. "Dear God, just give me one channel!"

176. *mispronunciation*

177. *hoarse*

178. *vulgar*

179. *ghost*

180. Evidentemente la casa di produzione deve aver pensato che il pubblico italiano non fosse a conoscenza delle storie dei tabloid americani sugli avvistamenti di Elvis.

181. Piuttosto piatta, qui, la traduzione italiana, che passa dal generale al particolare.

182. Anche qui la scelta del traduttore italiano è stata quella di semplificare, a scapito dell'effetto comico.

183. *Vita da strega* è il titolo dato alla serie televisiva *Bewitched* in Italia. In questo caso, invece, il traduttore ha puntato su un gioco di parole che deriva dall'ambiguità del termine "fattura" (*bill of sale*), usato comunemente nel commercio ma anche nelle pratiche di magia nera (nel significato di *spell*), con particolare riferimento al malocchio.

184. Invece che giocare sulle inversioni possibili (ad esempio, "tempo di perdita" invece che "perdita di tempo"), il traduttore italiano ha inserito un modo di dire abbastanza comune, di significato diverso ma ugualmente appropriato.

185. *lawyer*

186. *label*

187. *skillfulness*

188. *silverware*

189. In "stelle" potrebbe esserci un riferimento al disco di Louis Armstrong *Under the Stars* (1957). Tra l'altro, in una registrazione dal vivo di "Sotto le stelle del jazz", Conte all'inizio e alla fine della canzone aggiunge un breve *refrain* in inglese che contiene le parole "I whisper I love you", le quali ricorrono nella famosa canzone "Dream a Little Dream of Me".

190. Nell'intervista rilasciata a Guia Soncini, Paolo Conte così parlava del nome del personaggio femminile di questa canzone: "se c'era una bella ragazza, di quei tempi, si chiamava Marisa. Non si porta più, Marisa. Peccato".

191. *La Settimana Enigmistica* è il più popolare periodico italiano di cruciverba, rebus, sciarade, ecc.

192. *sinful*

193. *grab a bite-and-run*

194. *characterizes*

195. *complaints*

196. Su questo fenomeno si veda il fondamentale saggio di George Ritzer, *The McDonaldization of Society: An Investigation into the Changing Character of Contemporary Social Life* (1993).

197. *lost from the start*

198. Una delle prime catene di fast food in Italia, creata negli anni '80 dall'imprenditore Luigi Cremonini.

199. *cucumbers*

200. *without paying*

201. *fetid*

202. *veins*

203. *hollow pumpkins*

204. *patriotic pride*

205. *skulls*

206. *piccoli spettri*

207. *cloak*

208. *of the Franks*

209. *hitting*

210. Come spiegava Cardini nel suo articolo, "L'inizio del mese di novembre corrisponde col Semain del calendario celtico...: vi si celebravano gli antenati e con essi la terra seminata che si addormenta nella stagione fredda pronta a risorgere di nuovo in aprile... Fu un'abile mossa acculturativa quella dei monaci di Cluny, che nell'XI secolo inventarono le ricorrenze dei santi e dei morti—agganciando la seconda a una devozione recente, quella del Purgatorio—in modo da consentire ai fedeli di mantenere le antiche usanze conferendo loro un significato specifico nella nuova religione". Negli ultimi anni la propaganda politica della Lega Nord ha insistito molto sulla presenza dei Celti nel Nord Italia, durante l'antichità, per giustificare la loro tesi della unicità della "razza padana".

211. *basketsful*

212. *witch*

213. in provincia di Brescia

214. *comunque*

215. *werewolves*

216. *with tie*

217. *to make money*

218. *death penalty*

219. della Basilicata

220. *without being too polemic*

221. *to score* (ironico)

222. Ossia è un commercialista con una laurea in Economia e commercio.

223. *faults*

224. *by chance*

225. *inexpensive portables*

226. *motherboards*

227. *frequent*

228. *envelope*

229. *fee*

230. *user*

231. *money order*

232. *amounts*

233. *had bid*

234. *barely three links*

235. *postmarked*

236. *contraption*

237. *junk dealer*

238. *copper*

239. *tips*

240. Le "visibilità" consentono di dare evidenza a un'inserzione, mettendola in grassetto, aggiungendo delle foto, ecc.

241. *stand out*

242. De Carlo ha lavorato come assistente del fotografo e artista Oliviero Toscani (famoso nel mondo per le campagne Benetton).

243. capacità di essere perspicace (*perspicacious, sharp-eyed*)

244. *sharpness*

245. *seizes*

246. *nuances*

247. *to make do*

248. *breaks in*

249. *dreadful*

250. *short film*

251. *series*

252. *resigns*

253. *sneak in*

254. *interminable interview*

255. *fringes*

256. *sedan*

257. *block*

258. *with a dreamy expression on his face*

259. *snow tires*

260. *was barely making a sound*

261. *false impressions*

262. *ghostwriter*

263. *stopovers*

264. *belly*

265. *curse*

266. Gli aiuti dati dal governo italiano a chi sostituisce la vecchia auto con una nuova, meno inquinante.

6 europa

1. *drafted*

2. *mass grave*

3. Una volta entrato in circolazione l'euro, nel 2002, il 72% degli italiani dichiarava di ritenersi personalmente soddisfatto dell'adozione della nuova moneta, anche se la mag-

gioranza riscontrava un netto aumento dei prezzi con il passaggio dalla lira all'euro.

4. fascisti della Repubblica Sociale Italiana

5. *bragging*

6. *anthem*

7. Estratti da un sito dell'Unione Europea, europa.eu.int/abc/eurojargon/index_it.htm.

8. *cucumbers*

9. *to make up for*

10. *factories*

11. *labor*

12. *cheap*

13. Altri termini coniati tramite l'uso del suffisso *euro-* includono: eurospiccioli, eurocompatibile, eurovisione (diretta televisiva trasmessa in più paesi europei), eurogalleria (il tunnel della Manica), eurostressato, euroturisti, eurorapinatori, eurofalsari, europrezzi (aumentati con il passaggio dalla lira all'euro), eurolega (campionato di basket), eurottimista.

14. europa.eu.int

15. *updated*

16. Come ha scritto Timothy Garton Ash in un articolo per la *New York Review of Books,* apparso in traduzione su *Repubblica* nel 2001, "il parlamento europeo è già vicino a Babele. Un'intera giornata di interpretariato nel Consiglio della UE costa oltre 650.000 euro. Ammettendo, ottimisticamente, che la Repubblica Ceca e la Slovacchia siano d'accordo sul fatto che non è necessario tradurre il ceco in slovacco, una UE composta da 27 stati membri avrebbe 22 lingue, il che significa 462 combinazioni per l'interpretariato".

17. *subsidiarity*

18. *effective*

19. *boarders*

20. *visa*

21. *holders*

22. Estratti da "La Storia dell'Unione Europea" (europa.eu.int/abc/history/index_it.htm).

23. *United Kingdom*

24. *draft*

25. *coal and steel*

26. *protection*

27. *suppress the customs duties*

28. Politico di ispirazione cristiana, De Gasperi fu uno dei padri della Repubblica italiana, sebbene, essendo nato in Trentino nel 1881, il suo ingresso in politica fosse stato nel parlamento dell'impero austro-ungarico, che allora controllava quella parte d'Italia.

29. *become effective*

30. *provisions*

31. *quotas*

32. *loans*

33. *ratifies*

34. *deviation*

35. *currencies*

36. *join*

37. *summit*

38. "Il Berlaymont—un grande palazzo a stella che si trova nel cuore del quartiere comunitario di Bruxelles—è stato la sede storica della Commissione UE" (ANSA, Agenzia Nazionale Stampa Associata).

39. *with full rights*

40. *fixed exchange rates*

41. *resigns en masse*

42. *within the*

43. *amends*

44. Kit contenenti un esemplare di ogni moneta e delle banconote di piccolo taglio più comuni, messi in vendita a dicembre del 2001 per preparare gli utenti alla transizione all'euro.

45. *Latvia*

46. *ease*

47. *rots*

48. *thaw*

49. *Finnish*

50. *overcoat*

51. *patient*

52. *bitter and ironic ending*

53. *aspects*

54. provata

55. *hot issue*

56. *panels*

57. *lie*

58. "Romagna" è forse la canzone più famosa dell'Orchestra Casadei, e uno degli esempi meglio conosciuti di musica da ballo (ballo liscio). Il testo è il seguente: "Sento la nostalgia d'un passato, / ove la mamma mia ho lasciato. / Non ti potrò scordar casetta bella, / in questa notte stellata, / la mia serenata io canto per te. / Romagna mia, Romagna in fiore, / tu sei la stella, tu sei l'amore. / Quando ti penso, vorrei tornare, / dalla mia bella al casolare. / Romagna, Romagna mia, / lontan da te, non si può star!"

59. *floated*

60. *porthole*

61. infermiere della Croce Rossa

62. *survivor*

63. *emerge*

64. *sink again*

65. *cells*

66. *foldaway bed*

67. *night table*

68. *scanned*

69. *folding table*

70. *cardboard*

71. *notes*

72. *nods*

73. *moorings*

74. *landing*

75. *wound*

76. *uprooted*

77. *disorientation*

78. *spots*

79. *ragged outlines*

80. *contours*

81. *around*

82. *detached*

83. *chubby*

84. *pierced*

85. *knitting my brows / frowning*

86. *coughed out*

87. *inspecting the map*

88. *chill*

89. *abyss*

90. *scars*

91. *were wandering*

92. *doorstep*

93. *handle*

94. *chilling*

95. *vanished*

96. *swarm*

97. *sparks*

98. *sharp pains*

99. *nailed me*

100. *digging my nails into the paint*

101. *wide open*

102. *tingling sensation*

103. *to sink*

104. *to fade*

105. *steep*

106. *ran*

107. *shell*

108. da "accogliere", *to accommodate, to give hospitality*

109. *unresolved*

110. *claims*

111. *unstoppable*

112. *comparison*
113. *pomegranate*
114. *is urgent*
115. profondo
116. *excruciating*
117. *restless*
118. *crowded*
119. *demeanor*
120. *harmonized, attuned*
121. *abandon*
122. *namely*
123. cittadina tedesca
124. città polacca
125. *is fed by*
126. *sources*
127. *unmistakable*
128. *resolute*
129. *currency*
130. *maintains*

131. Importantissima la traduzione, realizzata in collaborazione con la moglie, delle opere del poeta portoghese
Fernando Pessoa (1888–1935), che oggi fanno parte del canone dei classici moderni per molti lettori italiani. A Pessoa
Tabucchi ha dedicato vari saggi critici.

132. *columnist*
133. *dust jacket flap*
134. *advertising*
135. *often*

136. Dal 1987 al 1990 Tabucchi è stato direttore dell'Istituto Italiano di Cultura di Lisbona.

137. *watch over*
138. *birds*
139. *sultry weather*
140. *beheaded*
141. *jeeps*
142. *were guarding*
143. *exercise*
144. *squads*
145. *ambush*
146. *sidewalk*
147. *guitars*
148. *siege*
149. *stretched*
150. *banner*
151. dei sostenitori di Salazar (vedi il brano successivo)
152. *terrified*
153. *carter*
154. dell'Alentejo (regione a sud del Tejo, il fiume di
Lisbona)

155. *moving*
156. *radiant*
157. *against his will*
158. *lock*
159. *breeze*
160. *vault*
161. *bumped*
162. *mug*
163. *mumbled*
164. *clumsy*
165. *offered*
166. *tidied*
167. *strings*
168. *awkwardness*
169. *hung upon his lips*
170. *it's not all my own work*
171. *soft drink*
172. *bored stiff*
173. *suddenly*
174. *stroke*
175. *docks*
176. *sip*
177. *how would I manage?*
178. *slightly drunk*
179. *loaded*
180. *forehead*
181. *caution*
182. *supports*
183. *inheritance*
184. *correspondence*
185. *overweight*
186. *wrinkled*
187. *pocket watch*
188. *vest*
189. *manners*
190. *polite*
191. *pay attention*
192. *flesh*
193. *supporting / celebrating*
194. *comrades*
195. *out of tune*
196. *pre-obituaries*
197. *flask*
198. *braggart*
199. *warmonger*
200. *sinister*
201. *obituary*
202. *advance*
203. *begs*

204. *thermal baths*
205. *is spreading*
206. *in trouble*
207. *to recruit*
208. *he feels sorry for the young man*
209. *feels*
210. *rage*
211. *increasing*
212. *about to*
213. *dead tired and thirsty*
214. *hunted down*
215. *in plain clothes and without a search warrant*
216. *typewriter*
217. *chief composer*
218. *did not bother him*
219. Secondo documenti ufficiali dell'Unione, dal 1987 ad oggi grazie ad Erasmus "più di un milione di giovani europei hanno potuto realizzare un soggiorno di studio in un altro paese dell'UE".
220. sale cinematografiche (*theaters*)
221. *neat freak*
222. *joints*
223. *it's not like*
224. *list*
225. *the average being equal*
226. *Sweden*
227. *break a leg*
228. *I swear*
229. *connected*
230. I Situazionisti, influenzati dal marxismo e dalle avanguardie storiche, muovono una critica radicale alla società contemporanea, dominata secondo loro da una circolazione-accumulazione di immagini che è diventata più importante di quella delle merci. Questa "Società dello spettacolo" da un lato alimenta bisogni fittizi e genera alienazione, dall'altro tende a spettacolarizzare e omologare anche le espressioni di dissenso. Opponendosi a questo sistema, l'attivista e l'artista possono trasformare una "situazione" (cioè il sistema di relazioni che condiziona l'esistenza quotidiana dell'individuo, nella sfera storica e sociale) in un evento rivoluzionario, liberando la creatività nell'atto spontaneo.
231. Festa organizzata periodicamente dal giornale *Humanité,* organo del partito comunista francese.
232. simpatica
233. *glutton*
234. *tongues*
235. vino della regione di Bordeaux
236. *does not become me*

237. *farewell*
238. *financial disarray*
239. *put back on its feet*
240. *in black*
241. *in worse shape yet*
242. sede della Presidenza del Consiglio dei Ministri
243. *streamline*
244. *stake*
245. *clear minded*
246. *challenges*
247. *unspeakable*
248. *senseless wars*
249. *breadth*
250. *watch over*
251. *confident*
252. *reconcile*
253. *heritage*
254. *draft*
255. *writers / drafters*
256. *without vague words*
257. La Costituzione è stata approvata dalla conferenza intergovernativa, con poche modifiche, il 18 giugno 2004.
258. *rights*
259. *competition*
260. *stock exchange*
261. *shares*
262. *to get by*
263. Fortificazione preistorica tipica della Sardegna.
264. *roots*
265. *support*
266. *scale*
267. *compass*
268. *haystack*
269. *crowded*
270. *sales*
271. *paving*

7 ustica

1. *we sympathize with the relatives*
2. *domain*
3. *historical watershed*
4. *has eluded*
5. *if nothing else*
6. *irremovable*
7. *obsession*
8. *self-styled*
9. *sample*
10. *deceitful*
11. *gamut*

12. Rosario Priore è uno dei giudici italiani di maggiore esperienza. Ha condotto indagini su alcuni dei più drammatici ed oscuri episodi della recente storia italiana, incluso il "Caso Moro": il 16 marzo 1978 Aldo Moro, presidente della Democrazia Cristiana, venne rapito dalle Brigate Rosse, che uccisero i cinque membri della scorta armata. Molti esponenti politici italiani erano contrari a trattare (*negotiate*) con i terroristi. Le investigazioni e le ricerche, ostacolate da depistaggi e falsi indizi (*clues*), non ebbero successo: Moro fu ucciso dopo cinquantacinque giorni di prigionia (*captivity*).

13. *juxtaposition*

14. *borrowed sky*

15. *generates*

16. *behind*

17. Al caso Ustica, Aviation Safety Network dedica anche una sezione speciale, con articoli di esperti del settore aeronautico.

18. *Libyan*

19. *untrustworthy*

20. *will go bankrupt*

21. *had ties with*

22. *takes over*

23. *recovery*

24. *statute of limitation*

25. *gang rape*

26. *at his newspaper / editorial office*

27. *heaps of papers*

28. *deployment*

29. *for that purpose*

30. *head physicians*

31. *I take note*

32. *off-road (vehicle)*

33. La Guardia Forestale, o Corpo Forestale dello Stato, è una forza di polizia preposta alla tutela dell'ambiente e alla salvaguardia dell'ecosistema.

34. *shepherd*

35. *has dropped*

36. *heated*

37. *managing editor*

38. *a loud bang*

39. *screwed*

40. *will never surface*

41. *cantilever roof*

42. *that is, before the official release*

43. *swearing in (ceremony) of the cadets*

44. *fire questions at*

45. *stubbornly deny*

46. *argument*

47. *district attorney*

48. *barrage*

49. *full of rage and emotion*

50. *followed one another*

51. *emerged*

52. *cartoons*

53. *silenced*

54. *ascertained*

55. *bewilderment*

56. *feverish states*

57. *giggling* (franc.)

58. *unrestrainable emotion*

59. *modesty*

60. *overwhelming*

61. *sobbing*

62. *equal to*

63. "È morto un bischero (*a prick*)" è il titolo di una vecchia canzone goliardica, diffusa in tutta Italia e il cui testo varia a seconda del dialetto locale.

64. *misunderstood*

65. *uproarious*

66. *to the most evil and devastating insults*

67. *heartfelt*

68. *crackling*

69. *uncommon*

70. *unbelievably fanciful*

71. *known and unspeakable*

72. Il suffisso accrescitivo -*one* può alle volte denotare ironia: ad es., spia / spione (*spy / nosy person*), bambino / bambinone (*child / childish person*).

73. *stammered out*

74. *boastful*

75. *spreading*

76. *diligence*

77. Nota in questo paragrafo la concentrazione e l'uso ironico di espressioni formali e altisonanti.

78. *on vacation*

79. *glance through*

80. *nursery rhyme*

81. *wide open*

82. *sink*

83. *toilet bowl*

84. *drain*

85. *rested*

86. *administer*

87. "Caspita" è un'espressione eufemistica, che sostituisce il termine volgare "cazzo". Equivale a "heck", come in "What the heck...".

88. *senior student in foreign languages*

89. *business*

90. *partner / shareholder*
91. *machinery for marble quarrying*
92. *after undergoing*
93. *on leave*
94. *company*
95. *(judiciary) court*
96. *stockbrokers*
97. *petrochemical plant*
98. *married*
99. *magistrate's court*
100. *salesman*
101. *candy makers*
102. *phytodrugs*
103. *graduation*
104. *chief owner*
105. *manager*
106. *frozen foods*
107. *relatives*
108. *wife*
109. *policeman*
110. *sick leave*
111. *tiler*
112. *farm laborer*
113. *employee*
114. *street photographer*
115. *tax inspectors*
116. *to pick up*
117. *fellow*
118. *developer*
119. *contract*
120. *properties*
121. *hotel manager*
122. *shop assistant*
123. *accountant*
124. *hospitalized*
125. *bricklayer*
126. *cloth and garment*

127. "Assistente" era allora il primo livello di carriera nell'università italiana.

128. *tenured*
129. *and also appointed instructor*
130. *salesman*
131. *head of the foreign exchange office*

132. Molti anni prima di Ustica, nel 1963, il disastro del Vajont sconvolse un'Italia appena emersa dagli anni del boom economico e dell'industrializzazione facile e selvaggia. La sera del 9 ottobre una frana (*mudslide*) si staccò dal monte Toc (in provincia di Belluno) e cadde nel lago artificiale costituito dallo sbarramento (*damming*) del torrente Vajont. Le acque del lago, tracimando (*overflowing*) dalla diga, precipitarono a valle uccidendo più di 1.900 persone. Le responsabilità, mai punite in sede legale, andavano attribuite a chi, non curandosi dei prevedibili rischi connessi al sistema idrogeologico, aveva voluto costruire un impianto idroelettrico a tutti i costi in quel luogo.

133. La ripresa in diretta della rappresentazione fu giudicata miglior spettacolo televisivo del 1997.

134. *bound for oblivion*
135. *shelving / cover-up*
136. *alleged*

137. Anche nel film di Risi, *Il muro di gomma*, è presente la lettura dei nomi di tutte le vittime, che accompagna le scene di apertura.

138. *habits*

139. A proposito di treni, nell'estate del 2002 Paolini, insieme allo scrittore-giornalista Paolo Rumiz, ha percorso in lungo e in largo la rete ferroviaria italiana, inclusi anche i tratti più antiquati e meno usati, arrivando a coprire una distanza pari a quella della mitica Transiberiana. Le tappe del viaggio, le avventure e disavventure, gli incontri con un vasto campionario di umanità sono state raccontate a puntate sul quotidiano *La Repubblica*, con le illustrazioni di Altan.

140. *not everybody has sold his soul*

141. Spasimo è il nome di un'antica chiesa, Santa Maria dello Spasimo, nel tempo adibita a casa dei poveri, lazzaretto, ospedale, e infine teatro. Per celebrare la fine dei restauri, nel 1995, Giovanni Sollima compose "Spasimo", cinque movimenti per violoncello e *ensemble*.

142. "Rotflare" deriva dall'acronimo internettiano "ROTFL" (*rolling on the floor laughing*).

143. *he made his début*

144. "Staccando" da "staccare" (*to pull off, to take off*).

145. *event*

146. Come altri testi di Del Giudice, anche *Staccando l'ombra da terra* è stato tradotto in inglese, con il titolo di *Takeoff: The Pilot's Lore* (traduzione di Joseph Farrell; New York: Harcourt Brace, 1996). Da questa versione sono state tratte alcune delle traduzioni riportate nelle note al brano.

147. *pilot's license*
148. *trainer*
149. *torpedo bombers*
150. *fireworks*
151. *score*
152. *are intertwined with the material story*
153. *is rebuilding itself*
154. *which sank and rose again*
155. *makeshift structure*

156. *tracing*
157. *ready to start up engines*
158. *weather report*
159. *drip-drip*
160. *on dry land*
161. *not everything adds up*
162. *are missing*
163. *rewinding*
164. *flows back*
165. *sweeping over*
166. *underwater*
167. *on the underside of the left wing*
168. *vessel*
169. *turn right, heading 170*
170. *man-made*
171. *cranes*
172. *dripping*
173. *veered suddenly to the east*
174. *rugs*
175. *neatly sheared off*
176. *cross-shaped incision*
177. *iron pellets*
178. *boxed*
179. *curled*
180. *the wrenched-off rivets*
181. *bang*
182. *What's your heading now?*
183. *frame*
184. *flattened*
185. *shock wave*
186. *crashing*
187. *one by one*
188. *welded*
189. *left jet engine*
190. *identification*
191. *tail section*
192. *bearings*
193. *formers*
194. *battens*
195. Very High Frequency Omnidirectional Range
196. Distance Measuring Equipment
197. *to keep in check*
198. *tab*
199. *blueprints*
200. *put back*
201. *trestlework frame*
202. *rusted*
203. *engine air exhaust*
204. *did not fit*
205. *glance*
206. *arrangement*
207. *drift*
208. *were never reassembled*
209. *planks*
210. *undertaken*
211. *do you read?*
212. *frame*
213. *longeron*
214. *sheathing and rivets*
215. *circular handle*
216. *jack*
217. *spring*
218. *window*
219. *nameplate*
220. *with attached tubing*
221. *with electric wiring*
222. *illuminated sign*
223. *paint*
224. *cable*
225. *abraded*
226. *dial*
227. *hoist with static discharger*
228. *pulleys*
229. *stairway*
230. *trial documents*
231. Rescue Coordination Center
232. Centro Operativo di Pace
233. *tape*
234. *turning to somebody inside the room*
235. Colloquiale per "non il punto". Più avanti si trova anche "no lei" per "non lei".
236. Area Control Center
237. *air carrier*
238. *imagine*
239. Staff
240. Sector Operation Control
241. *let's keep it to ourselves*
242. *I shoulder*
243. *memo*
244. *against*
245. *unknown*
246. *to get away*
247. *before the bar*
248. *crimes against the Constitution*
249. *aggravating circumstance*
250. *stagecoach*
251. *tricks*
252. *On the manner of*

253. *excite it*
254. *has,to be erased*
255. *fear-prone*
256. *definitely inadvisable*
257. *is delayed on the runway*
258. *grab*
259. *thoughtlessness*
260. *Go back, Satan* (lat.)
261. *lifts up the spirit*
262. *firefly*

263. *ethnic cleansing*
264. *auction*
265. *whipped cream*
266. *liver*
267. *malnourished*
268. *ass*
269. *catchy*
270. *friar*
271. *voters*
272. *makeup*

Index

Abbadia San Salvatore, 227
abbreviations, in sms and e-mails, 242
Accolla, Tonino, 228
Accorsi, Stefano, 9, 72–73
Adams, John, 235
adaptation: of American movies, 206–7
Adorni, Vittorio, 26
advertisements, language of, 37–38, 74–76
aeronautical jargon, 311, 323, 332–37, 338, 343–44
agreement, of verb and subject, 352 n.3, 358 n.164
Agricantus, 71, 94
Agrigento, 113, 358 n.181
Air, 214
Aix-en-Provence, 281
Albertini, Gabriele, 68
Alessandrini, Giancarlo, 141
Allegri, Eugenio, 209
Almamegretta, 94, 120
Altan, Francesco Tullio, 373 n.139
Altman, Robert, 216
Amato, Giuliano, 14
Amelio, Gianni, 190–93
America. See United States
Ammaniti, Massimo, 29
Ammaniti, Niccolò, 28–33, 81, 82, 315
Amsterdam, 22, 100, 101, 102, 249, 266
Anceschi, Luciano, 356 n.49
Ancona, 9
Anderson, Laurie, 235
Andreoli, Marcella, 303–4
anti-Semitism, 286–87, 320
Antonioni, Michelangelo, 248
Arbasino, Alberto, 104
Arenzano, 270
Arezzo, 6, 50, 359 n.257
Aristophanes, 126
Armstrong, Louis, 211, 367 n.189
Arnold, Matthew, 163–64
Arzano, 131, 132, 360 n.297
Ascoli Piceno, 99
Asti, 235

Atkinson, Rowan, 349 n.208
"austerity," 29
Aviation Safety Network, 312–13, 372 n.17
Azione Cattolica, 14

Bacchelli, Riccardo, 9
Bach, Richard, 10
Baggio, Roberto, 14
Baglioni, Claudio, 248
Bakunin, Mikhail, 125
Balbo, Italo, 363 n.107
Balestrini, Nanni, 82, 291, 355 n.242
Ballerini, Franco, 35
Ballestra, Silvia, 10, 99–106, 212, 213, 357 n.73
Barbagallo, Angelo, 96
Barbero, Silvio, 238
Barcelona, 122, 289
Bari, 140–42, 192, 364 n.191
Baricco, Alessandro, 104, 198–200, 208–16, 365 n.73
Barilli, Renato, 291, 356 n.49
Barks, Carl, 217–18, 365 n.91
Barovero, Fabio, 164
Barr, Roseanne, 228
Bartali, Gino, 2, 7, 14–17, 39, 347 n.47, 349 n.136, 349 n.161
Bartezzaghi, Stefano, 200, 201, 204, 267–71
Barthes, Roland, 2, 347 n.14
Bassani, Giorgio, 169
Bassolino, Antonio, 120, 122, 123
Baudelaire, Charles, 279
Baudo, Pippo, 6, 192
Beals, Jennifer, 98
Becattini, Andrea, 243–46
Beccaria, Marco, 13, 17–21
Beethoven, Ludwig van, 303
Beil, Ulrich J., 276
Bellu, Giovanni Maria, 342–43
Belluno, 327, 373 n.132
Bennato, Edoardo, 120
Bergamo, 131, 187–88, 190, 363 n.160

Berger, John, 177
Berio, Luciano, 169, 291
Berlin, 32, 96, 101, 264
Berlusconi, Silvio, 26, 132, 205, 206, 222, 279, 280, 294
Berti, Orietta, 232
Bertinotti, Fausto, 27
Bertolucci, Bernardo, 55
bicycle: related vocabulary, 4–5. See also cycling
Binda, Alfredo, 2
Bjerregaard, Ritt, 22
Björk, 82
Blair, Tony, 58
Bobet, Louison, 349 n.161
Boccaccio, Giovanni, 82, 227, 291
Bocchi, Lucia, 79
Bologna, 9–12, 101–4, 138, 153, 167, 169, 177, 293, 310, 312, 313, 323, 324, 325, 326, 327, 328, 333, 338, 356 n.49
Bolsena, 333, 334
Bonelli, Gianluigi, 221, 222
Bonelli, Tea, 366 n.151
Bonfietti, Daria, 310, 314, 319, 321–22
Bonfiglio, Gianni, 359 n.238
Bonifica Emiliana Veneta, 94
Bono, 51
Bonvi, 153
Bordeaux, 371 n.235
Borges, Jorge Luis, 172
Bosisio, Liù, 228
Bossi, Umberto, 27, 175, 205, 222, 257, 362 n.92
Boston, 160, 250
Bové, José, 239
Brambilla, Carlo, 49–50
Brancaccio, Luisa, 28
Braschi, Nicoletta, 286
Brassens, Georges, 125, 127
Brecht, Bertolt, 169
Brera, Gianni, 2, 347 n.12, 347 n.13
Brizzi, Enrico, 9–13, 212, 357 n.71
Brussels, 259, 262, 263, 264, 265, 269, 294, 369 n.38

Bubola, Massimo, 125
Buchane, Mohamed, 182
Buenos Aires, 172
Bugno, Gianni, 17, 36
bureaucratic language, 24–25, 65–67
Buttiglione, Rocco, 205
Buy, Margherita, 71
Buzzati, Dino, 2, 217, 347 n.10

Cagliari, 291, 304
Callas, Maria, 14
Calvino, Italo, 88, 95, 114, 247, 328, 331, 358 n.187
Camaldoli, 359 n.257
Cambridge, England, 48, 50, 366 n.157
Camilleri, Andrea, 112–19, 358 n.192, 358 n.193, 359 n.238
Cannes, 96, 356 n.27
Cantù, 18
Caproni, Giorgio, 129
Cardini, Franco, 239, 367 n.210
Carifi, Roberto, 277
Carlotto, Massimo, 358 n.193
Carnegie, Andrew, 304
Carraro, Andrea, 315
Cartosio, Manuela, 188–90
Carugate, 82
Casadei, Orchestra, 369 n.58
Cassani, Davide, 26, 34
Cassino, 88
Cassola, Carlo, 169
Castaneda, Carlos, 247
Castelli, Alfredo, 141, 221–22, 366 n.149
Castelli, Roberto, 206
Catanzaro, 73, 190
Catholic Church, 131, 148, 149, 192, 232, 238, 257, 298–300, 361 n.7, 367 n.210
causative structure, 50
Cavani, Liliana, 120
Celati, Gianni, 88, 176–81, 356 n.49
Celentano, Adriano, 192, 236
central Italy, 44, 93, 149
Cepollaro, Biagio, 81
Certaldo, 227
Chandler, Raymond, 214
Churchill, Winston, 261
Ciai, Omero, 172, 173
Ciampi, Carlo Azeglio, 256, 257

Ciampino, 339
Ciano, Galeazzo, 366 n.148
Cicero, Marcus Tullius, 352 n.12
Cinisello Balsamo, 82, 83
Ciotti, Sandro, 233
Cipollini, Mario, 35–36
Cirio, Rita, 7
Citti, Sergio, 71
Clash, The, 10
Cohen, Leonard, 97, 125
Coimbra, 282
Cold War, 16, 310, 349 n.154
Colletet, Guillaume, 89
Colombo, Furio, 356 n.49
Comencini, Cristina, 186
computers: related vocabulary, 204, 243–46
conditional, 46, 99, 318–19
Confalonieri, Fedele, 228
Conrad, Joseph, 208
Consolo, Vincenzo, 358 n.184
Conte, Giuseppe, 81
Conte, Paolo, 7, 16, 235–37, 347 n.47, 347 n.50, 349 n.161, 367 n.189, 367 n.190
contemporary music, 214, 291, 310
Cooder, Ry, 365 n.73
Cooper, Gary, 221
Copenhagen, 22
Coppi, Fausto, 2, 7–8, 11–12, 14–16, 39
Corneau, Alain, 279
Corsicato, Pappi, 120
Cortelazzo, Michele, 357 n.138
Corti, Paola, 147, 150
Cortona, 50, 54–58
Cossiga, Francesco, 343
Coveri, Lorenzo, 128
Cremonini, Luigi, 367 n.198
Cristiano, Giuseppe, 33
Cucchi, Maurizio, 81
cuisine (Italian): recipes, 129–31
Culicchia, Giuseppe, 356 n.42
cummings, e. e., 10
Cuneo, 128
Cure, The, 10
Cutugno, Toto, 270
cycling, 2–3, 4–5, 8–9, 26–27, 35–36; and doping, 3, 5; Giro d'Italia, 2, 6–7, 8–9, 12, 15–16, 26, 33–35, 39; Tour de France, 2, 15–16

D'Alema, Massimo, 49, 68, 122
Daniele, Pino, 120
D'Annunzio, Gabriele, 286, 366 n.159
Dante Alighieri, 82, 92–93, 172, 224, 227, 232, 257, 269, 291, 366 n.159
D'Antoni, Sergio, 27
Daudet, Alphonse, 287
Davico Bonino, Guido, 127
De Amicis, Edmondo, 362 n.89
De André, Fabrizio, 125–30, 213
De Angelis, Augusto, 114
De Angelis, Milo, 81
De Carlo, Andrea, 10, 104, 212, 247–51, 368 n.242
De Cataldo, Giancarlo, 358 n.193
De Gasperi, Alcide, 14, 16, 262, 368 n.28
De Gregori, Francesco, 6, 16, 125, 126–27, 328, 348 n.65
De Luca, Maria Novella, 44, 45, 108–12
Di Palma, Claudio, 8
De Roberto, Federico, 113
De Sica, Vittorio, 38
Dead Kennedys, The, 10
definite article, 349 n.170, 352 n.15
Del Giudice, Daniele, 311, 328–30, 331–38, 373 n.146
Di Donato, Pietro, 163
Di Mazzarelli, Carmelo, 191
Di Pierro, Mattia, 33
dialects, in Italy, 92–94, 101, 104–5, 113–15, 117–18, 180, 228–29, 349 n.145, 349 n.201, 356 n.15, 356 n.44, 356 n.50, 358 n.184, 358 n.187, 359 n.216, 359 n.238, 359 n.239, 360 n.301
Dickens, Charles, 348 n.75
Dijon, 180
Dionigi of Borgo San Sepolcro, 347 n.15
Dionisi, Stefano, 286
Dire Straits, 10
dislocation, 112
Disney, Walt, 366 n.148
Donati, Corso, 315
D'Orta, Marcello, 122, 131–32, 360 n.297, 360 n.301

Dostoevsky, Fyodor, 187
Drawert, Klaus, 278
Dublin, 23
Durres, Albania, 191
Dylan, Bob, 125, 153, 248

Eastwood, Clint, 364 n.173
eBay, 243–47
Eco, Umberto, 9, 141, 153, 167–71, 199, 200, 280, 291, 356 n.49, 362 n.57, 362 n.72
Einaudi, Ludovico, 248
Eisenstein, Sergei, 8
El Alamein, 256
Elio e le Storie Tese, 8
emigration/immigration, 92, 93, 147–52, 154–59, 160–64, 165–67, 169–71, 172–73, 174–76, 178, 179–80, 181–85, 186–87, 188–90, 191–93, 295, 362 n.89, 362 n.92, 362 n.94, 364 n.191
English language: influence on Italian, 202–4, 207, 246, 350 n.273, 364 n.11, 368 n.240, 373 n.142. See also italenglish
environmentalist movements, 237–39
Erba, Luciano, 14
Esposti, Piera degli, 60
euphemisms, 344, 372 n.87
euro, 257, 259, 266, 278, 296, 303, 368 n.3, 369 n.44
European Central Bank, 266
European Commission, 22–23, 26, 256, 259, 260, 263, 264, 265, 266, 294, 295, 369 n.38
European Council, 259, 260, 262, 263, 264, 265, 266, 269, 279, 295, 299
European Court of Justice, 258, 262, 295
European Investment Bank, 263
European Parliament, 257, 259, 260, 263, 264, 265, 266, 294, 295, 296, 368 n.16
European Union, 22, 26, 149, 151, 200, 256–67, 269, 275, 277, 278, 279, 288–91, 294–98, 298–303, 304, 371 n.219; related vocabulary, 258–61, 368 n.13
Evans, Cadel, 34

Everett, Rupert, 182
Ezralow, Daniel, 248

Faenza, Roberto, 60, 284–88
family, in Italy, 10, 14, 29, 43–46, 49–50, 54, 67, 73–74, 79–80, 84, 92, 93, 149, 175, 189, 193, 227, 238, 248, 352 n.8, 356 n.4, 362 n.92
Fano, 326
Farrell, Joseph, 373 n.146
fascism, 148, 169, 190, 200, 257, 280, 281–88, 356 n.3, 363 n.107
Fassbinder, Rainer Werner, 184
Fellini, Federico, 94–95, 247, 248, 366 n.149
Ferlaino, Corrado, 132
Fermi, Enrico, 190
Ferracuti, Angelo, 182
Ferrara, 22–25
Ferrarini, Guido, 8
Ferreri, Marco, 60
Feuerbach, Ludwig, 283
Fiesole, 59
Fini, Gianfranco, 175, 205, 362 n.92
Fiori, Simonetta, 304
Florence, 15, 49, 58, 138, 139, 140, 169, 182, 228, 257, 289, 333, 334
Fo, Dario, 328
Foà, Arnoldo, 209
Foa, Vittorio, 49
folk music, 6, 8, 94, 310, 328
Fortunato, Mario, 181–85
Fossati, Ivano, 173
Fox, Charles, 364 n.27
Franco, Francisco, 281, 286, 287
Franco, Veronica, 60
Frattini, Franco, 200, 205
Freiburg, 23
Freud, Sigmund, 284, 342
Frizzi, Fabrizio, 192
Frosinone, 228
Frusciante, John, 9–10, 348 n.69
future (tense), 58

Gaber, Giorgio, 257–58
Gadda, Carlo Emilio, 114
Galleppini, Aurelio, 221
Galli della Loggia, Ernesto, 257

Gallo, Simona, 270
García Lorca, Federico, 284, 287
Gardaphé, Fred, 160–64
Gareffi, Andrea, 100
Garessio, 128
Garton Ash, Timothy, 368 n.16
Gasparri, Maurizio, 222
Gasperetti, Marco, 227
Gates, Bill, 303, 305
Gela, 324, 326
Gennari, Alessandro, 126
Genoa, 92, 114, 125–30, 138, 180, 198, 199, 270, 291, 360 n.273, 364 n.10
Gerbi, Giovanni, 347 n.50
Ghezzi, Dori, 125
Ghezzi, Enrico, 6
Gimondi, Felice, 2, 8
Ginsborg, Paul, 48–50
Ginzburg, Natalia, 88
Giorello, Giulio, 217
Giraldi, Franco, 60
Girardengo, Costante, 2, 6, 10, 12
Giscard d'Estaing, Valéry, 299
Giuliani, Alfredo, 291
Giuliani, Carlo, 198
Glass, Philip, 235
globalization, 10, 54, 55, 86, 94, 114, 169–71, 198–200, 237–39, 296, 304, 356 n.16, 364 n.1, 367 n.196
Gnisci, Armando, 182
Goethe, Johann Wolfgang von, 348 n.75
Górecki, Henryk, 235
Gornate, 82
Gräf, Dieter M., 278
Graff, James L., 27
Grandi, Irene, 108
Grechi, Luigi, 6, 348 n.65
Groening, Matt, 227. See also Simpsons, The
Grosseto, 240
Grottammare, 99
Grugliasco, 108–12
Gruppo 63, 104, 169, 291
Gruppo 93, 81
Guareschi, Giovanni, 349 n.154
Guccini, Francesco, 126–27, 153–59, 213, 216, 222, 226, 361 n.41, 361 n.46, 361 n.47

Guerrini, Giovanni, 361 n.3
Guglielmi, Angelo, 291, 356 n.49
Gulf War, 101, 169

Hague, The, 264
Halloween, 239–42
Hamilton, Tyler, 34
Hammett, Dashiell, 358 n.193
Hegel, Georg Wilhelm Friedrich, 365 n.74
Heitz, Arsène, 299
Helsinki, 239, 267, 268, 270
Hill, Henry, 207
Hinault, Bernard, 2
Hölderlin, Friedrich, 177
homosexuality, attitudes toward, 71–74, 182
Horne Burns, John, 124
Houdini, Harry, 103
housing, in Italy: advertisements, 74–76; bylaws of condominiums and coops, 68–70; leasing contract, 76–78; mortgage application, form, 65–67; related vocabulary, 46–48
Hoxha, Enver, 191
humor, involuntary, 341–42

Iggy Pop, 356 n.43
IKEA, 82–86
immigration. See emigration/immigration
imperative, 21, 131
imperfect (indicative), 50, 350 n.236
"impersonal" constructions, 13
Incisa di Camerana, Ludovico, 148
indicative vs. subjunctive, 351 n.317, 352 n.22, 360 n.307
Indurain, Miguel, 2
infinitive, 21, 131
Islam, 171, 189, 299
italenglish, 159, 161, 200

Jannacci, Enzo, 236
jazz, 214, 235–37, 367 n.189
John Paul II, 298
Jones, Norah, 153
Jordan, Michael, 198
Jotti, Nilde, 16

Jovanotti, 50–54, 213, 216, 352 n.45
Judaism, 299
Jung, Carl, 284

Kafka, Franz, 200
Kalinsky, René, 8
Kempley, Rita, 214–16
Kennedy, John F., 198
Khaled, 98
Khouma, Pap, 182
Kidjo, Angélique, 97
King, Stephen, 29
Klapisch, Cédric, 289
Kounellis, Yannis, 120
Krist, Bob, 56
Kronos Quartet, 235
Kummer, Corby, 122–24

La Padula, Enzo Bruno, 361 n.3
La Russa, Ignazio, 228
Lagorio, Lelio, 343
Lambrate, 185
Lancastre, María José de, 279, 370 n.131
Lane, Diane, 56
Lang, Jack, 270
Langdon, Harry, 177
Lanzetta, Peppe, 120–22
Las Vegas, 206
Latina, 333, 334
Lauzi, Bruno, 125, 236
Le Havre, 156, 361 n.42
legal language, 48, 69–70, 76–79, 312, 323, 347 n.17, 350 n.271
Leone, Paola, 80
Leone, Sergio, 364 n.173
Leopardi, Giacomo, 279
Lessing, Doris, 182
Levi, Primo, 332
Lévinas, Emmanuel, 277
Lewis, Norman, 124
Ligabue, Luciano, 216
Lilli, Laura, 167–69
Limiti, Paolo, 6
Liorni, Marco, 79
Lisbon, 91, 280, 281–88, 289–90, 370 n.136, 370 n.154
Litfiba, 8
Lo Verso, Enrico, 191

Loach, Ken, 182
Lombroso, Cesare, 347 n.37
London, 48, 91, 182, 262, 264, 293, 354 n.183, 364 n.27
London, Jack, 209
Lopes, Fernando, 279
Loren, Sophia, 124
Los Angeles, 178, 217, 248
Lowry Miller, Karen, 304
Loy, Nanni, 120
Lucarelli, Carlo, 358 n.193
Lucca, 153
Lucini, Gian Pietro, 291
Luckey, Stephens, 344
Luczkiw, Stash, 348 n.68
Lussu, Joyce, 100
Luther Blissett, 8
Luttazzi, Daniele, 28
Luzi, Mario, 127, 276, 292

Maastricht, 265
Mabiala Gangbo, Jadelin, 182
Macchiavelli, Loriano, 153, 358 n.193
McDonald's, 10, 84, 86, 108, 110, 199, 237–39, 241, 367 n.196
Machiavelli, Niccolò, 257
McNaughton, John, 98
Madonna (Louise Veronica Ciccone), 198
Madrid, 91
Magni, Fiorenzo, 14
Magnoni, Nisi, 80
Magnus, 153
Magrelli, Valerio, 88–90, 127
Magritte, René, 354 n.190
Mahler, Gustav, 214
Majakovskij, Vladimir, 286
Majorana, Ettore, 190
Malandri, Piersandro, 182
Malatesta, Errico, 125
Mallarmé, Stéphane, 88
Maltese, Curzio, 222
Manganelli, Giorgio, 88
Mann, Thomas, 286–87
Mano Negra, 165
Mantua, 325, 326
Manzoni, Alessandro, 96, 113, 136, 171
Maraini, Dacia, 59–64, 284
Maraini, Fosco, 59, 353 n.79

Marani, Diego, 267–75
Marcinelle, 175, 362 n.94
Mariani, Mario, 304
Marina, Valeria, 228
Marini, Giovanna, 328
Maroni, Roberto, 200
Marsala, 318
Marseille, 60
Marti, Kurt, 277–78
Martin of Tours, St., 239–40
Martina, Guido, 224
Martina Franca, 338, 340
Martini, Carlo Maria, 167
Martone, Mario, 120, 359 n.244
Marzaduri, Lorenzo, 9
Marzullo, Benedetto, 356 n.49
Masters, Edgar Lee, 125
Mastroianni, Marcello, 285
Mattoli, Mario, 38
Mau Mau, 94, 164–67
Mauriac, François, 283
Mayes, Edward, 56
Mayes, Frances, 54–58
Mazara del Vallo, 183
Mazzini, Giuseppe, 21, 350 n.212
Melchiorre, Alessandro, 332
Melliti, Mohsen, 182
Melville, Herman, 177, 208
Memphis, 207
Menechella, Grazia, 100
Mentone, 180
Merckx, Eddy, 2, 8
Merini, Alda, 217
Messina, Sebastiano, 222
Messori, Vittorio, 299
Methnani, Salah, 181–85
Middle Ages, 91–92, 123, 125, 141, 147–
    48, 170, 257, 299, 356 n.9, 356 n.13,
    367 n.210
Milan, 6, 16, 17, 18, 19, 68, 80, 92, 131,
    138, 169, 178, 182, 183–85, 187, 191,
    216, 237, 247, 248, 293, 315, 352 n.2,
    352 n.37
Milani, Riccardo, 100
Mina, 125
Modena, 153, 326
Modena City Ramblers, 94
Monnet, Jean, 260, 262, 297

Montalbano, Salvo, 113–19, 358 n.183,
    358 n.193
Montale, Eugenio, 14, 171, 292
Montesano, Gian Marco, 8
Montesilvano, 101, 102
Montevecchia, 18–21
Montevideo, 161
Montreal, 236
Montreaux, 236
Moravia, Alberto, 59–60, 291
Moretti, Nanni, 14, 49, 88, 94–99
Morino, Luca, 164
Morley, Christopher, 163
Moro, Aldo, 29, 372 n.12
Morricone, Ennio, 215
Moscow, 256
Mozzi, Giulio, 100, 182
Muccino, Gabriele, 14
Mussolini, Benito, 38, 148, 361 n.3, 363
    n.107, 363 n.147, 366 n.148
Mussolini Ciano, Edda, 366 n.148
Mystère, Martin, 139–41, 221, 222

Nabokov, Vladimir, 356 n.322
Naples, 38, 44, 88, 92, 120–25, 131–34,
    182, 315, 352 n.37, 359 n.257
narrative discourse, 180–81
Negresses Vertes, Les, 165
Nencioni, Giovanni, 200–201
Neruda, Pablo, 38
New York, 116–17, 118–19, 139, 157,
    165–67, 169–70, 192, 193, 210, 221,
    236, 239, 249, 250, 270, 352 n.2, 354
    n.183, 361 n.42
Nice, 180, 266
Nicholas of Bari, Saint, 139–42
9/11, 169, 198–99, 310
99 Posse, 120
Nirvana, 82
North America. See United States
northern Italy, 29, 44, 92, 93, 131, 148–
    49, 172, 351 n.331, 356 n.13, 367
    n.210
Noto, 191
Nove, Aldo (Antonello Satta Centanin),
    28, 81–84, 182, 212, 355 n.243
Novi Ligure, 6
Nsongan, Bienvenu, 164

Nunn, Bill, 214
Nuremberg, 332

Occhini, Giulia, 14
Oporto, 280
Ozpetek, Ferzan, 71–74

Padua, 138, 182, 324, 325, 326, 327, 328,
    333, 357 n.138
Pagani, Mauro, 126, 127
Pagliarani, Elio, 291
Paladino, Mimmo, 120
Palermo, 59, 92, 115–17, 118–19, 122,
    182, 239, 312, 313, 319, 323, 324, 325,
    326, 327, 329, 330, 333, 335, 336, 337,
    338, 339, 342, 373 n.141
Pallante, Antonio, 16
Pantani, Marco, 3, 8, 33–35, 347 n.21
Panunzio, Constantine, 160–64
Paoli, Gino, 7, 125
Paolini, Marco, 311, 327–31, 373 n.139
parataxis, 111–12
Pareschi, Gianni, 80
Paris, 6, 91, 123, 170, 171, 236, 262, 264,
    265, 293, 316, 352 n.2, 360 n.297
Parma, 22, 324, 326
Pasolini, Pier Paolo, 9, 71, 98, 328, 358
    n.187
Passau, 278
past tenses, of the indicative, 323
Pastorius, Joachim, 278
Paul, St., 362 n.72
Pàvana, 153, 155, 157, 159
Pavese, Cesare, 88
Paxton, Joseph, 364 n.27
Pazienza, Andrea, 10, 101–2, 357 n.71
Peirce, Charles S., 362 n.69
Pelù, Piero, 8, 216
Perec, Georges, 171
Perlini Memè, 8
Perugia, 360 n.326
Pesaro, 326
Pescara, 101–2
Pessoa, Fernando, 280, 370 n.131
Petraglia, Sandro, 315
Petrarch, 276, 347 n.15
Petri, Elio, 315
Pietragalla, 240

Pink Floyd, 82
Pinter, Harold, 182
Piol, Elserino, 304
Piovani, Nicola, 49, 98, 125
Pirandello, Luigi, 115, 358 n.193
Pisa, 138, 325
Pisanu, Giuseppe, 205
Pistoia, 243, 245
Pittsburgh, 361 n.46
Pius XII, 14
Placido, Michele, 191
Plato, 169
Plautus, Titus Maccius, 153
pluperfect indicative, 50
Plymouth, England, 212
Poe, Edgar Allan, 278
Poggibonsi, 227
Pogues, The 10
Police, The, 11
Pollastro, Sante, 6, 347 n.40
Pontiggia, Giuseppe, 191
Ponza, 333, 334, 335
pop music, 6, 81, 82
Posen, 278
Pound, Ezra, 291
Pratica di Mare, 321
Pratolongo, Alfredo, 238
prefixes, 13, 74, 368 n.13
Premiata Forneria Marconi, 125
Presley, Elvis, 234, 367 n.180
Priore, Rosario, 310, 313, 323–27, 341,
    372 n.12
Procida, 38
Prodi, Romano, 26–27, 266, 293–98
pronouns, pleonastic, 351 n.317
Prose, Francine, 122
Proust, Marcel, 232
Puccini, Giacomo, 214, 258
Puerto Plata, 82, 83
pulp, 28–29, 82, 358 n.193
Purgatori, Andrea, 315

Qaddafi, Muammar al-, 318
"Questione della lingua," 93, 200–201,
    358 n.187

Radford, Michael, 38
Ragusa, 113

Raimondi, Ezio, 153
Rampi, Alfredino, 82
Ranieri Martinotti, Francesco, 28
rap/hip-hop music, 51, 54, 94, 105, 120,
    164, 165, 213
Rebori, Alberto, 357 n.73
Red Hot Chili Peppers, 9
Reed, Lou, 82
reggae, 165
Reggio Emilia, 26, 293
Reich, Steve, 235
Reiner, Rob, 29
Renaissance, 91–92, 148, 257, 277
Renzi, Andrea, 71
Resistance, 169, 257
rhyming, 9, 348 n.65
Rigosi, Giampiero, 358 n.193
Rimbaud, Arthur, 279
Risi, Dino, 315
Risi, Marco, 28, 71, 315–18, 331, 373 n.137
Risi, Nelo, 315
Risorgimento, 92, 93, 112–13, 148, 257,
    279, 350 n.212
Ritzer, George, 367 n.196
rock music, 8, 82, 125, 165, 248–50
Romagnoli, Gabriele, 356 n.42
Romano, Mario, 361 n.3
"romanzo giallo," 113–14, 118–19
Rome, 28, 38, 44, 45, 50, 58, 59, 60–61,
    68, 71–74, 82, 88, 91, 92, 93, 94–99,
    112, 131, 171, 182, 191, 237, 246, 262,
    263, 264, 294, 299, 314, 315, 316, 318,
    319, 328, 331, 334, 335, 336, 337, 338,
    340, 343, 352 n.37, 354 n.183, 359
    n.244, 360 n.297, 361 n.3, 366 n.148
Romuald, St., 359 n.257
Ronconi, Luca, 209
Roosevelt, Franklin D., 156
Rosi, Francesco, 315
Rossellini, Roberto, 94–95
Rossini, Gioacchino, 213
Roth, Tim, 214, 216
Rubini, Sergio, 248
Ruggeri, Enrico, 8
Ruggiero, Renato, 206
Rulli, Stefano, 315
Rumiz, Paolo, 173, 373 n.139
Rushdie, Salman, 182

Russo, Marta, 82
Rutelli, Francesco, 14

Saint-Exupéry, Antoine de, 10, 332
Saint Louis, 361 n.47
Salani, Massimo, 238
Salazar, Antonio, 284, 285, 287, 288
Salgari, Emilio, 362 n.61
Salinger, J. D., 365 n.39
Salvatores, Gabriele, 32–33
San Benedetto del Tronto, 101, 357
    n.123
San Francisco, 56, 58, 270
San Paolo d'Argon, 188
Sanguineti, Edoardo, 277, 291–93
Sanluri, 304
Sannucci, Corrado, 328
Sanremo, 292
Santa Barbara, 250
Santacroce, Isabella, 28, 82
Santer, Jacques, 27, 265
Savoldelli, Paolo, 34
Scajola, Claudio, 206
Scandiano, 26, 293
Scarpa, Tiziano, 28, 81, 82, 182
Scarzella, Patrizia, 79
Scavolini, Romano, 315
Scerbanenco, Giorgio, 114
Schengen, 261, 265
Schiavone, Aldo, 257
Schillaci, Salvatore, 192
Schnitzler, Arthur, 284
Schuman, Robert, 260, 262
Sciascia, Leonardo, 113, 114, 190, 358
    n.192
Scimeca, Pasquale, 120
Scorsese, Martin, 356 n.20
Seattle, 199
Serianni, Luca, 13
Seriate, 187
Serra, Michele, 239, 319–21
Sesto San Giovanni, 83
Sex Pistols, The, 10
Sgarbi, Elisabetta, 81
Sgarbi, Vittorio, 228
Shakespeare, William, 32, 199, 351 n.324
Siani, Giancarlo, 315
Siciliano, Enzo, 59

Siena, 48, 228, 279
Simenon, Georges, 114
Simoni, Gilberto, 3
Simpson, Tom, 347 n.15
Simpsons, The, 227–34
situationism, 292, 371 n.230
slang, of Italian youth, 105–7, 229
Smargiassi, Michele, 67–68
Sofri, Adriano, 222
Sollima, Giovanni, 214, 373 n.141
Soncini, Guia, 7, 367 n.190
Sorrentino, Paolo, 120
Soru, Renato, 303–5
Sottsass, Ettore, 43, 352 n.2
southern Italy, 29, 44, 92, 93, 131, 148–
    49, 172, 304, 315–16, 352 n.10, 356
    n.3, 361 n.10
Spanish Civil War, 281, 286, 287
Spielberg, Steven, 198
Spierlein, Sabrina, 284
Spinelli, Altiero, 264
Spoleto, 8
sports: car racing, 2; cycling, 2–3, 4–5,
    6–8, 26–27, 35–36; Giro d'Italia, 2, 6,
    7, 12, 15–16, 26, 33–35, 39; and dop-
    ing, 3, 5; soccer, 2, 10, 14, 132–35, 151,
    192–93, 360 n.301; Tour de France, 2,
    7, 15–16; influence of English on ter-
    minology, 203
Stagni, Ilaria, 228
Stajano, Francesco, 366 n.157
Stallone, Sylvester, 232
Stella, Francesco, 276
Stella, Gian Antonio, 159
Stendhal, 177
Stevenson, Robert Louis, 332
Stirner, Max, 125
Stockholm, 263
Stony Brook, N.Y., 160
Stoppard, Tom, 182
Strasbourg, 23, 260
Stravinsky, Igor, 169
Sud Sound System, 94
suffixes, 230–31, 372 n.72
Summer, Donna, 82
superlative, 13
Suzzara, 325
Svevo, Italo, 332

Swift, Jonathan, 177
Sydney, 270
Syracuse, N.Y., 250

Tabucchi, Antonio, 88, 279–88, 370
    n.131, 370 n.136
Taccone, Vito, 27
Tamaro, Susanna, 185–87
Tambov, 256
Tangentopoli, 96
Tauran, Jean-Louis, 299
Tebaldi, Renata, 14
television, Italian, 6, 21, 168–69, 192,
    213, 304, 349 n.208, 349 n.209, 373
    n.132; and alteration of American
    shows, 227, 366 n.159, 367 n.183, 367
    n.184; soap operas, 135–37
Tenco, Luigi, 125
terrorism, in Italy, 29, 190, 364 n.175,
    372 n.12
Thomas Aquinas, St., 168
Thucydides, 300
Tirana, 192, 193
Togliatti, Palmiro, 16–17
Tokyo, 239
Tomasi di Lampedusa, Giuseppe, 113,
    169
Tondelli, Pier Vittorio, 81, 99, 100, 356
    n.42, 357 n.71
Tornatore, Giuseppe, 38, 120, 209, 214–
    16
Toscani, Oliviero, 368 n.242
Totò (Antonio De Curtis), 38–39, 124
Totti, Francesco, 222
Transcendental, 71
translation, Italian to English, 205–6
Trapani, 182
Tremaglia, Mirko, 174–76
Trent, 138, 240, 289, 293
Treviso, 138
Trieste, 185, 268
Trionfo, Aldo, 125
Tripoli, 318
Troisi, Massimo, 71
Tronchetti Provera, Marco, 222
Trotta, Margarete von, 364 n.175
Truman, Harry S., 16
Tunis, 181

Turin, 16, 48, 92, 108, 127, 131, 134, 138,
    164, 168, 182, 191, 192, 208, 209, 237,
    352 n.2, 352 n.37

U2, 51
Ungaretti, Giuseppe, 14
United States: cartoons in, 227–34;
    comic books in, 221–26; and global-
    ization, 198–200, 239–42, 243–47,
    278; housing in, 43, 46; and Italian
    immigration, 153–58, 160–64, 165–
    67; movies in, 363–64 n.173; music
    in, 210–16, 235–37, 248–51; and myth
    of America, 54, 126, 154–58, 162, 193,
    198, 199, 209, 217–21, 221–22, 248–51
Urbino, 323, 324
Urkel, Steve, 232
Ustica, 309–44, 372 n.17, 373 n.132, 373
    n.137; related vocabulary, 311–12

Vacis, Gabriele, 209, 214, 327
Vajont, 327, 328, 331, 373 n.132
Valduga, Patrizia, 88
Valéry, Paul, 88
Van Dyke, Henry, 163
Van Gogh, Vincent, 216
Varese, 81
Vázquez Montalbán, Manuel, 358 n.183
Vecchiatto, Attilio, 177
Vecchioni, Roberto, 213, 216–21
Veil, Simone, 264
Venice, 58, 60, 191, 324, 328, 331, 332
Verga, Giovanni, 113
Verlaine, Paul, 88
Verona, 54, 248, 326
Vespucci, Amerigo, 154
Vicenza, 326
Victor Emmanuel III, 179
Vigàta (Porto Empedocle), 112–13, 115
Viggiù, 81
Villaggio, Paolo, 228, 360 n.297
Villon, François, 279
Vince, Pruitt Taylor, 214
Vincenzi, Massimo, 15–16
Voce, Lello, 81

Waits, Tom, 235
Walt Disney Company: Disney comics,

Walt Disney Company (*continued*)
  217–26, 227, 357 n.101, 365 n.91, 366
  n.147, 366 n.148, 366 n.157; Disney
  Store, 108, 111
Ward, Monica, 228
Warsaw, 318
Wayne, John, 154, 221
Wells, Audrey, 56
Wertmüller, Lina, 360 n.297
Wilco, 235
Woodward, Kenneth L., 299
word games: anagrams, 142; crossword

puzzles, 40, 87, 145, 194, 252, 306,
  345; lipograms, 171–72; other games,
  142–44, 247
Wordsworth, William, 163
world/ethno-music, 8, 51, 94, 164, 235
World War I, 126, 148, 162
World War II, 38, 95, 114, 141, 156, 169,
  192, 211, 212, 256, 257, 268–69, 272,
  279, 332, 333, 361 n.3
Wuhr, Paul, 277
Wu Ming, 8

Yates, Peter, 38
Yeoshua, Abraham B., 284
Yilmaz, Serra, 72
Yo Yo Mundi, 8, 348 n.65

Zamponi, Ersilia, 171
Zandonai, Riccardo, 366 n.159
Zanzotto, Andrea, 276–77, 292
Zero, Renato, 110
Zingaretti, Luca, 113
Zurich, 122, 261